"十四五"时期国家重点出版物出版专项规划项目

★ 转型时代的中国财经战略论丛 ◢

不同供应链模式的
不完全理性决策研究

Research on Incomplete Rational Decision of
Different Supply Chain Models

王玉燕　著

中国财经出版传媒集团

经济科学出版社
Economic Science Press

·北京·

图书在版编目（CIP）数据

不同供应链模式的不完全理性决策研究／王玉燕著.
北京：经济科学出版社，2024. 12. --（转型时代的中
国财经战略论丛）. -- ISBN 978 - 7 - 5218 - 6525 - 7

Ⅰ. F279. 23

中国国家版本馆 CIP 数据核字第 2024ZD6385 号

责任编辑：纪小小
责任校对：徐　昕
责任印制：范　艳

不同供应链模式的不完全理性决策研究

王玉燕　著

经济科学出版社出版、发行　新华书店经销

社址：北京市海淀区阜成路甲 28 号　邮编：100142

总编部电话：010 - 88191217　发行部电话：010 - 88191522

网址：www. esp. com. cn

电子邮箱：esp@ esp. com. cn

天猫网店：经济科学出版社旗舰店

网址：http://jjkxcbs. tmall. com

北京季蜂印刷有限公司印装

710 × 1000　16 开　24 印张　390000 字

2024 年 12 月第 1 版　2024 年 12 月第 1 次印刷

ISBN 978 - 7 - 5218 - 6525 - 7　定价：99. 00 元

（图书出现印装问题，本社负责调换。电话：010 - 88191545）

（版权所有　侵权必究　打击盗版　举报热线：010 - 88191661

QQ：2242791300　营销中心电话：010 - 88191537

电子邮箱：dbts@ esp. com. cn）

总　序

"转型时代的中国财经战略论丛"（以下简称《论丛》）是在国家"十四五"规划和 2035 年远景目标纲要的指导下，由山东财经大学与经济科学出版社共同策划的重要学术专著系列丛书。当前我国正处于从全面建成小康社会向基本实现社会主义现代化迈进的关键时期，面对复杂多变的国际环境和国内发展新格局，高校作为知识创新的前沿阵地，肩负着引领社会发展的重要使命。为响应国家战略需求，推动学术创新和实践结合，山东财经大学紧密围绕国家战略，主动承担时代赋予的重任，携手经济科学出版社共同推出"转型时代的中国财经战略论丛"系列优质精品学术著作。本系列论丛深度聚焦党的二十大精神和国家"十四五"规划中提出的重大财经问题，以推动高质量发展为核心，深度聚焦新质生产力、数字经济、区域协调发展、绿色低碳转型、科技创新等关键主题。本系列论丛选题涵盖经济学和管理学范畴，同时涉及法学、艺术学、文学、教育学和理学等领域，有力地推动了我校经济学、管理学和其他学科门类的发展，促进了我校科学研究事业的进一步繁荣发展。

山东财经大学是财政部、教育部和山东省人民政府共同建设的高校，2011 年由原山东经济学院和原山东财政学院合并筹建，2012 年正式揭牌成立。近年来，学校紧紧围绕建设全国一流财经特色名校的战略目标，以稳规模、优结构、提质量、强特色为主线，不断深化改革创新，整体学科实力跻身全国财经高校前列，经管类学科竞争力居省属高校首位。随着新一轮科技革命和产业变革的推进，学科交叉融合成为推动学术创新的重要趋势。山东财经大学秉持"破唯立标"的理念，积极推动学科交叉融合，构建"雁阵式学科发展体系"，实现了优势学科的联动发展。建立起以经济学、管理学为主体，文学、理学、法学、工学、教育学、艺术学等多学科协调发展的学科体系，形成了鲜明的办学特色，为国家经济建设和社会发展培养了大批高素质人才，在国内外享有较高声誉和知名度。

山东财经大学现设有 24 个教学院（部），全日制在校本科生、研究生 30000 余人。拥有 58 个本科专业，其中，国家级一流本科专业建设点 29 个，省级一流本科专业建设点 20 个，国家级一流本科专业建设点占本科专业总数比例位居省属高校首位。拥有应用经济学、管理科学与工程、统计学 3 个博士后科研流动站，应用经济学、工商管理、管理科学与工程、统计学 4 个一级学科博士学位授权点，11 个一级学科硕士学位授权点，20 种硕士专业学位类别。应用经济学、工商管理学、管理科学与工程 3 个学科入选山东省高水平学科建设名单，其中，应用经济学为"高峰学科"建设学科。在 2024 软科中国大学专业排名中，A 以上专业 23 个，位居山东省属高校首位；A+专业数 3 个，位居山东省属高校第 2 位；上榜专业总数 53 个，连续三年所有专业全部上榜。工程学、计算机科学和社会科学进入 ESI 全球排名前 1%，"经济学拔尖学生培养基地"入选山东省普通高等学校基础学科拔尖学生培养基地。

山东财经大学以"努力建设特色鲜明、国际知名的高水平财经大学"为发展目标，坚定高质量内涵式发展方向，超常规引进培养高层次人才。通过加快学科交叉平台建设，扎实推进学术创新，实施科学研究登峰工程，不断优化科研管理体制，推动有组织的科研走深走实见行见效，助力学校高质量发展。近五年，学校承担国家级科研课题 180 余项，整体呈现出立项层次不断提升、立项学科分布逐年拓宽的特征，形成以经管学科为龙头、多学科共同发展的良好态势。其中，国家重点研发计划 1 项，国家社会科学基金重大项目 5 项、重点项目 9 项、年度项目 173 项。学校累计获批省部级科研奖励 110 余项，其中，教育部人文社科奖一等奖 1 项，成功入选《国家哲学社会科学成果文库》，实现学校人文社科领域研究成果的重大突破。学校通过不断完善制度和健全机制激励老师们产出高水平标志性成果，并鼓励老师们"把论文写在祖国的大地上"。近五年，学校教师发表 3500 余篇高水平学术论文，其中，被 SCI、SSCI 收录 1073 篇，被 CSSCI 收录 1092 篇，在《中国社会科学》《经济研究》《管理世界》等中文权威期刊发表 18 篇。科研成果的竞相涌现，不断推进学校哲学社会科学知识创新、理论创新和方法创新。学校紧紧把握时代脉搏，聚焦新质生产力、高质量发展、乡村振兴、海洋经济和绿色低碳已搭建省部级以上科研平台机构 54 个，共建中央部委智库平台 1 个、省级智库平台 6 个、省社科理论重点研究基地 3 个、省高等学校实验室 10 个，为教师从事科学研究搭建了更广阔的平台，营造了更优越的学术生态。

"十四五"时期是我国从全面建成小康社会向基本实现社会主义现代化迈进的关键阶段，也是山东财经大学迎来飞跃发展的重要时期。2022 年，党的二十大的胜利召开为学校的高质量发展指明了新的方向，建校 70 周年暨合并建校 10 周年的校庆更为学校的内涵式发展注入了新的动力；2024 年，学校第二次党代会确定的"一一三九发展思路"明确了学校高质量发展的路径。在此背景下，作为"十四五"时期国家重点出版物出版专项规划项目，"转型时代的中国财经战略论丛"将继续坚持以马克思列宁主义、毛泽东思想、邓小平理论、"三个代表"重要思想、科学发展观和习近平新时代中国特色社会主义思想为指导，紧密结合《中共中央关于制定国民经济和社会发展第十四个五年规划和二〇三五年远景目标的建议》和党的二十届三中全会精神，聚焦国家"十四五"期间的重大财经战略问题，积极开展基础研究和应用研究，进一步凸显鲜明的时代特征、问题导向和创新意识，致力于推出一系列的学术前沿、高水准创新性成果，更好地服务于学校一流学科和高水平大学的建设。

我们期望通过对本系列论丛的出版资助，激励我校广大教师潜心治学、扎实研究，在基础研究上紧密跟踪国内外学术发展的前沿动态，推动中国特色哲学社会科学学科体系、学术体系和话语体系的建设与创新；在应用研究上立足党和国家事业发展需要，聚焦经济社会发展中的全局性、战略性和前瞻性重大理论与实践问题，力求提出具有现实性、针对性和较强参考价值的思路与对策。

前　言

本书从"公平关切"和"利他偏好"两个方面，研究供应链系统的不完全理性决策，探讨不同供应链模式下，供应链成员的公平关切、利他偏好行为对供应链决策和协调的影响，并设计有效的协调机制实现系统的协调。主体研究分为四个部分：

第 1 部分　包括第 1 章和第 2 章。第 1 章绪论，主要介绍了不同供应链模式下不完全理性决策的研究意义，分析了不同供应链模式下不完全理性决策的研究现状，提出本书的研究思路，阐述了不完全理性决策有关理论和概念。第 2 章是关于不完全理性决策的文献综述，从公平关切和利他偏好两个角度，总结梳理国内外相关文献，总结归纳现有研究的不足。

第 2 部分　不同供应链模式的公平关切研究，即第 3 章至第 5 章。第 3 章是制造商公平关切下电商供应链的决策研究，研究了制造商公平关切对销售价格、服务水平以及最优利润的影响，设计了"成本共担联合佣金"契约协调机制消除分散决策下的"双重边际效应"。第 4 章是零售商公平关切下闭环供应链的决策研究，在传统闭环供应链基础上考虑创新投入和企业社会责任两个因素，研究了零售商公平关切行为因素对闭环供应链决策的影响。第 5 章是电商平台公平关切下电商闭环供应链的决策研究，针对现有电商闭环供应链公平关切问题的研究成果，引入闭环供应链的回收、再造商采取碳减排行为两个因素，研究了电商平台公平关切行为因素对电商闭环供应链决策的影响。

第 3 部分　不同供应链模式的利他偏好研究，即第 6 章至第 9 章。第 6 章是电商供应链的利他偏好决策研究，考虑了单个制造商和单个出口零售商组成的电商供应链，关注产品需求受服务水平的影响，同时考虑电商平台提供销售服务的成本支出，分析利他偏好对该供应链成员利润的影响。第 7 章是零售商主导型低碳供应链利他偏好决策研究，假设利他偏好的零售商将自己的利润和制造商的利润作为其效用函数进行加权，从理论和数值上分析了利他主义偏好对低碳供应链决策的影响。第 8 章是政府奖励机制下闭环供应链的利他偏好决策研究，在政府奖励机制下，采用效用决策函数，探究当制造商具有利他关切行为时，闭环供应链的决策和协调问题。第 9 章是考虑奖惩机制下电商供应链的利他偏好决策研究，将回收服务和质量改善作为决策变量，将利他偏好作为企业内部之间的激励机制，研究了利他偏好对闭环供应链决策的影响，分析了奖惩机制和利他偏好对回收量以及再造商利润和回收平台利润的影响。

第 4 部分　研究结论与管理启示，即本书的第 10 章。该部分总结了本书的重要结论，并根据研究结论对供应链成员提出相应的管理建议，最后分析研究的局限性及不足之处，指出未来的研究方向。

考虑公平关切行为因素的影响，通过构建制造商公平关切、考虑创新投入的零售商公平关切、考虑社会责任的零售商公平关切、电商平台公平关切下闭环供应链的回收问题以及电商平台公平关切下低碳 E – CLSC 五种模型，研究发现：

（1）不同于线下传统供应链"集中决策下产品销售价格最低"的结论，在电商供应链中，集中决策下产品的销售价格最高。这是因为在电商供应链中产品需求量受电商平台服务水平影响较大，电商平台主要通过佣金收益提高服务水平，因此集中决策下销售价格最高。而且在集中决策下，电商平台的服务水平和系统利润是最高的。这种集中决策，可以通过"成本共担联合佣金"契约协调机制实现。

（2）在制造商公平关切下的分散决策模型中，制造商、电商平台和电商供应链系统利润与公平关切系数负相关，产品的销售价格随着公平关切系数的增加而增加，但电商平台的服务水平不受制造商公平关切系数的影响。并且电商供应链成员和系统的利润要低于不考虑公平关切下分散决策的利润，这说明制造商公平关切对供应链成员以及供应链系统来说都是不利的，会导致系统成员利润以及系统利润的下降。

（3）在零售商公平关切决策下，制造商利润、零售商利润以及供应链系统利润都与公平关切程度负相关，制造商创新投入水平、批发价格以及零售商回收率也与公平关切程度负相关，零售价格与之正相关。说明新旧动能转换政策下，零售商的公平关切对自身及上游企业来说都是不利的，直接损害供应链成员及系统利润，但能增加自身利润占比。

（4）制造商的企业社会责任（CSR）履行程度存在最低阈值，只有高于阈值时，制造商 CSR 才起作用。当 CSR 履行程度高于阈值时，制造商的 CSR 行为和零售商的公平关切行为均能提高消费者剩余、零售商利润和系统利润，有利于提高系统运作效率，且都降低制造商利润。不同的是，制造商主动实施 CSR 行为，是为了体现企业责任意识、提高企业声誉。而在零售商公平关切下，制造商被迫降低批发价格，重新进行系统利润的再分配。

（5）在分散决策下，电商平台的公平关切行为提高了电商平台的议价能力，有助于提高电商平台的利润，但是这种公平关切，对再造商和系统运作均不利。而且，公平关切会提高废旧品的回收价格、降低电商平台的服务水平。但是公平关切行为相当于再造商对消费者的让利行为，对消费者是有利的。

考虑利他偏好行为因素的影响，通过构建电商平台利他偏好、政府补贴机制下低碳电商供应链的利他偏好、物流外包下电商供应链的利他偏好、考虑产品质量的电商供应链利他偏好、零售商主导型低碳供应链的利他偏好、政法奖励机制下闭环供应链的利他偏好以及奖惩机制下电商闭环供应链的利他偏好七种模型，研究发现：

（1）电商平台的利他偏好虽然对自身不利，但是有利于提高产品的销售价格、电商平台的服务水平、制造商的利润；而且，当利他偏好程度保持在一定范围内，利他偏好有利于维持与制造商友好和谐的合作关系，增加电商供应链系统收益，提高系统运作效率。

（2）政府补贴以及再造商让利偏好行为均能提高再造商节能减排的积极性，并实现电商平台利润帕累托改进，有利于提高系统运作效率、促进系统协调。但不同的是，政府补贴对再造商是有利的，再造商的让利偏好对再造商自身收益却是不利的，且政府补贴的效果要优于同等力度的让利关切。此外，分散决策下，无论政府是否补贴，再造商是否有让利关切行为，电商平台服务水平不发生改变。但在集中决策下，因为再造商提高了佣金，使得电商平台服务水平达到最高。与此同时，集中决策下的废旧品回收价格、再造商碳减排水平、社会总剩余也达到最高，系统利润达到最优。

（3）分散决策下，无利他偏好时，零售商利润大于制造商利润，但是当零售商考虑利他偏好时，随着利他偏好程度的增加，制造商的利润会高于零售商的利润；零售商利他偏好下，制造商的碳减排水平、批发价格、利润均高于无利他偏好的情形，零售商利润却会下降。这说明零售商利他偏好行为是通过牺牲部分自身利润实现公平的市场环境，保障低碳供应链的长期稳定运行的。

（4）在制造商利他关切性的分散决策下，制造商的利他关切行为有利于系统获利，降低了批发价格和零售价格进而增加了消费者剩余，提高了从属企业和闭环供应链系统的利润，还提高了回收率。但利他行为不利于制造商利润的增长，所以利他系数需要满足一定的条件，不会过高，这符合实际中制造商的收益需求。在协调机制中，政府奖励机制下制造商的利他行为扩大了制造商和零售商的谈判空间，有利于协调机制的实施。

多数时候，企业管理者都是按照理想决策进行思考、安排和部署，但是本书的研究让企业管理者认识到，在供应链的运营模式下，企业的不完全理性决策时时存在，并且对供应链的运营、决策和战略产生很大影响，本书的研究结论对企业更好地协调供应链企业之间的运行、保持良好管理，建立公平、公正、和谐、共赢的市场局面提供操作指南和决策依据。

目　录

第 1 部分　绪论与相关理论研究

第 2 部分　不同供应链模式的公平关切研究

第3部分 不同供应链模式的利他偏好研究

第4部分 研究结论与管理启示

第 1 部分　绪论与相关理论研究

第1章 绪 论

1.1 研究意义

梅奥（1880～1949 年）凭借著名的霍桑实验提出了"社会人"假设，认为人不单单追求经济报酬，更侧重于心理和社会方面的需求能够得到满足。同样，在企业实际运营过程中，企业的决策者会受到诸多行为因素（例如公平关切、风险规避、利他偏好等）的影响，因此，决策者是不完全理性的，他们在做决策时不仅会关注自身收益的多少，更会关注利润分配的公平性结果。

在供应链系统运行中，主导者往往占据有利地位，获得巨大的经济效益。而从属者作为系统中的弱势方，只能获得相对较小的经济效益。这种巨大的落差，往往会使得从属者产生公平关切的强烈意愿，更加关注自身与主导者之间的收益差距。收益差距越大，从属者对主导者的不满就会越强烈。比如在电商供应链的实际运营中，经常会举行大规模的折扣活动，在 2024 年的"6·18"年中大促中，很多企业都对天猫和京东产生了不满。这种不满心理严重损害供应链系统的运作，有时甚至造成合作中断、链条断裂。比如，2024 年上半年京东爆出大范围的商家集中退出"6·18"促销活动，其中出版行业发出两份"联合声明告知函"，包括北京大学出版有限公司、清华大学出版有限公司、中国人民大学出版有限公司等北京 8 家出版社和上海出版经营管理协会代表的上海 46 家出版单位。京东强制商家参与促销活动，锁定后台库存，严重侵犯了入驻商家权益。[①]

因此，为避免从属者因感到不公而实施惩罚措施，供应链中的主导者需要在关注自身效益的同时也关注从属者的利润，并在决策时采取一定程度的"利他偏好"行为。这是主导者常采用的稳固自身地位的策略，尤其是中国的电商供应链。例如，元器件电商平台——易库易，重视供应链的管理服务，为中小型订单对接供应商，但是不赚取商品差价，先将订单形成议价优势，再让顾客享受到大型授权分销商提供的优质服务。B2B 电商平台"一呼百应"[②] 为制造业推出了"交易 + SaaS + 供应链金融"服务，打通企业产品上下游生态链，助力中小企业实现采购管理的信息化。eBay 从 2018 年 4 月起，针对加入 eBay Plus 项目的卖家，由 eBay 承担退货费用，并且对退货处理时间不超过 1 个工作日的卖家提供 20% 的销售佣金折扣。这种"让利行为"保证了供应链系统的稳定运行和长远发展。

无论是供应链成员的"公平关切"行为，还是"利他偏好"行为，都属于供应链的不完全理性决策行为，本书针对不同模式供应链（电商供应链、闭环供应链、电商闭环供应链）的不完全理性决策进行系统研究，探讨不同权力结构下供应链成员的公平关切、利他偏好等行为因素对系统决策的影响。本书结论能够为供应链中的成员在实际运营和合作过程提供更加完善的理论指导，有助于提高供应链的运作效率，实现供应链中各参与方的共赢局面。此外，本书结合社会发展现状，将废旧品回收、碳减排等因素纳入供应链系统中，使得结论更加具有现实意义，为供应链的发展提供了实践的基础。

1.2　研　究　内　容

不完全理性行为主要有两种类型，一种是"不利不公"行为，即"公平关切"行为；另一种是"有利不公"行为，即"利他偏好"行为。本书借鉴国内外有关不完全理性决策的研究成果，从"公平关切"

---

① 《京东员工回应多家出版社抵制618：我很不容易，想卖更便宜的书》，载于《新京报》，https://m.bjnews.com.cn/detail/1716349589129382.html，2024 年 5 月 22 日。

② 网址为 http://yihubaiying.com/。

和"利他偏好"两个方面，研究供应链系统的不完全理性决策，探讨不同供应链模式下，供应链成员的公平关切、利他偏好行为对供应链决策和协调的影响，并设计有效的协调机制实现系统的协调。

本书可划分为四部分：

第 1 部分　包括第 1 章和第 2 章。第 1 章绪论，主要介绍了不同供应链模式下不完全理性决策研究的研究意义，分析了不同供应链模式下不完全理性决策的研究现状，提出本书的研究思路，阐述了不完全理性决策有关理论和概念。第 2 章是关于不完全理性决策的文献综述，从公平关切和利他偏好两个角度，总结梳理国内外相关文献，总结归纳现有研究的不足。

第 2 部分　不同供应链模式的公平关切研究，即第 3 章至第 5 章。第 3 章是制造商公平关切下电商供应链的决策研究，研究了制造商公平关切对销售价格、服务水平以及最优利润的影响，设计了"成本共担联合佣金"契约协调机制消除分散决策下的"双重边际效应"。第 4 章是零售商公平关切下闭环供应链的决策研究，在传统闭环供应链基础上考虑创新投入和企业社会责任两个因素，研究了零售商公平关切行为因素对闭环供应链决策的影响。第 5 章是电商平台公平关切下电商闭环供应链的决策研究，针对现有电商闭环供应链公平关切问题的研究成果，引入闭环供应链的回收、再造商采取碳减排行为两个因素，研究了电商平台公平关切行为因素对电商闭环供应链决策的影响。

第 3 部分　不同供应链模式的利他偏好研究，即第 6 章至第 9 章。第 6 章是电商供应链的利他偏好决策研究，考虑了单个制造商和单个出口零售商组成的电商供应链，关注产品需求受服务水平的影响，同时考虑电商平台提供销售服务的成本支出，分析利他偏好对该供应链成员利润的影响。第 7 章是零售商主导型低碳供应链利他偏好决策研究，假设利他偏好的零售商将自己的利润和制造商的利润作为其效用函数进行加权，从理论和数值上分析了利他主义偏好对低碳供应链决策的影响。第 8 章是政府奖励机制下闭环供应链的利他偏好决策研究，在政府奖励机制下，采用效用决策函数，探究当制造商具有利他关切行为时，闭环供应链的决策和协调问题。第 9 章是考虑奖惩机制下电商供应链的利他偏好决策研究，将回收服务和质量改善作为决策变量，将利他偏好作为企业内部之间的激励机制，研究了利他偏好对闭环供应链决策的影响，分析了奖惩机制和利他偏好对回收量以及再造商利润和回收平台利润的影响。

第 4 部分 研究结论与管理启示，即本书的第 10 章。该部分总结了本书的重要结论，并根据研究结论对供应链成员提出相应的管理建议，最后分析本专著研究的局限性及不足之处，指出未来的研究方向。

1.3 研究思路

本书的研究思路如图 1 - 1 所示。

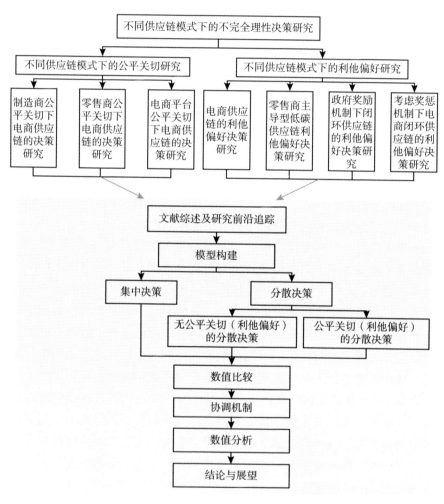

图 1 - 1 技术路线

1.4　相关理论概念

1.4.1　不完全理性决策的定义与分类

（1）不完全理性决策的定义。

20 世纪 50 年代之后，人们认识到建立在"经济人"假说之上的完全理性决策理论只是一种理想模式，不可能指导实际中的决策。基于此，赫伯特·西蒙提出了一种新的决策理论——不完全理性决策。[①] 不完全理性决策是指决策者在遇到困难的决策问题并难以作出决定，或者无法客观判断决策问题，或者决策方案之间没有明显的优劣差异，或者决策问题要求决策者迅速作出反应，没有搜集信息、分析论证的机会时，决策者只能依照自己的习惯、猜测、本能等非理性的心理因素，或者盲从分析意见作出决策。客观地说，任何决策过程都存在这种非理性因素的影响，当这种非理性因素在决策过程中占据主导地位时，这个决策就是不完全理性决策。[②]

（2）不完全理性决策的分类。

①公平关切。

公平关切简单地说就是关心或关注公平。就营销渠道而言，供销双方的关系有两种模型，一种是纯粹利益，也就是只要价钱合适就可以，弱势一方只要挣到钱就宁可忍辱挨骂；另一种是公平关切，也就是不仅价钱合适，弱势一方就算挣到钱了也还可能因为双方关系的不平等而采取放弃合作甚至有意破坏的行为。[③] 所以，在公平关切的意识下，营销渠道就要尽量公平。

---

① Carnegie Mellon University. Nobel Laureate and Artificial Intelligence Expert Herbert A. Simon of Carnegie Mellon University，https：//www. cs. cmu. edu/simon/bio. html.

② 李建明：《决策中的理性与非理性》，https：//doc. mbalib. com/view/ad6b4a12aa82de faf4db6faa72c29f21. html。

③ Haitao Cui, Tony, Jagmohan S. Raju, and Z. John Zhang. Fairness and Channel Coordination. *Management Science*，Vol. 53，No. 8，2007，pp. 1303 - 1314.

②利他偏好。

利他偏好是指人们的效用函数中他人的利益与自身的效用正相关；基于心理动机的互惠偏好行为，尽管需要付出一定的成本，人们仍会以善报善、以恶惩恶；基于结果的差异厌恶偏好认为，人们会在处于劣势的不公平和处于优势的不公平时均存在效用损失，而且处于劣势的不公平的损失大于处于优势的不公平的损失。[①]

利他偏好和公平关切都是供应链中常见的有限理性决策行为，但是它们的出发点、思想和作用是不同的，其区别如表1-1所示。

表1-1   利他偏好与公平关切的区别

项目	利他偏好	公平关切
出发点	加强与其他主体的合作并提高供应链绩效	提高自身利润
内在原因	经济学认为是公平规范驱动；心理学认为是同情心	追求利润分配公平
效果	一般有利于供应链发展	一般不利于供应链发展
思想	牺牲自己成就集体	牺牲自己惩罚别人

1.4.2 供应链的相关理论概念

（1）供应链（supply chain）。

供应链是围绕核心企业，通过对信息流、物流、资金流的控制，从采购原材料开始，制成中间产品以及最终产品，最后由销售网络把产品送到消费者手中的将供应商、制造商、零售商，直至最终用户连成一个整体的网链结构和模式。[②]

（2）电商供应链（E-commerce Supply Chain，ECSC）。

电商供应链是供应链管理与电子商务相结合的产物，是指在全球化的电子商务环境下，以链主为核心，协调各参与主体的利益，充分利用信息技术，整合行业上下游的资源，达到降低整个供应链体系的总成

---

① Rapoport, Hillel, and Jean - Pierre Vidal. Economic Growth and Endogenous Intergenerational Altruism. *Journal of Public Economics*, Vol. 91, No. 7 - 8, 2007, pp. 1231 - 1246.

② 马士华：《供应链管理》，北京机械工业出版社2020年版。

本、实现多赢的目的。[①]

（3）闭环供应链（Closed Loop Supply Chain，CLSC）。

闭环供应链是指企业从采购到最终销售的完整供应链循环，包括产品回收与生命周期支持的逆向物流。[②] 它的目的是对物料的流动进行封闭处理，减少污染排放和剩余废物，同时以较低的成本为顾客提供服务。因此闭环供应链除了传统供应链的内容外，还对可持续发展具有重要意义，所以传统的供应链设计原则也适用于闭环供应链。闭环物流在企业中的应用越来越多，市场需求不断增大，成为物流与供应链管理的一个新的发展趋势。

（4）电商闭环供应链（E‒commerce Closed-loop Supply Chain，E‒CLSC）。

随着信息技术和电子商务的发展，传统的线下闭环供应链已经不能很好地适应网络经济的发展，呈现出环节多、响应时间长、效率低、成本高等问题。与此同时，为了提高供应链企业的竞争力，很多闭环供应链企业开始将电子商务与闭环供应链运作模式结合在一起，依托电商平台完成产品（再造品）的销售或者回收，这种结合逐渐使得电商平台变为闭环供应链的一个关键成员，从而形成了电子商务闭环供应链。[③]

（5）集中式决策、分散式决策。

集中式决策是指决策者以供应链整体利益最优为目的进行决策。分散式决策是指供应链中各主体以自身利益最优为目的进行决策。

（6）Stackelberg 博弈。

Stackelberg 博弈，即斯塔克伯格博弈，是一个两阶段的完全信息动态博弈，博弈的时间是序贯的。主要思想是双方都是根据对方可能的策略来选择自己的策略以保证自己在对方策略下的利益最大化，从而达到纳什均衡。在该博弈模型中，先作出决策的一方被称为领导者（leader），在领导者之后，剩余的参与方（players）根据领导者的决策进行

9

---

① Siddiqui, Atiq W., and Syed Arshad Raza. Electronic supply chains: Status & perspective. *Computers & Industrial Engineering*，88，2015，536‒556.

② Fathollahi‒Fard AM, Govindan K, Hajiaghaei‒Keshteli M, Ahmadi A. A Green Home Health Care Supply Chain: New Modified Simulated Annealing Algorithms. *Journal of Cleaner Production*. 240，2019，118200.

③ 王玉燕、李璟：《网络平台回收视角下电器电子产品 E‒闭环供应链的定价、回收与协调研究》，载于《山东财经大学》2016 年第 28 期。

决策，被称为追随者（followers），然后领导者再根据追随者的决策对自己的决策进行调整，如此往复，直到达到纳什均衡。

（7）企业社会责任（Corporate Social Responsibility，CSR）。

企业社会责任一词起源于美国。1923 年，英国学者欧利文·谢尔顿（Oliver Sheldon）在美国进行企业管理考察时提出了"企业社会责任"概念。企业社会责任是指企业在创造利润、对股东和员工承担法律责任的同时，还要承担对消费者、社区和环境的责任。企业的社会责任要求企业必须超越把利润作为唯一目标的传统理念，强调要在生产过程中对人的价值的关注，强调对环境、消费者、社会的贡献。

（8）两部收费（two-part tariff）。

两部收费指先向消费者收取一定数量的固定费用，然后再按消费数量向消费者收取使用费。两部收费由两部分组成；其一是消费者为获得某种商品或服务的使用权而支付的固定费用，这部分费用与消费数量无关；其二是与消费数量直接相关的使用费。对厂商来说，就面临一个抉择问题：是制定一个高固定费和低使用费的定价模式，还是相反；怎样做才能获得更多的消费者剩余①。

（9）收益共享契约。

收益共享契约就是供应商制定低于其成本的批发价格。此时零售商为了弥补供应商的损失，将自己的销售收入按照一定比例（由双方共同商定）返还给供应商，最终确保双方的收益水平高于分散控制状态，达到供应链最优绩效。②

---

① Sloan School of Management Massachusetts Institute of Technology. Price Discrimination and Two Part Tariff. https://ocw.mit.edu/courses/15 – 010 – economic-analysis-for-business-decisions-fall –2004/4b40fe475dcd2420bb403352af81e2b8_prc_disc_and_tar.pdf.

② 《企业创新供应链收益共享契约模型研究》，载于《武汉工程大学学报》2008 年第 6 期，第 105～108 页。

第2章 供应链不完全理性决策的文献研究

2.1 供应链公平关切的文献研究

2.1.1 传统供应链的公平关切决策与协调

关于供应链的公平关切研究在传统的供应链领域涉及较多，主要集中在以下几方面。（1）公平关切对系统决策的影响：Ho 等构建由单个供应商和两个零售商组成的供应链系统，对比分析了分配公平关切和比较公平关切对供应链利润的不同影响[1]；Liu 等考虑物流服务提供商的公平关切，研究物流服务供应链的订单分配问题，发现系统效率随着提供商对等公平性的提高而增加，随着分配公平性而降低[2]；Li 等的研究表明，在供应链中追随企业的公平关切意愿更加强烈[3]。（2）公平关切下的定价决策：Zhang 等探讨由一个制造商和一个零售商组成的绿色供应链定价策略，比较零售商是否具有公平关切的情形，发现零售商关注

---

① Ho T. H., Su X., Wu Y. Distributional and Peer—Induced Fairness in Supply Chain Contract Design. *Production and Operations Management*. Vol 23, No. 2, 2014, pp. 161 – 75.

② Liu W., Wang D., Shen X., Yan X., Wei W. The Impacts of Distributional and Peer-induced Fairness Concerns on the Decision – Making of Order Allocation in Logistics Service Supply Chain. *Transportation Research Part E: Logistics and Transportation Review*. Vol. 116, 2018, pp. 102 – 122.

③ Li, Q. H. and Li, B. Dual – Channel Supply Chain Equilibrium Problems Regarding Retail Services and Fairness Concerns. *Applied Mathematical Modelling*, Vol. 40, 2016, pp. 7349 – 7367.

公平会改变产品定价，同时其权力地位和关切程度决定是否从公平关切中受益。[①]（3）公平关切下系统的协调问题：Cui 等将公平关切的概念引入供应链中研究公平关切如何影响制造商和零售商之间的交易，重点研究了两部收费和数量折扣对供应链协调的影响。[②] 在此基础上，Caliskan – Demirag 等研究表明当需求函数是指数函数时，批发价格契约实现公平关切供应链协调需要满足的条件相比于线性需求函数要相对宽松。[③] 聂腾飞等引入公平参考点，设计价格补贴联合契约实现公平关切供应链的协调。[④] Pu 等探究了制造商与公平敏感零售商之间的可行激励合同，发现零售商对公平性的关注极大地影响了制造商的决策，并对其利润产生了负面影响，而采用嵌入公平的利润分享合同可以实现该系统的协调。[⑤] Du 等构建了供应商和相互竞争的零售商组成的供应链模型，考虑零售商的公平关切性，根据公平关切的不同特点，分析了公平关切程度对系统成员利润的影响。[⑥] 上述研究显示供应链成员考虑公平关切这种有限理性行为对供应链运营效率和供应链成员的利润都有或多或少的损害。

2.1.2 电商供应链的公平关切决策与协调

电商供应链（ECSC）出现的早期，大多数研究针对的是 ECSC 结构、特征和优点等方面。ECSC 的加入，使得零售渠道改变了竞争格局，

---

① Zhang, L., Zhou, H., Liu, Y. and Lu, R., Optimal Environmental Quality and Price With Consumer Environmental Awareness and Retailer's Fairness Concerns in Supply Chain. *Journal of Cleaner Production*, Vol. 213, 2019, pp. 1063 – 1079.

② Haitao Cui, Tony, Jagmohan S. Raju, and Z. John Zhang. Fairness and Channel Coordination. *Management Science*, Vol. 53, No. 8, 2007, pp. 1303 – 1314.

③ Caliskan – Demirag, O., Chen, Y. F. and Li, J. Channel Coordination under Fairness Concerns and Nonlinear Demand. *European Journal of Operational Research*, Vol. 207, No. 3, 2010, pp. 1321 – 1326.

④ 聂腾飞、何碧玉、杜少甫：《考虑公平关切及其谈判破裂点的供应链运作》，载于《管理科学学报》2017 年第 20 期。

⑤ Pu, X., Gong, L. and Han, G. A Feasible Incentive Contract Between a Manufacturer and His Fairness – Sensitive Retailer Engaged in Strategic Marketing Efforts. *Journal of Intelligent Manufacturing*, Vol. 30, No. 1, 2019, pp. 193 – 206.

⑥ Du, S., Wei, L., Zhu, Y. and Nie, T. Peer – Regarding Fairness in Supply Chain. *International Journal of Production Research*, Vol. 56, No. 10, 2018, pp. 3384 – 3396.

渠道的运营成本差距对于选择运营渠道非常重要。物流费用是 ECSC 运营成本中很重要的部分，Xu 等研究了 ECSC 中物流使用多式联运的成本问题。① 针对 ECSC 中的运费问题，Boone 和 Ganeshan 研究了 ECSC 中的免费运输政策②；Shao 探讨了在不同的 ECSC 结构中，供应商和零售商应该采用何种运费政策才能盈利③；Zhou 等使用变分不等式分析了供应商、电商平台和物流企业组成的三级供应链系统的均衡条件。④

近几年，很多学者开始对 ECSC 的运作进行研究。Piera 站在电子采购的角度，分析了 ECSC 对企业实际运营的影响⑤；Li 等探讨了补货策略对 ECSC 绩效的影响⑥；Zhao 等⑦分析了 ECSC 中的合作广告对定价策略的影响；Zhao 等⑧研究了在 O2O 电子商务模式中采用横向库存的库存风险以及转运问题；Zhang 等⑨研究了 B2C 模式下在线订单批量和分配调度问题；Shen 等⑩研究了奢侈品行业中需求变化对 ECSC 的影响。

① Xu，S. X. , Cheng，M. and Huang，G. Q. Efficient Intermodal Transportation Auctions for B2B E - Commerce Logistics with Transaction Costs. *Transportation Research Part B*：*Methodological*，Vol. 80，2015，pp. 322 - 337.

② Boone，T. and Ganeshan，R. Exploratory Analysis of Free Shipping Policies of Online Retailers. *International Journal of Production Economics*，Vol. 143，No. 2，2013，pp. 627 - 632.

③ Shao，X. F. Free or calculated shipping：Impact of Delivery Cost on Supply Chains Moving to Online Retailing. *International Journal of Production Economics*，Vol. 191，2017，pp. 267 - 277.

④ Zhou，Y. , Zeng，J. , Zhang，M. and He，H. Research on Network Equilibrium Model of Online Shopping Supply Chain System in Promotion Based on Customer Behavior. *Procedia Engineering*，Vol. 174，2017，pp. 1400 - 1409.

⑤ Piera，C. , Roberto，C. , Giuseppe，C. and Teresa，M. E - Procurement and E - Supply Chain：Features and Development of E - Collaboration. *IERI Procedia*，Vol. 6，2014，pp. 8 - 14.

⑥ Li，J. , Ghadge，A. and Tiwari，M. K. Impact of Replenishment Strategies on Supply Chain Performance under E - Shopping Scenario. *Computers & Industrial Engineering*，Vol. 102，2016，pp. 78 - 87.

⑦ Zhao L，Zhang J，Xie J. Impact of Demand Price Elasticity on Advantages of Cooperative Advertising in a Two - Tier Supply Chain. *International Journal of Production Research*，Vol. 54，No. 9，2016，pp. 2541 - 2551.

⑧ Zhao，F. , Wu，D. , Liang，L. and Dolgui，A. Lateral Inventory Transshipment Problem in Online-to - Offline Supply Chain. *International Journal of Production Research*，Vol. 54，No. 7，2016，pp. 1951 - 1963.

⑨ Zhang，J. , Wang，X. and Huang，K. Integrated On - Line Scheduling of Order Batching and Delivery under B2C E - Commerce. *Computers & Industrial Engineering*，Vol. 94，2016，pp. 280 - 289.

⑩ Shen，B. , Qian，R. and Choi，T. M. Selling Luxury Fashion Online with Social Influences Considerations：Demand Changes and Supply Chain Coordination. *International Journal of Production Economics*，Vol. 185，2017，pp. 89 - 99.

考虑传统线下供应链的影响，Xiao 和 Shi[1] 研究了随机收益导致供应短缺的情况下，ECSC 和传统供应链的定价策略和渠道优先策略；Zhao 等[2]研究了消费者渠道忠诚度、产品互补水平和市场结构对线上线下供应链定价策略的影响。

在传统的线下供应链中，制造商一般是系统的主导者[3]，但是在 ECSC 中，却在系统中处于从属地位，往往经济实力也不如电商平台。这种巨大的落差，使得制造商产生公平关切的强烈意愿，更加关注自身与电商平台之间的收益差距，电商平台规模越大，收益差距越大，制造商对电商平台的不满就会越强烈。

制造商将这种公平关切性体现在 ECSC 的决策中，对 ECSC 的运行产生很大的影响。Dumrongsiri 等[4]和 Wang 等[5]较早对 ECSC 的协调机制进行了探讨，研究了一种以代理中介的按需电子商务供应链集成方法。Chen[6] 研究表明在制造商主导的双渠道供应链中，批发价格合同使零售商受益，通过双重协议（例如两部收费或收益共享契约）可以使制造商和零售商实现双赢。Chen[7] 和 Araneda – Fuentes

① Xiao T. , and Shi, J. J. Pricing and Supply Priority in a Dual – Channel Supply Chain. *European Journal of Operational Research*, Vol. 254, No. 3, 2016, pp. 813 – 823.

② Zhao, J. , Hou, X. , Guo, Y. and Wei, J. Pricing Policies for Complementary Products in a Dual – Channel Supply Chain. *Applied Mathematical Modelling*, Vol. 49, 2017, pp. 437 – 451.

③ Tsay, A. A. and Agrawal, N. Channel Dynamics under Price and Service Competition. *Manufacturing & Service Operations Management*, Vol. 2, No. 4, 2000, pp. 372 – 391; Li, S. X. , Huang, Z. , Zhu, J. and Chau, P. Y. Cooperative Advertising, Game Theory and Manufacturer – Retailer Supply Chains. *Omega*, Vol. 30, No. 5, 2002, pp. 347 – 357; Yue, D. and You, F. Stackelberg – Game – Based Modeling and Optimization for Supply Chain Design and Operations: A mixed Integer Bilevel Programming Framework. *Computers & Chemical Engineering*, Vol. 102, 2017, pp. 81 – 95.

④ Dumrongsiri, A. , Fan, M. , Jain, A. and Moinzadeh, K. A Supply Chain Model with Direct and Retail Channels. *European Journal of Operational Research*, Vol. 187, No. 3, 2008, pp. 691 – 718.

⑤ Wang M. , Liu J. , Wang H. , Cheung W. K. , Xie X. On – Demand E – Supply Chain Integration: A Multi-agent Constraint – Based Approach. *Expert Systems with Application*, Vol. 34, No. 4, 2008, pp. 2683 – 2692.

⑥ Chen, J. , Zhang, H. and Sun, Y. Implementing Coordination Contracts in a Manufacturer Stackelberg Dual – Channel Supply Chain. *Omega*, Vol. 40, No. 5, 2012, pp. 571 – 583.

⑦ Chen, L. T. Dynamic Supply Chain Coordination under Consignment and Vendor – Managed Inventory in Retailer – Centric B2B Electronic Markets. *Industrial Marketing Management*, Vol. 42, No. 4, 2013, pp. 518 – 531.

等①对 B2B 模式下 ECSC 的利润协调机制进行了设计。Chen 等②研究了由信息中心和零售商组成的 ECSC 中客户激励成本和转介服务的横向合作合同的协调机制。Panda 等③则研究了双渠道供应链中高科技产品的定价和补偿政策，通过基于批发价格调整的收益共享机制实现了供应链的协调。Wang 等④通过成本分摊联合押金（cost sharing joint commission）协调了制造商具有公平关切行为的绿色电商供应链，并发现消费者绿色产品偏好的增加可以提高协调机制的可行性。

现有的研究成果从不同角度探讨了电子商务对供应链运营的影响，但是这些成果大多是把电商平台当作一个供应链运行的外部环境，没有将电商平台作为供应链的重要成员纳入模型之中。实际上，随着电子商务的快速发展，目前电商平台在实际运营中除了具有传统零售商的很多功能（比如展示产品，提供咨询服务，完成产品交易）之外，还为入驻制造商提供广告、物流、售后等服务，这使得电商平台成为 ECSC 中必不可少的一位重要成员。考虑到现实中电商平台在供应链中的功能变化，需要对 ECSC 进行更深入的研究。

2.1.3　闭环供应链的公平关切决策与协调

15

学术界关于闭环供应链的研究非常丰富，Sarat 等⑤、Daria 等⑥和

---

①　Araneda – Fuentes，C.，Lustosa，L. J. and Minner，S. A Contract for Coordinating Capacity Decisions in a Business-to – Business（B2B）Supply Chain. *International Journal of Production Economics*，Vol. 165，2015，pp. 158 – 171.

②　Chen，Y. G.，Zhang，W. Y.，Yang，S. Q.，Wang，Z. J. and Chen，S. F. Referral Service and Customer Incentive in Online Retail Supply Chain. *Journal of Applied Research and Technology*，Vol. 12，No. 2，2014，pp. 261 – 270.

③　Panda，S.，Modak，N. M.，Sana，S. S. and Basu，M. Pricing and Replenishment Policies in Dual – Channel Supply Chain under Continuous Unit Cost Decrease. *Applied Mathematics and Computation*，Vol. 256，2015，pp. 913 – 929.

④　Wang，Y.，Fan，R.，Shen，L. and Jin，M. Decisions and Coordination of Green E – Commerce Supply Chain Considering Green Manufacturer's Fairness Concerns. *International Journal of Production Research*，Vol. 58，No. 24，2020，pp. 7471 – 7489.

⑤　Jena，S. K. and Sarmah，S. P. Future Aspect of Acquisition Management in Closed – Loop Supply Chain. *International Journal of Sustainable Engineering*，Vol. 9，No. 4，2016，pp. 266 – 276.

⑥　Battini，D.，Bogataj，M. and Choudhary，A. Closed Loop Supply Chain（CLSC）：Economics，Modelling，Management and Control. *International Journal of Production Economics*，Vol. 183，2017，pp. 319 – 321.

Peng 等①对闭环供应链的研究进行了全面回顾。目前关于闭环供应链公平关切的研究主要包括公平关切对系统决策的影响以及公平关切下的定价决策。张克勇等②分析得出公平关切会造成闭环供应链整体利润损失的结论。姚锋敏等③进一步将公平关切性引入零售商主导的闭环供应链中，分析了闭环供应链成员及整体的最优决策问题。Zheng 等④考虑零售商公平关切问题，研究了五个非合作和合作模式下最优决策和利润，并设计可变加权 Shaple 值来协调此 CLSC。研究表明，企业的公平关切参数仅在上下游的利润分配上起作用，并不影响整个供应链系统的盈利能力。针对混合双渠道供应链成员公平关切与损失规避行为往往导致其订购决策偏离最优订购量的现象，曲优等⑤构建了考虑成员行为偏好和需求转移的混合双渠道供应链订购模型，研究公平关切行为对双方成员订购策略的影响。Li 等⑥建立了一个由制造商、零售商和回收商组成的 CLSC，研究结果表明，零售商的公平关切导致批发价格下降，制造商利润下降。考虑零售商通过回购担保融资模式获得银行融资支持解除预算资金约束，Chen 等⑦研究表明当零售商面对不确定市场风险时，公平关切有利于提高供应链绩效。

---

① Peng, H., Shen, N., Liao, H., Xue, H. and Wang, Q. Uncertainty Factors, Methods, and Solutions of Closed – Loop Supply Chain—A Review for Current Situation and Future Prospects. *Journal of Cleaner Production*, Vol. 254, 2020, P. 120032.

② 张克勇、侯世旺、周国平：《公平关切下闭环供应链定价策略》，载于《系统管理学报》2013 年第 22 期；张克勇、吴燕、侯世旺：《具有公平关切零售商的闭环供应链差别定价策略研究》，载于《中国管理科学》2014 年第 22 期。

③ 姚锋敏、滕春贤：《公平关切下零售商主导的闭环供应链决策模型》，载于《控制与决策》2017 年第 32 期。

④ Zheng, X. X., Li, D. F., Liu, Z., Jia, F. and Sheu, J. B. Coordinating a Closed – Loop Supply Chain with Fairness Xoncerns Through Variable – Weighted Shapley Values. *Transportation Research Part E: Logistics and Transportation Review*, Vol. 126, 2019, pp. 227 – 253.

⑤ 曲优、关志民、邱若臻、叶同：《公平关切与损失规避对混合双渠道供应链订货策略的影响》，载于《管理学报》2017 年第 14 期。

⑥ Li, Q., Shi, M. and Huang, Y. A Dynamic PriceGame Model in a Low – Carbon, Closed – Loop Supply Chain Considering Return Rates and Fairness Concern Behaviors. *International Journal of Environmental Research and Public Health*, Vol. 16, No. 11, 2019, P. 1978.

⑦ Chen, J., Zhou, Y. W. and Zhong, Y. A Pricing/Ordering Model for a Dyadic Supply Chain with Buyback Guarantee Financing and Fairness Concerns. *International Journal of Production Research*, Vol. 55, No. 18, 2017, pp. 5287 – 5304.

2.1.3.1　考虑创新投入的闭环供应链决策与协调

企业进行新旧动能转换成本很高，单依靠企业自身能力实现困难，这在很大程度上削弱了制造企业进行新旧动能转换的动力。为加快新旧动能的转换，政府设立引导资金激励企业，实施情况显示政府奖励政策确实大大加快了新旧动能转换的步伐。[①] 政府的参与改变了闭环供应链的利润分配方式，在促进回收战略中扮演重要角色。[②]

关于 CLSC 中政府管制的研究主要集中在定价和回收策略研究[③]、有无政府参与的比较研究[④]和补贴不同对象的研究[⑤]几方面。Liu 等[⑥]建立了政府参与的三阶段供应链博弈模型，发现政府奖惩可以影响市场需求和回报率。Chen 和 Akmalul' Ulya[⑦] 考虑奖惩政策下制造商和零售商

---

① 《山东以政府基金撬动社会投资助推新旧动能转换》，新华社，http：//www. xinhuanet. com/politics/2019 – 09/13/c_1124994364. htm，2019 年 9 月 13 日。

② Hassanpour, A., Bagherinejad, J. and Bashiri, M. A Robust Bi – Level Programming Model for Designing a Closed – loop Supply Chain Considering Government's Collection Policy. *Scientia Iranica*，Vol. 26，No. 6，2019，pp. 3747 – 3764；Shu, Y., Dai, Y. and Ma, Z. Pricing Decisions in Closed – Loop Supply Chains with Peer – Induced Fairness Concerns. *Sustainability*，Vol. 11，No. 18，2019，P. 5071.

③ Wang, W., Zhang, Y., Zhang, K., Bai, T. and Shang, J. Reward – Penalty Mechanism for Closed – Loop Supply Chains under Responsibility – Sharing and Different Power Structures. *International Journal of Production Economics*，Vol. 170，2015，pp. 178 – 190；Madani, S. R. and Rasti – Barzoki, M. Sustainable Supply Chain Management with Pricing, Greening and Governmental Tariffs Determining Strategies：A Game – Theoretic Approach. *Computers & Industrial Engineering*，Vol. 105，2017，pp. 287 – 298；Wang, Y., Fan, R., Shen, L. and Miller, W. Recycling Decisions of Low – Carbon E – Commerce Closed – Loop Supply Chain under Government Subsidy Mechanism and Altruistic Preference. *Journal of Cleaner Production*，Vol. 259，2020，P. 120883.

④ Zhao, J. and Sun, N. Government Subsidies – Based Profits Distribution Pattern Analysis in Closed – Loop Supply Chain Using Game Theory. *Neural Computing and Applications*，Vol. 32，2020，pp. 1715 – 1724.

⑤ Heydari, J., Govindan, K. and Jafari, A. Reverse and Closed Loop Supply Chain Coordination by Considering Government Role. *Transportation Research Part D：Transport and Environment*，Vol. 52，2017，pp. 379 – 398；Nielsen, I. E., Majumder, S. and Saha, S. Game – Theoretic Analysis to Examine How Government Subsidy Policies Affect a Closed-loop Supply Chain Decision. *Applied Sciences*，Vol. 10，No. 1，2019，P. 145.

⑥ Liu, Z. and Nishi, T. Government Regulations on Closed – Loop Supply Chain with Evolutionarily Stable Strategy. *Sustainability*，Vol. 11，No. 18，2019，P. 5030.

⑦ Chen, C. K. and Akmalul' Ulya, M. Analyses of the Reward – Penalty Mechanism in Green Closed – Loop Supply Chains with Product Remanufacturing. *International Journal of Production Economics*，Vol. 210，2019，pp. 211 – 223.

的绿色努力程度，结果发现，政府奖惩机制可以提高回报率和绿色努力。温兴琦等①构建基于三种政府补贴策略的绿色供应链成员之间的博弈模型，发现政府补贴系数对三种策略下产品绿色度产生不同程度的影响。孙迪和余玉苗②建立政府分别补贴绿色生产者、消费者的两阶段博弈模型，并通过数值仿真分析两种补贴政策下政府补贴效果的差异，表明补贴力度较大时，对消费者进行补贴更能提高绿色产品的需求；Peng和Liu③探讨了政府补贴的作用，采用实证方法分析了研发和创业公司增长之间的关系。但国内新旧动能转换政策下政府奖励对闭环供应链的运作影响鲜少有学者研究。

新旧动能转换政策下的基金类型以产业类基金为主，大多分配给制造企业用来购买新设备、升级新工业，而零售企业不能直接获得基金奖励，产生分配不均的思想，进而无心进行废旧产品回收工作。根据 Fehr和 Schmidt④ 的研究，在供应链中，跟从者往往更加关注自身与主导企业的收益差距，甚至不惜牺牲自身利益以寻求公平感知。尤其在新旧动能转换政策影响下，政府产业类奖励基金大量涌入制造企业，而作为跟从企业的零售企业不能从政府奖励中获利，自然会不满利润分配模式进而产生强烈的公平关切心理，甚至不参与回收工作。

目前关于创新投入对闭环供应链的决策研究过于分散，主要集中在绿色供应链中：石平等⑤研究制造商进行绿色化投入大量研发成本而更加关注分配公平的问题，讨论公平关切对绿色化效率、定价等的影响；姜明君和陈东彦⑥建立供应商和制造商绿色创新增加的收益分配模型，

---

① 温兴琦、程海芳、蔡建湖、卢超：《绿色供应链中政府补贴策略及效果分析》，载于《管理学报》2018 年第 15 期。

② 孙迪、余玉苗：《绿色产品市场中政府最优补贴政策的确定》，载于《管理学报》2018 年第 15 期。

③ Peng, H. and Liu, Y. How Government Subsidies Promote the Growth of Entrepreneurial Companies in Clean Energy Industry: An Empirical Study in China. *Journal of Cleaner Production*, Vol. 188, 2018, pp. 508 – 520.

④ Fehr, E. and Schmidt, K. M. A Theory of Fairness, Competition, and Cooperation. *The Quarterly Journal of Economics*, Vol. 114, No. 3, 1999, pp. 817 – 868.

⑤ 石平、颜波、石松：《考虑公平的绿色供应链定价与产品绿色度决策》，载于《系统工程理论与实践》2016 年第 36 期。

⑥ 姜明君、陈东彦：《公平偏好下绿色供应链收益分享与绿色创新投入》，载于《控制与决策》2020 年第 35 期。

引入政府补贴分析绿色创新投入水平。

2.1.3.2　考虑社会责任下闭环供应链决策与协调

近年来，制造商在环保意识和企业社会责任（Corporate Social Responsibility，CSR）实施方面受到了来自消费者和政府的压力。从节约资源和保护环境的目的出发，各国政府采取财政补贴、降税减税政策来激励企业承担社会责任。如 Bulmus 等[①]所述：要求企业不能把追求经济利益作为唯一目标，还强调企业对利益相关者、消费者和整个社会环境的贡献，参与回收再造活动。CSR 成为评价企业的一项重要指标，这一趋势是消费者环境意识、政府法规、竞争市场和全球变暖挑战推动的[②]。Ni 等[③]较早对不同权力结构下供应链的 CSR 配置问题进行了探讨。Zhang 和 Wang[④]研究政府规制对企业 CSR 的激励影响。Biswas 等[⑤]分析了四种供应链成员绿色制造与实施 CSR 的组合情形，发现零售商单独承担 CSR 情形下供应链效率最高。Nematollahi 等[⑥]则是研究药品供应链（Pharmaceutical Supply Chain，PSC）中参与者的 CSR 问题，通过

19

①　Bulmus, S. C., Zhu, S. X. and Teunter, R. Competition for Cores in Remanufacturing. *European Journal of Operational Research*, Vol. 233, No. 1, 2014, pp. 105 – 113.

②　Mirzabaghi, M., Rashidi Komijan, A. and Sarfaraz, A. H. Closed Loop Supply Chain Planning with Vehicle Routing. *International Journal of Industrial Engineering & Production Research*, Vol. 27, No. 3, 2016, pp. 285 – 301；Nguyen, T. L. A. and Le VO, T. H. CSR Implementation for the Sustainable Supply Chain Performance：A System Dynamic Approach. *IFAC – PapersOnLine*, Vol. 52, No. 13, 2019, pp. 1949 – 1954.

③　Ni, D., Li, K. W. and Tang, X. Social Responsibility Allocation in Two – Echelon Supply Chains：Insights from Wholesale Price Contracts. *European Journal of Operational Research*, Vol. 207, No. 3, 2010, pp. 1269 – 1279.

④　Zhang, Y. H. and Wang, Y. The Impact of Government Incentive on the Two Competing Supply Chains under the Perspective of Corporation Social Responsibility：A Case Study of Photovoltaic Industry. *Journal of cleaner production*, Vol. 154, 2017, pp. 102 – 113.

⑤　Biswas, I., Raj, A. and Srivastava, S. K. Supply Chain Channel Coordination with Triple Bottom Line Approach. *Transportation Research Part E：Logistics and Transportation Review*, Vol. 115, 2018, pp. 213 – 226.

⑥　Nematollahi, M., Hosseini – Motlagh, S. M., Ignatius, J., Goh, M. and Nia, M. S. Coordinating a Socially Responsible Pharmaceutical Supply Chain under Periodic Review Replenishment Policies. *Journal of Cleaner Production*, Vol. 172, 2018, pp. 2876 – 2891.

多目标协作决策模型实现了 PSC 与服务水平之间的协调。在此基础上，Raza[1] 研究了制造商考虑 CSR 情形下供应链的协调问题，发现收益共享契约可以实现供应链的协调。Hosseini 等[2]考虑需求中断问题，探索分散式和集中式下逆向供应链（Reverse Supply Chain，，RSC）的最优决策，这为企业 CSR 程度提供了参考。Seyyed 等[3]考察零售商投资 CSR 作为社会可持续性来提高市场份额的影响，却发现当废旧产品再造价值高时，零售商反而减少 CSR 活动。这些研究成果大多针对传统正向供应链。

Zhang 等[4]从 CSR 角度研究了不完全信息情况下，不同政策的竞争性供应链与政府之间的关系，企业履行 CSR 越多，得到的补贴就越多，反之，企业生产环境不友好型产品需要承担政府高额的税额，最终影响自身利润。Liu 等[5]的研究确定了政府最优补贴率和企业 CSR 的关系，得到的启示是：政府应该合理提供补贴给 CSR 企业，以弥补其社会责任活动的相应成本，但补贴不宜过高，一旦超过某个界限，反而会使得社会福利下降。

2.1.4 电商闭环供应链的公平关切决策与协调

2.1.4.1 电商闭环供应链的公平关切决策

学术界对于电商闭环供应链的研究主要集中在以下几个方面。

① Raza, S. A. Supply Chain Coordination under a Revenue – Sharing Contract with Corporate Social Responsibility and Partial Demand Information. *International Journal of Production Economics*, Vol. 205, 2018, pp. 1 – 14.

② Hosseini – Motlagh, S. M., Nouri – Harzvili, M., Choi, T. M. and Ebrahimi, S. Reverse Supply Chain Systems Optimization with Dual Channel and Demand Disruptions: Sustainability, CSR Investment and Pricing Coordination. *Information Sciences*, Vol. 503, 2019, pp. 606 – 634.

③ Hosseini – Motlagh, S. M., Ebrahimi, S. and Zirakpourdehkordi, R. Coordination of Dual – Function Acquisition Price and Corporate Social Responsibility in a Sustainable Closed – Loop Supply Chain. *Journal of Cleaner Production*, Vol. 251, 2020, P. 119629.

④ Zhang, Y. H. and Wang, Y. The Impact of Government Incentive on the Two Competing Supply Chains under the Perspective of Corporation Social Responsibility: A Case Study of Photovoltaic Industry. *Journal of cleaner production*, Vol. 154, 2017, pp. 102 – 113.

⑤ Liu, Z. and Nishi, T. Government Regulations on Closed – Loop Supply Chain with Evolutionarily Stable Strategy. *Sustainability*, Vol. 11, No. 18, 2019, P. 5030.

（1）考虑电商闭环供应链的绩效问题，屠建平和杨雪①构建了电子商务平台绩效评价指标体系，并用双模糊模型对其进行评价。之后，周驷华和万国华②构建了一个从电子商务能力到信息整合再到供应链绩效的概念模型，研究电子商务对制造企业供应链绩效的影响。（2）考虑电商供应链的决策和协调，易余胤③研究了供应商主导、网络平台主导和无领导市场三种情形下闭环供应链博弈模型。李健等④对电商供应链中的制造商回购策略进行了研究。（3）考虑传统供应链的影响，祝凌燕⑤对电子商务环境下具有实体渠道和网络渠道的闭环供应链的定价与协调进行了研究；Ji 等⑥对线上线下供应链成员的减排行为进行了研究，发现当消费者的低碳敏感程度满足一定条件时，引进网络渠道对制造商有利。

　　然而，针对电商闭环供应链公平关切问题的研究成果比较少，主要有周义廷和刘丽文⑦研究了零售商具有公平关切时，基于线上销售和零售商销售的双渠道闭环供应链的决策与协调问题；王玉燕和李璟⑧对电商平台公平关切下电商供应链的主导模式和回收策略进行了研究，给出了废旧品的回收策略。但这些研究针对的分别是对销售环节零售商和电商平台的公平关切，并没有分析公平关切对回收环节的影响，也并未考虑再造商采取碳减排行为对闭环供应链造成的影响。

---

　　①　屠建平、杨雪：《基于电子商务平台的供应链融资模式绩效评价研究》，载于《管理世界》2013 年第 7 期。

　　②　周驷华、万国华：《电子商务对制造企业供应链绩效的影响：基于信息整合视角的实证研究》，载于《管理评论》2017 年第 29 期。

　　③　易余胤：《具竞争零售商的再制造闭环供应链模型研究》，载于《管理科学学报》2009 年第 12 期。

　　④　李健、王博、史浩、李琳琳：《考虑消费者退货决策的两阶段电子商务供应链制造商回购策略》，载于《计算机集成制造系统》2015 年第 21 期。

　　⑤　祝凌燕：《电子商务环境下闭环供应链定价策略探讨》，载于《商业时代》2016 年第 22 期。

　　⑥　Ji, J., Zhang, Z. and Yang, L. Carbon Emission Reduction Decisions in the Retail -/ Dual - Channel Supply Chain with Consumers' Preference. *Journal of Cleaner Production*, Vol. 141, 2017, pp. 852 - 867.

　　⑦　周义廷、刘丽文：《考虑零售商公平关切的双渠道闭环供应链决策与协调研究》，载于《系统科学与数学》2017 年第 37 期。

　　⑧　王玉燕、李璟：《公平关切下基于网络平台销售、回收的 E - 闭环供应链的主导模式研究》，载于《中国管理科学》2018 年第 26 期。

2.1.4.2　电商闭环供应链的回收决策与协调

学术界对电商闭环供应链下废旧品的回收策略展开了一系列研究：Xu 等[1]分析了消费者的废弃电器电子设备（Waste Electrical and Electronic Equipment，WEEE）的购买意愿对实施网络回收的影响；Giri 等[2]构建了电商平台负责销售、回收的双渠道闭环供应链模型，研究了系统的定价策略和回收决策。Feng 等[3]基于消费者对线上回收渠道的偏好研究了两部收费契约和收益共享契约对协调双向回收供应链的影响。这些研究涉及电商供应链的概念、绩效、运作、协调等问题，丰富完善了电商闭环供应链的理论基础。但是这些研究没有关注电商闭环供应链成员之间的主导权引发的决策公平关切行为问题。

在线下的闭环供应链中，公平关切的实施主体一般是制造商和零售商，而且他们公平关切的行为都是针对产品（再造品）的销售，但是在依托电商平台回收的电商闭环供应链中，显然电商平台对废旧品回收环节会产生强烈的公平关切意愿。目前这方面的研究比较少，王玉燕等[4]对网络平台公平关切下电商供应链的主导模式和回收策略进行了研究，但是这篇文章主要针对电商平台对再造品销售环节的公平关切。

2.1.4.3　低碳电商闭环供应链的决策与协调

目前，低碳供应链已成为学者关注的焦点之一，对低碳供应链的研究主要集中在下面两个方面。（1）针对碳税政策对供应链影响的研究。

---

①　Xu，X.，Zeng，S. and He，Y. The Influence of E – Services on Customer Online Purchasing Behavior toward Remanufactured Products. *International Journal of Production Economics*，Vol. 187，2017，pp. 113 – 125.

②　Giri，B. C.，Chakraborty，A. and Maiti，T. Pricing and Return Product Collection Decisions in a Closed – Loop Supply Chain with Dual – Channel in Both Forward and Reverse Logistics. J*ournal of manufacturing systems*，Vol. 42，2017，pp. 104 – 123.

③　Feng，L.，Govindan，K. and Li，C. Strategic Planning：Design and Coordination for Dual – Recycling Channel Reverse Supply Chain Considering Consumer Behavior. *European Journal of Operational Research*，Vol. 260，No. 2，2017，pp. 601 –612.

④　王玉燕、李璟：《公平关切下基于网络平台销售、回收的 E – 闭环供应链的主导模式研究》，载于《中国管理科学》2018 年第 26 期。

主要有熊中楷等①分析了碳税对制造商单位碳排放量和供应链成员利润的影响。魏守道和周建波②考虑政府征收碳税的影响，对供应链的低碳技术研发策略进行研究。杨惠霄和骆建文③探讨了低碳供应链的协调问题，发现收益共享契约能够实现系统协调。（2）针对碳交易政策对供应链影响的研究。马秋卓等④探讨了碳交易环境下，低碳供应链的定价决策问题。陈晓红等⑤研究了碳交易价格对供应链碳排放的影响。在碳限额与交易机制下，支帮东等⑥构建了两阶段供应链的碳减排博弈模型，并设计成本共担契约实现供应链的协调。杨仕辉和余敏⑦分析了碳配额不同分配机制下供应链的碳减排优化策略。杨磊等⑧研究了碳交易机制下四种不同渠道结构企业的定价和碳减排决策问题。聂佳佳等⑨对零售商负责回收的再制造闭环供应链进行研究，探讨碳约束下供应链的回收决策问题。邓乾旺等⑩通过混合遗传算法求解退役工程机械回收及再制造系统中的碳排放问题。

在低碳供应链的背景下，研究公平关切的文献比较少，主要有：Zhou 等研究了零售商公平关切下合作广告合同和减排成本分摊合同对

---

① 熊中楷、张盼、郭年：《供应链中碳税和消费者环保意识对碳排放影响》，载于《系统工程理论与实践》2014 年第 34 期。

② 魏守道、周建波：《碳税政策下供应链低碳技术研发策略选择》，载于《管理学报》2016 年第 13 期。

③ 杨惠霄、骆建文：《碳税政策下的供应链减排决策研究》，载于《系统工程理论与实践》2016 年第 36 期。

④ 马秋卓、宋海清、陈功玉：《考虑碳交易的供应链环境下产品定价与产量决策研究》，载于《中国管理科学》2014 年第 22 期。

⑤ 陈晓红、曾祥宇、王傅强：《碳限额交易机制下碳交易价格对供应链碳排放的影响》，载于《系统工程理论与实践》2016 年第 36 期。

⑥ 支帮东、陈俊霖、刘晓红：《碳限额与交易机制下基于成本共担契约的两级供应链协调策略》，载于《中国管理科学》2017 年第 25 期。

⑦ 杨仕辉、余敏：《碳配额不同分配机制下供应链碳减排优化策略》，载于《经济与管理评论》2016 年第 32 期。

⑧ 杨磊、张琴、张智勇：《碳交易机制下供应链渠道选择与减排策略》，载于《管理科学学报》2017 年第 20 期。

⑨ 聂佳佳、王拓、赵映雪、张磊楠：《碳排放约束下再制造闭环供应链回收策略》，载于《管理工程学报》2015 年第 29 期。

⑩ 邓乾旺、徐博文、廖浩岚、刘霞辉：《混合遗传算法求解退役工程机械回收及再制造系统中的碳排放问题》，载于《计算机应用与软件》2017 年第 34 期。

低碳供应链协调的影响。[①] Liu 等表明低碳供应链中制造商的公平关切会增加收益共享契约协调的难度。[②] Li 等研究了零售商不利不公的公平关切对系统决策的影响，表明当碳减排成本较高时，零售商的公平关切可以防止利润损失，还指出政府碳排放税较低时，零售商的公平关切能促进制造商的碳减排。[③] 以上关于公平关切在低碳供应链中的研究，大多是基于不公平厌恶模型中的不利不公的情形，即公平关切的主体因为效益低而产生嫉妒负效用。

2.2　供应链利他偏好的文献研究

2.2.1　传统供应链的利他偏好决策与协调

越来越多的实证研究表明，完全的"理性人"假设与现实世界的规则存在一定的偏差，即人是有限理性的。[④] 因此，不同领域范畴的学者开始对决策者心理及行为因素做出探究，研究发现，影响这种理论与现实偏差的因素之一即为利他行为。[⑤] 西蒙最早从经济学角度探讨了利他行为对经济活动中参与主体的决策影响，假设利他偏好的决策者并不

---

① Zhou, Y., Bao, M., Chen, X. and Xu, X. Co-op Advertising and Emission Reduction Cost Sharing Contracts and Coordination in Low – Carbon Supply Chain Based on Fairness Concerns. *Journal of Cleaner Production*, Vol. 133, 2013, pp. 402 –413.

② Liu, Z., Zheng, X. X., Gong, B. G. and Gui, Y. M. Joint Decision – Making and the Coordination of a Sustainable Supply Chain in the Context of Carbon Tax Regulation and Fairness Concerns. *International Journal of Environmental Research and Public Health*, Vol. 14, No. 12, 2017, P. 1464.

③ Li, Q., Xiao, T. and Qiu, Y. Price and Carbon Emission Reduction Decisions and Revenue – Sharing Contract Considering Fairness Concerns. *Journal of Cleaner Production*, Vol. 190, 2018, pp. 303 –314.

④ Wilson, D. S. Altruism in Mendelian Populations Derived from Sibling Groups: the Haystack Model Revisited. *Evolution*, Vol. 41, No. 5, 1987, pp. 1059 – 1070; Sober, E. and Wilson, D. S. *Unto Others: The Evolution and Psychology of Unselfish Behavior*, Harvard University Press, 1999.

⑤ Rapoport, Hillel, and Jean – Pierre Vidal. Economic Growth and Endogenous Intergenerational Altruism. *Journal of Public Economics*, Vol. 91, No. 7 –8, 2007, pp. 1231 –1246.

追求经济收益最大化，而将效用决策函数作为决策函数。① 利他偏好作为决策者的行为因素，从实验经济学角度研究的居多。② Bowles 则通过行为实验探究了利他行为的影响因素。③ 为对利他偏好行为进行定量研究，部分学者先后通过理论分析、实验探究等方法，对利他偏好的效用函数进行了确立及改进④，为供应链中的利他偏好研究提供了模型基础及理论依据。

　　但是，从供应链的研究角度，将利他偏好作为企业的行为因素进行研究的文献是以 Loch 和 Wu 的研究为基础的。Loch 和 Wu 最早关注利他偏好在供应链中的相关问题，并采用可控实验法探究了利他偏好对供应链成员定价、利润及绩效的影响，发现当企业将社会责任作为企业决策的一部分时，大多数供应链企业在决策时会不同程度地考虑利他偏好以体现自身社会价值。⑤ 研究表明，在供应链运行模式下，当企业将社会责任作为企业决策的一部分时，大多数供应链企业在决策时会不同程度地考虑这种"让利"，体现自己企业的社会价值，从而进一步提高企业声誉，提高自身的竞争力。Ge 和 Hu 提出了构建利他偏好效用函数的

25

　　① Levine, D. K., Modeling Altruism and Spitefulness in Experiments. *Review of Economic Dynamics*, Vol. 1, No. 3, 1998, pp. 593 – 622; Michel, P., Thibault, E. and Vidal, J. P. Intergenerational Altruism and Neoclassical Growth Models. Handbook of the Economics of Giving, *Altruism and Reciprocity*, Vol. 2, 2006, pp. 1055 – 1106; Gamba, A. Learning and Evolution of Altruistic Preferences in the Centipede Game. *Journal of Economic Behavior & Organization*, Vol. 85, 2013, pp. 112 – 117; Ekström, M. Seasonal Altruism: How Christmas Shapes Unsolicited Charitable Giving. *Journal of Economic Behavior & Organization*, Vol. 153, 2018, pp. 177 – 193.

　　② Charness, G. and Rabin, M. Understanding Social Preferences with Simple Tests. *The Quarterly Journal of Economics*, Vol. 117, No. 3, 2002, pp. 817 – 869; Pelligra, V. and Stanca, L. To Give Or Not To Give? Equity, Efficiency and Altruistic Behavior in An Artefactual Field Experiment. *The Journal of Socio – Economics*, Vol. 46, 2013, pp. 1 – 9; Chowdhury, S. M. and Jeon, J. Y. Impure Altruism or Inequality Aversion? An Experimental Investigation Based on Income Effects. *Journal of Public Economics*, Vol. 118, 2014, pp. 143 – 150.

　　③ Bowles, S. Group Competition, Reproductive Leveling, and the Evolution of Human Altruism. *Science*, Vol. 314, No. 5805, 2006, pp. 1569 – 1572.

　　④ Levine, D. K. Modeling Altruism and Spitefulness in Experiments. *Review of Economic Dynamics*, Vol. 1, No. 3, 1998, pp. 593 – 622; Andreoni, J. and Miller, J. Giving According to GARP: An Experimental Test of the Consistency of Preferences for Altruism. *Econometrica*, Vol. 70, No. 2, 2002, pp. 737 – 753.

　　⑤ Loch, C. H. and Wu, Y. Social Preferences and Supply Chain Performance: An Experimental Study. *Management Science*, Vol. 54, No. 11, 2008, pp. 1835 – 1849.

基本形式，即利他偏好主体利润和系统利润的加权函数。[1] Disney 和 Hosoda[2]、Ge 等[3]、Bassi 等[4]则分别通过研究发现，利他偏好可以提高供应链效率、改善供应链绩效，以及增加系统收益。Kuiran 等分析了利他偏好行为对供应链运行的影响，研究表明利他关切牺牲己方利润增加对方利润，并且先行企业的利他程度对系统运行的影响更大[5]；Liu 等又进一步分析了利他偏好对主导方制造商和跟随方零售商的不同影响[6]；Lin 等探究了利他偏好对去中心化渠道中各成员最优决策的影响，并改进了收益共享合同以实现供应链协调。[7] Qin 等考虑私人成本信息的影响，扩展了 Loch 和 Wu[8]的研究，设计实验表明利他偏好可以提高系统利润并平衡成员之间的利润分配，并表明私人成本信息的公开可以促进供应商和零售商之间的合作。[9] Xia 等将利他偏好和消费者的低碳意识纳入二级供应链中，显示两者都对企业效用和利润有显著影响，其中零售价格随着制造商和零售商的互惠行为降低；批发价随着零售商的利他行为增加，随着制造商的利他行为而降低；最佳减排水平随着双方

① Ge, Z. and Hu, Q. Who benefits from altruism in supply chain management? *American Journal of Operations Research*, Vol. 2, No. 1, 2012.

② Disney, S. M. and Hosoda, T., Altruistic Behaviour in a Two – Echelon Supply Chain with Unmatched Proportional Feedback Controllers. *International Journal of Intelligent Systems Technologies and Applications*, Vol. 6, 2009, pp. 269 – 286.

③ Ge, Z., Zhang, Z. K., Lü, L., Zhou, T. and Xi, N. How Altruism Works: An Evolutionary Model of Supply Networks. *Physica A: Statistical Mechanics and its Applications*, Vol. 391, No. 3, 2012, pp. 647 – 655.

④ Bassi, M., Pagnozzi, M. and Piccolo, S. Optimal Contracting with Altruism and Reciprocity. *Research in Economics*, Vol. 68, No. 1, 2014, pp. 27 – 38.

⑤ Shi, K., Jiang, F. and Ouyang, Q. Altruism and Pricing Strategy in Dual – Channel Supply Chains. *American Journal of Operations Research*, Vol. 3, No. 4, 2013, P. 402.

⑥ Liu, Z., Zheng, X. X., Gong, B. G. and Gui, Y. M. Joint Decision – Making and the Coordination of a Sustainable Supply Chain in the Context of Carbon Tax Regulation and Fairness Concerns. *International Journal of Environmental Research and Public Health*, Vol. 14, No. 12, 2017, P. 1464.

⑦ Lin, Z. Price and Location Competition in Supply Chain with Horizontal Altruistic Retailers. *Flexible Services and Manufacturing Journal*, Vol. 31, No. 2, 2019, pp. 255 – 278.

⑧ Loch, C. H. and Wu, Y. Social Preferences and Supply Chain Performance: An Experimental Study. *Management Science*, Vol. 54, No. 11, 2008, pp. 1835 – 1849.

⑨ Qin, F., Mai, F., Fry, M. J. and Raturi, A. S. Supply – Chain Performance Anomalies: Fairness Concerns under Private Cost Information. *European Journal of Operational Research*, Vol. 252, No. 1, 2016, pp. 170 – 182.

的互惠而增加。[①] Huang 等研究了由两个制造商和一个零售商组成的供应链，发现制造商利他偏好下的产品绿色度均高于无利他偏好的产品绿色度。[②] Fan 等则发现零售商的利他行为可以促进碳排放量减少并增加制造商利润，但对零售商不利。[③] 周艳菊等研究了零售商的"让利"偏好关切行为对低碳供应链广告合作—减排成本分担契约与渠道协调的影响。[④]

2.2.2　电商供应链的利他偏好决策与协调

以上关于利他偏好的研究，主要集中在线下传统供应链，Xu 和 Wang 则研究了拥有在线零售商的双渠道供应链，发现利他偏好有助于解决线上及线下零售商的渠道冲突，并提高供应链的渠道效率。[⑤] 但是在 ESC 中，电商平台是一个共享的信息平台，它在供应链中的作用既不同于线下供应链中的主体企业，也不同于具有线上销售渠道的零售商。电商平台主要为制造商和消费者提供一个信息平台，通过规模效益进行盈利，并在 ESC 中处于主导地位。在追逐自身利益的过程中，电商平台制定的一些规则造成供应链中的从属企业利润严重受损，导致电商平台和供应链其他从属企业的冲突不断。为此，电商平台会对供应链中的从属企业采用利他行为，从而稳定系统的运行，电商平台采用利他偏好的动机和方式不同于传统供应链，对电商平台的这种"让利"性质的利他偏好决策进行研究具有很强的现实意义。

---

① Xia, L., Guo, T., Qin, J., Yue, X. and Zhu, N. Carbon Emission Reduction and Pricing Policies of a Supply Chain Considering Reciprocal Preferences in Cap – Trade System. *Annals of Operations Research*, Vol. 268, 2018, pp. 149 – 175.

② Huang, H., Zhang, J., Ren, X. and Zhou, X. Greenness and Pricing Decisions of Cooperative Supply Chains Considering Altruistic Preferences. *International Journal of Environmental Research and Public Health*, Vol. 16, No. 1, 2019, P. 51.

③ Fan, R., Lin, J. and Zhu, K. Study of Game Models and the Complex Dynamics of a Low – Carbon Supply Chain with an Altruistic Retailer under Consumers' Low – Carbon Preference. *Physica A: Statistical Mechanics and its Applications*, Vol. 528, 2019, P. 121460.

④ 周艳菊、鲍茂景、陈晓红等：《基于公平关切的低碳供应链广告合作——减排成本分担契约与协调》，载于《中国管理科学》2017 年第 25 期。

⑤ Xu, F. and Wang, H. Competitive – Cooperative Strategy Based on Altruistic Behavior for Dual – Channel Supply Chains. *Sustainability*, Vol. 10, No. 6, 2018, P. 2103.

Zhai 等在零售商受资本约束的背景下，探讨了制造商和零售商的利他偏好对零售商最优订货量和融资意愿的影响。[①] 将在线零售商纳入供应链中利他偏好的研究，Wang 等研究了由一个物流服务集成商和一个物流服务运营商组成的供应链，发现集成商的让利偏好行为可以实现系统协调。[②] Liu 等对物流集成商和物流提供商组成的供应链进行了研究，表明决策主体的利他偏好系数不超过一定的利润比率才能保证利他偏好有利于决策主体的利润。[③] 徐鹏等采用利他偏好的委托代理模型，研究供应链中第三方和第四方物流的契约设计问题，研究表明，引入互惠性偏好后，第四方物流（Fourty－Party Logistics，4PL）的利他偏好行为促使第三方物流（Third－Party Logistics，3PL）更加努力工作，且 3PL 利他偏好程度越大，其努力程度越强。[④]

2.2.3　闭环供应链的利他偏好决策与协调

废旧品的回收与再造品的销售不仅能带来良好的经济效益[⑤]，还能减少废旧品对环境的污染[⑥]，废旧品的再制造可以节约资源[⑦]。很多国家政府制定了一些政策法规来干涉废旧品的回收，通过立法、补贴、税

①　Zhai, J., Xia, W., and Yu, H. Capital－Constrained Supply Chain with Altruism and Reciprocity. *Journal of Ambient Intelligence and Humanized Computing*. Vol. 11, 2020, pp. 5665－5667.

②　Wang, N., Fan, Z. P. and Wang, X. Channel Coordination in Logistics Service Supply Chain Considering Fairness. *Mathematical Problems in Engineering*, Vol. 2016, 2016.

③　Liu, W., Yan, X., Wei, W., Xie, D. and Wang, D. Altruistic Preference for Investment Decisions in the Logistics Service Supply Chain. *European Journal of Industrial Engineering*, Vol. 12, No. 4, 2018, pp. 598－635.

④　徐鹏、王磊、伏红勇、陈晓旭：《互惠性偏好视角下农产品供应链金融的4PL对3PL的激励策略研究》，载于《管理评论》2019 年第 31 期。

⑤　Ovchinnikov, A. Revenue and Cost Management for Remanufactured Poducts. *Production and Operations Management*, Vol. 20, No. 6, 2011, pp. 824－840.

⑥　Atasu, A. and Souza, G. C. How does product recovery affect quality choice? *Production and Operations Management*, Vol. 22, No. 4, 2013, pp. 991－1010；Örsdemir, A., Kemahlıoğlu－Ziya, E. and Parlaktürk, A. K. Competitive Quality Choice and Remanufacturing. *Production and Operations Management*, Vol. 23, No. 1, 2014, pp. 48－64.

⑦　Jafari, H., Hejazi, S. R. and Rasti－Barzoki, M. Sustainable Development by Waste Recycling under a Three－Echelon Supply Chain：A Game－Theoretic Approach. *Journal of Cleaner Production*, Vol. 142, 2017, pp. 2252－2261.

收等方式激励企业参与到废旧品回收和再制造活动中。[1]

当前大多数关于供应链奖惩机制的文献，是从政府补贴和税收的角度对闭环供应链进行研究的。[2] Mitra 和 Webster[3]、Wang 等[4]、Guo 等[5]较早对奖惩机制进行了研究，认为奖惩机制是能够有效提高废旧品回收和环境效益的政策。在接下来的研究中，Wang 等构建了两阶段的闭环供应链，通过比较发现若是奖惩机制的额定回收率低于某一阈值，制造商则更喜欢奖惩机制。[6] Chen 和 Ulya 构建了再造商和零售商共同提高产品再制造绿色度的闭环供应链，表明奖惩机制可以提高回收率和绿色度，同时指出政府在制定保护环境的政策中应该考虑奖惩机制。[7] Tang 等比较分析了补贴机制和奖惩机制对废旧便携式电池回收的影响。[8]

在 E - CLSC 中，为了促进从属企业配合废旧品的回收再造，主导企业会关注从属企业的利益，对从属企业进行一定程度的让利行为。

---

① Hammond, D. and Beullens, P. Closed - Loop Supply Chain Network Equilibrium under Legislation. *European Journal of Operational Research*, Vol. 183, No. 2, 2007, pp. 895 – 908; Aksen, D., Aras, N. and Karaarslan, A. G. Design and Snalysis of Government Subsidized Collection Systems for Incentive - Dependent Returns. *International Journal of Production Economics*, Vol. 119, No. 2, 2009, pp. 308 – 327; Rahman, S. and Subramanian, N. Factors for Implementing End-of - Life Computer Recycling Operations in Reverse Supply Chains. *International Journal of Production Economics*, Vol. 140, No. 1, 2012, pp. 239 – 248.

② Hong, I. H. and Ke, J. S. Determining Advanced Recycling Fees and Subsidies in "E - Scrap" Reverse Supply Chains. *Journal of Environmental Management*, Vol. 92, No. 6, 2011, pp. 1495 – 1502.

③ Mitra, S. and Webster, S. Competition in Remanufacturing and the Effects of Government Subsidies. *International Journal of Production Economics*, Vol. 111, No. 2, 2008, pp. 287 – 298.

④ Wang W, Zhang Y, Zhang K, et al. Reward - Penalty Mechanism for Closed - Loop Supply Chains under Responsibility - Sharing and Different Power Structures. *International Journal of Production Economics*, Vol. 170, 2015, pp. 178 – 190.

⑤ Guo J, He L, Gen M. Optimal Srategies for the Closed - Loop Supply Chain with the Consideration of Supply Disruption and Subsidy Policy. *Computers & Industrial Engineering*, Vol. 128, 2019, pp. 886 – 893.

⑥ Wang W, Ding J, Sun H. Reward - Penalty Mechanism for a Two - Period Closed - Loop Supply Chain. *Journal of Cleaner Production*, Vol. 203, 2018, pp. 898 – 917.

⑦ Chen, C. K., and Akmalul' Ulya, M. Analyses of the Reward - Penalty Mechanism in Green Closed - Loop Supply Chains with Product Remanufacturing. *International Journal of Production Economics*, Vol. 210, 2019, pp. 211 – 223.

⑧ Tang, Y., Zhang, Q., Li, Y., Li, H., Pan, X., and Mclellan, B. The Social - Economic - Environmental Impacts of Recycling Retired EV Batteries under Reward - Penalty Mechanism. *Applied Energy*, Vol. 251, 2019, P. 113313.

Saha 等研究表明：不同于传统回收商，消费者选择网络回收平台回收废旧品时，无法像传统回收渠道那样与回收商进行议价，消费者填写产品信息之后，网络回收平台给出的估价是确定的；网络回收平台作为共享平台，规模经济的特点容易使其获得较大的经济优势，对合作的再造商表现出利他偏好。① Kuiran 等的研究表明利他关切牺牲己方利润增加对方利润，并且先行企业的利他程度对系统运行的影响更大②；骆正清和刘思绮将利他关切引入双渠道供应链，分析不同企业主导时利他系数对价格的影响。③ 然而，现有文献很少对网络回收平台的利他偏好进行具体研究。刘永胜等构建了制造商具有利他偏好时零售商是否考虑利他关切行为的两种决策模型，研究表明零售商考虑制造商的利他偏好是最优选择，可使更多消费者受益。④

---

① Saha, S., Sarmah, S. P., and Moon, I. Dual Channel Closed – Loop Supply Chain Coordination with a Reward – Driven Remanufacturing Policy. *International Journal of Production Research*, Vol. 54, No. 5, 2016, pp. 1503 – 1517.

② Shi, K., Jiang, F. and Ouyang, Q. Altruism and Pricing Strategy in Dual – Channel Supply Chains. *American Journal of Operations Research*, Vol. 3, No. 4, 2013, P. 402.

③ 骆正清、刘思绮：《不同博弈结构下基于利他偏好的双渠道供应链价格决策分析》，载于《工业技术经济》2019 年第 38 期。

④ 刘永胜、何梁、徐广姝：《基于制造商利他偏好的闭环供应链价格决策研究》，载于《数学的实践与认识》2019 年第 49 期。

第 2 部分　不同供应链模式的公平关切研究

第 3 章　制造商公平关切下电商供应链的决策研究

随着网络销售的快速普及和物流行业的迅猛发展，制造商开始借助线上销售渠道并通过与第三方物流服务商的合作来向消费者直接销售产品，这就形成了电商供应链（E‑Commerce Supply Chain，EC‑SC）。ECSC 同时具备电子商务销售和供应链运作的优点，在提高市场竞争力的同时，能大大减少网购中出现的不规范问题。许多国际大公司，如通用汽车（GM）、戴尔（Dell）、索尼（Sony）等都拥有自己的 ECSC 管理系统。目前，天猫商城（www. tmall. com）、京东商城（www. jd. com）、苏宁易购（www. suning. com）等电商平台也都纷纷与入驻制造商结成 ECSC 的经营模式。

通常来说，电商平台是组建 ECSC 的主导者[1]，控制 ECSC 的商品流、信息流和资金流[2]。而且在 ECSC 中，由电商平台制定制造商的入驻规则，这使得电商平台在系统运行中占据有利地位。不仅如此，在实际运营过程中，电商平台作为共享平台，还与众多制造商合作，获得巨大的经济效益。在传统的线下供应链中，制造商一般是系统的主导者，但是在 ECSC 中，却在系统中处于从属地位，往往经济实力也不如电商平台。这种巨大的落差，使得制造商生产公平关切的强烈意愿，更加关注自身与电商平台之间的收益差距，电商平台规模越大，收益差距越大，制造商对电商平台的不满就会越强烈。比如在 ECSC 的实际运营中，经常会举行大规模的折扣活动，在 2017 年的"6·18"年中大促

---

[1] 《刘强东：京东控制供应链，阿里只是一个平台，我没卖过一件假货》，今日头条，https：//www. toutiao. com/a6467283744456704525/，2017 年 9 月 19 日。

[2] 汪进、吴清烈：《国内 B2B 电子商务供应链金融研究综述》，东南大学，2017 年。

中，很多企业都对天猫和京东产生了不满。①

不仅如此，甚至有时电商平台凭借强势的主导地位，制定霸王条款，侵犯入驻商家自主管理和自主参加电商平台的权利，导致了很多商家退出电商平台。2017 年下半年京东爆出大范围的商家集中退出，包括服装品牌 GXG、太平鸟等②和灯饰品牌红品爱家③。京东强制商家参与促销活动，锁定后台库存，严重侵犯了入驻商家权益，在 2017 年 8 ~ 10 月三个月内，已经有 40 多家服饰品牌、30 多家灯饰企业以及 10 多家家居家装品牌从京东退店。④ 电商平台的这些行为，导致制造商的公平关切心理更加强烈，而且制造商会将这种公平关切体现在系统的决策中。

制造商的这种公平关切行为会对 ECSC 系统的决策、运行和协调产生什么影响？在公平关切下如何实现系统的协调？这些问题，目前的研究鲜有涉及，对 ECSC 中的公平关切行为研究极少。为了填补这一空白，本章对制造商公平关切下 ECSC 的决策和协调进行研究。我们对以下问题进行了研究：

（1）无公平关切和有公平关切下 ECSC 的最优策略是什么？

（2）当制造商有公平关切时，公平关切程度对 ECSC 的决策有什么影响？

（3）制造商公平关切下如何协调 ECSC 的分散决策？

电商平台优质的服务可以帮助平台在激烈的电商市场中获得更多的销售机遇⑤，服务水平对于消费者满意度具有重要影响⑥，并且对模型

---

① 张彬彬：《618 另一面：天猫、京东被商家公开炮轰，背后是上下游矛盾还是平台之争?》，全景，2017 年 6 月 19 日，http://www.p5w.net/stock/news/gsxw/201706/t20170619_1840527.htm。

② 《今年下半年众多商家退出京东 家居服装成重灾区》，网易科技，https://www.163.com/tech/article/D20H0A9300097U7R.html，2017 年 10 月 30 日。

③ 《数十名商家退出京东商城 平台化发展遭遇严厉考验》，网易科技，https://www.163.com/tech/article/D20H0A9300097U7R.html，2017 年 10 月 30 日。

④ 《44 家品牌撤离京东 京东天猫再燃战火?》，观察者，https://www.guancha.cn/economy/2017_09_19_427771.shtml，2017 年 9 月 19 日。

⑤ Xu, X., Munson, C. L., and Zeng, S. The Impact of E – Service Offerings on the Demand of Online Customers. *International Journal of Production Economics*, Vol. 184, 2017, pp. 231 – 244.

⑥ Chen, Xu, Nana Wan, and Xiaojun Wang. Flexibility and Coordination in a Supply Chain with Bidirectional Option Contracts and Service Requirement. *International Journal of Production Economics*. Vol. 193, 2017, pp. 183 – 192；Yu, Y., and Xiao, T. Pricing and Cold – Chain Service Level Decisions in a Fresh Agri – Products Supply Chain with Logistics Outsourcing. *Computers & Industrial Engineering*, Vol. 111, 2017, pp. 56 – 66.

有重要影响①。因此本章区别于之前的研究主要体现在以下几个方面：首先将电商平台的服务水平纳入了 ECSC 系统决策体系；其次研究了制造商公平关切对销售价格、服务水平以及最优利润的影响；最后，我们设计了"成本共担联合佣金"契约协调机制消除分散决策下的"双重边际效应"。

3.1　模型说明与假设

模型考虑由一个制造商和一个电商平台组成的 ECSC。在 ECSC 中，制造商不仅负责产品的生产，还借助电商平台发布产品的销售信息，进行产品销售。ECSC 的运行模式为：一方面，电商平台给制造商提供一个"直销网店"，制造商可以在这个网站上发布产品的销售价格、销售数量、质量、使用说明、消费者的消费评价等有关的销售信息，借助电商平台进行产品销售；另一方面，消费者可以通过电商平台浏览网店的产品销售信息，借助电商平台提供的"购买"功能，购买产品，并将购买款项（payment）支付给电商平台；然后，制造商直接将产品通过物流快递的方式寄给消费者，消费者收到产品后，电商平台会对购买款项扣除相应佣金后，将剩余的部分返给制造商（电商平台会按照销售额提取一定比例的佣金作为提供销售服务的报酬）。模型结构如图 3 - 1 所示。

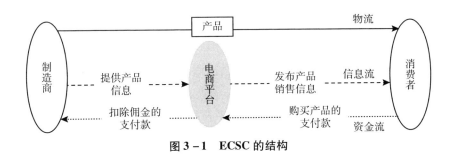

图 3 - 1　ECSC 的结构

在 ECSC 中，电商平台率先给出制造商入驻电商平台的资质和收费

---

① Zhang F，Wang C. Dynamic Pricing Strategy and Coordination in a Dual - Channel Supply Chain Considering Service Value. *Applied Mathematical Modelling*，Vol. 54，2018，pp. 722 - 742.

标准，制造商按照电商平台的要求，提供相应的资质，再入驻平台；然后，电商平台为制造商提供销售服务。当制造商入驻电商平台时，交纳的费用有两类：

（1）制造商要交纳技术费和保证金等固定费用。这种固定费用只能保证电商平台提供"基本服务"，即保证制造商具有借助平台销售产品的资质。

（2）制造商要根据销售额交纳一定比例的佣金，通常，佣金收取标准是按照产品销售金额的一定百分比，一般比例小于25%。[①]

电商平台会根据收取的佣金数额为制造商提供相应的销售服务，例如，产品广告服务、快速退换货服务，还有保障销售的代运营、仓储服务、物流服务、支付服务、客服、售后、信用维护等。而且交纳的佣金不同，电商平台对制造商提供的销售服务是不同的，目前，天猫（https：//www.tmall.com）、京东商城（https：//www.jd.com）、唯品会（www.vip.com）等电商平台都是按照收取的佣金不同，为制造商提供差异化销售服务。

模型假设如下：

（1）在ECSC中，电商平台是主导企业，电商平台优先决策；

（2）在模型中，电商平台按照产品销售金额的一定百分比收取佣金；

（3）假设制造商和电商平台都是风险中性的。

模型的符号说明如下：

c：制造商的生产成本。

q：产品的市场需求量。

p：产品的单位销售价格。

f：每个销售周期，制造商支付给电商平台的固定技术服务费。

$\rho(0<\rho<1)$：佣金率，即电商平台收取的单位销售额的佣金。

s：电商平台的服务水平。电商平台提供的销售服务水平越高，相应的服务成本就越高，借鉴相关文献[②]的假设，假设电商平台提供销售

① 《京东平台规则.2017年开放平台各类目资费一览表》，https：//arxiv.org/abs/2110.02799，https：//rule.jd.com/rule/ruleDetail.action? ruleId=2607。

② Wu, C. H. Price and Service Competition Between New and Remanufactured Products in a Two-Echelon Supply Chain. *International Journal of Production Economics*, Vol. 140, No. 1, 2012, pp. 496-507.

服务 s 的成本函数为 $C(s) = \dfrac{ks^2}{2}$，其中 $k(k > 0)$ 为服务成本参数，具体指提高单位服务水平（广告营销服务、代运营、仓储服务、物流服务、支付服务、客服、售后、信用维护等）需要的所有资金。

q：产品的市场需求量。在 ECSC 中，产品的市场需求量一般与产品价格、电商平台的服务水平有关，借鉴相关文献[1]的假设，假设 $q = \alpha - \beta p + \gamma s$，$\alpha$，$\beta$，$\gamma > 0$，其中，$\alpha$ 表示潜在的市场最大需求量，β 表示销售价格的弹性系数，γ 表示服务水平的弹性系数。且假设 $0 < \gamma < \beta$，这说明，消费者对产品价格的敏感程度大于对服务的敏感程度。

则在 ECSC 中，制造商的利润函数为：

$$\pi_m = (1 - \rho)pq - cq - f \tag{3.1}$$

电商平台利润函数为：

$$\pi_e = \rho pq - \frac{ks^2}{2} + f \tag{3.2}$$

ECSC 的总利润函数为：

$$\pi = \pi_m + \pi_e = (p - c)q - \frac{ks^2}{2} \tag{3.3}$$

为保证问题有意义，假设

（1）参数满足 $2k\beta > \gamma^2$，这说明，制造商给出的销售价格大于生产成本。

（2）参数 f 满足 $f < \dfrac{\beta[2k(\alpha - \alpha\rho - \beta c) + c\rho\gamma^2]^2}{8(1 - \rho)(2k\beta - \rho\gamma^2)^2}$，这说明，固定技术服务费的收取标准不会太高，一般而言，要小于制造商利润的 30%。

（3）考虑公平关切下，制造商利润参考点系数 ζ 满足：

$$\frac{(1 - \rho)\{\beta[2k(\alpha - \alpha\rho - \beta c) + c\rho\gamma^2]^2 - 4f(1 - \rho)(2k\beta - \rho\gamma^2)\}}{(2k\beta - \rho\gamma^2)\{\rho[2k\alpha^2(1 - \rho)^2 - 2k\beta^2c^2 + \beta c^2\rho\gamma^2] + 4f(1 - \rho)^2(2k\beta - \rho\gamma^2)^2\}}$$
$$< \zeta < \frac{(1 + \theta)(1 - \rho)}{\rho\theta}$$

这说明制造商公平关切下制造商认为利润的分配结果是不公平的，因此产生公平关切心理。

---

[1]　Yao D Q, Liu J J. Competitive Pricing of Mixed Retail and E - tail Distribution Channels. *Omega*, Vol. 33, No. 3, 2005, pp. 235 - 247.

3.2 模型构建与求解

3.2.1 无公平关切下的分散决策

当制造商不考虑公平关切时，制造商的决策函数为利润函数。在分散决策时，制造商和电商平台都是独立的经济主体，双方均以实现自身利润最大化为目标进行决策。电商平台是主导企业，制造商是从属企业，因此在决策时，电商平台率先给出服务水平 s，然后，制造商再给出产品的销售价格 p。制造商和电商平台构成以电商平台为主、制造商为从的 Stackelberg 博弈。根据逆向归纳法求解，可得最优决策：

$$p^{D*} = \frac{k\alpha}{2k\beta - \rho\gamma^2} + \frac{c}{2(1-\rho)},$$

$$s^{D*} = \frac{\alpha\rho\gamma}{2k\beta - \rho\gamma^2},$$

$$q^{D*} = \frac{k\beta\alpha}{2k\beta - \rho\gamma^2} - \frac{\beta c}{2(1-\rho)},$$

$$\pi_m^{D*} = \frac{\beta[2k(\alpha - \alpha\rho - \beta c) + c\rho\gamma^2]^2}{4(1-\rho)(2k\beta - \rho\gamma^2)^2} - f,$$

$$\pi_e^{D*} = \rho\left[\frac{k\alpha^2}{2(2k\beta - \rho\gamma^2)} - \frac{\beta c^2}{4(1-\rho)^2}\right] + f,$$

$$\pi^{D*} = \frac{\beta[2k(\alpha - \alpha\rho - \beta c) + c\rho\gamma^2]^2}{4(1-\rho)(2k\beta - \rho\gamma^2)^2} + \rho\left[\frac{k\alpha^2}{2(2k\beta - \rho\gamma^2)} - \frac{\beta c^2}{4(1-\rho)^2}\right]。$$

证明： 由（3.1）式，$\frac{\partial^2 \pi_m}{\partial p^2} = -2\beta(1-\rho) < 0$ 可知，π_m 存在极大值，由 $\frac{\partial \pi_m}{\partial p} = 0$ 可得

$$p = \frac{\alpha + \gamma s}{2\beta} + \frac{c}{2(1-\rho)} \tag{3.4}$$

将式（3.4）代入式（3.2）可得，$\pi_e = \left[\frac{\rho(\alpha + \gamma s)}{2\beta} + \frac{\rho c}{2(1-\rho)} - ks\right]\left[\frac{\alpha + \gamma s}{2} - \frac{\beta c}{2(1-\rho)}\right]$，

由 $\dfrac{\partial^2 \pi_e}{\partial s^2} = \dfrac{\rho\gamma^2}{2\beta} - k < 0$ 可知，π_e 存在极大值，由 $\dfrac{\partial \pi_e}{\partial s} = 0$ 可得，

电商平台的最优服务水平为 $s^{D*} = \dfrac{\alpha\rho\gamma}{2k\beta - \rho\gamma^2}$ （3.5）

将式（3.5）代入式（3.4）可得产品的最优销售价格，进而可以计算其他最优决策。

命题 3.1 p^{D*}、s^{D*} 随 ρ 的增加而增加，q^{D*} 随 ρ 的增加而增加；π_m^{D*} 随 ρ 的增加而减小，π_e^{D*} 随 ρ 的增加而增加。

证明： $\dfrac{\partial p^{D*}}{\partial \rho} = \dfrac{c}{2(1-\rho)^2} + \dfrac{k\alpha\gamma^2}{(2k\beta - \rho\gamma^2)^2} > 0$，$\dfrac{\partial s^{D*}}{\partial \rho} = \dfrac{\partial s^{F*}}{\partial \rho} =$

$\dfrac{2k\alpha\beta\gamma}{(2k\beta - \rho\gamma^2)^2} > 0$，

$$\dfrac{\partial \pi_m^{D*}}{\partial \rho} = \dfrac{\beta}{4}\left\{ \dfrac{c^2}{(1-\rho)^2} - \dfrac{4k^2\alpha^2[2(k\beta - \gamma^2) + \rho\gamma^2]}{(2k\beta - \rho\gamma^2)^3} - \dfrac{4ck\alpha\gamma^2}{(2k\beta - \rho\gamma^2)^2} \right\} < 0$$

$$\dfrac{\partial \pi_e^{D*}}{\partial \rho} = \dfrac{\beta}{4}\left[\dfrac{4k^2\alpha^2}{(2k\beta - \rho\gamma^2)^2} - \dfrac{c^2(1+\rho)}{(1-\rho)^3} \right] > 0$$

$$\dfrac{\partial q^{D*}}{\partial \rho} = \dfrac{k\beta\gamma^2\alpha}{(2k\beta - \rho\gamma^2)^2} - \dfrac{\beta c}{2(1-\rho)^2} > 0$$

命题 3.1 说明不考虑公平关切时，产品的销售价格和电商平台的服务水平、电商平台利润、市场需求量均与佣金率正相关，制造商利润却与佣金率负相关。这是因为随着佣金率的增加，制造商销售成本增加，为保证利润，必然会提高产品的销售价格。佣金率越高，意味着电商平台有更多的佣金收益来提高服务水平，因此服务水平越高。由于服务水平升高引起的市场需求增加的幅度大于价格上升导致的市场需求减少的幅度，因此市场需求量随着佣金率的增加而增加。随着佣金率的增加，制造商的销售运营成本增加，制造商的利润下降；佣金作为电商平台的主要收入，随着佣金率的增加，电商平台获得的佣金收益会上升，电商平台的利润会增加。

命题 3.2 $\pi_e^{D*} < \pi_m^{D*}$

证明： $\dfrac{\pi_m^{D*}}{\pi_e^{D*}} = \dfrac{M}{N} = \dfrac{\beta(1-\rho)[2k(\alpha - \alpha\rho - \beta c) + c\rho\gamma^2]^2}{\rho(2k\beta - \rho\gamma^2)\{2k[\alpha^2(1-\rho) - \beta^2 c^2] + \beta c^2\rho\gamma^2\}}$，

$$N - M = -\beta c^2\rho^2\gamma^4 - 2k\rho\gamma^2[2\alpha\beta c(1-\rho)2 + \alpha^2\rho(1-\rho)2 - 2\beta^2 c^2]$$
$$- 4k^2\beta[\beta c - \alpha(1-\rho)][\beta c - \alpha(1-\rho)(1-2\rho)]$$

由命题 3.2 可知，$\dfrac{\partial \pi_m^{D*}}{\partial \rho} < 0$，$\dfrac{\partial \pi_e^{D*}}{\partial \rho} > 0$，佣金率 ρ 在实际运营中取值为 $0 < \rho < 0.4$，考虑一般性产品，有 $\alpha >> c$，$\alpha >> k$，因此我们计算当 $\rho = 0.5$ 时，有：

$$N - M = \frac{1}{8}\left[k\alpha(\alpha\gamma^2 - 16ck\beta^2) + 4ck\alpha\beta\gamma^2 + 2\beta c^2(4k\beta - \gamma^2)^2 \right] > 0$$

因此有 $\dfrac{\pi_m^{D*}}{\pi_e^{D*}} > 1$，即 $\pi_m^{D*} > \pi_e^{D*}$。

命题 3.2 说明在 ECSC 分散决策下，尽管电商平台为主导企业，制造商为从属企业，但是制造商的利润却大于电商平台的利润。这与传统供应链中"谁主导系统，谁利润最大"的结论恰恰相反。

这主要是由电商平台的特点所决定的，电商平台作为 ECSC 中的主导企业，其实质上是一种共享平台，为众多入驻商家提供销售服务（展示产品信息、提供交易平台、支持产品售后物流），比如天猫有 5 万多家商铺，7 万多个品牌入驻。① 入驻电商平台的商家数目越多，单位成本越低，电商平台在实际运营中依靠企业规模经济就能获得更大的竞争力。但是对于单个制造商的 ECSC 来说，电商平台的利润却低于制造商的利润。

通过命题 3.1 和命题 3.2 可看出，优质的服务对提高市场销量有很大的作用，ECSC 作为一种有效开拓市场的渠道，应该注重提高服务水平。当前各大电商网站，商品的种类数目众多，商品价格也趋近一致，服务水平的高低成为成就电商平台的重要因素，因此电商平台在实际运营过程中要注重提高服务质量，做消费者满意的购物平台。

3.2.2　制造商公平关切下的分散决策

一般而言，在传统的线下供应链中，制造商是主导企业，但是在 ECSC 中，制造商是从属企业，这让制造商关注自身与电商平台间的收益差距，从而产生公平关切的心理。尤其是在电商平台进行大规模的促销活动时，电商平台为吸引消费者，后台强制商家参与促销活动，牺牲

---

① 《【独家数据】淘宝、天猫 tmall.com 所有商家店铺数量统计，2023 年 5 月更新结束》，https：//www.douban.com/note/609885979/? _i = 60552394cU － hqc，62297974cU － hqc。

了厂商利益，这种情况下会导致制造商更加关注在 ECSC 中的收益公平问题。

因此，考虑制造商具有公平关切行为，根据 Cui 等[1]的研究，制造商公平关切时，其效用函数为：

$$U_m = \pi_m - \theta\max\{(\xi\pi_e - \pi_m), 0\} - \tau\max\{(\pi_m - \xi\pi_e), 0\} \quad (3.6)$$

式（3.6）中，π_e 和 π_m 分别为电商平台和制造商的利润函数。式（3.6）表明，公平关切下制造商的效用不仅取决于自身的利润 π_m，还与其公平关切参考点 $\xi\pi_e$ 有关，即如果制造商的利润能够达到电商平台利润 π_e 的 ξ 倍，制造商则认为利润的分配结果是公平的，否则是不公平的。θ 衡量了当制造商的利润低于电商平台利润的 ξ 倍时（不利不公）所遭受的效用损失；τ 衡量了当制造商的利润高于电商平台利润的 ξ 倍时（有利不公）所遭受的效用损失。关于 τ，Kucuksenel 的研究认为，有利不公的数值通常极小，近似于 0[2]；Katok 的研究发现，决策者对同等的利润和损失的敏感程度是不一致的，通常对损失更为敏感[3]，故有 $\tau \le \theta \le 1$。为了便于计算分析，在本章模型中，我们假设 $\tau = 0$ 且 $0 \le \theta \le 1$。

由于在 ECSC 中，制造商是从属企业，因此在利润分配中，制造商会直接将电商平台利润的 ξ 倍作为参考点，这样制造商的效用水平可简化表示为：

$$U_m = \pi_m - \theta(\xi\pi_e - \pi_m) \quad (3.7)$$

其中，$0 \le \theta \le 1$ 表示制造商的公平关切系数，θ 越接近 0，表示制造商的公平关切程度越弱；反之，θ 越接近 1，表示制造商的公平关切程度越强。

此时在决策时，制造商的决策函数不是利润而是效用，制造商以实现自身效用最大化为目标进行决策。成员的决策顺序为：电商平台率先给出服务水平 s，然后，制造商再给出产品销售价格 p，制造商和电商平台构成电商平台为主、制造商为从的 Stackelberg 博弈。采用逆向归纳

---

① Haitao Cui, Tony, Jagmohan S. Raju, and Z. John Zhang. Fairness and Channel Coordination. *Management Science*, Vol. 53, No. 8, 2007, pp. 1303 – 1314.

② Kucuksenkl S. A Theory of fairnesss, Competition and Cooperation. *Journal of Public Economic Theory*, Vol. 14, No. 5, 2012, pp. 767 – 789.

③ Katok E., Olsen T., Pavlov V. Wholesale Pricing under Mild and Privately Known Concerns for Fairness. *Production and Operations Management*, Vol. 23, No. 2, 2014, pp. 285 – 302.

法求得最优解（求解思路同 3.2.1 部分）：

$$p^{F*} = \frac{k\alpha}{2k\beta - \rho\gamma^2} + \frac{c(1+\theta)}{2[(1+\theta)(1-\rho) - \rho\theta\xi]}$$

$$s^{F*} = \frac{\alpha\rho\gamma}{2k\beta - \rho\gamma^2}$$

$$q^{F*} = \frac{k\alpha\beta}{2k\beta - \rho\gamma^2} - \frac{\beta c(1+\theta)}{2[(1+\theta)(1-\rho) - \rho\theta\xi]}$$

$$\pi_m^{F*} = \frac{\beta}{4}\left[\frac{2k\alpha(1-\rho)}{2k\beta - \rho\gamma^2} - \frac{c[(1+\theta)(1-\rho) - 2\rho\theta\xi]}{(1+\theta)(1-\rho) - \rho\theta\xi}\right]\left[\frac{2k\alpha}{2k\beta - \rho\gamma^2}\right.$$
$$\left. - \frac{c(1+\theta)}{(1+\theta)(1-\rho) - \rho\theta\xi}\right] - f$$

$$\pi_e^{F*} = \frac{\rho\beta}{4}\left\{\frac{k^2\alpha^2}{(k\beta - \rho\gamma^2)^2} - \frac{c^2(1+\theta)^2}{[(1+\theta)(1-\rho) - \rho\theta\xi]^2}\right\} - \frac{k\alpha^2\rho^2\gamma^2}{2(2k\beta - \rho\gamma^2)^2} + f$$

$$\pi^{F*} = \frac{\beta}{4}\left[\frac{2k\alpha(1-\rho)}{2k\beta - \rho\gamma^2} - \frac{c[(1+\theta)(1-\rho) - 2\rho\theta\xi]}{(1+\theta)(1-\rho) - \rho\theta\xi}\right]\left[\frac{2k\alpha}{2k\beta - \rho\gamma^2}\right.$$
$$\left. - \frac{c(1+\theta)}{(1+\theta)(1-\rho) - \rho\theta\xi}\right] + \frac{\rho\beta}{4}\left\{\frac{k^2\alpha^2}{(k\beta - \rho\gamma^2)^2}\right.$$
$$\left. - \frac{c^2(1+\theta)^2}{[(1+\theta)(1-\rho) - \rho\theta\xi]^2}\right\} - \frac{k\alpha^2\rho^2\gamma^2}{2(2k\beta - \rho\gamma^2)^2}$$

命题 3.3 s^{F*} 和 θ 不相关，p^{F*} 与 θ 正相关，产品的市场需求量 q^{F*} 与 θ 负相关；π_m^{F*}、π_e^{F*}、π^{F*} 均与 θ 负相关。

证明：根据最优服务水平和销售价格的表达式有：

$$\frac{\partial s^{F*}}{\partial\theta} = 0, \quad \frac{\partial p^{F*}}{\partial\theta} = \frac{c\rho\xi}{2[(1+\theta)(1-\rho) - \rho\theta\xi]^2} > 0。$$

$$\frac{\partial \pi_e^{F*}}{\partial\theta} = -\frac{c^2\rho^2\beta\xi(1+\theta)}{2[(1+\theta)(1-\rho) - \rho\theta\xi]^3} < 0,$$

$$\frac{\partial \pi_m^{F*}}{\partial\theta} = -\frac{c^2\rho^2\xi^2\beta\theta}{2[(1+\theta)(1-\rho) - \rho\theta\xi]^3} < 0,$$

$$\frac{\partial \pi^{F*}}{\partial\theta} = -\frac{c^2\rho^2\beta\xi(1+\theta+\xi\theta)}{2[(1+\theta)(1-\rho) - \rho\theta\xi]^3} < 0,$$

$$\frac{\partial q^{F*}}{\partial\theta} = -\frac{c\beta\rho\xi}{2[(1+\theta)(1-\rho) - \rho\theta\xi]^2} < 0$$

从命题 3.3 可看出，在 ECSC 中，电商平台凭借强大的实力占据主导地位，不会因为制造商的公平关切行为而改变其服务水平，但是电商平台的利润却因为制造商的公平关切行为而减少。这是因为，随着制造商由于从属地位引起的不公平感的增强，公平关切系数 θ 会增加，此时，制造商会试图通过提高销售价格获取更高的利润，但是价格的提高却导致产品市场需求量的下降，而且市场需求降低引起的损失远远大于价格升高带来的收益，这最终导致制造商的利润、电商平台的利润以及系统利润均会下降。在"双十一"活动中，很多商家会采取"先涨价后降价"的操作，使得商品的价格高于平时价格，为了杜绝这种情况，国家工商总局提出了"七不得"禁令规范商家行为，电商平台也通过技术手段监测这一不正常行为，防范由于公平关切导致的价格上涨带来的 ECSC 效益下降。[①]

由此可见，制造商的公平关切对供应链成员以及供应链系统来说都是不利的，会导致系统成员以及系统利润的下降。

这也说明，在市场经济中，制造商企业越关注收益差距，越关注自身效用反而会得到相反的效果，导致自身收益减少，并使 ECSC 系统中其他企业利润降低。因此在实际运营中，制造商企业不应该只关注自身的利益，要有全局意识，积极与电商平台展开合作，充分借助电商平台的优势，扩大市场需求量，获取更多利润。处于主导地位的电商平台要保证制造商的收益，专注平台的服务质量，通过提高服务水平保证平台消费者流量，进而获取更多的利润。在实际运营中，电商平台过多关注自身收益，使得 ECSC 合作关系破裂的情况有很多，比如中国国内的去哪儿网为了分得更多利润，向供应商索取高额广告费，使得供应商（芒果、同程、艺龙）撤离去哪儿网平台。[②]

3.2.3 集中决策模型

若制造商和电商平台能进行亲密合作，共同以实现 ECSC 系统的整体利润最大化为目标进行决策，此时构成集中决策。在集中决策下，双方的决策函数为：

---

① 《双11电商摩拳擦掌 遏制先涨价后打折应明确判定标准》，新浪科技，http://tech.sina.com.cn/i/2017 - 11 - 03。

② 《去哪儿网遭遇下架门 称不会转型做在线旅游代理》，人民网，http://finance.people.com.cn/money/n/2013/0412/c218900 - 21112017.html。

$$\max\pi(p, s) = (p - c)q - \frac{ks^2}{2} \qquad (3.8)$$

计算可得集中决策下的最优解为：

$$s^{C*} = \frac{\gamma(\alpha - \beta c)}{2k\beta - \gamma^2}, \quad p^{C*} = \frac{k\alpha + k\beta c - c\gamma^2}{2k\beta - \gamma^2}, \quad \pi^{C*} = \frac{k(\alpha - \beta c)^2}{2(2k\beta - \gamma^2)}\text{。}$$

证明：根据式（3.8），计算 $\pi(p, s)$ 的 Hessian 矩阵为：$H = \begin{bmatrix} \partial^2\pi/\partial^2 p & \partial^2\pi_r/\partial p\partial s \\ \partial^2\pi/\partial s\partial p & \partial^2\pi/\partial^2 s \end{bmatrix} = \begin{bmatrix} -2\beta & \gamma \\ \gamma & -k \end{bmatrix}$，由于 $-2\beta < 0$，$2k\beta - \gamma^2 > 0$，所以 $\pi(p, s)$ 的 Hessian 矩阵 H 是负定矩阵，$\pi(p, s)$ 存在极大值。由 $\frac{\partial\pi}{\partial p} = 0$，$\frac{\partial\pi}{\partial s} = 0$ 联立方程，可得在集中决策下，电商平台的最优服务水平和产品的最优销售价格为：

$$s^{C*} = \frac{\gamma(\alpha - \beta c)}{2k\beta - \gamma^2} p^{C*} = \frac{k\alpha + k\beta c - c\gamma^2}{2k\beta - \gamma^2}$$

进而，可以计算 ECSC 的最优利润函数。

3.3　模型之间的比较分析

比较三种决策模式下的最优决策，可以得到结论 3.1、结论 3.2.

结论 3.1　$p^{C*} > p^{F*} > p^{D*}$，$s^{C*} > s^{F*} = s^{D*}$。

证明：当 $\theta = 0$ 时，$p^{F*} = p^{D*}$，由命题 3 可知 p^{F*} 与 θ 正相关，所以 $p^{F*} > p^{D*}$。

$$s^{C*} - s^{F*} = \frac{\beta\gamma\{2k[\alpha(1 - \rho) - \beta c] + c\rho\gamma^2\}}{(2k\beta - \gamma^2)(2k\beta - \rho\gamma^2)} > 0$$

同理可证 $p^{C*} > p^{F*}$。

从结论 3.1 可以看出，在分散决策下，制造商公平关切下的产品销售价格高于无公平关切的情形，这是因为制造商是从属企业，公平关切使得制造商更加关注自身收益，为获取更多利润，制造商会提高产品的销售价格。但是电商平台作为主导企业，并不会因为制造商的公平关切行为而改变销售服务的决策。

在集中决策时，制造商和电商平台合作，产品的销售价格和电商平台的服务水平均达到最高。值得注意的是，在 ECSC 中，集中决策下产品的销售价格最高，这与线下传统供应链中的结论"集中决策下，产品的销售价格最低"[①] 不一致。这是因为在 ECSC 中，产品的需求量与电商平台的服务水平有很大关系，在集中决策下，电商平台投入大量的资金用于提供优质的服务，而电商平台的运营资金主要源于销售产品的佣金收益，因此必然会导致产品价格的上升，在现实生活中存在很多这样的实例。

结论 3.2 $\pi_m^{D*} > \pi_m^{F*}$，$\pi_e^{D*} > \pi_e^{F*}$，$\pi^{C*} > \pi^{D*} > \pi^{F*}$。

证明：当 $\theta = 0$ 时，$\pi_m^{D*} = \pi_m^{F*}$，$\pi_e^{D*} = \pi_e^{F*}$，由命题 3.3 可知 π_m^{F*}、π^{F*} 与 θ 负相关，所以 $\pi_m^{D*} > \pi_m^{F*}$，$\pi_e^{D*} > \pi_e^{F*}$。

$$\pi^{D*} - \pi^{F*} = \frac{c^2\rho^2\xi^2\theta^2\beta(1-\rho) + c^2\rho^2\xi\theta\beta[2(1-\rho)(1+\theta) - \rho\theta\xi]}{4(1-\rho)^2[(1+\theta)(1-\rho) - \rho\theta\xi]^2} > 0$$

同理可证，$\pi^{C*} - \pi^{D*} > 0$。

结论 3.2 表明，（1）集中决策下，系统的利润大于分散决策的情况。（2）在分散决策下，当公平关切时，制造商和电商平台利润以及系统利润均低于不考虑公平关切时的利润，这与命题 3 的结论是一致的。制造商关注自身效用的行为不仅没有增加自身利润，反而使利润比公平关切前更低，这进一步表明制造商考虑公平关切对系统运行来说是不利的。

由此可见，集中决策模式可以有效提高产品的销售价格和服务水平，并且获得最大的系统利润。这说明集中决策可以避免分散决策下"双重边际效应"导致的系统效率损失。因此设计有效的协调机制，实现供应链成员以及系统的"双赢"，是非常有必要的。

3.4 协调机制

通过对分散决策和集中决策的比较分析可以看出：对于 ECSC 成员而言，无论制造商是否考虑公平关切，集中决策都优于分散决策。但是

---

① 熊中楷、张盼、郭年：《供应链中碳税和消费者环保意识对碳排放影响》，载于《系统工程理论与实践》2014 年第 34 期；Feng, Xuehao, Ilkeyong Moon, and Kwangyeol Ryu. Supply Chain Coordination under Budget Constraints. *Computers & Industrial Engineering*, Vol. 88, 2015, pp. 487 – 500.

这种集中决策需要设计协调机制才能实现。在公平关切下的传统供应链中，很多学者基于收益共享契约[①]、数量折扣契约和费用相结合[②]，以及公平关切参数[③]设计了供应链的协调机制，实现帕累托改进。本书基于供应链协调的思想，提出"成本共担联合佣金"契约实现 ECSC 的协调。

"成本共担联合佣金"契约的思想是：在 ECSC 中，电商平台作为主导者，根据制造商的价格和成本，调整佣金率，与此同时，电商平台要求制造商共同承担服务成本，从而达到提高服务水平，提高市场需求量，进而增加系统收益的目的。

在"成本共担联合佣金"契约下，假设电商平台将佣金率调整为 $\bar{\rho}$，而且要求制造商分担比例为 $\mu(0 < \mu < 1)$ 的服务成本。这样，

制造商的利润函数为 $\pi_m^{FC} = (1 - \bar{\rho})pq - cq - \dfrac{\mu ks^2}{2} - f$，

电商平台的利润函数为 $\pi_e^{FC} = \bar{\rho}pq - \dfrac{(1 - \mu)ks^2}{2} + f$。

结论 3.3 在"成本共担联合佣金"契约中，若（$\bar{\rho}$，μ）满足

$$\begin{cases} \bar{\rho} = \dfrac{(1 - \varphi)(p - c)}{p} \\ \mu = \varphi \end{cases}, 0 < \varphi < 1，则"成本共担联合佣金"契约可以实$$

现系统的协调。

证明： 在"成本共担联合佣金"契约中，（$\bar{\rho}$，μ）满足

$$\begin{cases} \bar{\rho} = \dfrac{(1 - \varphi)(p - c)}{p} \\ \mu = \varphi \end{cases} 时：$$

（1）在无公平关切环境下，双方均以实现自身利润最大化为目的进行决策，此时：

① Nie T, Du S. Dual – Fairness Supply Chain with Quantity Discount Contracts. *European Journal of Operational Research*，Vol. 258，No. 2，2017，pp. 491 –500.

② Yang J，Xie J，Deng X，et al. Cooperative Advertising in a Distribution Channel with Fairness Concerns. *European Journal of Operational Research*，Vol. 227. No. 2，2013，pp. 401 –407.

③ Qin F，Mai F，Fry M J，et al. Supply – Chain Performance Anomalies：Fairness concerns under Private Cost Information. *European Journal of Operational Research*，Vol. 252，No. 1，2016，pp. 170 – 182.

$$\pi_m^{FC} = (1 - \bar{\rho})pq - cq - \frac{\mu ks^2}{2} - f = \varphi\left(pq - cq - \frac{ks^2}{2}\right) - f = \varphi\pi - f$$

$$\pi_e^{FC} = \bar{\rho}pq - \frac{(1-\mu)ks^2}{2} + f = (1 - \varphi)\left(pq - cq - \frac{ks^2}{2}\right) + f = (1 - \varphi)\pi + f$$

（2）在制造商公平关切下，制造商的决策函数是效用函数，此时，

$$U_m = \pi_m^{FC} - \theta(\xi\pi_e^{FC} - \pi_m^{FC}) = [(1 + \theta + \theta\xi)\varphi - \theta\xi]\pi - (1 + \theta + \theta\xi)f$$

由此可见，在"成本共担联合佣金"机制下，无论是否考虑公平关切，制造商和电商平台的决策函数均是系统利润的仿射函数，可以实现系统协调。

当系统达到协调时，

$$\begin{cases} \bar{\rho} = \dfrac{k(1 - \varphi)(\alpha - \beta c)}{k\alpha + k\beta c - c\gamma^2}, \quad p = p^{C*} = \dfrac{k\alpha + k\beta c - c\gamma^2}{2k\beta - \gamma^2}, \quad s = s^{C*} = \dfrac{\gamma(\alpha - \beta c)}{2k\beta - \gamma^2} \\ \mu = \varphi \end{cases}$$

在协调机制中，制造商和电商平台的利润分配比例为 $\dfrac{\varphi\pi - f}{(1 - \varphi)\pi + f}$，f 表示制造商向电商平台支付的固定技术服务费，系数 $\varphi(0 < \varphi < 1)$ 表示制造商的谈判能力，φ 取决于制造商和电商平台的讨价还价能力，φ 越大，制造商分得的利润越大，电商平台的利润越小，反之亦然。

为保证协调机制的有效性，下面分析"成本共担联合佣金"协调机制的可行条件：

（1）无公平关切的分散决策下，制造商和电商平台接受"成本共担联合佣金"机制的条件是协调之后的利润不低于协调前的利润，即必须保证 $\begin{cases} \pi_m^{FC*} \geqslant \pi_m^{D*} \\ \pi_e^{FC*} \geqslant \pi_m^{D*} \end{cases}$。

因此有

$$\begin{cases} \pi_m^{FC*} = \varphi\pi^{C*} - f \geqslant \pi_m^{D*} \\ \pi_e^{FC*} = (1 - \varphi)\pi^{C*} + f \geqslant \pi_e^{D*} \end{cases},$$

可得 φ 满足：

$$\frac{\pi_m^{D*} + f}{\pi^{C*}} \leqslant \varphi \leqslant 1 - \frac{\pi_e^{D*} - f}{\pi^{C*}} \tag{3.9}$$

（2）在公平关切时的分散决策下，制造商和电商平台接受"成本共担联合佣金"机制的条件有两个：①协调之后的利润不低于协调前的利润；②制造商协调之后的效用不低于协调前的效用，即必须保证：

$$\begin{cases} \pi_m^{FC*} \geqslant \pi_m^{D*} \\ \pi_e^{FC*} \geqslant \pi_m^{D*} \\ U_m^{FC*} \geqslant U_m^{F*} \end{cases}。$$

因此有

$$\begin{cases} \pi_m^{FC*} = \varphi \pi^{C*} - f \geqslant \pi_m^{F*} \\ \pi_e^{FC*} = (1-\varphi)\pi^{C*} + f \geqslant \pi_e^{F*} \\ U_m^{FC*} = \left[(1+\theta+\theta\xi)\varphi - \theta\xi\right]\pi^{C*} - (1+\theta+\theta\xi)f \geqslant U_m^{F*} \end{cases},$$

可得 φ 满足：

$$\frac{(1+\theta)\pi_m^{F*} - \theta\xi\pi_e^{F*} + (1+\theta+\theta\xi)f}{\pi^{C*}(1+\theta+\theta\xi)} + \frac{\theta\xi}{(1+\theta+\theta\xi)} \leqslant \varphi \leqslant 1 - \frac{\pi_e^{F*} - f}{\pi^{C*}}$$

$$(3.10)$$

根据结论 3.3，可得命题 3.4 和命题 3.5。

命题 3.4 $\mu = \varphi$

从命题 3.4 可以看出，制造商分担电商平台服务成本的比例系数 μ 与制造商分得系统利润的比例系数 φ 相等。在协调机制中，电商平台与制造商共同承担服务成本，减缓资金压力从而达到提高服务水平增加收益的目的。制造商若想在协调机制中获得可观的收益，应该积极与电商平台展开合作，承担服务成本的比例越高，越有助于提高服务水平并增加市场需求，获得的系统利润越高。

命题 3.5 制造商利润分配系数 φ 与公平关切系数 θ 是正相关关系。

证明： 在制造商公平关切下，通过式（3.9）可知，$f(\theta) \leqslant \varphi \leqslant 1 - \frac{\pi_e^{D*} - f}{\pi^{C*}}$。

其中 $f(\theta) = \dfrac{(1+\theta)\pi_m^{F*} - \theta\xi\pi_e^{F*}}{\pi^{C*}(1+\theta+\theta\xi)} + \dfrac{\theta\xi}{(1+\theta+\theta\xi)} + \dfrac{f}{\pi^{C*}}$

由命题 3.3 可知 $\dfrac{\partial \pi_e^{D*}}{\partial \theta} < 0$，所以，$\partial\left(1 - \dfrac{\pi_e^{D*} - f}{\pi^{C*}}\right)\Big/ \partial\theta > 0$，即 φ 的上界随着 ξ 的增加而增大，同理可证 $\dfrac{\partial f(\theta)}{\partial \theta} > 0$，即 φ 的下界随着 θ 的增加而增大。

因为 $f(\theta) \leqslant \varphi \leqslant 1 - \dfrac{\pi_e^{D*} - f}{\pi^{C*}}$，所以有 $\exists \lambda \in [0, 1]$，使得 $\varphi = \lambda f(\theta) +$

$(1-\lambda)\left(1-\dfrac{\pi_e^{D*}-f}{\pi^{C*}}\right)$，因此，$\dfrac{\partial\varphi}{\partial\theta}>0$，即 φ 随着 θ 的增加而增大。

命题 3.5 说明，在"成本共担联合佣金"契约协调机制中，利润分配系数 φ 随着公平关切系数 θ 的增大而增大。而且 φ 越大，制造商的收益越大，因此在"成本共担联合佣金"契约协调机制中，得到以下结论：公平关切系数越大，制造商的利润越大，制造商的利润与公平关切系数正相关。这与制造商公平关切下分散决策模式得到的命题 3.3 中"制造商利润与公平关切系数负相关"的结论相反，由此进一步说明了"成本共担联合佣金"契约协调机制的可行性。

命题 3.6　利润分配比例系数 φ 的区间大小与公平参考点 ξ 是负相关关系。

证明：在制造商公平关切下，通过式（3.10）可知，$g(\xi)\leqslant\varphi\leqslant 1-\dfrac{\pi_e^{D*}-f}{\pi^{C*}}$。

其中　$g(\xi)=\dfrac{(1+\theta)\pi_m^{F*}-\theta\xi\pi_e^{F*}}{\pi^{C*}(1+\theta+\theta\xi)}+\dfrac{\theta\xi}{(1+\theta+\theta\xi)}+\dfrac{f}{\pi^{C*}}$

因为 $\dfrac{\partial\pi_e^{F*}}{\partial\xi}=\dfrac{\beta\theta\rho^2c^2(1+\theta)^2}{2\left[(1+\theta)(1-\rho)-\rho\theta\xi\right]^3}>0$，$\dfrac{\partial\pi_m^{F*}}{\partial\xi}=-\dfrac{\beta\xi\theta^2\rho^2c^2(1+\theta)}{2\left[(1+\theta)(1-\rho)-\rho\theta\xi\right]^3}$

<0，所以有 $\dfrac{\partial g(\xi)}{\partial\xi}>0$。因此 φ 的上界随着的 ξ 增加而减小，下界随着 ξ 的增加而增大，区间变小。

命题 3.5 说明，在"成本共担联合佣金"契约协调机制中，利润分配系数 φ 的区间与制造商的公平参考点 ξ 密切相关。随着 ξ 的增大，φ 的区间会减小，即制造商的议价能力减弱，双方谈判空间减小。这说明，制造商公平参考点越高，协调机制中分配得到的最低收益越高，最高收益越低。这与制造商公平关切下分散决策模式中得到的结论 3.2 有很大不同，在分散决策下，制造商的利润与制造商公平参考点负相关 $\left(\dfrac{\partial\pi_m^{F*}}{\partial\xi}<0\right)$，电商平台的利润与公平参考点正相关 $\left(\dfrac{\partial\pi_e^{F*}}{\partial\xi}>0\right)$，制造商的公平参考点越高，反而收益越小。但是在"成本共担联合佣金"契约协调机制中，随着公平参考点 ξ 的增加，利润分配系数 φ 的下界变大，制造商分得的最低收益变大，这说明"成本共担联合佣金"契约协调后，公平参考点 ξ 的增加对制造商是有利的。不仅如此，协调后，电商平台也能够获得更高的利润，这进一步解释了"成本共担联合佣金"契约的可行性。

3.5 数 值 分 析

为了进一步比较不同模型决策的关系，下面结合数值算例进行分析。借鉴现有文献[①]的取值，将问题一般化，即考虑一般性产品进行数值分析。

假设 $\alpha = 50$，$\beta = 1$，$r = 0.8$，$k = 3$，$c = 8$，$f = 20$，$\xi = 8$，$\theta = 0.1$，取 ρ 为自变量，令 $\rho \in [0.01, 0.16]$，各个决策变量随 ρ 的变化曲线如图 3-2 至图 3-6 所示。

从图 3-2 至图 3-6 可以看出，各决策变量和利润的变化规律符合结论 3.1 和结论 3.2，并且可以看出：

（1）分散决策下，产品的销售价格、电商平台的服务水平和电商平台的利润与佣金率是正相关关系，制造商利润与佣金率是负相关关系。这说明较高的佣金率对电商平台的运营是有利的。对制造商而言，高佣金率提高了运营成本，并且销售价格的提高影响了产品的市场需求，使得利润下降。

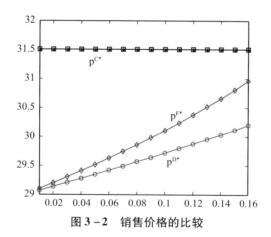

图 3-2 销售价格的比较

① Zhang F, Wang C. Dynamic Pricing Strategy and Coordination in a Dual – Channel Supply Chain Considering Service Value. *Applied Mathematical Modelling*，Vol. 54，2018，pp. 722 – 742.

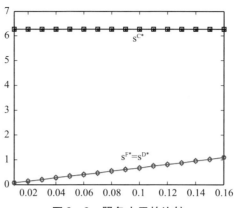

图 3 - 3　服务水平的比较

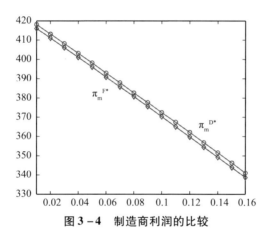

图 3 - 4　制造商利润的比较

图 3 - 5　电商平台利润的比较

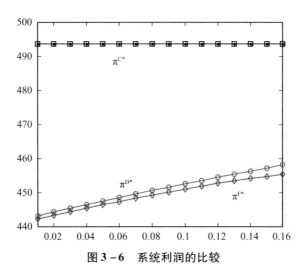

图 3 - 6 系统利润的比较

（2）在制造商公平关切的分散决策下，制造商利润、电商平台利润以及系统利润都低于无公平关切的情形，这说明制造商的公平关切行为对 ECSC 的运营是不利的。

（3）集中决策下，产品的销售价格和电商平台的服务水平达到最高，ECSC 的利润最大，此时销售价格、服务水平以及 ECSC 利润均与佣金率无关。

下面，对"成本共担联合佣金"契约协调机制的协调效果进行分析。

在上述参数取值基础上（$\alpha = 50$，$\beta = 1$，$r = 0.8$，$k = 3$，$c = 8$，$f = 20$，$\xi = 8$，$\theta = 0.1$），进一步假设 $\rho = 0.1$，计算可得：

协调前，不考虑公平关切的分散决策的最优决策为 $p^{D*} = 29.71$，$s^{D*} = 0.67$，$\pi_m^{D*} = 370.32$，$\pi_e^{D*} = 81.2$，$\pi^{D*} = 451.52$；

协调前，考虑公平关切的分散决策的最优决策为 $p^{F*} = 30.1$，$s^{F*} = 0.67$，$\pi_m^{F*} = 370.18$，$\pi_e^{F*} = 80.84$，$\pi^{F*} = 451.02$。

集中决策的最优决策为 $p^{C*} = 31.51$，$s^{C*} = 6.27$，$\pi^{C*} = 493.66$。

通过式（3.7）可知，在不考虑公平关切的分散模式的协调机制中 $(\bar{\rho}, \mu)$ 满足 $\begin{cases} \bar{\rho} = 0.75(1 - \varphi) \\ \mu = \varphi \end{cases}$，其中 $0.791 \leqslant \varphi \leqslant 0.876$。通过式（3.8）可知，在制造商公平关切的分散模式的协调机制中 $(\bar{\rho}, \mu)$ 满

足 $\begin{cases} \bar{\rho} = 0.75(1-\varphi) \\ \mu = \varphi \end{cases}$，其中 $0.827 \leqslant \varphi \leqslant 0.877$。令 φ 为自变量，将采用"成本共担联合佣金"契约进行协调后的结果与分散决策下得到的最优决策进行比较，得到图 3-7 和图 3-8。

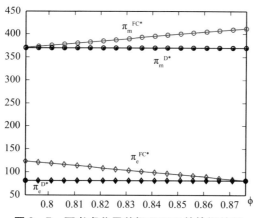

图 3-7　不考虑公平关切 ECSC 的协调结果

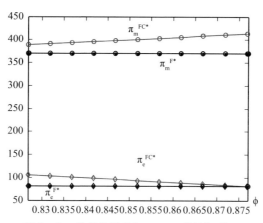

图 3-8　考虑公平关切 ECSC 的协调结果

从图 3-7 和图 3-8 可以看出，无论制造商是否有公平关切行为，"成本共担联合佣金"契约都可以有效协调系统，实现 ECSC 成员利润和系统利润的"双赢"。

3.6 结论与启示

不同于传统供应链，制造商在 ECSC 中往往处于劣势地位，而电商平台凭借先进的信息技术和对消费者的更多了解占据优势地位，拥有主导权。在这种背景下，入驻商家的公平关切问题成为 ECSC 新的研究问题。考虑制造商的公平关切，本章构建了三种 ECSC 的决策模型，分别是不考虑公平关切的分散决策、制造商公平关切下的分散决策、ECSC 的集中决策，分析了制造商公平关切系数对 ECSC 的影响，并比较分析了三种决策模式下的最优决策。针对分散决策下的"双重边际效用"问题设计了"成本共担联合佣金"契约协调机制，实现了供应链协调。本章研究表明：

第一，在 ECSC 分散决策下，尽管电商平台为主导企业，但是电商平台的利润小于制造商的利润，这是由电商平台本身的特点决定的，电商平台凭借企业规模经济获得 ECSC 的主导优势。

第二，不同于线下传统供应链"集中决策下产品销售价格最低"的结论，在 ECSC 中，集中决策下，产品的销售价格最高。这是因为在 ECSC 中产品需求量受电商平台服务水平影响较大，电商平台主要通过佣金收益提高服务水平，因此集中决策下销售价格最高。而且，在集中决策下，电商平台的服务水平和系统利润是最高的。这种集中决策，可以通过"成本共担联合佣金"契约协调机制实现。

第三，在制造商公平关切下的分散决策模型中，制造商、电商平台和 ECSC 系统利润与公平关切系数负相关，产品的销售价格随着公平关切系数增加而增加，但电商平台的服务水平不受制造商公平关切系数的影响。并且 ECSC 成员和系统的利润要低于不考虑公平关切下分散决策的利润，这说明制造商公平关切对供应链成员以及供应链系统来说都是不利的，会导致系统成员以及系统利润的下降。

通过本章研究，可以得到以下管理启示：

一方面，在中国 ECSC 的实际运营中，产品销售价格在主流的电商平台上趋向一致，电商平台的服务水平成为吸引消费者的重要因素。因此，作为直接为消费者提供服务的电商平台，要致力于提高服务水平，保证消费者良好的购物体验，才能在市场中获得竞争优势。

另一方面，制造商的公平关切导致了系统效率的损失，但是产品销售价格降低却有利于消费者，公平关切造成了 ECSC 中企业收益和消费者权益之间"此消彼长"的困境。而制造商的公平关切，究其原因是在 ECSC 中从属地位导致的收益不公。因此，电商平台作为主导企业要正确处理和制造商之间的关系，与电商供应链企业建立互利共赢的合作关系，维持电商供应链的长期有效运行。另外，政府部门要加强对电商平台运作的指导和监管，避免电商平台一家独大，打造公平有序的市场环境。

本章只是考虑了单一制造商和单一电商平台的电商供应链结构，在现实运行中，更为多见的 ECSC 运营结构是由多个制造商和一个电商平台组成，对这种"多对一"ECSC 进行研究，将是我们下一步研究的方向。并且在本章的模型中仅考虑了产品价格和电商平台服务水平对产品市场需求量的影响，而在现实运营中，电商平台的广告服务对市场需求量的影响也很大，对电商平台中广告策略的研究也将是下一步的研究方向。

第4章 零售商公平关切下闭环供应链的决策研究

本章分析考虑创新投入和社会责任的影响，研究不同闭环供应链成员的公平关切对闭环供应链决策的影响。

4.1 考虑创新投入的闭环供应链公平关切决策研究

"新旧动能转换"是应对当前中国资源优势不再、人口红利殆尽问题的有效手段，是我国未来经济发展的新引擎。从节能减排视角来看，中国经济新发展必然需要资源的循环利用，而新旧动能转换政策支持资源的再利用，从而有效提高资源的利用率，改善环境污染问题。新旧动能转换政策的出台给闭环供应链带来了巨大的影响，主要有以下两方面：一方面，新旧动能转换政策要求制造企业积极采用节能环保新工艺、新技术和新设备，实现绿色低碳循环发展，这要求供应链成员要在承担环境责任的基础上追求收益最大化；另一方面，闭环供应链不再是企业自发形成，而是由政府规定形成，新旧动能转换政策下的闭环供应链具有强制性，新旧动能转换政策要求企业必须承担社会环境责任，回收废旧产品，生产环境友好型产品。一般来说，企业进行新动能产品的生产和研发需要较高投入，其成本远远高于普通产品：其一是由于增加新设备需要大量的初始资本投入，其二是回收活动产生了回收成本。企业进行新旧动能转换成本很高，单依靠企业自身能力实现困难，这在很大程度上削弱了制造企业进行新旧动能转换的动力。为加快新旧动能的转换，政府设立引导资金激励企业，实施情况显示政府奖励政策确实大大加快了新旧动能转换的步伐。[①]

新旧动能转换政策下的基金类型以产业类基金为主，大多分配给制造企业用来购买新设备、升级新工业，而零售企业不能直接获得基金奖励，产生分配不均的思想，进而无心进行废旧产品回收工作。尤其在新旧动能转换政策影响下，政府产业类奖励基金大量涌入制造企业，而作为跟从企业的零售企业不能从政府奖励中获利，自然会不满利润分配模式进而产生强烈的公平关切心理，甚至不参与回收工作。

现有研究显示，供应链成员考虑公平关切这种有限理性行为对供应链运营效率和供应链成员的利润都有或多或少的损害[②]，但之前关于公平关切的研究成果不能有效应用于新旧动能转换政策下的闭环供应链中，原因在于新旧动能转换活动中制造企业需要考虑新动能的创新投入，这意味着大量研发成本的支出。同时，零售商控制着废旧产品的回收活动，大大削弱了制造商的主导地位。

本部分研究将新动能创新投入纳入模型中，扩宽了闭环供应链的研究领域，在新旧动能转换政策下，研究公平关切对闭环供应链的运作影响，探讨这样几个问题：

（1）新旧动能转换政策下，考虑零售商公平关切的闭环供应链的最优决策是怎样的？

（2）零售商公平关切程度对闭环供应链决策产生什么样的影响？

（3）新旧动能转换政策下，如何实现对闭环供应链两种分散决策的协调？

考虑新动能创新的影响，本部分构建了三种决策模型，创新点主要体现在：在传统的闭环供应链基础上考虑新旧动能转换政策的影响，更贴合当下企业的实际运营情况；分析零售商关切程度对批发价格、新动能投入、零售价格、回收率以及成员利润的影响，为企业新动能创新投入提供理论参考；设计"收益共享联合固定费用—成本共担"契约实

① 《山东以政府基金撬动社会投资助推新旧动能转换》，新华社，https：//baijiahao. baidu. com/s？id＝1644542584297090487&wfr＝spider&for＝pc，2019 年 9 月 13 日。

② Ho TH，Su X，Wu Y，Distributional and Peer—Induced Fairness in Supply Chain Contract Design. *Production and Operations Management*. Vol 23，No. 2，2014，pp. 161 – 75；Liu W，Wang D，Shen X，Yan X，Wei W. The Impacts of Distributional and Peer-induced Fairness Concerns on the Decision – Making of Order Allocation in Logistics Service Supply Chain. *Transportation Research Part E*：*Logistics and Transportation Review*. Vol. 116，2018，pp. 102 – 122.

现分散决策的协调。

4.1.1　模型说明与假设

新动能创新投入，政府会对闭环供应链的回收再造活动和新动能创新投入实施一定的奖励机制，形成"动能转换越快、成效越大，得实惠越多"的激励机制。此时闭环供应链的模型结构如图4-1所示。

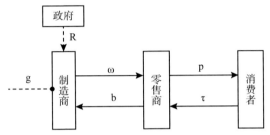

图4-1　新动能创新投入后的闭环供应链运行模式

图4-1中，实体箭头代表物流方向，虚线箭头代表政府对进行新旧动能转换的制造商的奖励，虚线代表制造商新动能创新投入。在该模型中，政府为了促进制造商加快新旧动能转换，提高转换成效，予以制造商一定奖励（R），然后制造商确定新动能创新投入力度（g），并按照批发价（ω）向零售商销售新产品和再造品，接着零售商按零售价（p）将产品销售给消费者，之后从消费者手里回收废旧品（回收率为τ）并将回收的废旧产品以转移价格（b）转移给制造商进行再制造，形成闭环供应链。本部分只考虑单周期的闭环供应链，假设新产品和再造品在功能和价值上无差异，可以以相同的价格在同一市场上一起销售。

模型假设与符号说明如下：

（1）闭环供应链中产品的市场需求主要由产品的销售价格和制造商新旧动能创新投入决定，根据相关参考文献①的假设，零售商的市场

---

①　Abbey J D, Meloy M G, Blackburn J, et al. Consumer Markets for Remanufactured and Refurbished Products. *California Management Review*, Vol. 57, No. 4, 2015, pp. 26 – 42；王玉燕、于兆青：《"以旧换再"策略下汽车供应链的运作模式调整研究》，载于《经济与管理评论》2017年第33期；王晓迪、王玉燕、李璟：《公平关切下网络平台主导的E——闭环供应链决策及协调模型》，载于《系统管理学报》2019年第28期。

需求函数为 $q = \alpha - \beta p + \gamma g$，$\alpha$，$\beta$，$\gamma > 0$。其中，p 为产品销售价格；g 为新动能创新投入；α 表示市场规模；β 代表销售价格弹性系数；γ 表示新动能创新投入力度对市场需求的影响，这主要反映消费者对企业新动能创新投入的认可，以及新动能创新投入对企业的名誉影响。且假设 $0 < \gamma < \beta$，这说明，消费者对产品价格的敏感程度大于对新动能创新的敏感程度。

（2）制造商进行新动能创新投入的固定成本为 $I_m = \dfrac{mg^2}{2}$，m 为正常量，表示制造商进行新动能创新投入的成本系数。[①]

（3）假设 τ 为使用废旧品加工的新产品的比率，$\tau \in [0, 1]$。$\tau = 1$ 表示制造商在生产中只使用回收的组件，$\tau = 0$ 表示制造商在生产中只使用新部件。根据现有文献[②]，假设回收成本为 $I_r = \dfrac{k\tau^2}{2}$，$k(k > 0)$ 是废旧产品回收的难度系数，k 越大，回收同样的废旧产品零售商付出的成本越多。

（4）借鉴已有文献[③]的假设，假设 $\Delta = c_n - c_u$ 表示再制造的成本优势（假设 $\Delta \geqslant b$），其中，c_n 为制造商使用新动能创新投入后新材料的生产成本，c_u 为使用废旧产品部件的生产成本。由于政府对新动能创新投入的激励主要是侧重对企业粗放式生产模式下的固定投资，例如对陈旧生产设备的更新、对环保设备的更新投资等。因此，在模型中也主要考虑这类政府激励的新动能创新投入，而这类投入对产品的可变成本影响比较小，在模型中假定生产的成本和回收成本为固定的参变量。

（5）假设政府对进行新旧动能转换的企业给予 r_0 的基本奖励，对创新投入力度超过政府制定的目标力度 g_0 的企业额外给予 r 的奖励，即政府促进制造商新旧动能转换的总奖励为 $R = r_0 + r(g - g_0)$。由于政府财政支出的限制，政府对企业的激励也会考虑成本的问题，尽可能地减

---

① 姜明君、陈东彦：《公平偏好下绿色供应链收益分享与绿色创新投入》，载于《控制与决策》2020 年第 35 期。

② Wei J, Zhao J. Pricing and Remanufacturing Decisions in Two Competing Supply Chains. *International Journal of Production Research*，Vol. 53，No. 1，2015，pp. 258 - 278；马德青、胡劲松：《具公平行为的零售商回收闭环供应链动态均衡策略研究》，载于《中国管理科学》2019 年第 27 期。

③ Jena S K, Sarmah S P. Price Competition and Co - Operation in a Duopoly Closed-loop Supply Chain. *International Journal of Production Economics*，Vol. 156，2014，pp. 346 - 360.

少财政支出，因此在现实中，很多地方政府并不给予企业基本奖励，因此在模型假设 $r_0 = 0$，即政府的奖励为 $R = r(g - g_0)$。

本部分研究涉及的其他变量及参数符号说明如下：

ω：新产品的批发价格。

b：制造商支付给零售商的单位废旧产品的回购价格。

π_m：制造商的利润。

π_r：零售商的利润。

π：闭环供应链系统总体利润（$\pi = \pi_m + \pi_r$）。

根据以上描述，新旧动能转换政策下制造商的利润为：

$$\pi_m = (\omega - c_n)(1 - \tau)q + (\omega - c_u - b)\tau q + R - I_m$$

$$= (\omega - c_n + \Delta\tau - b\tau)(\alpha - \beta p + \gamma g) + r(g - g_0)^+ - \frac{mg^2}{2}$$

零售商的利润为：

$$\pi_r = (p - \omega)q + b\tau q - I_r$$

$$= (p - \omega + b\tau)(\alpha - \beta p + \gamma g) - \frac{k\tau^2}{2}$$

4.1.2　模型构建与求解

下面对零售商公平中性的分散决策、公平关切的分散决策和集中决策模型进行分析。为保证所求解为正数，研究问题具有现实意义，假设参数满足：$2km\beta - k\gamma^2 - m\beta^2\Delta^2 > 0$，$2k - b\beta\Delta > 0$，$ma + r\gamma - m\beta c_n > 0$。

4.1.2.1　零售商公平中性的分散决策

当零售商不考虑公平关切时，闭环供应链成员在决策时是理性的，在分散决策下，他们均以实现自身利润最大化为目标进行决策。制造商和零售商构成制造商为主、零售商为从的 Stackelberg 博弈关系，因此在决策时，制造商率先确定新动能创新投入 g 和批发价 ω，零售商接着确定零售价 p 和回收率 τ。制造商新旧动能转换水平达到政府基准时才能得到政府奖励，否则成本更高，则只需要考虑新动能创新投入高于政府基准情形即可。

制造商的决策函数为：

$$\max_{\omega,g}\pi_m = (\omega - c_n + \Delta\tau - b\tau)(\alpha - \beta p + \gamma g) + r(g - g_0)^+ - \frac{mg^2}{2} \quad (4.1)$$

接着，零售商的决策函数为：

$$\max_{p,\tau}\pi_r = (p - \omega + b\tau)(\alpha - \beta p + \gamma g) - \frac{k\tau^2}{2} \quad (4.2)$$

根据逆向归纳法求解，可得最优决策：

$$\omega^{D*} = \frac{(m\alpha + r\gamma)[2k + b\beta(b - 2\Delta)] + [k(m\beta + \gamma^2) + m\beta(k - b^2\beta)]c_n}{4km\beta - k\gamma^2 - 2bm\beta^2\Delta}$$

$$g^{D*} = \frac{2r\beta(2k - b\beta\Delta) + k\gamma(\alpha - \beta c_n)}{4km\beta - k\gamma^2 - 2bm\beta^2\Delta}$$

$$p^{D*} = \frac{(m\alpha + r\gamma)(3k - 2b\beta\Delta) + k(m\beta - \gamma^2)c_n}{4km\beta - k\gamma^2 - 2bm\beta^2\Delta}$$

$$\tau^{D*} = \frac{b\beta(m\alpha + r\gamma - m\beta c_n)}{4km\beta - k\gamma^2 - 2bm\beta^2\Delta}$$

$$q^{D*} = \frac{k\beta(m\alpha + r\gamma - m\beta c_n)}{4km\beta - k\gamma^2 - 2bm\beta^2\Delta}$$

$$\pi_m^{D*} = \frac{k(m\alpha + r\gamma - m\beta c_n)(\alpha - \beta c_n) + 2r^2\beta(2k - b\beta\Delta)}{2(4km\beta - k\gamma^2 - 2bm\beta^2\Delta)} - rg_0$$

$$\pi_r^{D*} = \frac{k\beta(2k - b^2\beta)(m\alpha + r\gamma - m\beta c_n)^2}{2(4km\beta - k\gamma^2 - 2bm\beta^2\Delta)^2}$$

$$\pi^{D*} = \pi_m^{D*} + \pi_r^{D*}$$

证明： 由逆向归纳法，根据零售商的利润函数式（4.2）可知 $\frac{\partial^2\pi_r}{\partial p^2} = -2\beta < 0$，$\frac{\partial^2\pi_r}{\partial\tau^2} = -k < 0$，联立方程 $\frac{\partial\pi_r}{\partial p} = 0$，$\frac{\partial\pi_r}{\partial\tau} = 0$，可以得出零售价格和回收率的反应函数如下：

$$p = \frac{k(\alpha + \beta\omega + \gamma g) - b^2\beta(\alpha + \gamma g)}{\beta(2k - b^2\beta)} \quad (4.3)$$

$$\tau = \frac{b(\alpha - \beta\omega + \gamma g)}{2k - b^2\beta} \quad (4.4)$$

将式（4.3）、式（4.4）代入制造商利润函数，可得 $\frac{\partial^2\pi_m}{\partial\omega^2} = -\frac{2k\beta(2k - b\beta\Delta)}{(2k - b^2\beta)^2} < 0$，$\frac{\partial^2\pi_m}{\partial g^2} < 0$，联立 $\frac{\partial\pi_m}{\partial\omega} = 0$ 和 $\frac{\partial\pi_m}{\partial g} = 0$，可得如下：

制造商的最优批发价格：

$$\omega^{D*} = \frac{(m\alpha + r\gamma)[2k + b\beta(b - 2\Delta)] + [k(m\beta + \gamma^2) + m\beta(k - b^2\beta)]c_n}{4km\beta - k\gamma^2 - 2bm\beta^2\Delta}$$

（4.5）

制造商的最优新动能创新投入：

$$g^{D*} = \frac{2r\beta(2k - b\beta\Delta) + k\gamma(\alpha - \beta c_n)}{4km\beta - k\gamma^2 - 2bm\beta^2\Delta} \qquad (4.6)$$

将式（4.5）和式（4.6）代入式（4.3）和式（4.4）中，可以得到零售商的最优零售价格、零售商的最优回收率。进而可得，最优销售量、制造商的最优利润、零售商的最优利润以及系统总体利润。

命题4.1 ω^{D*}、g^{D*}、p^{D*}、q^{D*}、τ^{D*}、π_r^{D*} 均随着政府奖励强度 r 的增加而变大；当 $g_0 < \dfrac{k\gamma(\alpha - \beta c_n) + 2r\beta(2k - b\beta\Delta)}{4km\beta - k\gamma^2 - 2bm\beta^2\Delta}$ 时，π_m^{D*} 随着政府奖励强度的增大而变大。

证明： $\dfrac{\partial \omega^{D*}}{\partial r} = \dfrac{\gamma[2k + b\beta(b - 2\Delta)]}{4km\beta - k\gamma^2 - 2bm\beta^2\Delta} > 0$，$\dfrac{\partial g^{D*}}{\partial r} = \dfrac{2\beta(2k - b\beta\Delta)}{4km\beta - k\gamma^2 - 2bm\beta^2\Delta} > 0$，同理可证 $\dfrac{\partial p^{D*}}{\partial r} > 0$，$\dfrac{\partial \tau^{D*}}{\partial r} > 0$，$\dfrac{\partial q^{D*}}{\partial r} > 0$，$\dfrac{\partial \pi_r^{D*}}{\partial r} > 0$。$\dfrac{\partial^2 \pi_m^{D*}}{\partial r^2} = \dfrac{2\beta(2k - b\beta\Delta)}{4km\beta - k\gamma^2 - 2bm\beta^2\Delta} > 0$。当 $g_0 < \dfrac{2k\gamma(\alpha - \beta c_n) + 4r\beta(2k - b\beta\Delta)}{2(4km\beta - k\gamma^2 - 2bm\beta^2\Delta)}$ 时，$\dfrac{\partial \pi_m^{D*}}{\partial r} > 0$，此时制造商利润随着政府奖励强度的增大而增加。

从命题4.1可以看出，在制造商实际新动能创新投入高于政府规定的基准时，制造商的批发价格和新动能创新投入、零售商的零售价格和回收率都与政府奖励正相关。这与一些文章中政府奖励越高消费者剩余越大的结论是不同的。[①] 造成这种情形的原因是：在新旧动能转换政策背景下，制造商的新动能创新投入水平会随着奖励强度的增加而提高，这增加了制造商的生产成本，此时制造商会提高批发价格将增加的成本转移给下游零售商。接着，零售商出于自身利润最大化考虑提高产品销

① Liu H, Lei M, Deng H, et al. A Dual Channel, Quality-based Price Competition Model for the WEEE Recycling Market with Government Subsidy. *Omega*，Vol. 59，2016，pp. 290 – 302；李新然、李长浩：《消费者双重偏好下闭环供应链渠道差异研究》，载于《系统工程理论与实践》2019 年第 39 期。

售价格，但由于消费者对新动能产品的青睐，销量没有减少反而增加。这说明新旧动能转换政策下，政府奖励使得产品创新对市场需求的扩张效应抵消了销售价格提高对市场需求的负向作用，进一步说明政府奖励对新旧动能转换起到明显的推进作用。

当 $g_0 < \dfrac{k\gamma(\alpha - \beta c_n) + 2r\beta(2k - b\beta\Delta)}{4km\beta - k\gamma^2 - 2bm\beta^2\Delta}$ 时，制造商利润随着政府奖励强度的增大而增加，这说明政府制定的新动能创新基准不宜过高，应充分考虑企业的实际情况。因为制造商面对过高的新动能创新投入基准将无利可图，没有进行产业升级的意向，而零售商利润一直随政府奖励强度的增加而增加，说明新旧动能转换政策对零售商的影响是积极的。

命题 4.2　ω^{D*}、g^{D*}、p^{D*}、q^{D*}、τ^{D*}、π_m^{D*}、π_r^{D*} 均随着新动能创新投入成本系数 m 的增加而减小。

证明思路同命题 4.1。

命题 4.2 表明产品批发价格和销售价格、新动能创新投入水平、产品销量、回收率以及制造商和零售商的利润都随着新动能创新投入成本的增加而降低，与传统观点"投入越高售价越高"不同。这是因为随着创新投入成本系数的提高，企业进行新旧动能转换的决心受到打击，就会选择降低新动能投入水平。而产品市场需求由销售价格和新动能创新投入水平共同决定，因此消费者对新动能产品的偏好导致创新水平的降低会大幅度缩减市场需求，进一步，制造商和零售商通过降低价格减缓销量的降低，故而批发价格和零售价格都会降低。同时零售商回收废旧产品量也减少，双方利润也由于销量减少而降低。

命题 4.3　$\pi_m^{ND*} - \pi_m^{D*} > \pi_r^{ND*} - \pi_r^{D*}$（上标 ND * 代表无政府奖励时最优决策）。

命题 4.3 表示政府对新旧动能转换企业进行奖励后，制造商利润的增加值大于零售商利润的增加值，说明制造商借助在闭环供应链中的主导地位，从政府奖励中受益明显，而作为跟从企业的零售商受益甚微。因此，零售商认为政府奖励分配不均，不配合甚至抵制政府推行的新旧动能转换政策，在决策时采取措施寻求公平感知。

为了更直接地体现命题 4.3，下面通过数值算例说明。

借鉴 Pu 等[①]的取值，假设 $\alpha = 30$，$\beta = 1$，$\gamma = 0.8$，$k = 50$，$m = 30$，$b = 2.5$，$\Delta = 3.5$，$c_n = 8$，$g_0 = 0.1$。将政府奖励 r 作为自变量，取 $r \in [10, 70]$，绘出政府奖励前后制造商和零售商利润差比较图，如图 4 - 2 所示。

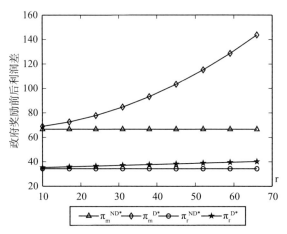

图 4 - 2　有无政府奖励制造商和零售商利润差比较

图 4 - 2 诠释了命题 4.3 的结论，在新旧动能转换政策下，制造商直接从政府奖励中获利，且获利幅度远远大于间接受益的零售商。因此零售商感到政府奖励分配不均，不配合政府新旧动能转换政策的有效实施，产生公平关切心理。

4.1.2.2　零售商公平关切下的分散决策

在一般的线下供应链中，制造商往往掌握着渠道话语权。制造商不仅规定自己的批发价格，而且还会对零售商售价加以指导，大大制约了零售商的独立运营。比如通用汽车公司（GM）和宝洁（P&G）这类大型制造商会在商品上贴上"零售指导价"，这会引起零售商的不满，甚至引起零售企业的不合作，因此零售企业在决策时会考虑公平关切。在

---

① Pu, X., Gong, L. and Han, G. A Feasible Incentive Contract Between a Manufacturer and His Fairness - Sensitive Retailer Engaged in Strategic Marketing Efforts. *Journal of Intelligent Manufacturing*, Vol. 30, No. 1, 2019, pp. 193 - 206.

新旧动能转换政策背景下，供应链中的零售商因感到政府奖励分配不均，这种公平关切的心理更为强烈，而且零售商会将这种心理体现在决策中，从而形成公平关切决策。

参考 Kucuksenkl[1] 和 Ma 等[2]文献中公平关切的研究思路，本部分考虑闭环供应链中从属企业零售商公平关切行为。根据现有文献[3]的研究，零售商公平关切时的效用函数为：

$$U_r = \pi_r - \theta(\pi_m - \pi_r)$$

其中，U_r 表示零售商的效用；$\theta(\theta \geqslant 0)$ 表示零售商公平关切系数，$\theta = 0$ 表示零售商是公平中性的；θ 越大表示零售商越关注自身与制造商之间的收益差距。

化简可得，零售商的决策函数为效用函数：

$$U_r = (1 + \theta)\pi_r - \theta\pi_m \tag{4.7}$$

由逆向归纳法可求得最优决策如下（求解思路如 4.1.2.1 部分）：

$$\omega^{F*} = \frac{(m\alpha + r\gamma)\left[2k(1+\theta)^2 + \beta L^2 - 2\beta\Delta(1+\theta)L\right] + \{k(1+\theta)\left[K - 2m\beta(1+\theta)\right] - m\beta^2 L(L + 2\Delta\theta)\}c_n}{k(1+\theta)K - 2m\beta^2\Delta(1+2\theta)L}$$

$$g^{F*} = \frac{k(1+\theta)\left[\alpha\gamma(1+\theta) + 4r\beta(1+2\theta)\right] - 2r\beta^2\Delta(1+2\theta)L - k\beta\gamma(1+\theta)^2 c_n}{k(1+\theta)K - 2m\beta^2\Delta(1+2\theta)L}$$

$$p^{F*} = \frac{(m\alpha + r\gamma)(1+2\theta)\left[3k(1+\theta) - 2\beta\Delta L\right] + k(1+\theta)\left[K - 3m\beta(1+2\theta)\right]c_n}{k(1+\theta)K - 2m\beta^2\Delta(1+2\theta)L}$$

$$\tau^{F*} = \frac{\beta(1+2\theta)LQ}{k(1+\theta)K - 2m\beta^2\Delta(1+2\theta)L}$$

$$q^{F*} = \frac{k\beta(1+\theta)(1+2\theta)Q}{k(1+\theta)K - 2m\beta^2\Delta(1+2\theta)L}$$

① Kucuksenkl S. A Theory of fairnesss, Competition and Cooperation. *Journal of Public Economic Theory*, Vol. 14, No. 5, 2012, pp. 767–789.

② Ma P, Li K W, Wang Z J. Pricing Decisions in Closed-loop Supply Chains with Marketing Effort and Fairness Concerns. *International Journal of Production Research*, Vol, 55, No. 22, 2017, pp. 6710–6731.

③ Du B, Liu Q, Li G. Coordinating Leader-follower Supply Chain with Sustainable Green Technology Innovation on their Fairness Concerns. *International Journal of Environmental Research and Public Health*, Vol. 14, No. 11, 2017, pp. 1357；李新然、王琪：《考虑零售商服务水平和公平关切的闭环供应链决策研究》，载于《管理评论》2019 年第 31 期。

$$\pi_m^{F*} = \frac{-2r^2\beta^2\Delta(1+2\theta)L + k(1+\theta)[\alpha(m\alpha+2r\gamma)(1+\theta) + 4r^2\beta(1+2\theta)] - k\beta(1+\theta)^2c_n(2Q+m\beta c_n)}{2[k(1+\theta)K - 2m\beta^2\Delta(1+2\theta)L]} - rg_0$$

$$\pi_m^{F*} = \frac{k\beta^2(1+2\theta)^2(b+\Delta\theta)LQ^2}{2[k(1+\theta)K - 2m\beta^2\Delta(1+2\theta)L]^2}$$

$$\pi^{F*} = \pi_m^{F*} + \pi_r^{F*}$$

其中，$L = b + 2b\theta - \Delta\theta$，$K = 4m\beta(1+2\theta) - \gamma^2(1+\theta)$，$Q = m\alpha + r\gamma - m\beta c_n$。易验证，当 $\theta = 0$ 时，本部分结果可转化为 4.1.2.1 部分的决策结果。

命题 4.4 ω^{F*} 与 θ 负相关，g^{F*} 与 θ 负相关，p^{F*} 与 θ 正相关，τ^{F*} 与 θ 负相关，q^{F*} 与 θ 负相关，π_m^{F*}、π_r^{F*}、π^{F*} 都与 θ 负相关。

通过命题 4.4 可看出，在闭环供应链中，尽管制造商占据主导地位，但其决策还是会受到从属企业的公平关切行为的影响。随着零售商公平关切程度的增强，零售商销售价格提升，而制造商批发价格下降。这是因为零售商借助高销售价格获取更多的利润，同时提高了自身讨价还价能力，迫使制造商降低批发价格。此时，制造商为避免利润进一步受损，必然降低新动能创新投入，以达到减少成本的目的。

在售价提高和新动能创新投入下降的双重作用下，产品市场需求急速下降，而且市场需求下降造成的收益损失远远大于售价提高增加的收益，这就造成零售商利润、制造商利润和系统整体利润的下降。这说明零售商的公平关切行为会损害合作双方以及供应链系统的利润，也会导致消费者剩余减少，社会福利减少，甚至使得合作关系破裂。

以上分析说明，从属企业零售商越关注与主导企业间的收益差距越得不偿失，不仅损害自身收益还有损合作企业利润。所以零售商在实际运作中要有系统观，与制造商积极合作，共同获得更高的利润，实现企业共赢。

4.1.2.3 集中决策模型

若制造商和零售商之间密切合作，共同以实现闭环供应链系统的整体利润最大化为目标进行决策，则构成集中决策。在集中决策下，决策函数为：

$$\max_{p,\tau,g} \pi(p, \tau, g) = (p - c_n + \Delta\tau)(\alpha - \beta p + \gamma g) + r(g - g_0)^+ - \frac{mg^2}{2} - \frac{k\tau^2}{2}$$

$$(4.8)$$

计算可得，集中决策下的最优解如下：

$$g^{C*} = \frac{r\beta(2k - \beta\Delta^2) + k\gamma(\alpha - \beta c_n)}{2km\beta - k\gamma^2 - m\beta^2\Delta^2}$$

$$p^{C*} = \frac{(k - \beta\Delta^2)(m\alpha + r\gamma - m\beta c_n)}{2km\beta - k\gamma^2 - m\beta^2\Delta^2} + c_n$$

$$\tau^{C*} = \frac{\beta\Delta(m\alpha + r\gamma - m\beta c_n)}{2km\beta - k\gamma^2 - m\beta^2\Delta^2}$$

$$q^{C*} = \frac{k\beta(m\alpha + r\gamma - m\beta c_n)}{2km\beta - k\gamma^2 - m\beta^2\Delta^2}$$

$$\pi^{C*} = \frac{k\alpha(m\alpha + 2r\gamma) + r^2\beta(2k - \beta\Delta^2) - k\beta c_n[2(m\alpha + r\gamma) - m\beta c_n]}{2(2km\beta - k\gamma^2 - m\beta^2\Delta^2)} - rg_0$$

证明：求集中决策模型中决策函数零售价 p、回收率 τ 和制造商新动能创新投入 g 的海塞矩阵为

$$H = \begin{bmatrix} -2\beta & -\beta\Delta & \gamma \\ -\beta\Delta & -k & \gamma\Delta \\ \gamma & \gamma\Delta & -m \end{bmatrix}$$

由于 $-2\beta < 0$，$\begin{vmatrix} -2\beta & -\beta\Delta \\ -\beta\Delta & -k \end{vmatrix} = \beta(2k - \beta\Delta^2) > 0$，$\begin{vmatrix} -2\beta & -\beta\Delta & \gamma \\ -\beta\Delta & -k & \gamma\Delta \\ \gamma & \gamma\Delta & -m \end{vmatrix} =$

$k\gamma^2 - 2km\beta + m\beta^2\Delta^2 < 0$。所以 $\pi(p, \tau, g)$ 的海塞矩阵 H 是负定矩阵，$\pi(p, \tau, g)$ 存在极大值。联立方程 $\frac{\partial\pi}{\partial p} = 0$、$\frac{\partial\pi}{\partial\tau} = 0$ 和 $\frac{\partial\pi}{\partial g} = 0$，可以得到集中决策下的最优决策。

4.1.3 模型之间的比较分析

比较前文得出的各最优决策，可以推导出以下结论。

结论 4.1 $\omega^{D*} \geq \omega^{F*}$，$g^{C*} \geq g^{D*} \geq g^{F*}$，$p^{C*} \leq p^{D*} \leq p^{F*}$，$\tau^{C*} \geq \tau^{D*} \geq \tau^{F*}$。

证明：当 $\theta = 0$ 时，4.1.2.2 中最优决策与 4.1.2.1 中决策一致，在此基础上结合命题 4.3 可知，$\omega^{D*} \geq \omega^{F*}$，$g^{D*} \geq g^{F*}$，$p^{D*} \leq p^{F*}$，$\tau^{D*} \geq \tau^{F*}$，$q^{D*} \geq q^{F*}$，$\pi_m^{D*} \geq \pi_m^{F*}$，$\pi_r^{D*} \geq \pi_r^{F*}$，$\pi^{D*} \geq \pi^{F*}$。

此外，$g^{D*} - g^{C*} = -\dfrac{k\beta\gamma[2k + \beta\Delta(\Delta - 2b)](m\alpha + r\gamma - m\beta c_n)}{(4km\beta - k\gamma^2 - 2bm\beta^2\Delta)(2km\beta - k\gamma^2 - m\beta^2\Delta^2)} < 0$，$p^{D*} - p^{C*} = \dfrac{k(m\beta - \gamma^2)[2k + \beta\Delta(\Delta - 2b)](m\alpha + r\gamma - m\beta c_n)}{(4km\beta - k\gamma^2 - 2bm\beta^2\Delta)(2km\beta - k\gamma^2 - m\beta^2\Delta^2)} > 0$，$\tau^{D*} - \tau^{C*} < 0$，$q^{D*} - q^{C*} < 0$，$\pi^{D*} - \pi^{C*} < 0$。所以，可得三种情形下最优决策的大小关系为 $\omega^{D*} \geqslant \omega^{F*}$，$g^{C*} \geqslant g^{D*} \geqslant g^{F*}$，$p^{C*} \leqslant p^{D*} \leqslant p^{F*}$，$q^{C*} \geqslant q^{D*} \geqslant q^{F*}$，$\tau^{C*} \geqslant \tau^{D*} \geqslant \tau^{F*}$，$\pi_m^{D*} \geqslant \pi_m^{F*}$，$\pi_r^{D*} \geqslant \pi_r^{F*}$，$\pi^{C*} \geqslant \pi^{D*} \geqslant \pi^{F*}$。

由结论 4.1 可以看出，集中决策下的新动能创新投入和回收率都高于分散决策，且零售商销售价格低于分散决策下的销售价格，这和现有文献①的结论一致，即在线下供应链中集中决策效率最高。这是因为在集中决策下，制造商和零售商以系统利益最大化为目标进行决策，两者相互协调、相互信任。而在分散决策下，作为主导企业的制造商为实现自身收益最大化，在成本方面减少研发投入，选择一个较低的新动能创新投入水平；在收益方面，提高批发价格，导致零售商提高售价，说明分散决策下"双重边际"效应明显。而集中决策可以消除这种双重边际效应，集中决策下消费者剩余最高，环境效益最大，因此集中决策对闭环供应链参与者和消费者来说都是最有利的。

分散决策下，相较于零售商公平中性情形，零售商公平关切行为下的批发价格、新动能创新水平和废旧产品回收率较低，销售价格较高。这是因为具有公平关切行为的零售商更多的考虑自身与制造商之间的利润差距，会通过提高销售价格来增加收益，同时采取行动迫使制造商降低批发价格，也会降低回收产品的积极性。制造商被迫降价后为保证利润，降低新动能创新投入研发成本。故而零售商的公平关切行为是不理智的，不仅损害制造商收益，降低消费者剩余，还会造成资源的浪费。在实际运作中，零售商应与制造商之间应充分合作，达到合理的利润分配机制，尽量避免零售商收益和成本不匹配的现象。

结论 4.2 $\pi_m^{D*} \geqslant \pi_m^{F*}$，$\pi_r^{D*} \geqslant \pi_r^{F*}$，$\pi^{C*} \geqslant \pi^{D*} \geqslant \pi^{F*}$。

结论 4.2 可以看出集中决策下供应链整体利润最高，进一步说明集中决策系统效率最高。分散决策下，零售商公平关切下制造商利润、零售商利润和系统整体收益都低于无公平关切情形，这说明零

---

① Yang J，Xie J，Deng X，et al. Cooperative Advertising in a Distribution Channel with Fairness Concerns. *European Journal of Operational Research*，Vol. 227，No. 2，2013，pp. 401 – 407.

售商的公平关切行为损人不利己，既损害制造商利润又损害自身利润，导致系统利润也低于无公平关切情形。与命题 4.3 结论相同，零售商公平关切行为不仅没有增加自身利润，反而使得利润比公平中性时更低，这进一步说明零售商关注收益差距的行为对系统成员是不利的。

结合结论 4.1 和结论 4.2 可知，在制造商和零售商组成的二级闭环供应链中，集中决策效率最高，尽管此时制造商研发成本和零售商回收成本均提高，但由于销售价格降低和新动能创新水平提高增加了销量，使得获得的收益远远高于成本的增加。所以集中决策下供应链系统收益最高，但这种决策方式必须借助一定的协调机制才能实现。

4.1.4　协调机制与数值仿真

通过前文的比较分析可以看出集中决策效率最高，为提高闭环供应链系统效率，实现制造商和零售商效益的帕累托最优，本部分设计协调机制实现闭环供应链的协调。

4.1.4.1　协调机制的设计

采用"收益共享联合固定费用——成本共担"契约改善分散决策情形，该契约设计思路如下：制造商分担零售商一部分回收成本并给予零售商一个固定费用以提高零售商的回收意愿，同时零售商作为回报分享一部分收益给制造商。制造商/零售商分享收益的比例为 $\varphi/(1-\varphi)$，承担回收成本的比例为 $(1-\varepsilon)/\varepsilon$，其中 φ 和 ε 满足 $\varphi \in [0, 1]$，$\varepsilon \in [0, 1]$，固定费用为 f。

在此协调机制下，制造商决策函数变为：

$$\pi_m^{FC} = (\varphi p + \omega - c_n + \Delta\tau - b\tau)(\alpha - \beta p + \gamma g) + r(g - g_0)^+$$
$$- \frac{mg^2}{2} - \frac{(1-\varepsilon)k\tau^2}{2} - f \tag{4.9}$$

零售商的决策函数变为：

$$\pi_r^{FC} = [(1-\varphi)p - \omega + b\tau](\alpha - \beta p + \gamma g) - \frac{\varepsilon k\tau^2}{2} + f \tag{4.10}$$

①零售商公平中性时的协调。

结论4.3 "收益共享联合固定费用——成本共担"契约中，若

(φ, ε) 满足 $\begin{cases} \varphi = \dfrac{2k - b\beta\Delta}{2k} \\ \varepsilon = \dfrac{b}{\Delta} \end{cases}$，则该契约可以实现无公平关切时供应链的

协调。

证明： $\dfrac{\partial^2 \pi_r}{\partial p^2} = -2\beta(1-\varphi) < 0$，$\dfrac{\partial^2 \pi_r}{\partial \tau^2} = -\dfrac{bk}{\Delta} < 0$。联立方程 $\dfrac{\partial \pi_r}{\partial p} = 0$，

$\dfrac{\partial \pi_r}{\partial \tau} = 0$，可得协调机制下零售价格和回收率的反应函数如下：

$$p = \frac{k\varepsilon(\alpha + \beta\omega + \gamma g) - (b^2\beta + k\varepsilon\varphi)(\alpha + \gamma g)}{\beta[2k\varepsilon(1-\varphi) - b^2\beta]},$$

$$\tau = \frac{b(\alpha + \beta\omega + \gamma g) - b\varphi(\alpha + \gamma g)}{2k\varepsilon(1-\varphi) - b^2\beta} \frac{-b \pm \sqrt{b^2 - 4ac}}{2a}$$

将上述函数代回制造商的利润函数，令 $\dfrac{\partial \pi_m}{\partial \omega} = 0$ 可以得出制造商批

发价格的表达式：

$$\omega = \frac{(\alpha + \gamma g)\{(1-\varphi)[2k\varepsilon^2(1-\varphi) - 2b\beta\Delta\varepsilon + b^2\beta] + b^2\beta\varepsilon\varphi\} - \beta\varepsilon[2k\varepsilon(1-\varphi) - b^2\beta]c_n}{\beta[b^2\beta(1-\varepsilon) - 2b\beta\Delta\varepsilon + 2k\varepsilon^2(2-\varphi)]} \quad (4.11)$$

将（4.11）代回零售价格和回收率的反应函数，在协调契约下，

由 $\begin{cases} p = p^{C*} \\ \tau = \tau^{C*} \end{cases}$ 联立可得 $\begin{cases} g = \dfrac{br\beta(k - \beta\Delta^2) - (bm\beta - b\gamma^2 - m\alpha\Delta\varepsilon)k(\alpha - \beta c_n) + kr\beta\gamma\Delta\varepsilon}{b\gamma(2km\beta - k\gamma^2 - m\beta^2\Delta^2)}, \\ \varphi = \dfrac{b^2\beta\Delta(1-\varepsilon) + \Delta\varepsilon(2k - b\beta\Delta) - k\varepsilon(b - \Delta\varepsilon)}{2k\Delta\varepsilon^2} \end{cases}$

$0 \leqslant \varepsilon \leqslant 1$。

零售商公平中性时，制造商和零售商接受"收益共享联合固定费用——成本共担"契约的约束使协调之后的利润不低于协调前的利润，

即有 $\begin{cases} \pi_m^{FC*} \geqslant \pi_m^{D*} \\ \pi_r^{FC*} \geqslant \pi_r^{D*} \end{cases}$，可以推出 $\pi_r^{D*} \leqslant f^D \leqslant (M_1 - \pi_m^{D*})$。

其中 $M_1 = \dfrac{k(\alpha - \beta c_n)(m\alpha + 2r\gamma - m\beta c_n) + r^2\beta(2k - \beta\Delta^2)}{4km\beta - 2k\gamma^2 - 2m\beta^2\Delta^2} - rg_0$。

推论4.1　成本共担系数 ε 与制造商支付的单位回购价格 b 正相关，与制造商再制造节省的单位成本 Δ 负相关。

证明思路同命题4.1。

推论4.1说明，在"收益共享联合固定费用——成本共担"契约中，废旧产品单位回收价格越小，制造商进行再制造节省的成本越多，则成本共担系数越小。这说明回收再造活动对制造商越有利，制造商越有动力承担更多的回收成本；反之，零售商承担较多回收成本。由此可见，谁在回收再制造活动中受益越多，谁需要承担越多的回收成本。

②零售商公平关切时的协调。

结论4.4　零售商公平关切时，在"收益共享联合固定费用——成本共担"契约中，若

$$
\begin{cases}
\varphi = \dfrac{(2km\beta + b\gamma^2)(1+\theta)}{2k(m\beta - \gamma^2)(1+2\theta)} - \dfrac{\gamma^2(1+\theta)(2+5\theta)}{2(m\beta - \gamma^2)(1+2\theta)^2} \\
\quad - \dfrac{bm\beta}{2k(m\beta - \gamma^2)} + \dfrac{m\beta[m\beta(1+2\theta) - \gamma^2]\Delta\theta}{2k(m\beta - \gamma^2)(1+2\theta)^2} \\
\quad + \dfrac{\gamma^4\Delta\theta^2(1+\theta)}{2k(m\beta - \gamma^2)^2(1+2\theta)^3} \\
\varepsilon = \dfrac{b}{\Delta} - \dfrac{b\gamma^2\theta}{\Delta(m\beta - \gamma^2 + 2m\beta\theta - \gamma^2\theta)} \\
\quad + \dfrac{\gamma^2\theta^2}{(1+2\theta)(m\beta - \gamma^2 + 2m\beta\theta - \gamma^2\theta)}
\end{cases},
$$

则该契约可以实现供应链的协调。

证明：证明思路同结论4.3。

零售商考虑公平关切时，"收益共享联合固定费用——成本共担"契约能实现供应链协调的约束条件是协调之后的制造商利润、零售商利润不低于协调前利润，且协调后零售商效用不低于协调前的效用，即必须保证

$$
\begin{cases}
\pi_m^{FC*} \geq \pi_m^{F*} \\
\pi_r^{FC*} \geq \pi_r^{F*} \\
U_r^{FC*} \geq U_r^{F*}
\end{cases},
$$

可以推出固定费用 f 的区间为：

$$
\max\left\{(\pi_r^{F*} - R_2), \ \frac{U_r^{F*} + \theta M_2 - (1+\theta)R_2}{(1+2\theta)}, \ 0\right\} \leq f^F \leq (M_2 - \pi_m^{F*}),
$$

其中

$$M_2 = \frac{k\beta\theta(m\alpha + r\gamma)^2}{2(2km\beta - k\gamma^2 - m\beta^2\Delta^2)(m\beta - \gamma^2 + 2m\beta\theta - \gamma^2\theta)}$$

$$- \frac{k\alpha(m\alpha + 2r\gamma) + \beta r^2(2k + \beta r^2\Delta^2)}{2(2km\beta - k\gamma^2 - m\beta^2\Delta^2)}$$

$$+ \frac{k\beta(m\beta - \gamma^2)(1+\theta)c_n[2(m\alpha + r\gamma) - m\beta c_n]}{2(2km\beta - k\gamma^2 - m\beta^2\Delta^2)(m\beta - \gamma^2 + 2m\beta\theta - \gamma^2\theta)^2} - rg_0$$

$$R_2 = \frac{k\beta\theta(km\beta - k\gamma^2 - m\beta^2\Delta^2)(m\alpha + r\gamma - m\beta c_n)^2}{2(2km\beta - k\gamma^2 - m\beta^2\Delta^2)^2(m\beta - \gamma^2 + 2m\beta\theta - \gamma^2\theta)}$$

$$+ \frac{k^2 m\beta^2(1+2\theta)(m\beta - \gamma^2)(m\alpha + r\gamma - m\beta c_n)^2}{2(2km\beta - k\gamma^2 - m\beta^2\Delta^2)^2(m\beta - \gamma^2 + 2m\beta\theta - \gamma^2\theta)^2}。$$

推论 4.2 随着新动能创新投入成本系数 m 的增加，收益共享系数 φ、成本共担系数 ε 增大，固定费用 f^F 的范围缩减。

证明：证明思路同命题 4.1。

由推论 4.2 可以看出，随着新动能创新投入成本系数越来越高，即新旧动能转换成本越来越高时，制造商分享零售商收益的比例增加，而承担零售商回收成本的比例降低。这是由于当制造商新动能投入成本高时，制造商的利润空间缩减，只有分享更多收益同时承担更少成本制造商才愿意维持供应链的稳定运行。此时具有公平感知的零售商做出相应反应，导致双方谈判空间缩减。

4.1.4.2 协调模型的数值仿真

参考 Pu 等[①]的取值，假设 $\alpha = 30$，$\beta = 1$，$\gamma = 0.8$，$k = 50$，$m = 30$，$b = 2.5$，$\Delta = 3.5$，$c_n = 8$，$g_0 = 0.1$。分析"收益共享联合固定费用——成本共担"契约协调情形下，零售商公平关切程度对协调范围和供应链成员效益的影响。

①零售商公平关切程度对协调契约中收益共享比例和成本共担比例的影响。具体影响如表 4 – 1 所示。

① Pu, X., Gong, L. and Han, G. A Feasible Incentive Contract Between a Manufacturer and His Fairness – Sensitive Retailer Engaged in Strategic Marketing Efforts. *Journal of Intelligent Manufacturing*, Vol. 30, No. 1, 2019, pp. 193 – 206.

表 4 - 1 　　　　　零售商公平关切程度对供应链成员效益的影响

θ	π_m^{F*}	π_r^{F*}	φ^*	ε^*
0	111.687	2.584	0.913	0.714
0.2	100.505	2.560	0.786	0.713
0.4	94.305	2.489	0.716	0.712
0.6	90.364	2.447	0.671	0.712
0.8	87.637	2.410	0.640	0.712
1.0	85.639	2.379	0.618	0.712

分析表 4 - 1 可以发现：在零售商公平关切行为下，随着公平关切程度 θ 的增加，制造商和零售商收益都降低，与命题 4.3 结论一致；且制造商收益共享比例和成本共担比例都减少，但收益共享比例下降的幅度远远大于成本共担比例下降的幅度。这说明零售商的关切行为虽然使得自身实际收益减少，但占据系统利润的比例增加。

②零售商公平关切时，协调机制中固定费用（f_{min}^F 表示下限，f_{max}^F 为上限）随政府奖励强度（θ = 0.1，取 r 为自变量，令 r ∈ [10, 70]）和公平关切程度（取 θ 为自变量，令 θ ∈ [0, 0.5]，r = 50）的变化如图 4 - 3 和图 4 - 4 所示。

观察图 4 - 3 可发现，随着政府奖励强度的增加，协调机制中固定费用的可行区间变大，这说明政府对新动能创新投入的奖励可以促进协调契约的达成。并且从图 4 - 3 可看出，在此奖励强度范围内，固定费用下限低于 0，即此时不支付固定费用也能吸引零售商接受协调契约。观察图 4 - 4 可看出，随着零售商公平关切程度的增大，固定费用可行区间逐渐缩减，说明零售商的公平关切行为不利于协调机制的实现。

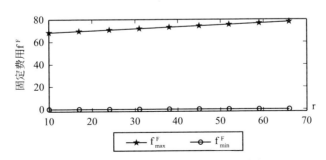

图 4 - 3 　固定费用随政府奖励强度变化

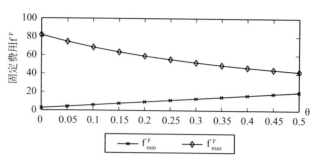

图 4 - 4　固定费用随公平关切程度变化

在以上分析的基础上，添加 $\theta = 0.1$，$r = 50$，计算出协调前三种模式的最优决策见表 4 - 2。

表 4 - 2　　　　　　协调前最优决策（$i = D$，F，C）

决策变量	ω^{i*}	g^{i*}	p^{i*}	τ^{i*}	q^{i*}	π_m^{i*}	π_r^{i*}	π^{i*}
公平中性	19.414	1.838	25.040	0.322	6.430	111.687	38.764	150.451
公平关切	18.443	0.298	25.054	0.309	6.405	105.161	2.560	107.722
集中决策	—	2.026	18.162	0.942	13.459	—	—	193.688

由表 4 - 2 可看出，契约中固定费用的取值区间是 $38.764 \leqslant f^D \leqslant 84.885$，$0 \leqslant f^F \leqslant 75.181$。下面将 f 作为自变量，分析协调前后制造商、零售商以及系统利润的比较，如图 4 - 5、图 4 - 6 所示。

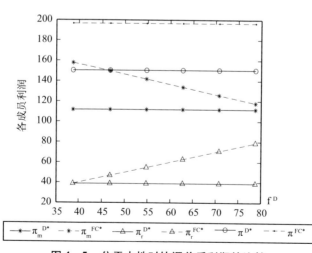

图 4 - 5　公平中性时协调前后利润的比较

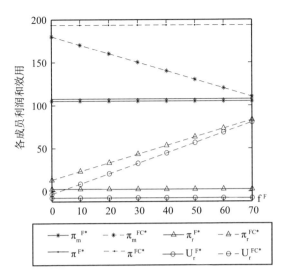

图 4 – 6 公平关切时协调前后利润的比较

观察图 4 – 5、图 4 – 6 可以看出，当协调契约中固定费用在描述区间内时，协调后的供应链成员利润和零售商效用都高于相对应的分散决策情形。因此"收益共享联合固定费用——成本共担"契约可以实现供应链的协调，且系统利润与固定费用无关，而协调后的制造商利润和零售商利润与之相关。说明协调契约中固定费用的作用是实现系统利润的再分配，f 越大，零售商分得的利润越大，制造商利润越小，反之亦然。

4.1.5 结论与启示

本部分研究了由单一制造商、单一零售商和具有新动能偏好的消费者组成的闭环供应链系统，讨论在新旧动能转换政策下，考虑政府奖励对闭环供应链运营的影响，比较分析了集中决策和零售商是否考虑公平关切两种分散决策情形下的最优定价、新动能创新投入水平、回收率的策略选择问题，然后，设计"收益共享联合固定费用——成本共担"契约，实现闭环供应链的协调。研究表明：

当政府设置的创新投入水平低于阈值时，政府奖励对新旧动能转换有明显推动作用，此时产品创新对市场需求的扩张效应能够抵消售价提高对市场需求的负向作用。此外，随着创新成本的增加，新旧动能转换效率降低，且会压缩制造商和零售商的谈判空间，但是批发价格和销售价格降低，这与传统"投入越高售价越高"的观点不同。

在零售商公平关切决策下，制造商利润、零售商利润以及供应链系统利润都与公平关切程度负相关，制造商创新投入水平、批发价格以及零售商回收率也与公平关切程度负相关，零售价格与之正相关。说明新旧动能转换政策下，零售商的公平关切对自身及上游企业来说都是不利的，直接损害供应链成员及系统利润，但能增加自身利润占比。

集中决策下系统效率最高，新动能创新投入水平、回收率及系统利润都高于分散决策，销售价格低于分散决策，可以通过"收益共享联合固定费用——成本共担"契约实现。在该机制下，谁在回收再制造活动中受益越多，谁需要承担越多的回收成本。

通过本部分研究，可以得到以下管理启示：

在消费者创新偏好日趋明显的当下，产品新动能创新投入成为吸引消费者、影响产品价格的重要因素。因此，制造商要致力于提高新动能创新投入，满足消费者多样化的需求，才能在市场上占据有利地位。

零售商的公平关切导致系统利润损失，零售价格也较高，对供应链系统及消费者都是不利的。零售商的公平关切是作为从属企业不满政府奖励分配不均导致的，因此作为主导企业的制造商获得奖励时要关注下属企业的付出，与零售商建立合作共赢的关系，维持供应链的长久运行。此外，政府部门进行奖励时要考虑零售商承担回收责任的付出，可以给予零售商一定补贴。

本部分研究中假设再制品与全新产品在市场上无区别销售，但现实中，消费者对这两种产品的估值是不同的。[①] 因此，具体区分再造品和新产品不同的市场需求是下一步的研究方向。

4.2 考虑社会责任下闭环供应链的公平关切决策研究

随着绿色环保意识的增强和废旧产品再制造逐渐显现出的经济效益

---

① 关洪军、赵爱武、石贵泉：《商务精准扶贫研究》，经济科学出版社 2019 年版。

和环境效益，废旧产品的回收再制造活动越来越受到政府和企业的重视，进而越来越多的企业参与到产品的回收中，这逐步形成了完善的闭环供应链（简称"CLSC"）。CLSC 有利于减少资源浪费和环境污染，可以起到节能减排的作用。但是，实施 CLSC 初期，引进新设备、产品再造技术等需要投入大量资金，这导致不少企业从事回收再制造工作的动力不足。从节约资源和保护环境的目的出发，各国政府采取财政补贴、降税减税政策来激发企业的社会责任感，即企业社会责任（CSR）。

但正是由于政府补贴政策的加入，引发了 CLSC 的运行中出现了新的变化：

一方面，对制造商而言，制造商既是政府补贴的对象，又是 CLSC 的主导企业。政府补贴政策下，由于企业的 CSR 承担程度成为评价企业声誉的重要指标，因此，承担 CSR 成为制造商战略发展的必然选择。调查显示，70% 的消费者的购买决策受企业 CSR 行为影响。[①] 显然，在政府补贴机制下，制造商不得不承担 CSR，借此提升企业声誉、维持供应链有效运行。若企业只顾自身利润，不考虑企业发展对社会、环境带来的负面影响，那么企业会因为得不到社会和公众认可而被迫破产、转型等。例如，2015 年中国的海正药业、永安药业、联邦制药等 8 家药企因环境污染，遭到曝光。[②] 其中，联邦制药有限公司被停产转业，其在中国内蒙古的生产基地也因环保不达标停产 2/3，其他几家制造企业也遭受不同程度的转业要求，导致企业收益下滑，也丧失了消费者的信任。[③] 2019 年中国的联茂电子科技有限公司等 9 家企业涉及水污染问题，涉案企业除了承担高额罚款之外，还被要求停产。[④] 在政府政策的引导下，目前越来越多的大型企业开始积极制定供应链系统的社会责任准则。例如，美国的苹果（Apple）为其供应商投资风电节能项目，并承担供应链部分建设成本来改善工作环境；美国的百事公司推出

77

---

①　张太海、吴茂光：《企业社会责任对消费者购买意愿的影响》，南京财经大学，2012 年。

②　涂端玉：《海正药业 15 种原料药被美国拒收》，载于《广州日报》，https：//finance. china. com. cn/industry/medicine/zyqy/20150922/3353977. shtml，2015 年 9 月 22 日。

③　《联邦制药工厂因污染环境被关停》，中国财经，http：//finance. china. com. cn/industry/medicinc/special/lbzywr/。

④　《从"光说不练"到"真抓实干"，"污染典型"能否变"治污典范"？——广东练江污染治理追踪》，中国政府网，https：//www. gov. cn/xinwen/2019 – 12/11/content_5460436. htm，2019 年 12 月 11 日。

"2025"可持续发展日程，致力于创建人类与食品之间更健康的关系，实现环境的可持续发展。制造商作为 CLSC 的主导企业，更是在积极实施回收再造过程中，自觉承担 CSR 责任。

另一方面，对 CLSC 的从属企业而言，由于政府一般将补贴发放给供应链的主导企业，而从属企业作为废旧品回收的重要参与企业，却不能直接享受到政府的补贴，这导致从属企业产生不公平感，为了体现自己在实施废旧品回收中的作用，为自己争取更多的利润，从属企业会在决策中实施公平关切行为。如果主导企业没有考虑到从属企业的不公平心理，并且没有针对这种现象及时进行策略调整，会对 CLSC 的长远发展造成不利影响。因此，为了保证零售商更好地服务 CLSC，更积极地参与废旧产品的回收，制造商在决策时要考虑零售商的公平关切心理。

在政府补贴政策下，主导企业实施 CSR，而从属企业却实施公平关切行为，这导致 CLSC 的运作决策不同于正常的情况。那么从属企业的公平关切会对 CLSC 系统的决策、运行和协调产生什么影响？公平关切下如何实现系统的协调？目前鲜有文章对这些问题进行系统的研究。不同于传统政府补贴的 CLSC 决策的研究，本部分研究统筹考虑经济、环境和社会的"三重底线"，探讨了主导企业的 CSR 和从属企业的公平关切对系统运行的影响，本部分的研究主要解决如下问题：

（1）政府补贴对经济、环境和社会三种责任的履行效果有何影响？

（2）政府补贴下，制造商的 CSR 行为对 CLSC 成员的决策产生什么影响？

（3）零售商的公平关切行为是否有利于供应链的运作？对供应链成员收益有何影响？基于 CSR 的公平关切模型又产生了哪些不同的变化？

（4）如何设计协调机制实现政府补贴下的 CLSC 系统的协调？

本部分研究贡献如下：

第一，考虑政府补贴政策，构建了零售商负责回收的 CLSC 系统，将制造商的 CSR 行为纳入决策，对 CSR 产生的影响进行研究。研究表明，制造商的 CSR 履行程度存在最低阈值，只有高于阈值，CSR 才起作用。此时，制造商的 CSR 行为能有效提高产品回收量、消费者剩余、零售商利润及系统利润，但损害制造商利润。这也间接体现了制造商履行较高的 CSR 能有效消除零售商的公平关切心理，但却不利于政府补贴效率。因而制造商适度的 CSR 实施水平更有助于系统效率的提高。

第二，考虑零售商的公平关切行为，针对政府干预的 CLSC，分别构建了有无公平关切的分散决策和集中决策，分析从属企业的公平关切对系统决策和各成员利润的影响。另外，本部分研究创新性地将公平关切表示成关于 CSR 的线性函数，更加直接地探究制造商 CSR 水平对零售商心理的影响。

第三，本部分研究将政府补贴比例作为协调工具，设计新的"政府补贴共享和成本共担"联合契约实现 CLSC 的协调，该契约更符合当下政府补贴的大环境，能够为政府干预下的企业实现协调提供一种新的思路。并且，在产品转移价格内生化的政府决策模型中，政府补贴对正向供应链（FSC）的销售无影响，但能够扩大逆向供应链（RSC）的市场需求。这使得政府补贴不仅能够弥补制造商的损失，还能间接增加零售商的收益，说明政府补贴存在"正溢出效应"，零售商存在"搭便车"现象。

4.2.1　模型说明与假设

本部分研究考虑由单一制造商和单一零售商组成的 CLSC 模型，模型结构如图 4-7 所示。其中，零售商负责从消费者手中回收废旧产品，并以一定价格转移给制造商用于再制造。制造商负责对原材料进行加工生产，同时对废旧产品进行再制造；最后，制造商将再造品和新产品一起批发给零售商，零售商再以一定的零售价格销售给消费者。

此外，为了鼓励企业回收再造，鼓励企业承担起社会责任，政府提出补贴机制来号召制造企业提高回收再制造比率。① 因此，制造商在关注自身利润的同时，会承担部分对消费者、社会和环境的责任。

① Panda S, Modak N M, Cárdenas - Barrón L E. Coordinating a Socially Responsible Closed-loop Supply Chain with Product Recycling. *International Journal of Production Economics*, Vol. 188, 2017, pp. 11 - 21; Modak N M, Kelle P. Using Social Work Donation As a Tool of Corporate Social Responsibility in a Closed-loop Supply Chain Considering Carbon Emissions Tax and Demand Uncertainty. *Journal of the Operational Research Society*, Vol. 72, No. 1, 2021, pp. 61 - 77.

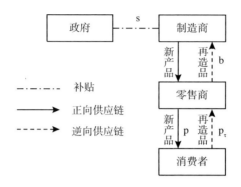

（a）案例1、2

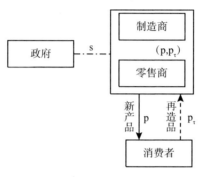

（b）案例3

图 4 - 7　政府补贴下 CLSC 的模型

4.2.1.1　符号说明与模型假设

模型符号说明如表 4 - 3 所示。

表 4 - 3　　　　　　　　　　　模型符号

符号	说明
ω	产品批发价，制造商的决策变量
b	制造商从零售商处获取废旧产品的单位转移价格
p	产品的销售价格，零售商的决策变量
p_τ	废旧产品的市场回收价格，零售商的决策变量
c_m	制造商使用新材料生产新产品的单位生产成本
c_r	使用废旧产品部件加工再造品的单位生产成本

符号	说明
Δ	再制造的成本优势，$\Delta = c_m - c_r$ 且假设 $\Delta \geqslant b \geqslant p_\tau$。这说明回收再造对制造商和零售商均有利
μ	制造商承担 CSR 的比例系数，表示制造商考虑 CSR 的水平。μ 的值越小，制造商承担的 CSR 越少；相反，μ 值越大，制造商承担的 CSR 越大，其中 $0 \leqslant \mu \leqslant 1$
s	政府给予制造商的单位回收量的补贴额
q	产品的市场需求，假设 $q = \alpha - \beta p$。其中，α 表示市场潜在规模；β 表示消费者价格敏感系数
g	废旧产品的回收量，参考 Bakal 和 Akcali（2006）的研究，假设废旧产品的回收量函数为，$g = \varphi + \gamma p_\tau$。其中，$\varphi$ 为消费者自愿无偿返还给零售商的废旧产品数量（体现消费者的环保意识），γ 为消费者对废旧产品回收价格的敏感系数，$\gamma > 0$
V_m	制造商承担一定程度的 CSR 时，制造商的决策函数
π_s	系统利润，$\pi_s = \pi_m + \pi_r$

必要的说明如下：

（1）假设 $c_m > c_r$，这说明再制造具有成本优势。方便起见，$\Delta = c_m - c_r$。

（2）假设 $\Delta \geqslant b \geqslant p_\tau$，这说明制造商再制造、零售商回收都是有利可图的。

（3）零售商在回收废品时会对废品进行严格的测试，以确保传递给制造商的废品可用于再制造。[①]

（4）假设使用或不使用新材料的产品在功能和价值上没有差异，并且所有产品都可以在市场无差别销售。[②]

4.2.1.2　模型构建

在 CLSC 中，制造商的利润函数为：

---

① 不符合回收要求的其他废品将移交给其他拆解和处置企业，以进行无害环境处理。

② Choi T M，Li Y，Xu L. Channel Leadership，Performance and Coordination in Closed Loop Supply Chains. *International Journal of Production Economics*，Vol. 146，No. 1，2013，pp. 371 – 380；Choi T M，Li Y，Xu L. Channel Leadership，Performance and Coordination in Closed Loop Supply Chains. *International Journal of Production Economics*，Vol. 146，No. 1，2013，pp. 371 – 380.

$$\pi_m = (\omega - c_m)(\alpha - \beta p) + (\Delta - b)(\varphi + \gamma p_\tau) + s(\varphi + \gamma p_\tau) \quad (4.12)$$

零售商的利润函数为：

$$\pi_r = (p - \omega)(\alpha - \beta p) + (b - p_\tau)(\varphi + \gamma p_\tau) \quad (4.13)$$

由经济学假设可知[1]，社会福利等于生产者剩余和消费者剩余之和，所以在正向渠道中，消费者剩余可以表示为：

$$CS_1 = \int_{P_{min}}^{P_{max}} q dp = \int_{\frac{\alpha-q}{\beta}}^{\frac{\alpha}{\beta}} (\alpha - \beta p) dp = \frac{(\alpha - \beta p)^2}{2\beta} \quad (4.14)$$

参照上述处理方式，在逆向渠道中，消费者剩余可以表示为：

$$CS_2 = \int_{P_{\tau min}}^{P_\tau} g dc_\tau = \int_0^{\frac{g-\varphi}{\gamma}} (\varphi + \gamma p_\tau) dc_\tau = \frac{g^2 + \varphi^2}{2\gamma} = \frac{(\varphi + \gamma p_\tau)^2 - \varphi^2}{2\gamma}$$

$$(4.15)$$

因此，CLSC 的整体消费者剩余为：

$$CS = CS_1 + CS_2 = \frac{(\alpha - \beta p)^2}{2\beta} + \frac{(\varphi + \gamma p_\tau)^2 - \varphi^2}{2\gamma} \quad (4.16)$$

当制造商承担一定 CSR 时，制造商在关注自身利润的同时，会关注一定程度的消费者剩余，假设其关注程度为 μ，此时制造商的决策函数为自己的利润函数与一定程度的社会福利函数之和，即为：

$$V_m = \pi_m + \mu CS \quad (4.17)$$

其中，$\mu = 0$ 表示制造商不承担 CSR，只追求自身利润最大化；$\mu = 1$ 表示制造商完全承担 CSR；$0 < \mu < 1$ 表示制造商承担一部分 CSR。

4.2.2　模型构建与求解

基于政府补贴下闭环供应链在现实中的运营，本部分构建单个制造商和单个零售商组成的闭环供应链。可以发现，闭环供应链呈现出 3 种不同的运作模式：不考虑公平关切时的分散决策（D）、考虑公平关切时的分散决策（F）、集中决策（C）。本部分对 3 种不同的运作模式比较分析，探索它们之间的优缺点，寻求对闭环供应链成员最有利的运作模式。其中，最优决策分别用上标 D^*、F^*、C^* 表示。

---

① Zhou Y, Hu F, Zhou Z. Pricing Decisions and Social Welfare in a Supply Chain with Multiple Competing Retailers and Carbon Tax Policy. *Journal of Cleaner Production*，Vol. 190，2018，pp. 752 - 777.

4.2.2.1 不考虑公平关切的分散决策

当零售商不考虑公平关切时，CLSC 成员在决策时是理性的，在分散决策下，制造商在承担一定 CSR 的基础上以实现自身利润最大化为目标，零售商以自身利润最大化为目标，两者构成以制造商为主、零售商为从的 Stackelberg 博弈。在决策时，制造商先确定承担 CSR 的程度 μ 和批发价 ω，然后零售商确定零售价 p 和回收价格 p_τ。在此模型中，制造商的决策函数为：

$$\max_{\omega} V_m = \pi_m + \mu CS$$

$$= (\omega - c_m)(\alpha - \beta p) + (\Delta - b)(\varphi + \gamma p_\tau) + s(\varphi + \gamma p_\tau)$$

$$+ \mu \left[\frac{(\alpha - \beta p)^2}{2\beta} + \frac{(\varphi + \gamma p_\tau)^2 - \varphi^2}{2\gamma} \right]$$

$$\text{s. t. } q \geqslant g \qquad (4.18)$$

零售商的决策函数为：

$$\max_{p, c_\tau} \pi_r = (p - \omega)(\alpha - \beta p) + (b - p_\tau)(\varphi + \gamma p_\tau)$$

$$\text{s. t. } q \geqslant g \qquad (4.19)$$

由逆向归纳法和 KKT 条件，可得最优决策如表 4-4 所示。

表 4-4　　　三种决策模型的最优决策和利润

模型	条件	最优决策和利润
D	$\dfrac{\alpha - \beta c_m}{4 - \mu} \geqslant \dfrac{b\gamma + \varphi}{2}$	$\omega^{D1*} = \dfrac{2\alpha - \alpha\mu + 2\beta c_m}{\beta(4 - \mu)};$ $p^{D1*} = \dfrac{\alpha(3 - \mu) + \beta c_m}{\beta(4 - \mu)};$ $p_\tau^{D1*} = \dfrac{b\gamma - \varphi}{2\gamma};$ $\pi_m^{D1*} = \dfrac{(\alpha - \beta c_m)^2(2 - \mu)}{\beta(4 - \mu)^2} - \dfrac{(b - s - \Delta)(b\gamma + \varphi)}{2};$ $\pi_r^{D1*} = \dfrac{(\alpha - \beta c_m)^2}{\beta(4 - \mu)^2} + \dfrac{(b\gamma + \varphi)^2}{4\gamma};$ $V_m^{D1*} = \dfrac{(\alpha - \beta c_m)^2}{2\beta(4 - \mu)} + \dfrac{[(4(s + \Delta) - b(4 - \mu))](b\gamma + \varphi)}{8}$ $\qquad + \dfrac{\mu\varphi(b\gamma - 3\varphi)}{8\gamma};$ $\pi_s^{D1*} = \pi_m^{D1*} + \pi_r^{D1*}$

模型	条件	最优决策和利润
D	$\dfrac{\alpha - \beta c_m}{4 - \mu} < \dfrac{b\gamma + \varphi}{2}$	$\omega^{D2*} = \dfrac{\alpha - b\gamma - \varphi}{\beta}$; $p^{D2*} = \dfrac{2\alpha - b\gamma - \varphi}{2\beta}$; $p_\tau^{D2*} = \dfrac{b\gamma - \varphi}{2\gamma}$; $\pi_m^{D2*} = \dfrac{(b\gamma + \varphi)[(\alpha - \beta c_m) - \beta(b - s - \Delta) - (b\gamma + \varphi)]}{2\beta}$; $\pi_r^{D2*} = \dfrac{(\beta + \gamma)(b\gamma + \varphi)^2}{4\beta\gamma}$; $V_m^{D2*} = \pi_m^{D2*} + \dfrac{(\beta + \gamma)(b\gamma + \varphi)^2 - 4\beta\varphi^2}{8\beta\gamma}$; $\pi_s^{D2*} = \pi_m^{D2*} + \pi_r^{D2*}$
F	$\dfrac{2(\alpha - \beta c_m)}{A} \geqslant$ $\dfrac{I\gamma\theta + (1 + \theta)(b\gamma + \varphi)}{2}$	$\omega^{F1*} = \dfrac{\alpha(1 + \theta) + \theta\beta c_m}{\beta(1 + 2\theta)} - \dfrac{2(1 + \theta)^2(\alpha - \beta c_m)}{\beta(1 + 2\theta)A}$; $p^{F1*} = \dfrac{\alpha}{\beta} - \dfrac{(1 + \theta)(\alpha - \beta c_m)}{\beta(1 + 2\theta)A}$; $p_\tau^{F1*} = \dfrac{b\gamma - \varphi}{2\gamma} + \dfrac{\theta I}{2(1 + \theta)}$; $\pi_m^{F1*} = \dfrac{(1 + \theta)^2(\alpha - \beta c_m)^2}{\beta(1 + 2\theta)A} - \dfrac{2(1 + \theta)^3(\alpha - \beta c_m)^2}{\beta(1 + 2\theta)A^2}$ $\qquad + \dfrac{I[(b\gamma + \varphi)(1 + \theta) + I\gamma\theta]}{2(1 + \theta)}$; $\pi_r^{F1*} = \dfrac{(b\gamma + \varphi)^2}{4\gamma} - \dfrac{\theta^2 I^2 \gamma}{4(1 + \theta)^2}$ $\qquad - \dfrac{[(1 + 4\theta)(1 + \theta)^2 - \mu(1 + 2\theta)(1 + \theta)](\alpha - \beta c_m)^2}{\beta(1 + 2\theta)A^2}$; $V_m^{F1*} = \dfrac{3(1 + \theta)^2(\alpha - \beta c_m)^2}{2\beta(1 + 2\theta)A} - \dfrac{\theta(2 - \mu)}{2\beta(1 + 2\theta)A^2}$ $\qquad + \dfrac{b^2\gamma^2 - 3\varphi^2 + 2b\gamma\varphi}{8\gamma} + \dfrac{\theta(\gamma + \varphi)I}{4(1 + \theta)} + \dfrac{\theta^2\gamma I^2}{8(1 + \theta)^2}$; $V_r^{F1*} = (1 + \theta)\pi_r^{F1*} - \theta\pi_m^{F1*}$; $\pi_s^{F1*} = \pi_m^{F1*} + \pi_r^{F1*}$ Where, $A = [4(1 + \theta) - \mu(1 + 2\theta)] > 0$, $I = (b - s - \Delta) < 0$

模型	条件	最优决策和利润
F	$\dfrac{2(\alpha-\beta c_m)}{A} <$ $\dfrac{I\gamma\theta+(1+\theta)(b\gamma+\varphi)}{2}$	$\omega^{F2*} = \dfrac{\alpha}{\beta} - \dfrac{\theta(\alpha-\beta c_m)+I\gamma\theta+(1+\theta)(b\gamma+\varphi)}{\beta(1+2\theta)};$ $p^{F2*} = \dfrac{\alpha}{\beta} - \dfrac{I\gamma\theta+(1+\theta)(b\gamma+\varphi)}{2\beta(1+\theta)};$ $p_\tau^{F2*} = \dfrac{b\gamma-\varphi}{2\gamma} + \dfrac{\theta I}{2(1+\theta)};$ $\pi_m^{F2*} = \dfrac{[(\alpha-\beta c_m)-(b\gamma+\varphi)][I\gamma\theta+(1+\theta)(b\gamma+\varphi)]}{2\beta(1+2\theta)}$ $- \dfrac{(\beta+\gamma\theta+2\beta\theta)I[I\gamma\theta+(1+\theta)(b\gamma+\varphi)]}{2\beta(1+\theta)(1+2\theta)};$ $\pi_r^{F2*} = \dfrac{\theta(\alpha-\beta c_m)[I\gamma\theta+(1+\theta)(b\gamma+\varphi)]}{2\beta(1+\theta)(1+2\theta)}$ $+ \dfrac{(\beta+\gamma+2\beta\theta)(b\gamma+\varphi)[I\gamma\theta+(1+\theta)(b\gamma+\varphi)]}{4\beta\gamma(1+\theta)(1+2\theta)}$ $- \dfrac{(\beta\gamma\theta+2\beta\gamma\theta^2-\gamma^2\theta)[I\gamma\theta+(1+\theta)(b\gamma+\varphi)]}{4\beta\gamma(1+\theta)^2(1+2\theta)};$ $V_m^{F2*} = \pi_m^{F2*} + \dfrac{\mu(\gamma-\beta)[I\gamma\theta+(1+\theta)(b\gamma+\varphi)]^2}{8\beta\gamma(1+\theta)^2} - \dfrac{\mu\varphi^2}{2\gamma};$ $V_r^{F2*} = (1+\theta)\pi_r^{F2*} - \theta\pi_m^{F2*};$ $\pi_s^{F2*} = \pi_m^{F2*} + \pi_r^{F2*}$ Where, $A=[4(1+\theta)-\mu(1+2\theta)]>0$, $I=(b-s-\Delta)<0$
C	$\alpha-\beta c_m \geqslant s\gamma+\gamma\Delta+\varphi$	$p^{C1*} = \dfrac{\alpha+\beta c_m}{2\beta};$ $p_\tau^{C1*} = \dfrac{\gamma(s+\Delta)-\varphi}{2\gamma};$ $\pi_s^{C1*} = \dfrac{\gamma(\alpha-\beta c_m)^2+\beta(s\gamma+\Delta\gamma+\varphi)^2}{4\beta\gamma}$
	$\alpha-\beta c_m < s\gamma+\gamma\Delta+\varphi$	$p^{C2*} = \dfrac{(2\beta+\gamma)(\alpha-\beta c_m)-\beta(s\gamma+\Delta\gamma+\varphi)^2}{2\beta(\beta+\gamma)} + c_m;$ $p_\tau^{C2*} = \dfrac{\gamma(\alpha-\beta c_m)+\beta(s\gamma+\Delta\gamma+\varphi)}{2\gamma(\beta+\gamma)} - \dfrac{\varphi}{\gamma};$ $\pi_s^{C2*} = \dfrac{[\gamma(\alpha-\beta c_m)+\beta(s\gamma+\Delta\gamma+\varphi)]^2}{4\beta\gamma(\beta+\gamma)}$

证明：通过逆向归纳法可知公式（4.12）的海塞矩阵为 $H_r = \begin{bmatrix} -2\beta & 0 \\ 0 & -2\gamma \end{bmatrix}$，$H_r$ 负定，也就是 π_r 存在最大值。联立方程 $\dfrac{\partial\pi_r}{\partial p}=0$ 和 $\dfrac{\partial\pi_r}{\partial p_\tau}=0$。

$$p = \frac{\alpha + \beta\omega}{2\beta} \tag{4.20}$$

$$p_\tau = \frac{b\gamma - \varphi}{2\gamma} \tag{4.21}$$

把式（4.20）、式（4.21）代入式（4.18），让

$$L = (\omega - c_m)(\alpha - \beta p) + (\Delta - b)(\varphi + \gamma p_\tau) + s(\varphi + \gamma p_\tau)$$

$$+ \mu\left[\frac{(\alpha - \beta p)^2}{2\beta} + \frac{(\varphi + \gamma p_\tau)^2 - \varphi^2}{2\gamma}\right] + \lambda[(\alpha - \beta\omega)$$

$$- (\varphi + b\gamma)]$$

$$\text{s. t.} \begin{cases} (\alpha - \beta\omega) - (\varphi + b\gamma) \geq 0 \\ \lambda > 0 \end{cases} \tag{4.22}$$

最优解需要满足：

$$\begin{cases} \frac{\partial L}{\partial\omega} = 0 \\ \lambda[(\alpha - \beta\omega) - (\varphi + b\gamma)] = 0 \\ \lambda \geq 0 \end{cases}$$

模型讨论如下。

1. $\lambda = 0$

$$\begin{cases} \frac{\partial L}{\partial\omega} = 0 \\ (\alpha - \beta\omega) - (\varphi + b\gamma) \geq 0 \end{cases}$$

可知 $\omega^{D1*} = \frac{2\alpha - \alpha\mu + 2\beta c_m}{\beta(4 - \mu)}$，那么 $\frac{\alpha - \beta c_m}{4 - \mu} \geq \frac{b\gamma + \varphi}{2}$。

2. $\lambda > 0$

$$\begin{cases} \frac{\partial L}{\partial\omega} = 0 \\ (\alpha - \beta\omega) - (\varphi + b\gamma) = 0 \end{cases}$$

所以 $\omega^{D2*} = \frac{\alpha - b\gamma - \varphi}{\beta}$，$\lambda = -\frac{2(\alpha - \beta c_m) - (4 - \mu)(\varphi + b\gamma)}{4\beta}$。为

了保证 $\lambda > 0$，需要 $\frac{\alpha - \beta c_m}{4 - \mu} < \frac{b\gamma + \varphi}{2}$。

$$\omega^{D*} = \begin{cases} \frac{2\alpha - \alpha\mu + 2\beta c_m}{\beta(4 - \mu)} & \frac{\alpha - \beta c_m}{4 - \mu} \geq \frac{b\gamma + \varphi}{2} \\ \frac{\alpha - b\gamma - \varphi}{\beta} & \frac{\alpha - \beta c_m}{4 - \mu} < \frac{b\gamma + \varphi}{2} \end{cases} \tag{4.23}$$

把式（4.23）所得结果代入式（4.18）和式（4.19），可得最优决策结果，见表4-4。

命题4.5 当 $\mu \geqslant \dfrac{4(b\gamma+\varphi)-2(\alpha-\beta c_m)}{b\gamma+\varphi}$ 时，ω^{D1*}、p^{D1*}、π_m^{D1*} 与制造商承担 CSR 的比例 μ 负相关，而 π_r^{D1*}、V_m^{D1*} 和 π_s^{D1*} 与 μ 正相关，p_τ^{D1*} 与 μ 无关。当 $\mu < \dfrac{4(b\gamma+\varphi)-2(\alpha-\beta c_m)}{b\gamma+\varphi}$ 时，ω^{D2*}、p^{D2}、p_τ^{D2*}、π_m^{D2*}、π_r^{D2*} 和 π_s^{D2*} 都与 μ 无关，V_m^{D2*} 与 μ 正相关。

证明：

$$\frac{\partial \omega^{D*}}{\partial \mu} = -\frac{2(\alpha-\beta c_m)}{\beta(4-\mu)^2} < 0, \quad \frac{\partial p^{D*}}{\partial \mu} = -\frac{\alpha-\beta c_m}{\beta(4-\mu)^2} < 0,$$

$$\frac{\partial p_\tau^{D*}}{\partial \mu} = 0, \quad \frac{\partial \pi_r^{D*}}{\partial \mu} = \frac{2(\alpha-\beta c_m)^2}{\beta(4-\mu)^3} > 0, \quad \frac{\partial \pi_m^{D*}}{\partial \mu} = -\frac{\mu(\alpha-\beta c_m)^2}{\beta(4-\mu)^3} < 0,$$

$$\frac{\partial V_m^{D*}}{\partial \mu} = \frac{2(\alpha-\beta c_m)^2}{\beta(4-\mu)^2} + \frac{b^2\gamma^2-3\varphi^2+2b\gamma\varphi}{8\gamma} > 0, \quad \frac{\partial \pi_s^{D*}}{\partial \mu} = \frac{\partial \pi_r^{D*}}{\partial \mu} + \frac{\partial \pi_m^{D*}}{\partial \mu} > 0 \text{。}$$

命题4.5显示，当制造商的 CSR 履行程度满足 $\mu < \dfrac{4(b\gamma+\varphi)-2(\alpha-\beta c_m)}{b\gamma+\varphi}$ 时，只有制造商效用与 μ 正相关，其他变量不受其影响，这说明制造商 CSR 履行程度存在阈值，只有高于该阈值，CSR 才起作用。当 $\mu \geqslant \dfrac{4(b\gamma+\varphi)-2(\alpha-\beta c_m)}{b\gamma+\varphi}$ 时，商品批发价、零售价和制造商利润随着制造商承担 CSR 比例的增加而降低，零售商利润和制造商追求 CSR 时的效用随着制造商承担 CSR 比例的增加而增加。此外，废旧产品回收价与制造商承担 CSR 比例无关。这是因为，制造商的 CSR 行为关注消费者剩余，通过降低产品批发价格促使零售商适当降低产品销售价格，达到刺激消费的目的，进而提升市场需求，使得零售商利润和制造商效用都得到提升。另外，制造商的 CSR 行为在考虑自身利润的基础上也考虑社会福利，虽然制造商自身利润降低，但系统利润提升。这也反映出制造商的 CSR 行为表现出对消费者、零售商和社会的贡献。

废旧产品的回收价格不受制造商 CSR 程度的影响，这是因为，制造商作为渠道主导者固定了废旧产品的转移价格，那么，作为渠道合作者的零售商缺乏提高废旧产品回收价格的动力。

但总体来说，制造商的 CSR 行为有利于政府目标的达成，政府可以通过鼓励企业履行 CSR 行为来贯彻落实节能减排相关要求，企业也应该积极承担 CSR 来响应政府政策。日本佳能、中国华硕等科技领航企业，积极履行着 CSR，得到了政府、行业以及消费者的认可。[①]

命题 4.6　π_m^{D1*}、V_m^{D1*} 与政府单位补贴 s 正相关，ω^{D1*}、p^{D1*}、p_τ^{D1*} 以及 π_r^{D1*} 不受政府补贴影响。

证明： $\dfrac{\partial \pi_m^{D*}}{\partial s} = \dfrac{b\gamma + \varphi}{2} > 0$，$\dfrac{\partial V_m^{D*}}{\partial s} = \dfrac{b\gamma + \varphi}{2} > 0$。

命题 4.6 显示，随着政府单位回收产品补贴的增加，制造商利润和制造商效用都随之增加，但其产品的批发价格、零售价格、废旧品的回收价格以及零售商的利润与政府补贴无关。这说明政府补贴直接影响制造商收益，但是对供应链中零售商的收益却没有直接帮助。这是因为，主导企业制造商独自享受政府补贴，并没有将这种补贴体现在自身的 CSR 行为中。作为从属企业的零售商就会产生不公平心理，不仅没有提高废旧产品价格扩大回收量的动力，甚至采取消极态度参与废旧品的回收活动。不仅如此，零售商的不公平心理会导致零售商在决策时采用公平关切行为，以期缩小自己与制造商的利润差距。下面对这种公平关切行为进行研究。

4.2.2.2　考虑公平关切的分散决策

零售商处于闭环供应链中的从属地位，虽然政府补贴对制造商的回收再造进行补贴，但是零售商却没有分享到部分补贴，零售商认为政府补贴分配不均，会产生更加强烈的公平关切意愿，此时零售商不仅关注自身收益，还会关注自身与制造商之间的收益差距，收益差距越大，零售商的公平关切程度越强烈。而且零售商会将这种心理体现在决策中，从而形成公平关切决策。借鉴 Ma 等[②]文章中的公平关切模型，本章考虑零售商公平关切偏好。参考 Du 等[③]的研究，具有公平关切偏好的零

①《感动常在，佳能积极彰显企业社会责任》，中国日报中文网，2020 年 10 月 26 日，https：//qiye.chinadaily.com.cn/a/202010/26/WS5f969ab2a3101e7ce972b5df.html。

② Ma P, Li K W, Wang Z J. Pricing Decisions in Closed-loop Supply Chains with Marketing Effort and Fairness Concerns. *International Journal of Production Research*，Vol, 55，No. 22，2017，pp. 6710 – 6731.

③ Du B, Liu Q, Li G. Coordinating Leader-follower Supply Chain with Sustainable Green Technology Innovation on their Fairness Concerns. *International Journal of Environmental Research and Public Health*，Vol. 14，No. 11，2017，pp. 1357.

售商效用函数为：

$$V_r = \pi_r - \theta(\pi_m - \pi_r) \tag{4.24}$$

其中，V_r 表示零售商的效用；$\theta(0 \leqslant \theta \leqslant 1)$ 表示零售商的公平关切系数，θ 越大，表示零售商越关注自身与制造商之间的收益差距。

零售商公平关切时，零售商的决策函数为效用函数，根据式（4.24），可化简得：

$$\max_{\omega, p, c_\tau} V_r = (1 + \theta)\pi_r - \theta\pi_m$$

$$\text{s. t. } q \geqslant g \tag{4.25}$$

由逆向归纳法和 KKT 条件，可得此模型的最优决策如表 4 - 4 所示（求解思路同 4.2.2.1 部分）。

命题 4.7 （1）ω^{F1*}、p^{F1*}、p_τ^{F1*} 随 θ 增加而减小，但 ω^{F1*} 下降幅度大于 p^{F1*} 下降幅度。

（2）π_m^{F1*} 随 θ 增加而减小，π_s^{F1*}、π_r^{F1*} 随 θ 增加而增加。

证明： 关于 θ 的一阶决策变量的证明与命题 4.5 相似。批发和销售价格变化之间的比较如下：

$$\frac{\partial^2 \omega^{F*}}{\partial \theta^2} = -\frac{2(\alpha - \beta c_m)}{\beta(1 + 2\theta)^3} - \frac{2\mu^2(\alpha - \beta c_m)}{\beta(1 + 2\theta)A^2} + \frac{4\mu^2(2\theta^2 + 2\theta + 1)(\alpha - \beta c_m)}{\beta(1 + 2\theta)^2 A^3},$$

$$\frac{\partial^2 p^{F*}}{\partial \theta^2} = \frac{4\mu(2 - \mu)(\alpha - \beta c_m)}{\beta A^3}, \quad \text{那么：} \quad \frac{\partial^2 \omega^{F*}}{\partial \theta^2} - \frac{\partial^2 p^{F*}}{\partial \theta^2} =$$

$$\frac{4(2\theta + 1)\{8(1 + \theta)[2(1 - \mu) + \theta(2 - \mu)] + \mu[1 - (1 + 2\theta)^2(\mu - 5)]\}(\alpha - \beta c_m)}{\beta(1 + 2\theta)^3 A^3},$$

此时 $0 \leqslant \mu \leqslant 1$，$A = 4(1 + \theta) - \mu(1 + 2\theta) > 0$，因此，$[2(1 - \mu) + \theta(2 - \mu)] > 0$，$[1 - (1 + 2\theta)^2(\mu - 5)] > 0$。

此时，可得 $\left| \dfrac{\partial^2 \omega^{F*}}{\partial \theta^2} \right| > \left| \dfrac{\partial^2 p^{F*}}{\partial \theta^2} \right|$。

命题 4.7（1）显示，随着零售商不公平感 θ 的加强，正向供应链中，产品的批发价和零售价格降低，但批发价下降幅度远大于零售价下降幅度；逆向供应链中，零售商的回收价格也降低。这显然可以增加零售商单位产品的销售收益和单位废旧产品的回收收益，进而促使零售商获取更多的系统利润。

同时，研究发现，零售商的公平关切行为虽然降低了零售价格（这与 Pu 等[①]和 Zheng 等[②]的结论不同），对消费者剩余增加有了一定促进作用，但也降低了废旧产品回收价格，进而会减少废旧产品回收数量，这悖反了社会强调的循环经济理论。因此，在现实中，要引导零售商积极参与回收活动，避免产生公平关切行为。

（2）显示，制造商的利润受损，但零售商利润和系统利润增加。这是因为随着零售价格的降低，市场需求量进一步扩大，使得零售商和系统受益。这也说明在政府补贴制造商的 CLSC 中，零售商可以将公平关切行为作为谈判的砝码来提高讨价还价能力，虽然对制造商不利却有利于 CLSC 系统利润增长。因此，零售商的公平关切行为对 CLSC 的影响是双重的，一方面可以提高正向供应链中的市场需求量，另一方面却降低逆向供应链中的废旧产品回收量。这导致公平关切产生的结果与政府补贴政策促进回收的初衷不一致，不利于制造商 CSR 的实施。

值得注意的是，当政府补贴制造商且制造商承担 CSR 时，零售商公平关切行为引起的零售价格随之降低，这与以往文章[③]中"越关注公平，售价越高"的结论不一致。这是因为在 CLSC 中，承担 CSR 的制造商将消费者剩余纳入考虑，若考虑公平关切的零售商通过提升售价来增加收益，会引起制造商承担 CSR 的比例提高，进而重新拉低产品售价。这就造成零售商无法通过提价方式来增加收益，故而采用降价扩大销售量的方式来获取更多系统利润。由此进一步造成零售商公平关切下系统利润反而提高。

---

① Pu, X., Gong, L. and Han, G. A Feasible Incentive Contract Between a Manufacturer and His Fairness – Sensitive Retailer Engaged in Strategic Marketing Efforts. *Journal of Intelligent Manufacturing*, Vol. 30, No. 1, 2019, pp. 193 – 206.

② Zheng X X, Li D F, Liu Z, et al. Coordinating a Closed-loop Supply Chain with Fairness Concerns Through Variable-weighted Shapley Values. *Transportation Research Part E: Logistics and Transportation Review*, Vol. 126, 2019, pp. 227 – 253.

③ Li Q. The Optimal Multi-period Modular Design with Fairness Concerns. *International Journal of Production Economics*, Vol. 206, 2018, pp. 233 – 249; Wang Y, Yu Z, Shen L. Study on the Decision-making and Coordination of an E – commerce Supply Chain with Manufacturer Fairness Concerns. *International Journal of Production Research*, Vol. 57, No. 9, 2019, pp. 2788 – 2808; Zhang L, Zhou H, Liu Y, et al. Optimal Environmental Quality and Price with Consumer Environmental Awareness and Retailer's Fairness Concerns in Supply Chain. *Journal of Cleaner Production*, Vol. 213, 2019, pp. 1063 – 1079.

4.2.2.3 集中决策

若制造商和零售商之间能密切合作，共同以实现 CLSC 系统的整体利润最大化为目标进行决策，则构成集中决策。在集中决策下，企业的决策函数为：

$$\max_{p,p_\tau} V_s(p, p_\tau) = (p - c_m)(\alpha - \beta p) + (\Delta - p_\tau)(\varphi + \gamma p_\tau) + s(\varphi + \gamma p_\tau)$$

$$\text{s. t. } q \geqslant g \tag{4.26}$$

求式（4.26）关于销售价 p 和回收价 p_τ 的海塞矩阵，如下：

$$H = \begin{bmatrix} -2\beta & 0 \\ 0 & -2\gamma \end{bmatrix}$$

可知 H 为负定矩阵，所以 $\pi(p, c_\tau)$ 存在极大值，联立方程 $\begin{cases} \dfrac{\partial \pi}{\partial p} = 0 \\ \dfrac{\partial \pi}{\partial p_\tau} = 0 \end{cases}$，

可以得到集中决策下的最优解如表 4-4 所示。

4.2.3 模型之间的比较分析

比较三种决策模式下的最优决策，可以得到结论 4.5 和结论 4.6。

结论 4.5 $\omega^{D1*} \geqslant \omega^{F1*}$，$p^{D1*} \geqslant p^{F1*} > p^{C1*}$，$p_\tau^{C1*} > p_\tau^{D1*} \geqslant p_\tau^{F1*}$，且 $p_\tau^{C1*} - p_\tau^{D1*} = \dfrac{s + \Delta - b}{2}$。

证明：当 $\theta = 0$ 时，$\omega^{F*} = \omega^{D*}$，$p^{F*} = p^{D*}$，$p_\tau^{F*} = p_\tau^{D*}$。并且，由命题 4.7 可知 ω^{F*}、p^{F*}、p_τ^{F*} 与 θ 负相关。故而 $\omega^{F*} \leqslant \omega^{D*}$，$p^{F*} \leqslant p^{D*}$，$p_\tau^{F*} \leqslant p_\tau^{D*}$。

$$p^{F*} - p^{C*} = \frac{[A - 2(1 + \theta)](\alpha - \beta c_m)}{2\beta A},$$ 此时 $A = 4(1 + \theta) - \mu(1 + 2\theta) > 0$，可得 $A - 2(1 + \theta) = (2 - \mu) + 2\theta(1 - \mu) > 0$，因此，$p^{F*} - p^{C*} > 0$，也就是说 $p^{D*} \geqslant p^{F*} > p^{C*}$。

同理 $p_\tau^{C*} > p_\tau^{D*} \geqslant p_\tau^{F*}$。

结论 4.5 表明，分散决策下，零售商公平关切行为降低了产品批发价格、销售价格和废旧产品回收价格。这是因为，制造商的 CSR 行为试图通过降低产品售价提高消费者剩余，这造成零售商无法抬高价格。

那么零售商试图通过降低销售价格来提高销售量，以此增加收益，同时降低废旧产品回收价格减少成本，进而获得更多系统利润，也迫使制造商降低批发价。相比分散决策，集中决策下产品销售价格最低，废旧产品回收价格最高，且增加的回收价格正好为制造商再制造单位产品增加收益的一半。集中决策时，供应链成员密切合作，以整个系统效益最大化为目的作决策，这显然更有利于消费者剩余的提升，更有利于社会可持续发展。

结论 4.6 $\pi_m^{D1*} \geqslant \pi_m^{F1*}$，$\pi_r^{D1*} \leqslant \pi_r^{F1*}$，$\pi_s^{C1*} \geqslant \pi_s^{F1*} \geqslant \pi_s^{D1*}$。

证明同结论 4.5。

结论 4.6 可以看出集中决策下供应链整体利润最高，进一步说明集中决策系统效率最高。分散决策下，零售商公平关切下制造商利润低于无公平关切情形，零售商利润和系统整体收益都高于无公平关切情形。这说明在制造商承担 CSR 的 CLSC 中，零售商关注收益分配的行为降低了零售价格，提高了市场需求，使得自身利润和系统利润受益。这与命题 4.6 结论相同，进一步说明零售商关注收益差距的行为对系统是有利的，但效率远远不及集中决策，因此供应链成员需要设计有效的协调机制，实现集中决策。

4.2.4　协调机制的设计

集中决策是一种理想化的系统结构，很难自发形成。制造商作为供应链的主导者，有责任和动机设计协调契约实现供应链成员的收益最大化。

由于零售商采取公平关切的主要原因就是没有得到政府补贴，因此，本部分尝试分享政府补贴给零售商来调动其参与回收的积极性。鉴于此，本部分设计全新的"政府补贴共享与成本共担"联合契约对分散式决策进行协调，该协调机制是从防治零售商的公平关切、不积极回收角度提出的。这与 Yang 和 Chen[1] 和 Xie 等[2] 采用的收益共享与成本

---

[1]　Yang H, Chen W. Retailer-driven Carbon Emission Abatement with Consumer Environmental Awareness and Carbon Tax: Revenue-sharing Versus Cost-sharing. *Omega*, Vol. 78, 2018, pp. 179–191.

[2]　Xie J, Zhang W, Liang L, et al. The Revenue and Cost Sharing Contract of Pricing and Servicing Policies in a Dual-channel Closed-loop Supply Chain. *Journal of Cleaner Production*, Vol. 191, 2018, pp. 361–383.

共担协调机制相似，但本部分改进为采用政府补贴作为共享机制的一部分。该机制的具体实施方法如下：承担 CSR 的制造商将 $(1-t_1)$ 的政府补贴分享给零售商，以提高零售商回收动力和消费者剩余，作为回馈，零售商分担制造商承担 CSR 成本的 t_2 部分 $(0 \leqslant t_1, t_2 \leqslant 1)$。

在此协调契约中，供应链成员的决策目标如下。

制造商决策函数变为：

$$\max_{\omega} V_m = (\omega - c_m)q + (\Delta - b)g + st_1g + (1 - t_2)\mu\left(\frac{q^2}{2\beta} + \frac{g^2 - \varphi^2}{2\gamma}\right)$$

(4.27)

零售商决策函数变为：

$$\max_{p, p_\tau} \pi_r = (p - \omega)q + (b - p_\tau)g + s(1 - t_1)g + t_2\mu\left(\frac{q^2}{2\beta} + \frac{g^2 - \varphi^2}{2\gamma}\right)$$

(4.28)

（1）模型 D 的协调情况。

命题 4.8 当"政府补贴共享——成本共担"合同中的协调系数 $(t_1^D,$

$t_2^D)$ 满足 $\begin{cases} \underline{t}_1^D \leqslant t_1^D \leqslant \overline{t}_1^D, \quad \underline{t}_2^D \leqslant t_2^D \leqslant 1 & \dfrac{2\gamma(\Delta - b)}{s\gamma + \Delta\gamma + \varphi} \leqslant \mu \leqslant \dfrac{2\gamma(\Delta + s - b)}{s\gamma + \Delta\gamma + \varphi} \\[3mm] \underline{t}_1^D \leqslant t_1^D \leqslant 1, \quad \underline{t}_2^D \leqslant t_2^D \leqslant \overline{t}_2^D & \dfrac{2\gamma(\Delta + s - b)}{s\gamma + \Delta\gamma + \varphi} \leqslant \mu < 1 \end{cases}$ ，此时

$\underline{t}_1^D = \dfrac{\beta(\omega^1 - c_m)(s\gamma + \Delta\gamma + \varphi)}{s\gamma(\alpha - \beta c_m)} - \dfrac{\Delta - b}{s}, \quad \overline{t}_1^D = \dfrac{\beta(\omega_{max}^{D2} - c_m)(s\gamma + \Delta\gamma + \varphi)}{s\gamma(\alpha - \beta c_m)} -$

$\dfrac{\Delta - b}{s}, \quad \underline{t}_2^D = \dfrac{2\beta(\omega^1 - c_m)}{\mu(\alpha - \beta c_m)}, \quad \overline{t}_2^D = \dfrac{2\beta(\omega_{max}^{D1} - c_m)}{\mu(\alpha - \beta c_m)}$ ，这一契约可对 CLSC 进行协调。

证明： 通过反向归纳，可以通过求解一阶条件来获得零售商的反映

函数 $\dfrac{\partial \pi_r}{\partial p} = 0$ 和 $\dfrac{\partial \pi_r}{\partial p_\tau} = 0$。

因此，$p^{FC} = \dfrac{\alpha + \beta\omega - t_2\alpha\mu}{\beta(2 - t_2\mu)}$，$p_\tau^{FC} = \dfrac{b\gamma + s\gamma - st_1\gamma - \varphi + t_2\mu\varphi}{\gamma(2 - t_2\mu)}$。为了达

到集中决策的价格，应该有 $p^{FC*} = p^{C*} = \dfrac{\alpha - \alpha\mu + \beta c_m}{\beta(2 - \mu)}$，$p_\tau^{FC*} = p_\tau^{C*} =$

$\dfrac{\gamma(s + \Delta) - \varphi(1 - \mu)}{\gamma(2 - \mu)}$，所以 $\begin{cases} t_1^D = \dfrac{\beta(\omega - c_m)(s\gamma + \Delta\gamma + \varphi)}{s\gamma(\alpha - \beta c_m)} - \dfrac{\Delta - b}{s} \\[3mm] t_2^D = \dfrac{2\beta(\omega - c_m)}{\mu(\alpha - \beta c_m)} \end{cases}$ 。(4.29)

把 p^{FC*}、p_r^{FC*}、t_1、t_2 代入式（4.26）和式（4.27），可得：

$$V_m^{FC*} = \frac{\mu(\alpha - \beta c_m)^2}{8\beta} + \frac{(\omega - c_m)(\alpha - \beta c_m)}{4} + \frac{\mu(s\gamma + \Delta\gamma + \varphi)^2}{8\gamma} - \frac{\mu\varphi^2}{2\gamma}$$
$$+ \frac{\beta(\omega - c_m)(s\gamma + \Delta\gamma + \varphi)^2}{4\gamma(\alpha - \beta c_m)} + \frac{\beta\varphi^2(\omega - c_m)}{\gamma(\alpha - \beta c_m)}$$

$$\pi_r^{FC*} = \frac{(\alpha - \beta c_m)^2}{4\beta} + \frac{(s\gamma + \Delta\gamma + \varphi)^2}{4\gamma} - \frac{\beta(\omega - c_m)(s\gamma + \Delta\gamma + \varphi)^2}{4\gamma(\alpha - \beta c_m)}$$
$$- \frac{(\alpha - \beta c_m)(\omega - c_m)}{4} - \frac{\beta(\omega - c_m)\varphi^2}{\gamma(\alpha - \beta c_m)}$$

考虑到 $0 \leqslant t_1$，$t_2 \leqslant 1$，$t_1^D \geqslant 0 \Rightarrow \Delta\omega \geqslant \dfrac{\gamma(\Delta - b)(\alpha - \beta c_m)}{\beta(s\gamma + \Delta\gamma + \varphi)} + c_m = \omega_{min}^{D1}$，

$t_1^D \leqslant 1 \Rightarrow \omega \leqslant \dfrac{\gamma(\Delta + s - b)(\alpha - \beta c_m)}{\beta(s\gamma + \Delta\gamma + \varphi)} + c_m = \omega_{max}^{D1}$；

$t_2^D \geqslant 0 \Rightarrow \omega \geqslant c_m = \omega_{min}^{D2}$，$t_2^D \leqslant 1 \Rightarrow \omega \leqslant \dfrac{\mu(\alpha - \beta c_m)}{2\beta} + c_m = \omega_{max}^{D2}$。

因此，$\omega_{max}^{D1} > \omega_{min}^{D1}$，$\omega_{max}^{D2} > \omega_{min}^{D2}$，$\omega_{min}^1 \geqslant \omega_{min}^2$，合同的有效批发价格范围是：

$$\begin{cases} \omega_{min}^{D1} \leqslant \omega^{FC*} \leqslant \omega_{max}^{D2} & \dfrac{2\gamma(\Delta - b)}{s\gamma + \Delta\gamma + \varphi} \leqslant \mu \leqslant \dfrac{2\gamma(\Delta + s - b)}{s\gamma + \Delta\gamma + \varphi} \\ \omega_{min}^{D1} \leqslant \omega^{FC*} \leqslant \omega_{max}^{D1} & \dfrac{2\gamma(\Delta + s - b)}{s\gamma + \Delta\gamma + \varphi} \leqslant \mu < 1 \end{cases}$$

但是，为了使 CLSC 的双方都能接受合同，必须满足个人的理性约束，即 $\begin{cases} V_m^{FC*} \geqslant V_m^{D*} \\ \pi_m^{FC*} \geqslant \pi_m^{D*} \\ \pi_r^{FC*} \geqslant \pi_r^{D*} \end{cases}$，

所以 ω 满足：

$$\omega \geqslant \underline{\omega}^1 = \frac{[8\beta\gamma V_m^{D*} - \mu(M - 8\beta\varphi^2)](\alpha - \beta c_m)}{2\beta M} + c_m \text{ 并且}$$

$$\omega \leqslant \overline{\omega}^1 = \frac{(M - 2\beta\varphi^2 - 4\beta\gamma\pi_r^{D*})(\alpha - \beta c_m)}{\beta(M + 2\beta\varphi^2)} + c_m$$

此时 $M = \gamma(\alpha - \beta c_m)^2 + \beta(s\gamma + \Delta\gamma + \varphi)^2 + 2\beta\varphi^2$。

可得 $\underline{\omega}^1 > \omega_{min}^{D1}$，$\overline{\omega}^1 > \omega_{max}^{D2}$，$\overline{\omega}^1 > \omega_{max}^{D1}$，因此，"政府补贴共享——成本共担"合同的有效批发价格范围为：

$$\begin{cases} \underline{\omega}^1 \leqslant \omega^{FC*} \leqslant \omega_{max}^{D2} & \dfrac{2\gamma(\Delta-b)}{s\gamma+\Delta\gamma+\varphi} \leqslant \mu \leqslant \dfrac{2\gamma(\Delta+s-b)}{s\gamma+\Delta\gamma+\varphi} \\[2mm] \underline{\omega}^1 \leqslant \omega^{FC*} \leqslant \omega_{max}^{D1} & \dfrac{2\gamma(\Delta+s-b)}{s\gamma+\Delta\gamma+\varphi} \leqslant \mu < 1 \end{cases}$$

进一步代入式（4.28），补贴共享比例和成本共担比例如下：

$$\begin{cases} \underline{t}_1^D \leqslant t_1^D \leqslant \bar{t}_1^D,\ \ \underline{t}_2^D \leqslant t_2^D \leqslant 1 & \dfrac{2\gamma(\Delta-b)}{s\gamma+\Delta\gamma+\varphi} \leqslant \mu \leqslant \dfrac{2\gamma(\Delta+s-b)}{s\gamma+\Delta\gamma+\varphi} \\[2mm] \underline{t}_1^D \leqslant t_1^D \leqslant 1,\ \ \underline{t}_2^D \leqslant t_2^D \leqslant \bar{t}_2^D & \dfrac{2\gamma(\Delta+s-b)}{s\gamma+\Delta\gamma+\varphi} \leqslant \mu < 1 \end{cases}$$

此时，　$\underline{t}_1^D = \dfrac{\beta(\underline{\omega}^1-c_m)(s\gamma+\Delta\gamma+\varphi)}{s\gamma(\alpha-\beta c_m)} - \dfrac{\Delta-b}{s}$,

$\bar{t}_1^D = \dfrac{\beta(\omega_{max}^{D2}-c_m)(s\gamma+\Delta\gamma+\varphi)}{s\gamma(\alpha-\beta c_m)} - \dfrac{\Delta-b}{s}$,

$\underline{t}_2^D = \dfrac{2\beta(\underline{\omega}^1-c_m)}{\mu(\alpha-\beta c_m)},\quad \bar{t}_2^D = \dfrac{2\beta(\omega_{max}^{D1}-c_m)}{\mu(\alpha-\beta c_m)}$。

由命题 4.8 可知，根据制造商 CSR 承担水平的高低，CLSC 成员之间的政府补贴共享比例、成本共担比例范围不同。当 μ 较低时，成本共担比例范围较大，而 μ 较高时，政府补贴共享比例范围较大。这说明制造商 CSR 对协调机制的影响也很大，双方应根据制造商 CSR 来确定合同的设计。在签订合同时，制造商应承诺与零售商分享政府补贴来实现分散决策的协调。

（2）模型 F 的协调情况。

考虑零售商公平关切影响时，零售商决策函数为：

$$\max_{\omega,p,c_\tau} V_r = (1+\theta)\pi_r - \theta\pi_m \tag{4.30}$$

命题 4.9　当"政府补贴共享——成本共担"合同中的协调系数 $(t_1^F,\ t_2^F)$ 满足

$$\begin{cases} \underline{t}_1^F \leqslant t_1^F \leqslant \bar{t}_1^F,\ \ \underline{t}_2^F \leqslant t_2^F \leqslant 1 & \dfrac{2\gamma(\Delta-b)(1+2\theta)}{(s\gamma+\Delta\gamma+\varphi)(1+\theta)} \leqslant \mu \leqslant \dfrac{2\gamma(\Delta+s-b)(1+2\theta)}{(s\gamma+\Delta\gamma+\varphi)(1+\theta)} \\[2mm] \underline{t}_1^F \leqslant t_1^F \leqslant 1,\ \ \underline{t}_2 \leqslant t_2^F \leqslant \bar{t}_2 & \dfrac{2\gamma(\Delta+s-b)(1+2\theta)}{(s\gamma+\Delta\gamma+\varphi)(1+\theta)} \leqslant \mu < 1 \end{cases},$$

此时，　$\underline{t}_1^F = \dfrac{\beta(\underline{\omega}^1-c_m)(s\gamma+\Delta\gamma+\varphi)}{s\gamma(\alpha-\beta c_m)} - \dfrac{\Delta-b}{s}$,

$\bar{t}_1^F = \dfrac{\beta(\omega_{max}^{D2}-c_m)(s\gamma+\Delta\gamma+\varphi)}{s\gamma(\alpha-\beta c_m)} - \dfrac{\Delta-b}{s}$,

$$\underline{t}_2^F = \frac{2\beta(\omega^1 - c_m)}{\mu(\alpha - \beta c_m)}, \quad t_2^F = \frac{2\beta(\omega_{max}^{D1} - c_m)}{\mu(\alpha - \beta c_m)}, \quad \text{这一契约可对 CLSC 进行}$$

协调。

证明同命题 4.8。

协调机制可行范围的分析比较复杂，下面在数值分析中进一步研究。

4.2.5　模型扩展

4.2.5.1　基于企业社会责任的公平关切模型（扩展模型 1）

结合命题 4.5，随着制造商承担 CSR 的水平增加，制造商利润下降，而零售商利润增加，且制造商利润高于零售商利润，这导致博弈双方的收益差距减小。进而，零售商公平关切程度降低，也就是说 θ 与 μ 之间呈现反比例关系。为此，这里假设 $\theta = 1 - l\mu(l > 0)$，求解公平关切下的最优决策，如表 4 - 4 所示 $\left[\dfrac{(2 - l\mu)(\alpha - \beta c_m)}{E} \geqslant \right.$

$\left.\dfrac{[(b\gamma + \varphi) - I\gamma](1 - L\mu) + (b\gamma + \varphi)}{2(2 - l\mu)}\right.$，这是为保证销售量不低于回收

量，且制造商 CSR 起作用$\Big]$。

将零售商的公平关切系数假设为 CSR 系数的线性函数后，制造商的 CSR 系数又会对各变量产生什么样的影响呢？为了回答这个问题，下面通过命题 4.10 进行分析。

命题 4.10　（1）p^{E1*}、π_m^{E1*} 与制造商承担 CSR 的比例 μ 负相关，而 p_τ^{E1*}，π_r^{E1*} 与 μ 正相关。

（2）当 $f(\mu) \leqslant 0$ 时，ω^{E1*} 与 μ 负相关；当 $f(\mu) > 0$ 时，ω^{E1*} 与 μ 正相关。

（3）其中，$f(\mu) = 72 + 8l^4\mu^4 - 4l^3\mu^2(2 + 12\mu + \mu^2) + 2l^2\mu(16 + 59\mu + 6\mu^2) - l(32 + 144\mu + 9\mu^2)$。

证明同命题 4.5。

命题 4.10（1）显示，在 $\theta = 1 - l\mu$ 这个假设下，随着制造商 CSR 系数的增加，产品销售价格、制造商利润和零售商利润变化趋势与命

题 4.5 一致，但这一趋势与命题 4.7 相矛盾。也就是说此时的零售商，以较低的公平关切程度，甚至不进行公平关切即可达到缩小收益差距的目的。这表明，制造商承担 CSR 的运作效率提高，能在很大程度上抵消零售商的公平关切意愿。此外，从命题 4.10（1）可以看出，废旧产品回收价格随着制造商 CSR 系数的增加而提高，这与命题 4.5 中回收价格与 CSR 无关的结论也不一致，但却反映出 CSR 行为能够提高消费者剩余，符合制造商考虑消费者权益的初衷。以上都给制造商运营提出一些管理启示：作为制造商，承担 CSR 的行为不仅可以塑造企业形象提高企业声誉，还可以提高从属企业的合作意愿，保障供应链系统的稳定运行。

命题 4.10（2）表明，产品批发价格与制造商 CSR 程度之间的关系是变化的，在固定 l 的前提下，μ 偏小（$f(\mu) > 0$）时，批发价格与 μ 正相关；μ 偏大（$f(\mu) \leq 0$）时，批发价格与 μ 负相关。这是制造商的 CSR 程度与零售商的公平关切程度之间的博弈造成的，当 μ 偏小时，制造商对从属企业的利润关注不够，仍然会引发零售商的公平关切，进而迫使主导企业降低批发价格；而当 μ 偏大时，主从企业之间的收益差距缩小，零售商公平关切心理减弱，此时的批发价格主要受制造商 CSR 行为影响。这再一次说明了制造商的 CSR 行为能有效消除零售商的公平关切心理，体现了企业承担 CSR 的有效性与必要性。

4.2.5.2　政府模式（扩展模型 2）

在这一部分，进一步研究考虑公平关切时政府如何设置最优的单位废旧产品补贴额。为此，依据政府为了不同的目标而实施奖惩政策来定义政府的目标函数。本部分中的政府目标主要体现为最大化社会福利（SW），社会福利包括制造商利润、零售商利润和消费者剩余。并且，设置政府的预算为 B，即补贴额不能超过预算。

此外，由于废旧产品补贴额的存在，更容易激发零售商的公平关切心理，以寻求更高的废旧产品转移价格。因此，与基础模型不同的是，这一部分将废旧产品转移价格内生化。在这样的条件下，求解政府最优废旧产品补贴额（$\alpha - \beta c_m \geq s\gamma + \gamma\Delta + \varphi$，这是为保证销售量不低于回收量，且制造商 CSR 起作用）。

此时，政府和供应链企业之间的决策顺序如图 4-8 所示。

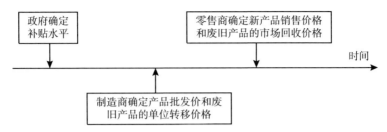

图 4 - 8　决策顺序

那么，政府的决策函数可以概括为：

$$\max_{s} SW = \pi_m + \pi_r + CS = (p - c_m)(\alpha - \beta p) + (\Delta - p_\tau + s)(\varphi + \gamma p_\tau)$$

$$+ \frac{(\alpha - \beta p)^2}{2\beta} + \frac{(\varphi + \gamma p_\tau)^2 - \varphi^2}{2\gamma}$$

$$\text{s. t.} \begin{cases} q \geqslant g \\ sg \leqslant B \end{cases}$$

通过逆向归纳法，可得到此时的最优决策如表 4 - 5 所示。

表 4 - 5　　　　　　　　　扩展模型中的最优决策和利润

决策模型	最优决策和利润
扩展模型 1	$\omega^{E1*} = \dfrac{\alpha(2 - l\mu) + (1 - l\mu)\beta c_m}{\beta(3 - 2l\mu)} - \dfrac{2(2 - l\mu)^2(\alpha - \beta c_m)}{\beta(3 - 2l\mu)E};$ $p^{E1*} = \dfrac{\alpha}{\beta} - \dfrac{(2 - l\mu)(\alpha - \beta c_m)}{\beta(3 - 2l\mu)E};$ $p_\tau^{E1*} = \dfrac{b\gamma - \varphi}{2\gamma} + \dfrac{(1 - l\mu)I}{2(2 - l\mu)};$ $\pi_m^{E1*} = \dfrac{(2 - l\mu)^2(\alpha - \beta c_m)^2}{\beta(3 - 2l\mu)E} - \dfrac{2(2 - l\mu)^3(\alpha - \beta c_m)^2}{\beta(3 - 2l\mu)E^2} + \dfrac{I[(b\gamma + \varphi)(2 - l\mu) + I\gamma(1 - l\mu)]}{2(2 - l\mu)};$ $\pi_r^{E1*} = \dfrac{(b\gamma + \varphi)^2}{4\gamma} - \dfrac{(1 - l\mu)^2 I^2 \gamma}{4(2 - l\mu)^2}$ $\quad - \dfrac{[(5 - 4l\mu)(2 - l\mu)^2 - \mu(3 - 2l\mu)(2 - l\mu)](\alpha - \beta c_m)^2}{\beta((3 - 2l\mu))E^2};$ $V_m^{E1*} = \dfrac{3(2 - l\mu)^2(\alpha - \beta c_m)^2}{2\beta(3 - 2l\mu)E} - \dfrac{(1 - l\mu)(2 - \mu)}{2\beta(3 - 2l\mu)E^2} + \dfrac{b^2\gamma^2 - 3\varphi^2 + 2b\gamma\varphi}{8\gamma}$ $\quad + \dfrac{(1 - l\mu)(\gamma + \varphi)I}{4(2 - l\mu)} + \dfrac{(1 - l\mu)^2\gamma I^2}{8(2 - l\mu)^2};$ $V_r^{E1*} = (2 - l\mu)\pi_r^{F*} - (1 - l\mu)\pi_m^{F*};$ $\pi_s^{E1*} = \pi_m^{E1*} + \pi_r^{E1*}$ Where, $E = [8 - (3 + 4l)\mu + 2l\mu^2] > 0,\ I = (b - s - \Delta) < 0$

决策模型	最优决策和利润
扩展模型2	$s^{E2*} = \dfrac{\sqrt{4B\gamma A(1+\theta) + (1+\theta)^2(\gamma\Delta+\varphi)^2} - (1+\theta)(\gamma\Delta+\varphi)}{2\gamma(1+\theta)};$ $\omega^{E2*} = \dfrac{\alpha(1+\theta)+\theta\beta c_m}{\beta(1+2\theta)} - \dfrac{2(1+\theta)^2(\alpha-\beta c_m)}{\beta(1+2\theta)A};$ $b^{E2*} = \dfrac{M[A\theta+2(1+\theta)^2]}{2\gamma(1+2\theta)(1+\theta)A} + \dfrac{\Delta[A\theta+2(1+\theta)^2]}{(1+2\theta)A} - \dfrac{(1+\theta)[A-2(1+\theta)]\varphi}{(1+2\theta)\gamma A}$ $p^{E2*} = \dfrac{\alpha}{\beta} - \dfrac{(1+\theta)(\alpha-\beta c_m)}{\beta(1+2\theta)A};$ $p_\tau^{E2*} = \dfrac{M}{2\gamma A} + \dfrac{\Delta(1+\theta)}{A} - \dfrac{[A-(1+\theta)]\varphi}{\gamma A};$ $\pi_m^{E2*} = \dfrac{[A-2(1+\theta)]\{4(1+\theta)^2\gamma(\alpha-\beta c_m)^2 + \beta[M+2(\gamma\Delta+\varphi)(1+\theta)]^2\}}{4\beta(1+2\theta)A^2};$ $\pi_r^{E2*} = \dfrac{[A\theta+(1+\theta)]\{4(1+\theta)\gamma(\alpha-\beta c_m)^2 + \beta[M+2(\gamma\Delta+\varphi)(1+\theta)]^2\}}{4\beta\gamma(1+2\theta)(1+\theta)A^2};$ $V_m^{E2*} = \pi_m^{E2*} + \dfrac{\mu}{2}\left\{\dfrac{[M+2(\gamma\Delta+\varphi)(1+\theta)]^2 - 4\varphi^2 A^2}{4\gamma A^2} + \dfrac{(1+\theta)^2(\alpha-\beta c_m)^2}{\beta A^2}\right\};$ $V_r^{E2*} = (1+\theta)\pi_r^{E2*} - \theta\pi_m^{E2*};$ $\pi_s^{E2*} = \pi_m^{E2*} + \pi_r^{E2*};$ $SW^{E2*} = \pi_s^{E2*} + \dfrac{[M+2(\gamma\Delta+\varphi)(1+\theta)]^2 - 4\varphi^2 A^2}{8\gamma A^2} + \dfrac{(1+\theta)^2(\alpha-\beta c_m)^2}{2\beta A^2};$ Where, $A = [4(1+\theta) - \mu(1+2\theta)] > 0,$ $M = \sqrt{4B\gamma A(1+\theta) + (1+\theta)^2(\gamma\Delta+\varphi)^2} - (1+\theta)(\gamma\Delta+\varphi)$

扩展模型2中，制造商和零售商的反应函数如下：

$$\omega^{E2} = \frac{\alpha(1+\theta)+\theta\beta c_m}{\beta(1+2\theta)} - \frac{2(1+\theta)^2(\alpha-\beta c_m)}{\beta(1+2\theta)A};$$

$$b^{E2} = \frac{s[A\theta+2(1+\theta)^2]}{(1+2\theta)A} + \frac{\Delta[A\theta+2(1+\theta)^2]}{(1+2\theta)A} - \frac{(1+\theta)[A-2(1+\theta)]\varphi}{(1+2\theta)\gamma A};$$

$$p^{E2} = \frac{\alpha}{\beta} - \frac{(1+\theta)(\alpha-\beta c_m)}{\beta(1+2\theta)A}; \quad p_\tau^{E2} = \frac{(1+\theta)s}{A} + \frac{\Delta(1+\theta)}{A} - \frac{[A-(1+\theta)]\varphi}{\gamma A}$$

命题 4.11　ω^{E2}，p^{E2} 仍然与 s 无关，但 b^{E2}、p_τ^{E2} 与 s 正相关，且 $(b^{E2} - p_\tau^{E2})$ 与 s 正相关。

证明同命题4.5。

命题4.11的结论与命题4.6不尽相同，在政府决策模型中，废旧产品转移价格作为内生变量，仍然存在 ω^{E2}、p^{E2} 与政府补贴无关的情况，但 b^{E2}、p_τ^{E2} 随着政府补贴的增加而增加。这是因为针对废旧产品回收而设置的政府补贴旨在提高回收量，影响 RSC 的决策，对 FSC 中产品的销售无影响。在政府预算范围内，随着回收补贴力度的加大，废旧产品转移价格和废旧产品回收价都相应提高，说明政府补贴对废旧产品的回收起到积极促进作用，有利于回收市场的扩张。（$b^{E2} - p_\tau^{E2}$）与 s 正相关，说明 RSC 中较高的边际收益最终使得零售商利润提高，这意味着零售商存在"搭便车"行为，也说明政府对制造商的补贴产生"正溢出效应"。因而政府在预算范围内，应尽可能加大补贴力度，以提高废旧产品回收量，进而提高环保效益。与基础模型显著不同的是，制造商可以通过提高转移价格将得到的政府补贴让利给零售商。

命题 4. 12 s 与 μ 正相关，s 与 θ 正相关。

证明同命题 4.5。

命题 4.12 显示，政府补贴随着制造商 CSR 水平和零售商公平关切程度的提高而提高。从制造商角度来说，CSR 水平的提高意味着自身收益受损，这使得政府提高补贴来弥补这部分损失。从零售商角度来说，公平关切程度的增加意味着零售商回收积极性减弱，甚至导致 RSC 的破裂，而政府提高回收补贴间接增加从属企业的利润，以期减轻其不公心理。从政府角度来说，制造商的 CSR 行为以及零售商的公平关切行为都在一定程度上降低了政府补贴的效率。又由于政府受财政预算的限制，对制造商回收产品的补贴是有限度的，因此政府要同时考虑财政压力和市场情况设置最合理的补贴值。

4.2.6 数值算例

为了进一步比较不同模型决策的关系，下面结合数值算例进行分析。参考 Hosseini 等[①]的取值，将问题一般化，即考虑一般性产品进行数值分析。假设 $\alpha = 30$，$\beta = 1$，$c_m = 8$，$\Delta = 3.5$，$b = 2.5$，$\varphi = 0.1$，$\gamma = 0.2$，$s = 1$，$\theta = 0.2$，取 $\mu \in [0.2, 0.7]$ 为自变量，画出各个决策变量和利润随 μ 的变化曲线，如图 4-9 所示（以下分析都是在 CSR 履行

---

① Hosseini – Motlagh, S. M., Nouri – Harzvili, M., Choi, T. M. and Ebrahimi, S. Reverse Supply Chain Systems Optimization with Dual Channel and Demand Disruptions: Sustainability, CSR Investment and Pricing Coordination. *Information Sciences*, Vol. 503, 2019, pp. 606 – 634.

程度高于阈值情形下进行的 $\dfrac{\alpha - \beta c_m}{4 - \mu} \geqslant \dfrac{b\gamma + \varphi}{2}$）。

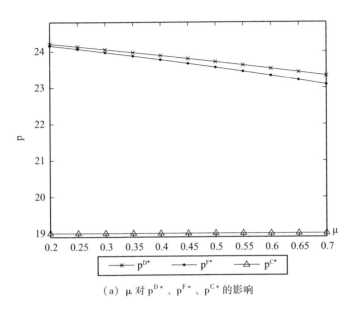

（a）μ 对 p^{D*}、p^{F*}、p^{C*} 的影响

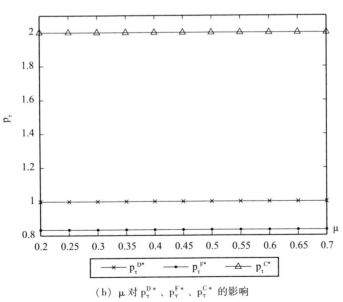

（b）μ 对 p_τ^{D*}、p_τ^{F*}、p_τ^{C*} 的影响

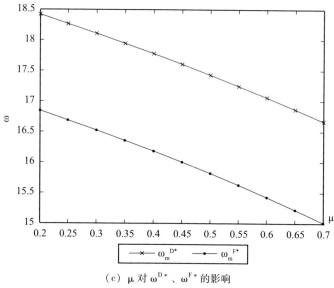

（c）μ 对 ω^{D*}、ω^{F*} 的影响

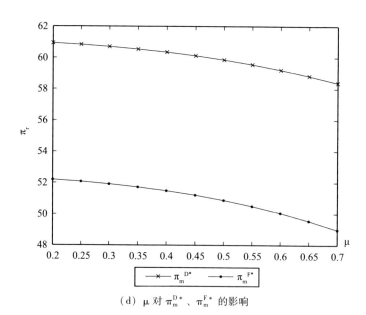

（d）μ 对 π_m^{D*}、π_m^{F*} 的影响

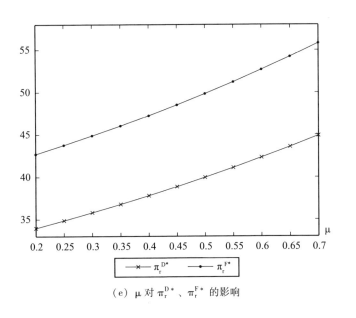

（e）μ 对 π_r^{D*}、π_r^{F*} 的影响

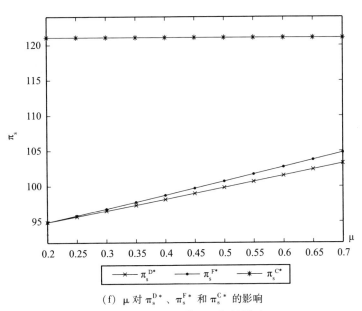

（f）μ 对 π_s^{D*}、π_s^{F*} 和 π_s^{C*} 的影响

图 4 - 9　μ 对决策及利润的影响

从图 4-9 可以看出，各决策变量和利润的变化规律符合结论 4.4 和结论 4.5。并且可以看出：

（1）分散决策下，产品批发价格、零售价格和制造商利润与制造商承担 CSR 比例是负相关关系，且批发价格变化幅度大于零售价格变化幅度，废旧产品回收价格与 CSR 比例无关，零售商利润和供应链整体利润和 CSR 比例是正相关关系。这说明制造商承担 CSR 比例越高对零售商和系统的运营越有利。对制造商而言，高 CSR 承担比例增加了运营成本，并且批发价格的降低减少了收益，使得利润下降。

（2）在零售商公平关切的分散决策下，零售商利润、系统利润都高于无公平关切的情形，但制造商利润低于无公平关切情形，这说明零售商的公平关切行为对 CLSC 的运营是有利的，且能够重新分配供应链成员的利润比例。

（3）集中决策下，新产品的零售价格达到最低，废旧产品的回收价格和系统利润都达到最高，此时零售价格、回收价格和系统利润均与 CSR 承担比例无关。

以上分析为企业运行提供了一些意见：一方面，制造商要积极承担 CSR，必须意识到，考虑 CSR 可能会导致自身利润下降，却有助于消费者剩余增加，有利于提升企业声誉，还能有效削弱零售商的公平关切心理。另一方面，零售商要配合主导企业回收活动，以双方利益最大化为目标。

$\alpha = 30$，$\beta = 1$，$c_m = 8$，$\Delta = 3.5$，$b = 2.5$，$\varphi = 0.1$，$\gamma = 0.2$，$s = 1$，$\theta = 0.2$，进一步添加 $\mu = 0.6$，计算可得，协调前，不考虑公平关切和考虑公平关切时的分散决策的最优决策如表 4-6、表 4-7。

表 4-6　　　　　　　　协调前最优决策

决策变量	不考虑公平关切	考虑公平关切	集中决策
p^*	23.43	23.21	19.00
p_τ^*	1.00	0.83	2.00
ω^*	12.48	15.22	—
π_m^*	58.82	49.55	—
V_m^*	72.97	64.62	—
π_r^*	43.58	54.21	—

决策变量	不考虑公平关切	考虑公平关切	集中决策
V_r^*	—	53.76	—
π_s^*	102.40	103.76	121.07

表4-7　　　　　　　协调前最优决策（i = C，D，F）

决策变量	模型		
	C	D	F
p^{i*}	23.43	23.21	19.00
p_τ^{i*}	1.00	0.83	2.00
ω^{i*}	12.48	15.22	—
π_m^{i*}	58.82	49.55	—
V_m^{i*}	72.97	64.62	—
π_r^{i*}	43.58	54.21	—
V_r^{i*}	—	53.76	—
π_s^{i*}	102.40	103.76	121.07

协调后，不考虑公平关切和考虑公平关切时的协调参数如表4-8。

表4-8　　　　　　　　协调参数区间

参数	不考虑公平关切	考虑公平关切
ω	[13.98，15.15]	[13.38，14.13]
t_1	[0.360，0.621]	[0.222，0.392]
t_2	[0.837，1.000]	[0.877，1.000]

　　能够发现，相较于零售商不考虑公平关切时的批发价格上下限，考虑公平关切时批发价格的上下限都变小，但上限变化程度大于下限，这会造成零售商考虑公平关切时，批发价格取值范围变小。可以发现，在政府补贴的 CLSC 中，零售商的公平关切行为虽然有助于系统效率的提高，但会缩减协调范围，不利于协调机制的设计。此外，

我们发现零售商公平关切虽然不利于协调，却有利于零售商在协调后获得更多利润。

令 ω 为自变量，将采用"政府补贴共享与成本共担"联合契约进行协调后的结果与分散决策下得到的最优决策进行比较，得到图 4 – 10。

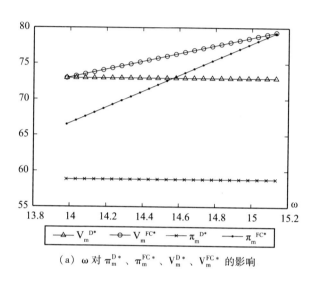

（a）ω 对 π_m^{D*}、π_m^{FC*}、V_m^{D*}、V_m^{FC*} 的影响

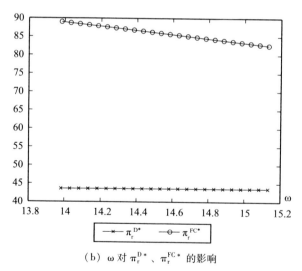

（b）ω 对 π_r^{D*}、π_r^{FC*} 的影响

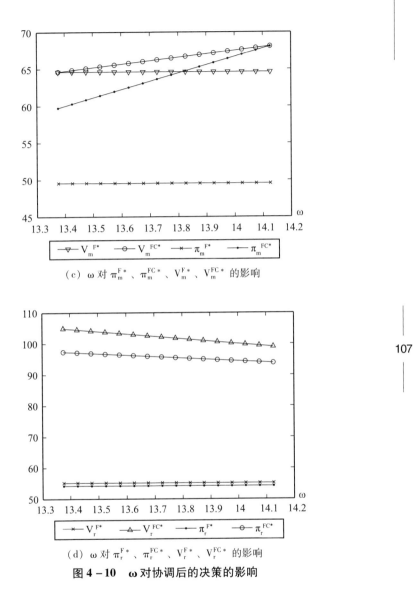

（c）ω 对 π_m^{F*}、π_m^{FC*}、V_m^{F*}、V_m^{FC*} 的影响

（d）ω 对 π_r^{F*}、π_r^{FC*}、V_r^{F*}、V_r^{FC*} 的影响

图 4 - 10 ω 对协调后的决策的影响

从图 4 - 10 中可以看出，无论零售商是否考虑公平关切，随着批发价格的提高，制造商利润和效用增加，而零售商利润和效用下降，也就是仍然存在批发价格越高，对制造商越有利，对零售商越不利的结果。但协调后闭环供应链成员的利润和效用都远远高于协调前对应情形，即

"政府补贴共享与成本共担"联合契约可以有效协调系统，实现 CLSC 成员利润和系统利润的"双赢"。因而，作为主导企业的制造商要积极设计协调机制，促进成员利润和系统利润的提高。

4.2.7 结论与启示

4.2.7.1 结论

本部分研究针对单一承担 CSR 的制造商和单一零售商组成的 CLSC，考虑政府补贴问题，构建了三种决策模型，分别是不考虑公平关切的分散决策、零售商考虑公平关切的分散决策和集中决策，分析了政府补贴、承担 CSR 比例和公平关切系数对 CLSC 的影响，并比较分析了三种决策模式下的最优决策。针对分散决策下效率的损失问题，设计了政府补贴共享与成本共担联合契约来实现 CLSC 的协调。在此基础上，提出两个扩展模型，分别是基于 CSR 的公平关切模型和政府决策模型。本部分研究表明：

第一，制造商的 CSR 履行程度存在最低阈值，只有高于阈值时，制造商 CSR 才起作用。当 CSR 履行程度高于阈值时，制造商的 CSR 行为和零售商的公平关切行为均能提高消费者剩余、零售商利润和系统利润，有利于提高系统运作效率，且都降低制造商利润。不同的是，制造商主动实施 CSR 行为，是为了体现企业责任意识、提高企业声誉。而在零售商公平关切下，制造商被迫降低批发价格，重新进行系统利润的再分配。

并且，将公平关切表示为 CSR 的线性函数后，可以发现制造商履行 CSR 能够有效削弱零售商的公平关切心理。当制造商履行 CSR 时，零售商以较低的公平关切程度，甚至不进行公平关切即可达到缩小收益差距的目的。此时的废旧产品回收价格不是与 CSR 无关（命题 4.5），而是随着 CSR 系数的增加而增加。此外，μ 偏小 $[f(\mu)>0]$ 时，批发价格与 μ 正相关；μ 偏大 $[f(\mu)\leq0]$ 时，批发价格与 μ 负相关。

第二，不同于以往文章分散决策下"越关注公平，售价越高"的结论，在政府补贴的正向供应链中，零售商考虑公平关切时的零售价格反而低于不公平关切的情形，导致公平关切下的批发价格也低于不考虑公平关切情形。这进一步造成零售商公平关切扩大了市场需求量，增加了零售商自身利润和系统利润，有利于正向系统运作，但这一行为有损制造商利润。这说明在供应链运作中，从属企业寻求公平的心理有时可以促进系统效率的提高。

此外，CLSC 中零售商的公平关切行为具有双重影响。在正向供应链中，零售价格随着零售商公平关切程度的增加而降低，这提高了消费者剩余，增加了市场需求量；在逆向供应链中，废旧产品回收价格也随着公平关切程度的增加而降低，这不利于废旧品的回收，减少了废旧产品的回收量。因此，零售商的公平关切行为与政府补贴政策促进回收的初衷不一致，这不利于主导企业实施 CSR。故而，在现实中，应引导零售商积极参与回收活动，避免其产生公平关切行为。

第三，政府决策模式下，废旧产品回收价格、转移价格都随着政府补贴的增加而增加，且零售商回收的边际收益也随之增加。这说明政府补贴对废旧产品的回收起到积极促进作用，有利于回收市场的扩张，也说明政府对制造商的补贴产生"正溢出效应"，零售商存在"搭便车"行为。但也发现，制造商的 CSR 行为以及零售商的公平关切行为都在一定程度上降低了政府补贴的效率。因而，政府应在预算范围内提高补贴力度，以提高废旧产品回收量，进而提高环保效益。

第四，集中决策下，产品零售价格最低，废旧产品回收价格最高，系统利润最高。这种集中决策，可以通过设计补贴共享与成本共担联合契约实现协调。而且，在协调机制中，随着零售商公平关切系数的增加，批发价格协调范围变小，进而导致政府补贴共享比例和成本共担比例范围变小。因此，零售商的公平关切行为不利于协调机制的设计，却有利于零售商在协调后获得更多利润。

根据本部分的研究结论，可以得出如下管理启示：

一方面，在消费者环保意识愈加强烈的背景下，CSR 可以帮助企业塑造品牌形象，促进废旧产品的回收再利用。因此，制造商要积极承担 CSR，必须意识到，考虑 CSR 可能会导致自身利润下降，却有助于消费者剩余增加（命题 4.5），有利于提升企业声誉，还能有效削弱零售商的公平关切心理（命题 4.10），使得企业在当今竞争激烈的环境中拥有一席之地。此外，零售商的公平关切行为，究其原因是制造商获得政府补贴造成的收益不公，因此，制造商还要关注 CLSC 中从属企业的收益，将获得的政府补贴分享给零售商，避免从属企业不公心理。制造商还应该积极实施协调机制，提高 CLSC 的系统运作效率。

另一方面，零售商要配合主导企业回收活动，以双方利益最大化为目标。零售商适当的公平关切虽然有利于降低零售价格，但也降低了废旧品回收价格，会减少废旧品回收量，这有悖于政府补贴政策促进回收的作用（命题 4.7）。同时，零售商的公平关切使得系统利润再分配，造成自身与主导企业之间"此消彼长"的困境，也不利于主导企业 CSR 的实施。因此，零售商不应采取公平关切来获得更多利润，而应该积极配合制造商的回收再造活动，还应该积极促进达成制造商设计的协调机制。

此外，政府部门要同时考虑财政压力和市场情况设置最合理的补贴值，在预算范围内应尽可能加大补贴力度，这可以提高制造商和零售商的利润（命题 4.6、命题 4.11）。政府设计补贴政策时也可以通过给予零售商一定补贴来弥补其回收成本，进而激励零售商积极参与回收活动。

4.2.7.2 局限性及未来研究方向

本部分研究存在一定局限性，主要有以下几点：

（1）假设废旧产品能够进行同等程度再制造，没有考虑废旧产品的质量差异，将废旧品的剩余价值差异纳入模型会更具有现实指导意义。

（2）只考虑了单一制造商和单一零售商组成的 CLSC，现实中，制造商往往与多家零售商合作达成 CLSC，对这种"一对多"CLSC 进行研究也是我们下一步的研究工作。

（3）只对单周期的 CLSC 运行进行研究，在接下来的研究会扩大到多周期及多个决策段，以适应需求、收益和政府补贴的时间变异性。

（4）只考虑经济和环境效益的影响，并未对可持续供应链的其他影响，如消费者风险和就业机会等加以考虑。

（5）解决方案算法的重大贡献将是下一个研究工作。

第5章　电商平台公平关切下电商闭环供应链的决策研究

5.1　电商平台公平关切下电商闭环供应链的回收决策研究

随着信息技术和电子商务的发展，传统的线下闭环供应链已经不能很好地适应网络经济的发展，出现环节多、响应时间长、效率低、成本高等问题。[①] 与此同时，为了提高供应链企业的竞争力，很多闭环供应链企业开始将电子商务与闭环供应链运作模式结合在一起，依托电商平台完成产品（再造品）的销售或者回收，这种结合逐渐使得电商平台变为闭环供应链的一个关键成员，从而形成了电子商务闭环供应链（E‑commerce Closed-loop Supply Chain，EC‑CLSC）。在电商闭环供应链中，各节点企业之间信息共享、无缝连接、团结合作，有效地降低了企业经营成本，同时提高了废旧品的回收率和企业经济效益，增强了企业的竞争力。而且由于电商闭环供应链在促进可持续发展、增强环境效益、提高企业的社会责任等方面发挥了很大的作用[②]，很多国家提出了扶持电商闭环供应链发展的相关策略，例如，我国在《关于推进再生资源回收行业转型升级的意见》（2016）中明确提出，鼓励互联网企业参与再生资源在移动手机 App、微信和网站的回收服务，实现线上交费与

---

①　《电子商务下的供应链与传统供应链有何异同》，https：//zhidao. baidu. com/question/40833041. html。

②　赵爱武、杜建国、关洪军：《绿色购买行为演化路径与影响机理分析》，载于《中国管理科学》2015 年第 23 期。

线下回收的有机结合。在国家政策的支持下，目前，很多行业已经开始在电商平台开展回收业务，比如华为商城（www. vmall. com/recycle）、小米商城（huanxin. mi. com）、爱回收（aihuishou. com）等。

一般而言，在线上电商供应链中，电商平台是主导企业，但在电商闭环供应链，尤其是依托电商平台回收的电商闭环供应链中，电商平台的收入来源主要依赖于再造商对废旧品的回收，这造成电商平台在决策中处于劣势地位，从而让电商平台会更加关心自身与再造商间的收益差距，产生公平关切的心理特征。现有研究分析了闭环供应链不同主体的公平关切行为对线下传统闭环供应链的影响①②③，比如，曹晓刚等构建了由制造商、零售商和第三方回收商构成的混合回收渠道闭环供应链模型，并研究了零售商和第三方回收商的公平关切行为对供应链决策的影响④。但是在线下的闭环供应链中，公平关切的实施主体一般是制造商和零售商，而且他们公平关切的行为都是针对产品（再造品）的销售，然而在依托电商平台回收的电商闭环供应链中，显然电商平台对废旧品回收环节会产生强烈的公平关切意愿，然而目前这方面的研究比较少。

借鉴前人的研究成果，本部分拟对电商平台对废旧品回收环节的公平关切问题进行研究，分析电商供应链的回收策略，给出公平关切行为对系统决策的影响，并为系统设计有效的协调机制。

5.1.1 模型说明与假设

模型考虑由单一再造商、单一电商平台组成的电商闭环供应链，结构如图 5 - 1 所示。在电商闭环供应链系统中，电商平台取代了传统逆向供应链中的回收商，其运行模式为：一方面，再造商在电商平台提供的网站上发布废旧品的回收价格、回收数量等有关的回收信息；另一方

---

① 姚锋敏、朱俊杰、闾颖洛等：《公平关切下考虑绿色设计动力电池闭环供应链的补贴策略》，载于《系统科学与数学》2024 年第 9 期，第 2730 ~ 2750 页。
② 曹晓刚、齐秀笛、闻卉等：《公平关切下考虑成本分担的闭环供应链回收与定价决策》，载于《系统科学与数学》2022 年第 12 期，第 3213 ~ 3233 页。
③ 张克勇、吴燕、侯世旺：《具公平关切零售商的闭环供应链差别定价策略研究》，载于《中国管理科学》2014 年第 3 期，第 51 ~ 58 页。
④ 曹晓刚、曹博威、闻卉：《考虑公平关切的混合回收渠道闭环供应链决策研究》，载于《中国管理科学》2024 年第 2 期，第 1 ~ 21 页。

面，消费者可以通过电商平台浏览这些废旧产品的回收信息，并可在网站上提交废旧品的出售信息，然后，由电商平台安排工作人员完成废旧品的回收（通过上门回收或者邮寄等方式完成）。电商平台再将这些废旧品交给再造商，再造商将这些废旧品加工处理成再造品，再次投放市场销售。

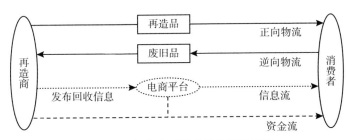

图 5 - 1　电商闭环供应链的模型结构

当然，再造商须支付给电商平台一定的佣金作为电商平台提供回收服务的报酬。电商平台会根据收取的佣金数额，为再造商提供相应的回收服务，如广告服务、仓储服务、物流服务、支付服务、客服、检测等。当然，收取的佣金不同，提供的回收服务也是不同的。例如，淘绿网（http：//www.taolv365.com）、爱回收（http：//www.aihuishou.com/）、乐回收网站（http：//www.lehuiso.com/）等网站都是这样的经营模式。

在电商闭环供应链中，电商平台的收入来源主要依赖于再造商对废旧品的回收，这造成电商平台在决策中处于劣势地位，而再造商一般处于主导地位。因此本部分模型假设如下：

（1）在电商闭环供应链的回收系统中，再造商是主导企业，电商平台是从属企业。

（2）委托电商平台回收的废旧品经过严格的评估监测，确保废旧品具有回收再利用价值，都能加工处理为再造品。[①]

（3）模型只考虑佣金变化对系统决策的影响，不考虑固定技术费和保证金等其他固定成本的影响。

模型中符号说明如下：

---

① 在实际回收过程中，那些回收的不合格废旧品将交给相关的拆解企业以零件拆解等方式获得收益，或者环保降解处理。

113

h：将废旧品加工成再造品后获得的单位收益。

p：废旧品的单位回收价格。

ρ：佣金率，即电商平台为再造商提供回收服务时收取的单位交易额的佣金，$0 < \rho < 1$，在实际运营中，一般而言 $0 < \rho < 0.4$，例如淘绿网（http：//www.taolv365.com）收取的佣金率为8%。

s：电商平台为再造商提供回收服务的服务水平，电商平台提供的回收服务水平越高，相应的服务成本就越高，借鉴现有文献[①]的假设，假设电商平台提供回收服务的成本函数为 $C(s) = \dfrac{ks^2}{2}$，其中 $k(k > 0)$ 为服务成本弹性系数。

q：废旧品的市场回收量，回收价格和电商平台的回收服务会影响产品的销量，服务水平越高，回收价格越高，产品的回收量越大，借鉴已有文献[②]的假设，假设产品的回收函数 q 满足：

$$q = \alpha + \beta p + \gamma s$$

其中，$\alpha(\alpha \geqslant 0)$ 表示市场最少回收量，一般指消费者出于环保意识主动免费上交废旧品的数量，$\beta(\beta > 0)$ 表示回收价格对回收量的影响系数，$\gamma(\gamma > 0)$ 表示服务水平对回收量的影响系数。则

再造商的利润函数为：

$$\pi_m = (h - \rho p - p)q \qquad (5.1)$$

电商平台的利润函数为：

$$\pi_e = \rho p q - \frac{ks^2}{2} \qquad (5.2)$$

电商闭环供应链系统的利润函数为：

$$\pi = (h - p)q - \frac{ks^2}{2} \qquad (5.3)$$

为计算便利，在不影响模型结论的前提下，在本部分模型中，假设 $\alpha = 0$ 则产品的回收函数简化为：

$$q = \beta p + \gamma s \qquad (5.4)$$

且在模型中，假设参数满足：

---

① Bakal I S, Akcali E. Effects of Random Yield in Remanufacturing with Price – Sensitive Supply and Demand. *Production and Operations Management*, Vol. 15, No. 3, 2006, pp. 407 – 420.

② Katok E, Olsen T, Pavlov V. Wholesale Pricing under Mild and Privately Known Concerns for Fairness. *Production and Operations Management*, Vol. 23, No. 2, 2014, pp. 285 – 302.

（1）$0 < \gamma \leqslant \beta$，这说明，消费者对回收价格的敏感程度大于对服务的敏感程度。

（2）$h > p$，$k\beta - \gamma^2 > 0$，这说明，再造商回收再造废旧品有利可图。

（3）$\rho > \dfrac{\gamma^2}{2k\beta - \gamma^2}$，这说明电商平台的运作需要一定的佣金支持。

5.1.2　模型构建与求解

5.1.2.1　无公平关切下的分散决策

在分散决策时，再造商和电商平台作为独立的经济主体，均以实现自身利润最大化为目标进行决策。再造商为主，电商平台为从，他们之间构成 Stackelberg 博弈关系，具体为：首先，再造商根据市场需求确定废旧品的回收价格 p，然后，电商平台再根据再造商的决策确定自己投入的服务水平 s。根据逆向归纳法求解，可得

由式（5.2），$\dfrac{\partial^2 \pi_e}{\partial^2 s} = -k < 0$ 可知，π_e 存在最大值，由 $\dfrac{\partial \pi_e}{\partial s} = 0$ 可得：

$$s = \frac{\rho\gamma p}{k} \tag{5.5}$$

将式（5.5）代入式（5.1）中，由 $\dfrac{\partial^2 \pi_m}{\partial^2 p} = (-2 - 2\rho)\left(\beta + \dfrac{\rho\gamma^2}{k}\right) < 0$

可知，π_m 存在最大值，由 $\dfrac{\partial \pi_m}{\partial p} = 0$ 可得：

再造商的最优回收价格为：

$$p_1^* = \frac{h}{2(1 + \rho)}$$

进而可得，电商平台的最优服务水平为：

$$s_1^* = \frac{h\gamma\rho}{2k(1 + \rho)}$$

再造商的最优利润为：

$$\pi_{m1}^* = \frac{h^2(k\beta + \gamma^2\rho)}{4k(1 + \rho)}$$

电商平台的最优利润为：

$$\pi_{e1}^* = \frac{h^2\rho(2k\beta + \gamma^2\rho)}{8k(1+\rho)^2}$$

电商闭环供应链系统的最优利润为：

$$\pi_1^* = \frac{h^2[\gamma^2\rho(2+3\rho) + 2k(\beta+2\beta\rho)]}{8k(1+\rho)^2}$$

命题 5.1 p_1^* 随 ρ 的增加而减小；s_1^* 随 ρ 的增加而增加；π_{m1}^* 随 ρ 的增加而减小，π_{e1}^* 随 ρ 的增加而增加。

证明： $\dfrac{\partial p_1^*}{\partial\rho} = -\dfrac{h}{2(1+\rho)^2} < 0$，$\dfrac{\partial s_1^*}{\partial\rho} = \dfrac{h\gamma}{2k(1+\rho)^2} > 0$，$\dfrac{\partial\pi_{m1}^*}{\partial\rho} = \dfrac{h^2(\gamma^2 - k\beta)}{4k(1+\rho)^2} < 0$，同理可证，$\dfrac{\partial\pi_{e1}^*}{\partial\rho} < 0$。

命题 5.1 说明不考虑公平关切时，废旧品的回收价格、再造商的利润均随着佣金率的增加而减少，但是电商平台的服务水平以及电商平台利润却随着佣金率的增加而增加。这是显然的，随着佣金率的增加，再造商再造成本增加，为保证利润，必然会降低废旧品的回收价格，但是这也导致废旧品的回收量下降，进而导致再造商的利润也随之下降。然而对于电商平台而言，佣金率越高，意味着电商平台有更多的佣金收益来提高服务水平，因此服务水平越高。佣金作为电商平台的主要收入，随着佣金率的增加，电商平台获得的利润必然会上升。

命题 5.2 $\pi_{e1}^* < \pi_{m1}^*$

证明： $\pi_{m1}^* - \pi_{e1}^* = \dfrac{h^2(2k\beta + 2\gamma^2\rho + \gamma^2\rho^2)}{8k(1+\rho)^2} > 0$。

命题 5.2 说明在分散决策下，再造商利用掌控系统主导权的优势，在系统中获得较多的利润，而电商平台因在决策中处于从属地位而导致获得的利润较少。由此可见，电商闭环供应链中，仍然存在"谁主导系统，对谁有利"的结论，这和线下传统供应链中"谁主导系统，谁利润最大"[①] 的结论是一致的。这也是导致电商平台在决策时会考虑公平关切的主要原因。

---

① Yue J, Austin J, Huang Z, et al. Pricing and Advertisement in a Manufacturer-retailer Supply Chain. *European Journal of Operational Research*, Vol. 231, No. 2, 2013, pp. 492 - 502.

5.1.2.2　电商平台公平关切下的分散决策

在系统中，电商平台的从属地位让电商平台产生公平关切的心理特征。借鉴现有文章①的研究，电商平台公平关切时，其效用函数可以表示为：

$$U_e = \pi_e - \theta(\pi_m - \pi_e) \qquad (5.6)$$

其中，$\theta(0 \leqslant \theta \leqslant 1)$ 表示公平关切系数，θ 越接近 0，表示电商平台的公平关切程度越弱；反之，θ 越接近 1，表示电商平台的公平关切程度越强。

此时，电商平台的决策函数不是利润而是效用，电商平台以实现自身的效用最大化为目标进行决策。成员的决策顺序为：再造商率先给出废旧品的回收价格 p，然后，电商平台再根据再造商的决策确定自己投入的服务水平 s；这样，再造商和电商平台构成再造商为主、电商平台为从的 Stackelberg 博弈。

采用逆向归纳法求解（与 5.1.2.1 部分的求解思路相似），可得此时模型的最优决策为：

再造商的最优回收价格为：

$$p_2^* = \frac{h}{2}\left[\frac{1}{1+\rho} + \frac{\gamma^2\theta}{k\beta(1+\theta) + \gamma^2(\theta+\rho+2\theta\rho)}\right]$$

电商平台的最优服务水平为：

$$s_2^* = \frac{h\gamma}{2k}\left[\frac{\rho}{1+\rho} - \frac{k\beta\theta}{k\beta(1+\theta) + \gamma^2(\theta+\rho+2\theta\rho)}\right]$$

再造商的最优利润为：

$$\pi_{m2}^* = \frac{h^2(1+\theta)(k\beta+\rho\gamma^2)^2}{4k(1+\rho)[k\beta(1+\theta) + \gamma^2(\theta+\rho+2\theta\rho)]}$$

电商平台的最优利润为：

$$\pi_{e2}^* = \frac{h^2\rho(k\beta+\rho\gamma^2)}{4k(1+\rho)^2}\left[1 + \frac{\gamma^2\theta(1+\rho)}{k\beta(1+\theta) + \gamma^2(\theta+\rho+2\theta\rho)}\right]$$
$$- \frac{h^2\gamma^2}{8k}\left[\frac{\rho}{1+\rho} - \frac{k\beta\theta}{k\beta(1+\theta) + \gamma^2(\theta+\rho+2\theta\rho)}\right]^2$$

① Katok E, Olsen T, Pavlov V. Wholesale Pricing under Mild and Privately Known Concerns for Fairness. *Production and Operations Management*, Vol. 23, No. 2, 2014, pp. 285 - 302.

电商闭环供应链系统的最优利润为：

$$\pi_2^* = \frac{h^2(k\beta + \rho\gamma^2)}{4k(1+\rho)^2}\left[2\rho + \frac{(k\beta + \rho\gamma^2)(1+\rho)}{k\beta(1+\theta) + \gamma^2(\theta + \rho + 2\theta\rho)}\right]$$

$$-\frac{h^2\gamma^2}{8k}\left[\frac{\rho}{1+\rho} - \frac{k\beta\theta}{k\beta(1+\theta) + \gamma^2(\theta + \rho + 2\theta\rho)}\right]^2$$

命题 5.3 π_{e2}^*、p_2^* 与 θ 呈正相关；s_2^*、π_{m2}^* 及 π 与 θ 呈负相关。

证明： $\dfrac{\partial p_2^*}{\partial\theta} = \dfrac{h\gamma^2(k\beta + \gamma^2\rho)}{2\left[k\beta(1+\theta) + \gamma^2(\theta + \rho + 2\theta\rho)\right]^2} > 0$，$\dfrac{\partial s_2^*}{\partial\theta} =$

$-\dfrac{h\beta\gamma(k\beta + \gamma^2\rho)}{2\left[k\beta(1+\theta) + \gamma^2(\theta + \rho + 2\theta\rho)\right]^2} < 0$ $\dfrac{\partial\pi_{m2}^*}{\partial\theta} = -\dfrac{h^2\gamma^2(k\beta + \gamma^2\rho)^2}{4k\left[k\beta(1+\theta) + \gamma^2(\theta + \rho + 2\theta\rho)\right]^2} <$

0，同理可证，$\dfrac{\pi_{e2}^*}{\partial\theta} > 0$，$\dfrac{\pi_2^*}{\partial\theta} < 0$。

由命题 5.3 可看出，当电商平台公平关切程度增大时，电商平台会降低自身的服务水平，为提高废旧品的回收量，再造商会提高废旧品的回收价格，这使得再造商的运营成本增加，再造商的利润会下降，不仅如此，电商闭环供应链系统的利润也会随之减少，但是电商平台的利润会增加。因此，从系统运行的角度来看，公平关切行为不利于再造商也不利于系统运作，仅对电商平台有利；而且，电商平台公平关切程度越高，电商平台讨价还价能力会越强，造成整个系统整体效益的损失越大。从消费者的角度而言，由于公平关切行为使得废旧品的回收价格上升，因此公平关切行为对消费者是有利的，从这个角度来说，公平关切行为相当于再造商对消费者的"让利"行为。而且公平关切程度越大，对消费者的让利幅度越大，这也正是消费者热衷于公平关切的原因。

命题 5.3 进一步反映出：在实际运营中，再造商企业不应该只关注自身的利益，要有全局意识，积极与电商平台展开合作，充分借助电商平台的优势，扩大市场需求量，获取更多利润。若再造商过多关注自身收益，会导致电商平台在决策时考虑公平关切行为，这又会对再造商不利，同时也不利于系统的运作，甚至会导致企业之间的合作关系破裂而引发链条中断。比如中国国内的去哪儿网为了分得更多利润，向供应商索取高额广告费，使得供应商（芒果、同程、艺龙）撤离去哪儿网平台。[①]

---

① 《去哪儿点击付费广告涨价"惹火"艺龙芒果同程》，http://b2b. toocle. com/detail - 6093009. html。

5.1.2.3　联合决策

在联合决策下，再造商、电商平台能进行合作，均以实现电商闭环供应链系统的整体利润最大化为目标进行决策，此时电商供应链成员的决策函数为：

$$\max_{p,s} \pi = (h - p)q - \frac{ks^2}{2} \tag{5.7}$$

计算 $\pi(p, s)$ 的 Hessian 矩阵 $H = \begin{bmatrix} \dfrac{\partial^2 \pi}{\partial^2 p} & \dfrac{\partial^2 \pi}{\partial p \partial s} \\ \dfrac{\partial^2 \pi}{\partial s \partial p} & \dfrac{\partial^2 \pi}{\partial^2 s} \end{bmatrix} = \begin{bmatrix} -2\beta & -\gamma \\ -\gamma & -k \end{bmatrix}$，

由 $2k\beta - \gamma^2 > 0$ 可得，$\pi(p, s)$ 的 Hessian 矩阵为负定矩阵，$\pi(p, s)$ 存在最大值，由 $\dfrac{\partial \pi}{\partial p} = 0$，$\dfrac{\partial \pi}{\partial s} = 0$ 联立可得，当联合决策时，

废旧品的最优回收价格为 $p_3^* = \dfrac{h(k\beta - \gamma^2)}{2k\beta - \gamma^2}$，

电商平台的最优服务水平为 $s_3^* = \dfrac{h\beta\gamma}{2k\beta - \gamma^2}$，

系统的最优利润为 $\pi_3^* = \dfrac{h^2 k\beta^2}{4k\beta - 2\gamma^2}$。

5.1.3　模型之间的比较分析

不同模型之间的最优决策进行比较，可得下面的结论。

结论 5.1　$s_3^* > s_1^* > s_2^*$

证明： 显然，当 $\theta = 0$ 时，$s_2^*(\theta = 0) = s_1^*$，由命题 5.3 可知，$s_2^*$ 与 θ 负相关，所以，$s_2^* < s_1^*$。

$s_3^* - s_1^* = \dfrac{h\gamma(2k\beta + \rho\gamma^2)}{2k(1 + \rho)(2k\beta - \gamma^2)} > 0$，所以，$s_3^* > s_1^*$，进而有 $s_3^* > s_1^* > s_2^*$。

从结论 5.1 可以看出，联合决策下，电商平台的服务水平达到最高。分散决策下，电商平台无公平关切行为时的服务水平高于考虑公平关切行为时的服务水平。这是因为当电商平台考虑公平关切行为时，再

造商不得不提高废旧品的回收价格，此时，废旧品的回收量会增加，在这种情况下，电商平台会通过适当降低服务水平而保障利润。

同结论 5.1 的证明思路类似，可得结论 5.2 和结论 5.3。

结论 5.2 $p_3^* > p_2^* > p_1^*$

由结论 5.2 可以看出，在联合决策下，废旧品的回收价格达到最高，这对提高废旧品的回收量有很大帮助，而且从结论 5.1 可看出，联合决策下，电商平台的服务水平也达到最高，这进一步说明，相比分散决策，联合决策更加有利于提高废旧品的回收量。在分散决策下，电商平台有公平关切行为时废旧品回收价格大于电商平台无公平关切行为时废旧品回收价格。这是因为，当电商平台考虑公平关切行为时，其为了获取更多的利润，会降低服务水平，这必然会导致废旧品的市场回收量降低，为了提高废旧品的回收量保障利润，再造商不得不提高市场回收价格。

结论 5.3 $\pi_{m1}^* > \pi_{m2}^*$；$\pi_{e2}^* > \pi_{e1}^*$；$\pi_3^* > \pi_1^* > \pi_2^*$。

从结论 5.3 进一步验证了，电商平台的公平关切行为仅对电商平台有利，对于再造商和系统的运作不利。可看出，与无公平关切的分散决策相比较，在电商平台考虑公平关切行为时，电商平台的利润较高，但是再造商的利润较低，系统的整体利润也较低。

结合结论 5.1 ~ 结论 5.3，还可以看出，与分散决策相比，联合决策下，废旧品的回收价格达到最高，电商平台的服务水平达到最高，系统的利润也达到最大。在联合决策下，虽然回收价格和服务水平的提高，会增加再造商和电商平台的运行成本，但是通过这种方式，使得废旧品的回收量提升的幅度更大，也因此而实现了系统利润的增加。这进一步说明，分散决策由于"双重边际"效用造成系统收益损失，而联合决策是一种"系统和消费者双赢"的决策模式。在该模式下，相当于：供应链企业将再制造获得的收益部分返还给消费者。但是这种联合决策是一种理想的决策模式，需要一定的协调机制才能实现。

5.1.4 协调机制的设计

在本部分中，采用"佣金联合成本共担"契约对电商闭环供应链设计协调机制，实现联合决策。

"佣金联合成本共担"契约的思想是：在电商闭环供应链中，一方面，为了提高电商平台的服务水平，再造商会主动分担一部分电商平台的服务成本，与此同时，电商平台也会根据再造商的回收价格和收益以及对成本的分担比例对佣金率做出调整，达到提高回收服务、增加回收量，进而增加系统收益的目的。

在"佣金联合成本共担"契约下，假设再造商分担电商平台比例为 $\nu(0 < \nu < 1)$ 的服务成本，同时，电商平台将佣金率调整为 $\bar{\rho}$，则

再造商的利润函数为 $\bar{\pi}_m = (h - \bar{\rho}p - p)q - \dfrac{\nu}{2}ks^2$，

电商平台的利润函数为 $\bar{\pi}_e = \bar{\rho}pq - \dfrac{(1 - \nu)}{2}ks^2$。

结论 5.4　在"佣金联合成本共担"契约中，若 $(\bar{\rho}, \nu)$ 满足
$\begin{cases} \bar{\rho} = \dfrac{(1 - \varphi)(h - p)}{p} \\ \nu = \varphi \end{cases}$，$0 < \varphi < 1$，则"佣金联合成本共担"契约可以实现系统的协调。

证明：在"佣金联合成本共担"契约中，$(\bar{\rho}, \nu)$ 满足
$\begin{cases} \bar{\rho} = \dfrac{(1 - \varphi)(h - p)}{p} \\ \nu = \varphi \end{cases}$ 时：

（1）在无公平关切环境下，双方均以实现自身利润最大化为目的进行决策，此时

$$\bar{\pi}_m = (h - \bar{\rho}p - p)q - \frac{\nu}{2}ks^2 = \varphi\left[(h - p)q - \frac{ks^2}{2}\right] = \varphi\pi$$

$$\bar{\pi}_e = \bar{\rho}pq - \frac{(1 - \nu)}{2}ks^2 = (1 - \varphi)\left[(h - p)q - \frac{ks^2}{2}\right] = (1 - \varphi)\pi$$

（2）在电商平台公平关切下，电商平台的决策函数是效用函数，此时，

$$\bar{U}_e = \bar{\pi}_e - \theta(\bar{\pi}_m - \bar{\pi}_e) = [(1 + \theta)(1 - \varphi) - \theta\varphi]\pi$$

由此可见，无论是否考虑公平关切，再造商和电商平台的决策函数均是系统利润的仿射函数，可以实现系统协调。

下面分析协调机制的可行条件。

（1）无公平关切的分散决策下，再造商和电商平台接受"佣金联

合成本共担"契约的条件是协调之后的利润不低于协调前的利润,即必须保证 $\bar{\pi}_m \geq \pi_{m1}^*$,$\bar{\pi}_e \geq \pi_{e1}^*$,整理可得,$\varphi$ 的有效范围为:

$$\frac{\pi_{m1}^*}{\pi_3^*} \leq \varphi \leq 1 - \frac{\pi_{e1}^*}{\pi_3^*} \tag{5.8}$$

(2)公平关切的分散决策下,再造商和电商平台接受"佣金联合成本共担"契约的条件是协调之后的利润和效用均不低于协调前的情况,即必须保证 $\bar{\pi}_m \geq \pi_{m2}^*$,$\bar{\pi}_e \geq \pi_{e2}^*$,$\bar{U}_e \geq U_e^*$,整理可得,$\varphi$ 的有效范围为:

$$\frac{\pi_{m2}^*}{\pi_3^*} \leq \varphi \leq \frac{(1+\theta)(\pi_3^* - \pi_{e2}^*) + \theta\pi_{m2}^*}{\pi_3^*(1+2\theta)} \tag{5.9}$$

在协调机制中,φ 表示再造商的谈判实力,φ 越大,在协调后,再造商分享的利润越多,电商平台的利润越少;反之亦然。

命题 5.4 在公平关切下的协调机制中,随着 θ 的变大,φ 的可行范围会变小。

证明:令 φ 的上确界表示为 $\sup(\theta) = \dfrac{(1+\theta)(\pi_3^* - \pi_{e2}^*) + \theta\pi_{m2}^*}{\pi_3^*(1+2\theta)}$,

则 $\dfrac{\partial\sup(\theta)}{\partial\theta} = \dfrac{-(\pi_3^* - \pi_{e2}^* - \pi_{m2}^*)}{\pi_3^*(1+2\theta)^2} < 0$。所以随着 θ 的变大,$\sup(\theta)$ 会变小,φ 的可行范围会变小。

命题 5.4 说明,在考虑公平关切的"佣金联合成本共担"契约中,利润分配系数 φ 的区间与公平关切程度有关,随着 θ 的增大,φ 的区间会减小,即再造商的议价能力减弱,双方谈判空间减小。这进一步说明,电商平台的公平关切行为会削弱再造商的谈判能力,对电商平台是有利的,但是却也造成协调机制的可行范围变小,协调空间受限。因此,电商平台的公平关切行为也不利于系统协调机制的设计。

命题 5.5 $\nu = \varphi$

从命题 5.4 可以看出,再造商分担电商平台服务成本的比例系数 ν 与再造商分得系统利润的比例系数 φ 相等。因此,再造商若想在协调机制中获得可观的收益,应该积极与电商平台展开合作,承担服务成本的比例越高,越有助于提高服务水平并增加回收量,由此获得的系统利润越高。

5.1.5　数值分析

5.1.5.1　模型之间决策的数值分析

为了便于比较模型之间最优结果的数量关系，下面采用数值算例进行分析。假设参数取值 $\beta = 1$，$\theta = 0.1$，$k = 2$，$h = 10$，令（ρ，γ）为自变量，$\rho \in [0.1, 0.2]$，$\gamma \in [0.3, 0.4]$。在图 5-2 至图 5-6 中，绘出各个模型的最优决策随着（ρ，γ）的变化关系。

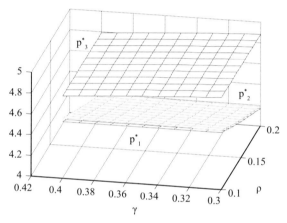

图 5-2　价格之间的比较

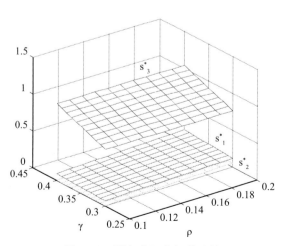

图 5-3　服务水平之间的比较

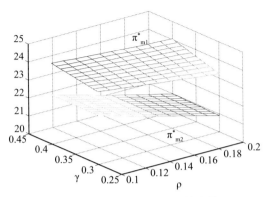

图 5 - 4 再造商利润之间的比较

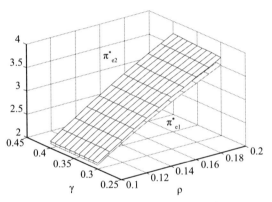

图 5 - 5 电商平台利润之间的比较

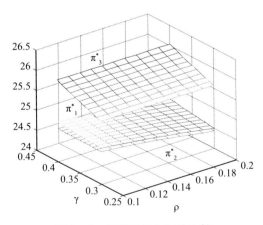

图 5 - 6 渠道利润之间的比较

由图 5 – 2 至图 5 – 6 可看出:

（1）分散决策下,电商平台的服务水平及利润均与佣金率 ρ 成正比,废旧品的回收价格及再造商的利润均与佣金率 ρ 成反比,这和命题5.1 的结论是一致的。但是在联合决策下,由于系统成员均以系统整体利润最优为目标进行决策,所以电商平台服务水平、再造商回收价格以及整个渠道利润不受到佣金率 ρ 变化的影响。

（2）消费者对回收服务水平的敏感度也会影响废旧品的回收策略。分散决策下,再造商的回收价格、电商平台的服务水平均与 γ 成正比;联合决策下,再造商的回收价格与 γ 成反比、电商平台的服务水平与 γ 成正比。无论是分散决策还是联合决策,再造商的利润、电商平台的利润和系统利润函数均随着 γ 增加而增加。由此可看出,决策模式不同,废旧品的回收价格受回收服务水平的敏感度 γ 的影响是不同的。对系统成员和系统而言, γ 越大,利润越大。

（3）在联合决策下,电商平台的服务水平、废旧品的回收价格以及系统的利润达到最大。在分散决策下,公平关切下,废旧品的回收价格较高,电商平台的服务水平较低,再造商的利润和系统的利润也较低,但是电商平台的利润却较高。这进一步说明,公平关切仅对电商平台有利,对系统的其他成员均不利。

5.1.5.2 协调机制的数值分析

在上述假设参数 $\beta = 1$, $\theta = 0.1$, $k = 2$, $h = 10$ 基础上,进一步假设 $\rho = 0.15$, $\gamma = 0.35$,可计算得:

（1）无公平关切的分散决策下（协调前）,再造商的利润 $\pi_{m1}^* = 21.94$,电商平台的利润 $\pi_{e1}^* = 2.85$ 。采用"佣金联合成本共担"契约协调后,再造商的利润函数是 $\pi_{m1}^* = 25.79\varphi$,电商平台的利润函数是 $\pi_{e1}^* = 25.79(1 - \varphi)$, φ 的有效范围为 $\varphi \in [0.8507, 0.8895]$ 。采用"佣金联合成本共担"契约协调后,在图 5 – 7 中画出 π_{m1}^* , π_{e1}^* , $\overline{\pi}_{m1}^*$, $\overline{\pi}_{e1}^*$ 随 φ 的变化范围。

（2）公平关切下的分散决策时（协调前）,再造商利润 $\pi_{m2}^* = 21.80$,电商平台利润 $\pi_{e2}^* = 2.88$,采用"佣金联合成本共担"契约协调后,再造商利润 $\overline{\pi}_{m2}^* = 25.79\varphi$,电商平台利润 $\overline{\pi}_{e2}^* = 25.79(1 - \varphi)$, φ 的有效范围为 $\varphi \in [0.8453, 0.8848]$ 。采用"佣金联合成本

共担"契约协调后,在图 5 - 8 中画出 π_{m2}^*,π_{e2}^*,$\overline{\pi}_{m2}^*$,$\overline{\pi}_{e2}^*$ 随 φ 的变化范围。

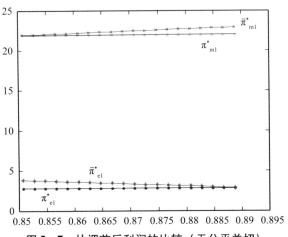

图 5 - 7　协调前后利润的比较（无公平关切）

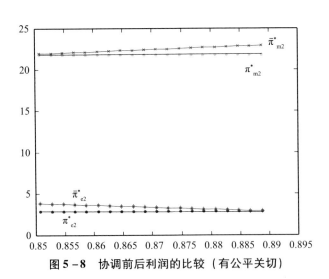

图 5 - 8　协调前后利润的比较（有公平关切）

　　从图 5 - 7 和图 5 - 8 可看出,采用"佣金联合成本共担"契约协调后,再造商和电商平台的利润均有所提高,这进一步证明协调机制的可行性。

5.1.6　结论与启示

针对单一再造商和单一电商平台构成电商闭环供应链，考虑委托电商平台回收废旧品的运行模式，本部分对电商平台公平关切下的回收决策进行了研究。根据电商平台是否考虑公平关切，本部分首先构建了无公平关切的电商闭环供应链分散决策模型和考虑公平关切的分散决策模型，并对模型的最优决策，包括废旧品回收价格决策、电商平台的服务决策等决策进行分析，确定公平关切对系统运行的影响；在此基础上，进一步构建了电商闭环供应链的联合决策，对分散决策和联合决策的最优策略进行比较分析；然后，设计"佣金联合成本共担"契约实现系统的协调运行；最后采用数值分析，验证了研究结论。本部分研究表明：

（1）在分散决策下，电商平台的公平关切行为，提高了电商平台的议价能力，有助于提高电商平台的利润，但是这种公平关切，对再造商和系统运作均不利。而且，公平关切会提高废旧品的回收价格、降低电商平台的服务水平。但是公平关切行为相当于再造商对消费者的让利行为，对消费者是有利的。

（2）电商闭环供应链中，仍然存在"谁主导系统，对谁有利"的结论，这与线下传统供应链中的结论是一致的。

（3）无论在哪种运作模式下，佣金的增加都会降低废旧品的回收价格，提高电商平台的服务水平，因此，佣金的增加对再造商不利，但是却有利于电商平台的运作。

（4）联合决策是一种理想的决策模式，通过本部分设计的"佣金联合成本共担"契约协调机制可以实现系统的协调。在这种协调机制中，再造商分担电商平台服务成本的比例系数与再造商分得的系统利润的比例系数相等。电商平台的公平关切行为，因会造成协调机制的可行范围变小，而不利于系统协调。

本部分只考虑了电商平台的公平关切行为对电商闭环供应链回收决策的影响，然而现实中，不仅电商平台，再造商有时也会考虑公平关切行为，甚至有时电商平台和再造商会同时考虑公平关切行为，对这些问题研究，将是我们下一步的研究工作。

5.2 电商平台公平关切下低碳电商闭环供应链的决策研究

随着社会生产和消费能力的极大提高，由此产生的大量的废旧品对生产和环境的影响也日益增加，废旧品回收利用能够追回废旧品剩余价值，提高企业经济和环境双重效益，符合可持续发展理念。目前，我国已出台并实施多种政策法规，如《废弃电器电子产品回收处理管理条例》《汽车产品回收利用技术政策》，指导和规范企业回收废旧产品，但传统线下回收方式，如回收站、交易市场等，出现了效率低、成本高等诸多问题。在电子商务大背景下，再造商开始委托电商平台回收废旧品以提高回收效率，降低回收成本，形成电商闭环供应链。

另外，在全球低碳经济的背景下，各国在积极探索适合本国的碳减排政策，德国、英国、意大利等多个国家开始实施碳税政策，对企业二氧化碳排放进行定价；欧盟实施温室气体排放交易机制，建立欧盟碳排放交易体系（EU–ETS）的碳交易市场促进企业实现低碳化。[①] 我国从2011年起，在北京、天津、上海等多个省市建立碳排放交易所。[②] 随着政府节能减排政策实施以及消费者低碳消费意识增强，企业界开始采取节能减排的措施，提高企业社会责任感和经济效益，如湖北省启动碳交易试点后，企业获取减排收益达2000多万元[③]；沃尔玛承诺在中国减排5000万吨，通过运营效率的持续创新，采购风能、太阳能等清洁可再生能源以实现这一计划，在发展中国业务的同时减少排放的影响[④]。

然而，现有的关于低碳问题的研究，都是考虑的新产品制造过程中的碳排放，其实，不仅产品的制造过程，废旧品的回收再制造过程同样

---

① Men M, Zhang Q, Zhu S. Analysis and Implications of China's Carbon Trading [C]//Asia–Pacific Power and Energy Engineering Conference. *IEEE Computer Society*, 2011, pp. 1–4.

② 《国家发展改革委办公厅关于开展碳排放权交易试点工作的通知》，中华人民共和国国家发展和改革委员会，2011年10月29日。

③ 巫勇：《成功案例解析：控排企业如何碳交易市场获利赚钱》，载于《中国环境报》2016年8月22日。

④ 《沃尔玛启动全球"100亿吨减排项目"承诺在中国减排5000万吨》，美通社，http://www.tanjiaoyi.com/article–26848–1，2019年5月7日。

存在碳排放问题，主要体现在两个方面：（1）废旧品回收的运输过程中产生的二氧化碳；（2）废旧品再制造过程从回收入厂、清洗、检测、拆解、修复到最终处理等，造成的碳排放和资源消耗。废旧品再制造是一个复杂的过程，包括整机清洗、整机初步鉴定、整机拆解、关键零部件鉴定、关键零部件修复、报废、直接再使用入库、修复入库等多个环节。再制造的各个过程均伴随着不同程度的能源消耗，从而会导致二氧化碳排放量的增加。

不少学者针对此问题进行了模型决策研究，然而这些研究都是基于供应链成员完全理性的假设，但是现实中，成员在决策时往往并不是完全理性的，很多时候，决策心理和行为特征会体现在决策中。在低碳 E‑CLSC 中，再造商委托电商平台回收废旧品，再造商利用主导地位的优势往往做出对自身收益最有利的决策，这会造成再造商和电商平台双方的收入差距加大，电商平台会产生不满的心理，并还会将这种不满以公平关切的形式体现在决策，使得这种不满心理严重损害系统的运作，有时甚至造成合作中断、链条断裂。例如，"再生活"网络回收平台（www. zai360. com）因利润分配不公，最终无奈停摆。"携程"对消费者采取低价策略而对进驻平台的广告商收取高额的推广费用，导致广告商的大批流失。针对香蕉皮电商平台（www. xiangjiaopi. com）初期经营时的回收困难，其合作伙伴"华新绿源环保产业发展有限公司"在决策时考虑了香蕉皮电商平台的公平关切问题在利益上做出让步，成就了香蕉皮电商平台在北京市展开网上回收的成功。

而现有针对 E‑CLSC 公平关切问题的研究成果，分别是对销售环节零售商和电商平台的公平关切，并没有分析公平关切对回收环节的影响，也并未考虑再造商采取碳减排行为对闭环供应链造成的影响。鉴于此，本部分将碳减排水平、佣金和电商平台的公平关切纳入模型，研究 E‑CLSC 的决策。

5.2.1　模型说明与假设

模型结构如图 5‑9 所示。在 E‑CLSC 中，一方面，再造商在电商平台提供的网站上发布废旧品的回收价格、回收数量等有关信息；另一方面，消费者可以通过平台浏览信息，并可在网站上提交废旧品的出售信息，随后，电商平台安排工作人员完成废旧品的回收。电商平台再将这些废旧品交给再造商，由再造商加工处理成低碳再造品，再次投放市场销售。例如，淘绿网、爱回收、乐回收网站等网站都是这样的经营模式。

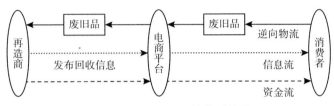

图 5 - 9　E - CLSC 的模型结构

在 E - CLSC 中，由于再造商委托电商平台回收废旧品，使得电商平台的收入来源主要依赖于再造商对废旧品的回收，这造成电商平台在 E - CLSC 的决策中处于劣势地位。因此本部分模型假设再造商是主导企业，电商平台是从属企业。并且假设委托电商平台回收的废旧品经过严格的评估监测，确保废旧品具有回收再利用价值，都能加工处理为再造品（在实际回收过程中，回收的不合格废旧品将交给相关的拆解企业以零件拆解等方式获得收益，或者环保降解处理）。

在模型中考虑再造商的一种特定的低碳再造产品，假设再造商的碳减排水平为 h，根据 Nair 和 Narasimhan[1] 的研究，碳减排水平 h 与碳减排成本可以假设为 $C_m(h) = \dfrac{th^2}{2}$，其中 $t(t>0)$ 为碳减排成本参数。

假设再造品的销售收益为 l，碳减排水平越高，再造商的销售价格越高，假设 $l = l_0 + \delta h$，其中，$\delta(\delta > 0)$ 表示低碳产品的收益关于碳减排水平的弹性系数；l_0 表示再造商不考虑碳减排水平时，普通再造品的销售收益。

假设废旧品的单位回收价格为 p_w，电商平台回收单位废旧品向再造商收取的佣金为 ρ，且 $0 < \rho \le l_0$。借鉴现有文献[2]的假设，假设电商

①　Nair A, Narasimhan R. Dynamics of Competing with Quality-and Advertising-based Goodwill. *European Journal of Operational Research*, Vol. 175, No. 1, 2006, pp. 462 - 474.

②　Bakal I S, Akcali E. Effects of Random Yield in Remanufacturing with Price - Sensitive Supply and Demand. *Production and Operations Management*, Vol. 15, No. 3, 2006, pp. 407 - 420.

平台提供回收服务的努力成本函数为 $C(\rho) = \dfrac{k\rho^2}{2}$，其中 k 为服务成本弹性系数。在实际运营中，电商平台前期的组建以及保证正常的运行需要一定的成本，因此假设电商平台努力成本的阈值为 C_0，即满足 $C(\rho) \geqslant C_0$。

假设佣金率（即电商平台对单位回收金额收取的佣金）为 λ，则有 $\lambda = \dfrac{\rho}{p_w}$；

假设废旧品的市场回收量为 q，借鉴已有文献[①]的假设，q 满足 $q = \alpha + \beta p_w$。其中，$\alpha(\alpha \geqslant 0)$ 表示市场最少回收量，一般指消费者出于环保意识主动免费上交废旧品的数量，$\beta(\beta > 0)$ 表示回收价格对回收量的影响系数。为计算便利，在不影响研究结论的前提下，假设 $\alpha = 0$，则

再造商的利润函数为：

$$\pi_m = (l_0 + \delta h - \rho - p_w)(\beta p_w) - \frac{th^2}{2} \tag{5.10}$$

电商平台的利润函数为：

$$\pi_e = \rho(\beta p_w) - \frac{k\rho^2}{2} \tag{5.11}$$

低碳 E – CLSC 系统的利润函数为：

$$\pi = (l_0 + \delta h - p_w)(\beta p_w) - \frac{th^2}{2} - \frac{k\rho^2}{2} \tag{5.12}$$

为了保证研究问题具有实际意义，假设参数满足 $2t > \beta\delta^2$，$C_0 < \dfrac{l_0^2 t^2 \beta^2 k}{2(2kt + 2t\beta - k\beta\delta^2)^2}$。

5.2.2　模型构建与求解

5.2.2.1　无公平关切下的分散决策

在分散决策时，再造商和电商平台均以实现自身利润最大化为目标进行决策。再造商为主，电商平台为从，他们之间构成 Stackelberg 博弈

---

① Wu, C. H. Price and Service Competition Between New and Remanufactured Products in a Two – Echelon Supply Chain. *International Journal of Production Economics*, Vol. 140, No. 1, 2012, pp. 496 – 507.

关系，具体为：首先，再造商根据市场需求确定 p_w 和 h；其次，电商平台再根据再造商的决策确定 ρ。根据逆向归纳法求解，可得最优决策为：

$$p_w^{1*} = \frac{ktl_0}{2kt + 2t\beta - k\beta\delta^2}$$

$$h^{1*} = \frac{k\beta\delta l_0}{2kt + 2t\beta - k\beta\delta^2}$$

$$\rho^{1*} = \frac{t\beta l_0}{2kt + 2t\beta - k\beta\delta^2}$$

$$\lambda^{1*} = \frac{\beta}{k}$$

$$\pi_m^{1*} = \frac{kt\beta l_0^2}{4kt + 4t\beta - 2k\beta\delta^2}$$

$$\pi_e^{1*} = \frac{kt^2\beta^2 l_0^2}{2(2kt + 2t\beta - k\beta\delta^2)^2}$$

$$\pi^{1*} = \frac{kt\beta(2kt + 3t\beta - k\beta\delta^2)l_0^2}{2(2kt + 2t\beta - k\beta\delta^2)^2}$$

命题 5.6 $\pi_m^{1*} > \pi_e^{1*}$

由命题 5.6 可知，在低碳 E - CLSC 中，分散决策下，再造商利润大于电商平台的利润，这与传统供应链中"谁主导，谁利润大"的研究相一致。[1] 在低碳闭环供应链中，再造商是领导者，再造商利用其主导地位优势获取更多收益，而电商平台仅是跟随者，利润来源是再造商支付的佣金，这使得低碳 E - CLSC 中再造商收益远远高于电商平台收益。再造商与电商平台利润分配不公是导致电商平台产生公平关切心理的主要原因。

命题 5.7 λ^{1*} 与 β 正相关，与 k 负相关。

从上面给出的最优决策可看出，佣金率 λ^{1*} 仅与 β 和 k 有关，而且与 β 正相关，与 k 负相关。这说明，佣金率是权衡回收价格弹性系数和服务成本弹性系数的比值给出的。实际上，佣金率一定程度上反映了供

---

① Zhang F, Wang C. Dynamic Pricing Strategy and Coordination in a Dual - Channel Supply Chain Considering Service Value. *Applied Mathematical Modelling*, Vol. 54, 2018, pp. 722 - 742; Yue J, Austin J, Huang Z, et al. Pricing and Advertisement in a Manufacturer-retailer Supply Chain. *European Journal of Operational Research*, Vol. 231, No. 2, 2013, pp. 492 - 502.

应链成员之间合作的密切程度，消费者对回收价格敏感度 β 的增加有利于再造商与电商平台更加密切合作，服务成本弹性系数 k 增加却会削弱再造商与电商平台之间合作的密切程度。

命题 5.8　p_w^{1*}、h^{1*}、ρ^1、π_m^{1*}、π_e^{1*}、π^{1*} 均与 δ 正相关。

无论是废旧品回收价格、再造商的减排水平还是电商平台的佣金均随着 δ 增加而增加；不仅如此，再造商及电商平台的利润也随着 δ 增加而增加。δ 反映消费者对低碳再造品的重视程度。可以看出，消费者对低碳再造品越重视，再造商对碳减排的投入会越大，废旧品的回收价格会越高，相应地，电商平台收取的佣金也会增加，这有利于提高废旧品的回收量；再造商、电商平台以及系统利润也会随之增加。这说明提高消费者对低碳再造品的重视度，对系统各个成员企业均是有利的。因此，再造商在积极实施节能减排的同时，也应该联合电商平台，注重对低碳产品的宣传，提高消费者的减排意识，增加消费者对低碳再造品的关注，这不仅有利于提高企业的经济效益，同时也会提高企业的环境效益。

5.2.2.2　电商平台公平关切下的分散决策

一般而言，在线上电商供应链中，电商平台是主导企业[①]；但是在 E - CLSC 中，电商平台是从属企业，这让电商平台更加关心自身与再造商间的收益差距，当电商平台认为合作利益分配不均衡时，会产生公平关切的心理特征，甚至会选择拒绝合作来对抗。例如"去哪儿网"为了获取更多收益，向供应商索取高额广告费，使得供应商（芒果、同程、艺龙）撤离该平台。服装品牌"以纯"，因为网络销售平台"天猫"对其分配利润过少而坚持实体销售，拒绝进行网络销售。

下面研究电商平台的公平关切行为，分析这种行为对系统决策的影响。根据现有文献[②]的研究，电商平台公平关切时，其效用函数为

---

①　Wang Y Y, Li J. Research on Pricing, Service and Logistic Decision-making of E - supply Chain with 'Free Shipping' Strategy. *Journal of Control and Decision*, Vol. 5, No. 4, 2018, pp. 319 - 337.

②　Kucuksenkl S. A Theory of fairnesss, Competition and Cooperation. *Journal of Public Economic Theory*, Vol. 14, No. 5, 2012, pp. 767 - 789; Katok E, Olsen T, Pavlov V. Wholesale Pricing under Mild and Privately Known Concerns for Fairness. *Production and Operations Management*, Vol. 23, No. 2, 2014, pp. 285 - 302.

$$U_e = \pi_e - \theta(\pi_m - \pi_e) \tag{5.13}$$

其中，$0 \leq \theta \leq 1$ 表示电商平台的公平关切系数，θ 越接近 0，表示公平关切程度越弱；反之越强。此时，电商平台的决策函数是效用函数。再造商和电商平台仍构成再造商为主、电商平台为从的 Stackelberg 博弈。用逆向归纳法求解得最优决策：

$$p_w^{2*} = \frac{kt(1+\theta)l_0}{k(2t-\beta\delta^2)(1+\theta)+2t\beta(1+2\theta)}$$

$$h^{2*} = \frac{k\beta\delta(1+\theta)l_0}{k(2t-\beta\delta^2)(1+\theta)+2t\beta(1+2\theta)}$$

$$\rho^{2*} = \frac{t\beta(1+2\theta)l_0}{k(2t-\beta\delta^2)(1+\theta)+2t\beta(1+2\theta)}$$

$$\lambda^{2*} = \frac{\beta(1+2\theta)}{k(1+\theta)}$$

$$\pi_m^{2*} = \frac{kt\beta(1+\theta)l_0^2}{2k(2t-\beta\delta^2)(1+\theta)+4t\beta(1+2\theta)}$$

$$\pi_e^{2*} = \frac{kt^2\beta^2(1+2\theta)l_0^2}{2[k(2t-\beta\delta^2)(1+\theta)+2t\beta(1+2\theta)]^2}$$

命题 5.9 p_w^{2*}、h^{2*}、π_m^{2*}、π_e^{2*}、π^{2*} 均与 θ 成反比；ρ^{2*}、λ^{2*} 与 θ 成正比。

电商平台考虑公平关切时，会提高佣金来获取更多利润，这对再造商利润造成损害，再造商为保证一定的利润空间，会采取相应措施：降低废旧品回收价格和降低碳排放水平。这两种措施虽然会降低再造商运营成本，但导致废旧品回收数量剧减，以及再造品销售价格的降低，最终会导致再造商利润减少。虽然电商平台的佣金增加，但由于废旧品回收数量的减少，并且电商平台因回收量降低导致收入的损失大于提高佣金带来的收益，因此，电商平台利润会减少，从而整个系统利润也受到影响。佣金率随电商平台公平关切程度增加而增加，说明电商平台公平关切对再造商回收价格的影响程度大于对电商平台佣金的影响程度。因此，就系统运作角度而言，电商平台公平关切对自身、再造商以及系统运作均不利。不仅如此，电商平台的公平关切行为造成废旧品的回收价格降低，这对消费者而言也是不利的。此外，电商平台公平关切行为使得再造商碳减排水平降低，再造商生产低碳再造品积极性降低，就环境角度而言，电商平台公平关切也不利于提高环境效益。

再造商与电商平台的利润分配差异是造成电商平台公平关切的主要原因，因此，在企业实际运营过程中，一方面，在系统中占据主导地位的再造商应该主动关心处于劣势地位的电商平台的利润，积极沟通；另一方面，电商平台也要有全局意识，不要过多关注自身利润，应该积极配合再造商展开废旧品的回收和节能减排，从而减少其公平关切心理对系统运作造成的损害，避免发生合作取消、链条中止等不利于低碳 E - CLSC 长远发展的局面。

5.2.2.3　联合决策

在联合决策下，再造商、电商平台能密切合作，以实现系统利润最大化为目标进行决策，此时 E - CLSC 成员的决策函数为：

$$\begin{cases} \max_{p_w, h, \rho} \pi = \pi = (l_0 + \delta h - p_w)q - \dfrac{th^2}{2} - \dfrac{k\rho^2}{2} \\ \text{s. t. } \dfrac{k\rho^2}{2} \geqslant C_0 \end{cases}$$

计算可得联合决策时的最优决策及最优利润为：

$$p_w^{3*} = \frac{tl_0}{2t - \beta\delta^2}, \quad h^{3*} = -\frac{\beta\delta l_0}{-2t + \beta\delta^2}$$

$$\rho^{3*} = \sqrt{\frac{2C_0}{k}}, \quad \pi^{3*} = \frac{t\beta l_0^2}{4t - 2\beta\delta^2} - C_0$$

5.2.3　模型之间的比较

将不同模型之间的最优决策进行比较，可得如下结论。

结论 5.5　$p_w^{3*} > p_w^{1*} > p_w^{2*}$，$h^{3*} > h^{1*} > h^{2*}$。

从结论 5.5 可知，联合决策下，废旧品回收价格最高，这有利于提高废旧品回收数量。此外，联合决策下碳减排水平最高，这说明，相比分散决策，联合决策下再造商更加愿意采取节能减排措施，生产低碳再造品。

分散决策下，电商平台公平关切时，再造商回收价格和碳减排水平都小于无公平关切时的情况。这是因为，当电商平台考虑公平关切时，再造商为防止电商平台公平关切对自身利润造成影响，通过降低回收价格和减少减排水平来保证一定的利润空间。

135

结论 5.6 $\rho^{2*} > \rho^{1*} > \rho^{3*}$，$\lambda^{2*} > \lambda^{1*} > \lambda^{3*}$。

由结论 5.6 可知，联合决策下，电商平台佣金最低，佣金率最低。分散决策下，电商平台公平关切时，电商平台佣金高于无公平关切时的佣金。这是因为，电商平台产生公平关切心理时，会通过提高佣金以获取更多的收益。而联合决策下，佣金最低，回收价格最高，佣金率必然最低。此外，联合决策下再造商与电商平台之间的合作最密切，其次是无公平关切的分散决策情形，在有公平关切的分散决策下，再造商和电商平台双方合作的密切程度最差，由此可见，佣金率一定程度上反映了供应链成员之间合作的密切程度。

结论 5.7 $\pi_m^{1*} > \pi_m^{2*}$，$\pi_e^{1*} > \pi_e^{2*}$，$\pi^{*3} > \pi^{*1} > \pi^{*2}$。

从结论 5.7 可知，分散决策下，电商平台无公平关切时，再造商利润、电商平台利润以及渠道利润均高于电商平台有公平关切时的情况，这与命题 5.9 的结论一致。结论 5.7 进一步验证了，电商平台公平关切会对自身利润、再造商利润和系统利润造成损害。联合决策避免了分散决策下由于再造商与电商平台追求自身利润最大化引起"双重边际效应"造成的系统效率的损失，此时，系统利润最高。

结合结论 5.5 至结论 5.7 可知，联合模式下低碳 E－CLSC 能够高效运作，实现经济效益和环境效益双重优化。但是，联合决策是一种理想的决策模式，需要一定协调机制来实现系统协调。

5.2.4　协调机制的设计

针对低碳供应链，有学者采用"碳减排投资成本分担契约"[1] 实现协调。针对传统闭环供应链，有学者采用"收益共享契约"[2]、"成本共担联合收益共享契约"[3] 等契约实现系统的协调。借鉴这些学者的研

---

[1]　王玉燕、李璟：《公平关切下基于网络平台销售、回收的 E－闭环供应链的主导模式研究》，载于《中国管理科学》2018 年第 26 期；支帮东、陈俊霖、刘晓红：《碳限额与交易机制下基于成本共担契约的两级供应链协调策略》，载于《中国管理科学》2017 年第 25 期。

[2]　顾波军、张祥：《风险中性供应商与损失规避零售商基于收益共享契约的供应链协调》，载于《系统管理学报》2016 年第 25 期。

[3]　Xie J, Zhang W, Liang L, et al. The Revenue and Cost Sharing Contract of Pricing and Servicing Policies in a Dual-channel Closed-loop Supply Chain. *Journal of Cleaner Production*, Vol. 191, 2018, pp. 361－383.

究，本部分拟设计"收益共享联合双成本共担"契约实现 E – CLSC 系统的协调。

"收益共享联合双成本共担"契约下，为提高电商平台回收积极性，增加废旧品回收量，作为主导企业的再造商会主动分担电商平台的部分服务成本，并将自身收益分享给电商平台，同时会要求电商平台分担自己的部分减排投资成本，从而降低投资风险，增加节能减排的投入。

在"收益共享联合双成本共担"契约中，假设再造商分担双成本（再造商的减排成本和电商平台的服务成本）比例为 $v(0 < v < 1)$，则电商平台分担的比例为 $1 - v$；同时，再造商让电商平台分享自身收益的比例为 $u(0 < u < 1)$。则在契约协调下，再造商利润调整为：

$$\overline{\pi}_m = \left[(1 - u)(l_0 + \delta h) - (\rho + p_w) \right](\beta p_w) - \frac{v(th^2 + k\rho^2)}{2}$$

电商平台利润调整为：

$$\overline{\pi}_e = \left[\rho + u(l_0 + \delta h) \right](\beta p_w) - \frac{(1 - v)(k\rho^2 + th^2)}{2}$$

结论5.8　在"收益共享联合双成本共担"契约中，若 (u, v) 满足

$$\begin{cases} u = \dfrac{(l_0 + \delta h - p_w)(1 - \varphi) - \rho}{(l_0 + \delta h)} \\ v = \varphi \end{cases} \tag{5.14}$$

其中，$0 < \varphi < 1 - \dfrac{\rho}{l_0 + \delta h - p_w}$，$0 < u < 1 - \dfrac{\rho}{l_0 + \delta h - p_w}$，则"收益共享联合双成本共担"契约可以实现系统的协调。

证明： 在"收益共享联合双成本共担"契约中，(u, v) 满足式（5.14）式时：

在无公平关切环境下，

$$\overline{\pi}_e = (\beta p_w)\rho + u(l_0 + \delta h)(\beta p_w) - \frac{(1 - v)(k\rho^2 + th^2)}{2} = (1 - \varphi)\pi$$

在电商平台公平关切下，

$$U_e = \pi_e - \theta(\pi_m - \pi_e) = \left[(1 + \theta)(1 - \varphi) - \theta\varphi \right]\pi$$

由此可见，无论是否考虑公平关切，电商平台的决策函数均是系统利润的仿射函数，可以实现系统协调。

下面分析协调机制的可行条件。

（1）无公平关切的分散决策下，再造商和电商平台接受"收益共享联合双成本共担"契约的条件为 $\bar{\pi}_m \geq \pi_m^{1*}$，$\bar{\pi}_e \geq \pi_e^{1*}$。整理可得，$\varphi$ 的有效范围为：

$$\varphi \in \left[\frac{kl_0^2 t\beta(2t - \beta\delta^2)}{(l_0^2 t\beta + 2C_0\beta\delta^2 - 4C_0 t)(2kt + 2t\beta - k\beta\delta^2)}, \ \hat{\varphi} \right]$$

其中，$\tilde{\varphi} = \min\left\{ 1 - \dfrac{kl_0^2 t^2\beta^2(2t - \beta\delta^2)}{(l_0^2 t\beta + 2C_0\beta\delta^2 - 4C_0 t)(2kt + 2t\beta - k\beta\delta^2)^2}, \ 1 - \dfrac{\beta}{k + 2\beta} \right\}$。

（2）公平关切的分散决策下，再造商和电商平台接受"收益共享联合双成本共担"契约的条件是 $\bar{\pi}_m \geq \pi_m^{2*}$，$\bar{\pi}_e \geq \pi_e^{2*}$，$U_e \geq U_e^*$。整理可得，$\varphi$ 的有效范围为：

$$\varphi \in \left[\{kl_0^2 t\beta(2t - \beta\delta^2)(1 + \theta)\} / (l_0^2 t\beta + 2C_0\beta\delta^2 - 4C_0 t)[k(2t - \beta\delta^2)(1 + \theta) + 2t\beta(1 + 2\theta)], \ \bar{\varphi} \right]$$

其中，$\varphi = \min\Big\{ 1 - \dfrac{\beta + 2\beta\theta}{k + 2\beta + k\theta + 4\beta\theta}, \ \dfrac{2C_0(2t - \beta\delta^2)(1 + \theta)}{(4C_0 t - l_0^2 t\beta - 2C_0\beta\delta^2)(1 + 2\theta)}$

$- \{l_0 t\beta k^2(1 + \theta)^2(1 + 2\theta)(2t - \beta\delta^2)^2\} / (4C_0 t - l_0^2 t\beta$

$- 2C_0\beta\delta^2)[k(2t - \beta\delta^2)(1 + \theta) + 2t\beta(1 + 2\theta)]^2 - \{l_0 t^2\beta^2(1$

$+ \theta)(1 + 2\theta)^2[4t\beta + 3k(2t - \beta\delta^2)]\} / (4C_0 t - l_0^2 t\beta$

$- 2C_0\beta\delta^2)[k(2t - \beta\delta^2)(1 + \theta) + 2t\beta(1 + 2\theta)]^2 \Big\}$

在协调机制中，φ 表示再造商的谈判实力，φ 越大，在协调后，再造商分享的利润越多，电商平台的利润越少；反之亦然。

命题 5.10 $\ \nu = \varphi$

从命题 5.10 可以看出，再造商分担电商平台回收服务成本的比例系数 ν 与再造商分得系统利润的比例系数 φ 相等。同时，电商平台分担再造商碳减排投资成本的比例系数 $1 - \nu$ 与电商平台分得系统利润的比例系数 $1 - \varphi$ 相等。因此，在协调机制下，再造商承担电商平台服务成本比例越高，分得的系统利润越高。同样地，电商平台承担再造商碳减排投资成本越高，分得的系统利润越高。在企业实际运营过程中，再造商与电商平台两者应积极合作，主动承担对方成本，才能获取更多收益，实现共赢局面。

命题 5.11 协调机制中，ρ 与 u、ν 负相关。

从命题 5.11 可以看出，随着电商平台分享再造商收益比例 u 的增加，ρ 会降低；同时，随着再造商分担电商平台服务成本比例 ν 的增加，电商平台收取的佣金也会降低，这进一步验证了协调机制的有效性。现实中，再造商可以采取主动与电商平台分享自身收益和主动分担电商平台服务成本的方式来激励电商平台降低佣金，增加合作的紧密性。

5.2.5　数值分析

5.2.5.1　模型决策的数值分析

为了进一步比较不同模型决策的关系，下面结合数值算例进行分析。借鉴 Pu 等[①]的取值，将问题一般化，即考虑一般性产品进行数值分析。假设参数取值 $l_0 = 100$，$\beta = 0.5$，$\theta = 0.2$，$C_0 = 10$，$t = 5$，令 δ，k 为自变量，$\delta \in [1, 4]$，$k \in [1, 4]$。在图 5 - 10 至图 5 - 15 中，绘出各个模型的最优决策随着 δ、k 的变化关系。

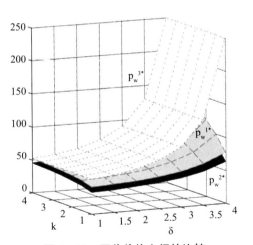

图 5 - 10　回收价格之间的比较

① Pu, X., Gong, L. and Han, G. A Feasible Incentive Contract Between a Manufacturer and His Fairness - Sensitive Retailer Engaged in Strategic Marketing Efforts. *Journal of Intelligent Manufacturing*, Vol. 30, No. 1, 2019, pp. 193 - 206.

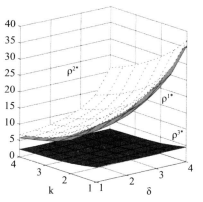

图 5 - 11　碳减排水平之间的比较

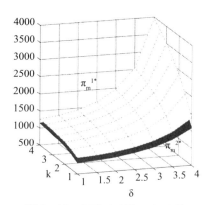

图 5 - 12　佣金之间的比较

图 5 - 13　再造商利润之间比较

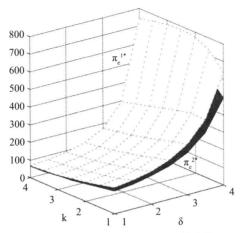

图 5 - 14　电商平台利润之间的比较

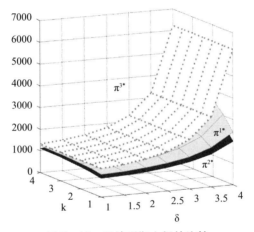

图 5 - 15　系统利润之间的比较

由图 5 - 10 至图 5 - 15 可以看出：

（1）在低碳 E - CLSC 中，分散决策下，随着 δ 增加，再造商回收价格、碳排放水平、电商平台的佣金均随之增加，再造商利润、电商平台利润和系统利润也随之增加，这与命题 5.6 的结论一致。联合决策下，供应链成员均以整体系统利润最优为目标，整个系统利润随 δ 增加而增加，但 ρ 不受 δ 影响。无论分散决策还是联合决策，δ 增加对电商平台、再造商以及系统运作均有利：一方面，随着 δ 的增加，再造商回收价格会提高，电商平台佣金也会提高，从而激励电商平台积极回收废旧品，同时刺激消费者积极主动参与废旧品回收。另一方面，随着 δ 的增加，再造商节能减排的积极性也提高。δ 反映消费者对低碳产品的关注度，因此加强消费者对低碳的认知和关注，对提高 E - CLSC 企业的经济效益和环境效益有重要的影响。

（2）分散决策下，随着 k 的增加，再造商回收价格、再造商碳减排水平会提升，再造商的利润也会增加，而佣金、电商平台的利润却会减少。这是因为随着 k 增加，电商平台的服务成本增加，电商平台的服务投入必然会减少，电商平台的利润也会下降；在这种情况下，为了保障废旧品的回收量，制造商只能提高回收价格，增加碳减排的投入，激励消费者出售废旧品的同时，刺激消费者对再造品的消费，这不仅保障了再造商的利润而且使得利润还出现增加的趋势。

（3）联合决策下，再造商回收价格和碳减排水平最高，电商平台佣金最低，系统利润最优。分散决策下，再造商和电商平台追求自身利润最大化，造成双重边际效应，供应链效率降低，当电商平台产生公平关切心理时，电商平台更加注重利润分配的公平性，供应链效率进一步降低。

5.2.5.2　协调机制的数值分析

在上述参数取值基础上，进一步假设 δ = 2、k = 2，可得：

（1）无公平关切的分散决策下（协调前），$\pi_m^{1*} = 1190.48$，$\pi_e^{1*} = 141.72$。采用"收益共享联合双成本共担"契约协调后，$\bar{\pi}_m^{1*} = 1552.5\varphi$，$\bar{\pi}_e^{1*} = 1552.5(1 - \varphi)$，$\varphi$ 的有效范围为 $\varphi \in [0.77, 0.83]$。在图 5 - 16（a）中画出 π_m^{1*}、π_e^{1*}、$\bar{\pi}_m^{1*}$、$\bar{\pi}_e^{1*}$ 随 φ 的变化范围。

（2）公平关切下的分散决策时（协调前），再造商的利润 $\pi_m^{2*} = 1145.04$，$\pi_e^{2*} = 127.47$。采用"收益共享联合双成本共担"契约协调后，$\bar{\pi}_m^{2*} = 1552.5\varphi$，$\bar{\pi}_e^{2*} = 1552.5(1 - \varphi)$，$\varphi$ 的有效范围为 $\varphi \in [0.73, 0.82]$。在图 5 - 16（b）中，画出 π_m^{2*}、π_e^{2*}、$\bar{\pi}_m^{2*}$、$\bar{\pi}_e^{2*}$ 随 φ 的变化范围。

由图 5 - 16 可看出，协调后，再造商利润随利润分配系数 φ 的增大而增大，电商平台利润随利润分配系数 φ 的增大而减少，但与协调前相比，再造商利润与电商平台利润均实现帕累托改进，实现了双方利润增大的双赢局面，这进一步证明了协调机制的有效性。

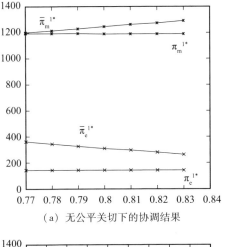

（a）无公平关切下的协调结果

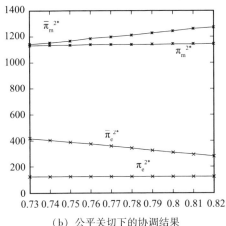

（b）公平关切下的协调结果

图 5 - 16　协调前后利润的对比结果

下面对再造商承担服务成本比例系数 $v(v = \varphi)$ 满足的可行区间 $[\underline{v},$ $\overline{v}]$（即 $[\underline{\varphi}, \overline{\varphi}]$）关于公平关切系数 θ 进行灵敏度分析。令 $\theta \in [0.01,$ $0.40]$，可以得到 $[\underline{v}, \overline{v}]([\underline{\varphi}, \overline{\varphi}])$ 与 θ 之间的关系图（见图 5 - 17）。

从图 5 - 17 中可以看出，协调机制中，随着公平关切系数 θ 增大，电商平台讨价还价能力增强，利润分配系数 φ 的可行区间 $[\underline{\varphi}, \overline{\varphi}]$ 变大，再造商承担服务成本比例的可行区间 $[\underline{v}, \overline{v}]$ 也变大，电商平台与再造商谈判空间增大，而且公平关切程度对系数 φ 下界 $\underline{\varphi}$ 的影响比上界 $\overline{\varphi}$ 的影响大。但是随着 θ 的增大，再造商承担成本比例 v 会减少，分得系统利润的比例 φ 也会减少。这进一步说明，电商平台的公平关切行为对再造商不利，但是通过契约协调系统后，电商平台利用公平关切行为让自己分得了较多的利润。

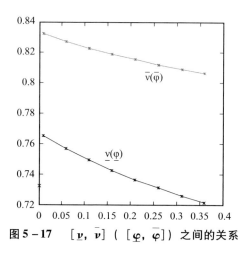

图 5-17 $[\underline{v}, \bar{v}]$（$[\underline{\varphi}, \bar{\varphi}]$）之间的关系

5.2.6 结论与启示

本部分考虑电商平台公平关切对 E-CLSC 回收策略的影响，分别对电商平台有、无公平关切的分散式决策和联合决策三种决策模式进行建模分析，给出相应的最优决策，并构建"收益共享联合双成本共担"契约对低碳 E-CLSC 进行协调，研究表明：

（1）电商平台为追求渠道利润分配公平性，在决策时不理性地采用公平关切行为，牺牲部分自身收益来惩罚再造商，不仅对双方不利，对系统运作也不利。同时，电商平台的公平关切行为会削弱再造商生产低碳产品的积极性，降低废旧品回收价格和回收量，使得 E-CLSC 系统的环境效益也下降。

（2）随着消费者对低碳产品的关注，再造商节能减排的积极性会提升，废旧品的回收价格也会增加，而且提高消费者对低碳产品的认知度，有利于增加再造商和电商平台的利润。

（3）联合决策下，废旧品的回收价格和碳减排水平最高，电商平台佣金最低，系统利润最优。"收益共享联合双成本共担"契约能够实现成员利润的帕累托改进，实现系统协调。而且，在协调后，再造商分得渠道利润的比例与其承担电商平台服务成本的比例一致；同样，电商平台分得的渠道利润的比例也与其承担再造商碳减排投资成本的比例一致。

通过本部分的研究，可以得到管理启示：

（1）对处于系统主导地位的再造商而言：首先，再造商在关注自身收益的同时，也要关注供应链其他成员企业的收益，防止电商平台因公平关切心理造成系统效率的损失。其次，企业生产低碳产品不仅能提高企业经济效益，还能提高企业环境效益。因此再造商应关注消费者的消费偏好，提高消费者对低碳产品的认知度，积极主动承担社会责任，采取节能减排措施，向市场提供低碳产品。此外，为了保证系统的协调运行，在设计契约合同时，再造商应主动承担部分电商平台服务成本，提高电商平台回收积极性，增加双方合作的密切度，保障系统协调稳定运行。

（2）对处于从属地位的电商平台而言：一方面，电商平台要有全局意识，不应不理性地采用公平关切行为，应该主动配合再造商，与再造商积极沟通交流，利用自身平台优势，积极宣传，激励消费者参与废旧品回收。另一方面，再造商生产低碳产品前期需要投入大量成本，电商平台可主动分担部分再造商投资成本，降低再造商投资风险，激励再造商积极生产低碳产品，以实现联合决策。

本部分研究只是考虑了电商平台的公平关切行为对低碳 E - CLSC 回收决策的影响，现实生活中，再造商也会考虑公平关切行为，甚至电商平台和再造商会同时考虑公平关切行为，我们下一步将会对这些问题进行深入研究和探讨。

第 3 部分　不同供应链模式的利他偏好研究

第6章 电商供应链的利他偏好决策研究

6.1 考虑利他偏好的电商供应链基础决策模型

近年来,网络技术的快速革新为电子商务的发展提供了广阔的空间,电子商务凭借方便快捷的特点与优势,迅速占领了市场。企业与电子商务平台(如京东、亚马逊)合作,开拓销售渠道,形成电商供应链(ESC)的运营模式。与传统供应链不同,在电商供应链中,电商平台取代了零售商成为链接生产者和消费者的关键环节,这种转变在改变了消费者购物方式的同时,也改变了传统供应链中的权力结构。在传统供应链中,零售商虽然很关键,但由于成为零售商成本较低,零售商市场基本上是一种竞争性市场,因而在供应链中起决定作用的往往是制造商。由于需要依靠零售商完成产品的销售,制造商会主动协调成员各方利益,保障链条的正常运转。在电商供应链中,电商平台作为运营规则的制定者和系统的主导者,控制商品流、信息流和资金流,这使得电商平台在系统运行中占据有利地位。而且,由于电商平台的组建和维护成本较高,使得其市场竞争性本身没有传统零售商市场强。随着初创时期市场竞争的优胜劣汰,电商平台"绝对优势地位"格局逐渐形成。[①] 例

---

① Lin L H, Tanyavutti A, Jindrapacha S. Analyzing eBay Platform Strategies: An Application of Meyer's Product Platform Strategy Model. PICMET'07 – 2007 Portland International Conference on Management of Engineering & Technology. *IEEE*, 2007, pp. 125 – 142; Lin L, Daim T U. Platform Strategy Framework for Internet-based Service Development: Case of eBay. *International Journal of Services Technology and Management*, Vol. 11, No. 4, 2009, pp. 334 – 354; Wang Y Y, Li J. Research on Pricing, Service and Logistic Decision-making of E – supply Chain with "Free Shipping" Strategy. *Journal of Control and Decision*, Vol. 5, No. 4, 2018, pp. 319 – 337.

如，2023 年全国网上零售额达 15.42 万亿元，增量达 1.64 万亿元，连续 11 年稳居全球第一。2023 年电商大盘（京东、淘宝、天猫、抖音、快手、拼多多）中，淘宝天猫占比为 45%，符合研究机构的普遍预测，继续保持行业领先地位。[①]

这样的强势地位使得这些大型电商平台在电商供应链系统中拥有绝对控制权力。这种"一家独大"的地位导致电商平台在决策时往往无视商家的利益，这严重破坏了链条的稳定性，也严重损害了商家的合法权益。比如，京东把近百个品牌拉到京东会场，参加相关促销活动，对于要退出会场活动的商家，强制锁定了后台。包括哥弟、鄂尔多斯、lily 商务时装、伊芙丽、初语等在内的众多服饰品牌在微博上发文声讨京东。称后者在未经品牌同意情况下，强行将品牌拉入活动会场，参加其指定的促销活动。对于要求退出会场的品牌，京东强制锁死后台，导致商家无法对自己的店铺进行任何操作。[②] 在这种背景下，领先的电商平台在决策时会考虑入驻企业的利润，而不是追求利润的最大化。在本部分研究中平台对制造商利润的关注被称为利他偏好。

在 ESC 中，在很多制造商不满电商平台绝对控制权力的情况下，电商平台对制造商采取公平关切，会导致制造商的利润更低，制造商的不满更为强烈，对稳固电商平台的主导企业显然是不可行的。在这种情况下，电商平台会对制造商采取让利偏好行为，这是电商平台经常采用的稳固自身地位的策略，尤其是中国的电商供应链。例如，元器件电商平台——易库易，重视供应链的管理服务，为中小型订单对接供应商，但是不赚取商品差价，先将订单形成议价优势，再让他们享受到大型授权分销商提供的优质服务。B2B 电商平台"一呼百应"（http：//yihubaiying.com）为制造业推出了"交易 + SaaS + 供应链金融"服务，打通企业产品上下游生态链，助力中小企业实现采购管理的信息化。

目前关于供应链公平关切的研究主要集中在线下的传统供应链中，而且对于公平关切的分析和解释都是基于 Fehr 和 Schmidt[③] 建立的 F – S

---

① 冯虎：《行业数据：2023 年电商大盘中，淘宝天猫占 45%》，中国经济网，http：//www. ce. cn/xwzx/gnsz/gdxw/202403/05/t20240305_38922454. shtml，2024 年 3 月 5 日。

② 关婧：《年中电商大促 商家被迫"站队"？》，中国经济网，http：//finance. ce. cn/rolling/201706/08/t20170608_23497195. shtml，2017 年 6 月 8 日。

③ Fehr, E. and Schmidt, K. M. , A Theory of Fairness, Competition, and Cooperation. *The Quarterly Journal of Economics*, Vol. 114, No. 3, 1999, pp. 817 – 868.

不公平厌恶模型①。传统供应链的公平关切行为与电商供应链中的利他偏好行为是不同的，传统供应链中制造商和零售商的实力相差不是太大，在这种情况下，一般而言，决策主体关注的是自身收益的公平性问题，将收益差距作为公平效用的基础，往往会导致供应链效率的降低。② 但是电商供应链中，由于电商供应链独特的运营特点以及规模经济的效应，使得其在系统中占据经济优势。市场竞争环境的公平、稳定发展的需要，以及宏观政策的影响，使得电商平台不得不关注上下游企业的生存状况，产生利他偏好行为。因此，现有成果对电商供应链利他偏好行为的决策指导性有限。本部分旨在通过研究 ESC 的利他偏好与决策之间的定量关系来填补这一研究空白。本部分建立了具有电子商务平台利他偏好的 ESC 决策模型，以回答以下研究问题：

（1）平台利他偏好如何影响决策？

（2）利他偏好能够促进企业间的合作，那么在 ESC 中该如何设计协调契约？

6.1.1　模型说明与假设

考虑由单个制造商和单个电商平台组成的电商供应链。在电商供应链中，制造商借助电商平台发布产品的销售信息，进行产品销售。电商供应链的运行模式为：一方面，电商平台给制造商提供一个"直销网店"，制造商可以在这个网站上销售产品，发布产品的销售价格、销售数量、质量、使用说明、消费者的消费评价等信息；另一方面，消费者可以通过电商平台浏览产品的信息，借助电商平台提供的"购买"功能，购买产品，并将购买款项支付给电商平台。然后，制造商直接将产品通过快递的方式寄给消费者，消费者收到产品后，电商平台将产品的支付款扣除相应佣金后返给制造商（电商平台会按照销售额提取一定比例的佣金作为提供销售服务的报酬）。模型结构如图 6-1 所示。

---

① Nie T, Du S. Dual – Fairness Supply Chain with Quantity Discount Contracts. *European Journal of Operational Research*, Vol. 258, No. 2, 2017, pp. 491 – 500; Ho T H, Su X, Wu Y. Distributional and Peer——Induced Fairness in Supply Chain Contract Design. *Production and Operations Management*, Vol. 23, No. 2, 2014, pp. 161 – 175.

② Li T, Xie J, Zhao X, et al. On Supplier Encroachment with Retailer's Fairness Concerns. Computers & Industrial Engineering, Vol. 98, 2016, pp. 499 – 512.

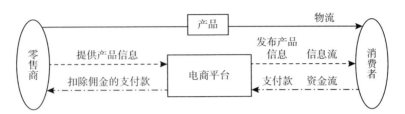

图 6 - 1 电商供应链的结构

当制造商入驻电商平台时，电商平台率先给出制造商入驻电商平台的资质和收费标准。制造商交纳给电商平台的费用有两类：（1）制造商要交纳平台使用费和保证金等固定费用。这种固定费用只能保证电商平台提供"基本服务"，即保证制造商具有借助平台销售产品的资质。（2）制造商要根据销售额交纳一定比例的佣金。通常，佣金的标准是按照产品销售金额的百分比收取。电商平台会根据收取的佣金数额为制造商提供相应的销售服务，例如，产品广告服务、快速退换货的服务，还有保障销售的代运营、仓储服务、物流服务、支付服务、客服、售后、信用维护等。而且交纳的佣金不同，电商平台对制造商提供的销售服务是不同的，尤其是为店铺进行的广告宣传。[①] 比如淘宝为商家提供的广告宣传就有淘宝直通车、品牌广告、淘客推广三种形式，淘宝网站首页不同位置的广告费用也不尽相同[②]；亚马逊提供的 CPC（Cost Per Click）广告服务等。目前，天猫、京东商城、亚马逊、eBay 等电商平台都是按照收取的佣金不同，为制造商提供差异化的销售服务。

模型假设如下：

（1）在电商供应链中，电商平台是主导企业，电商平台优先决策；

（2）在模型中，电商平台按照产品销售金额的一定百分比收取佣金；

（3）假设制造商和电商平台都是风险中性的。

模型符号说明如下：

p：产品的单位销售价格，制造商的决策变量。

---

① Han Q, Wang Y. Decision and Coordination in a Low-carbon E - supply Chain Considering the Manufacturer's Carbon Emission Reduction Behavior. *Sustainability*, Vol. 10, No. 5, 2018, pp. 1686.

② 《淘宝网为卖家提供了多样化的营销服务》，https：//smf. taobao. com/popularize/home. htm？spm = a2179. 1434706. 0. 0. 1c571398DYk9Pd，2018 年 6 月 12 日。

c：产品的生产成本。

f：每个销售周期，制造商支付给电商平台的固定技术服务费。

$\rho(0 < \rho < 1)$：佣金率，即电商平台向制造商收取的单位销售额的佣金。在实际运作中，佣金率按照平台对产品类目的有关规定执行，佣金率一般小于25%。[①] 因此在本章的模型中，假设 $0 < \rho < 0.25$。

s：电商平台的服务水平，电商平台的决策变量。电商平台提供的销售服务水平越高，相应的服务成本就越高，借鉴现有文献[②]的假设，电商平台提供销售服务 s 的成本函数为 $C(s) = \dfrac{ks^2}{2}$，其中 $k(k > 0)$ 为服务成本弹性系数，具体指提高单位服务水平需要付出的成本。

q：产品的市场需求量。在电商供应链中，产品的市场需求量一般与产品价格、电商平台的服务水平有关，借鉴已有文献[③]的假设，假设 $q = \alpha - \beta p + \gamma s$，其中 α、β、$\gamma > 0$，α 表示潜在的市场最大需求量，β 表示销售价格的弹性系数，γ 表示服务水平的弹性系数。

则在电商供应链中，制造商的利润函数为：

$$\pi_m = (1 - \rho)pq - cq - f \tag{6.1}$$

电商平台利润函数为：

$$\pi_e = \rho pq - \frac{ks^2}{2} + f \tag{6.2}$$

电商供应链的总利润函数为：

$$\pi_s = \pi_m + \pi_e = (p - c)q - \frac{ks^2}{2} \tag{6.3}$$

为保证问题有意义，假设参数满足：

（1）$2k\beta > \gamma^2$，这说明，制造商制定的产品销售价格高于生产成本。

① 《京东2018年开放平台各类目资费一览表》，https：//rule. jd. com/rule/ruleDetail. action?ruleId = 3863，2018 年 6 月 12 日。

② Tsay, A. A. and Agrawal, N. Channel Dynamics under Price and Service Competition. *Manufacturing & Service Operations Management*, Vol. 2, No. 4, 2000, pp. 372 – 391; Shen B, Qian R, Choi T M. Selling Luxury Fashion Online with Social Influences Considerations: Demand Changes and Supply Chain Coordination. *International Journal of Production Economics*, Vol. 185, 2017, pp. 89 – 99.

③ Wang Y Y, Li J. Research on Pricing, Service and Logistic Decision-making of E – supply Chain with 'Free Shipping' Strategy. *Journal of Control and Decision*, Vol. 5, No. 4, 2018, pp. 319 – 337.

（2）固定技术服务费 f 满足 $f < \dfrac{\beta\left[2k(\alpha - \alpha\rho - \beta c) + c\rho\gamma^2\right]^2}{16(1 - \rho)(2k\beta - \rho\gamma^2)^2}$，这说明，固定技术服务费的收取标准在制造商可以接受的范围之内。一般而言，固定技术服务费小于制造商利润的 30%。

6.1.2 模型构建与求解

6.1.2.1 不考虑利他偏好的分散决策

当电商平台不考虑利他偏好时，电商平台的决策函数为利润函数。在分散决策时，制造商和电商平台都是独立的经济主体，双方均以实现自身利润最大化为目标进行决策。电商平台是主导企业，制造商是从属企业，因此在决策时，电商平台率先给出服务水平 s，然后，制造商再给出产品的销售价格 p。制造商和电商平台构成电商平台为主、制造商为从的 Stackberg 博弈。根据逆向归纳法求解。

由（6.1）式，$\dfrac{\partial^2 \pi_m}{\partial p^2} = -2\beta(1 - \rho) < 0$ 可知，π_m 存在极大值，由 $\dfrac{\partial \pi_m}{\partial p} = 0$ 可得：

$$p = \frac{\alpha + \gamma s}{2\beta} + \frac{c}{2(1 - \rho)} \tag{6.4}$$

将式（6.4）代入式（6.2），由 $\dfrac{\partial^2 \pi_e}{\partial s^2} = \dfrac{\rho\gamma^2}{2\beta} - k < 0$ 可知，π_e 存在极大值，由 $\dfrac{\partial \pi_e}{\partial s} = 0$ 可得，电商平台的最优服务水平为：

$$s^{*d} = \frac{\alpha\rho\gamma}{2k\beta - \rho\gamma^2} \tag{6.5}$$

将式（6.5）代入式（6.4）可得产品的最优销售价格，进而可以计算分散决策下的最优决策为：

$$s^{*d} = \frac{\alpha\rho\gamma}{2k\beta - \rho\gamma^2}, \quad p^{*d} = \frac{k\alpha}{2k\beta - \rho\gamma^2} + \frac{c}{2(1 - \rho)}, \quad q^{*d} = \frac{k\beta\alpha}{2k\beta - \rho\gamma^2} - \frac{\beta c}{2(1 - \rho)}$$

$$\pi_m^{*d} = \beta(1 - \rho)\left[\frac{k\alpha}{2k\beta - \rho\gamma^2} - \frac{c}{2(1 - \rho)}\right]^2 - f$$

$$\pi_e^{*d} = \rho\left[\frac{k\alpha^2}{2(2k\beta - \rho\gamma^2)} - \frac{\beta c^2}{4(1-\rho)^2}\right] + f$$

$$\pi_s^{*d} = \beta(1-\rho)\left[\frac{k\alpha}{2k\beta - \rho\gamma^2} - \frac{c}{2(1-\rho)}\right]^2 + \rho\left[\frac{k\alpha^2}{2(2k\beta - \rho\gamma^2)} - \frac{\beta c^2}{4(1-\rho)^2}\right]$$

$$- \frac{k(\alpha\rho\gamma)^2}{2(2k\beta - \rho\gamma^2)^2}.$$

命题 6.1 p^{*d}、s^{*d}、q^{*d}、π_e^{*d} 与 ρ 正相关，π_m^{*d} 与 ρ 负相关。

证明： $\dfrac{\partial p^{*d}}{\partial \rho} = \dfrac{k\alpha\gamma^2}{(2k\beta - \rho\gamma^2)^2} + \dfrac{c}{2(1-\rho)^2} > 0$，$\dfrac{\partial s^{*d}}{\partial \rho} = \dfrac{2k\alpha\beta\gamma}{(2k\beta - \rho\gamma^2)^2} > 0$，

$\dfrac{\partial q^{*d}}{\partial \rho} = \dfrac{\beta k\alpha\gamma^2}{(2k\beta - \rho\gamma^2)^2} - \dfrac{\beta c}{2(1-\rho)^2} > 0$，同理可证$\dfrac{\partial \pi_m^{*d}}{\partial \rho} < 0$，$\dfrac{\partial \pi_e^{*d}}{\partial \rho} > 0$。

命题 6.1 说明在电商供应链中，随着电商平台收取的佣金率的增加，产品的销售价格、电商平台的服务水平、产品市场需求量和电商平台利润也增加，制造商利润却是下降的。增长的佣金率增加了电商平台的佣金收入，使得电商平台有更多的资金提高服务水平。但是增加了制造商的销售成本压力，制造商只能通过提高产品销售价格以防利润损失。尽管价格上涨导致市场需求降低，但是服务水平的提高引起的市场需求增加更加明显，因此市场需求量随着佣金率的增长而增加。

命题 6.2 $\pi_m^{*d} > \pi_e^{*d}$

证明： 因为有 $f < \dfrac{\beta[2k(\alpha - \alpha\rho - \beta c) + c\rho\gamma^2]^2}{16(1-\rho)(2k\beta - \rho\gamma^2)^2}$，所以有 $f < \dfrac{\beta[2k(\alpha - \alpha\rho - \beta c) + c\rho\gamma^2]^2}{10(1-\rho)(2k\beta - \rho\gamma^2)^2}$，

$$\pi_m^{*d} - \pi_e^{*d} = \frac{2k\alpha\{2k\beta[\alpha(1-2\rho) - 2\beta c] + \rho\gamma^2(2\beta c + \alpha\rho)\}}{4(2k\beta - \rho\gamma^2)^2} + \frac{\beta c^2}{4(1-\rho)^2} - 2f$$

$$> \frac{k\alpha\{k\beta[\alpha(1-3\rho) - 2\beta c] + \rho\gamma^2(\beta c + \alpha\rho)\}}{2(2k\beta - \rho\gamma^2)^2} + \frac{\beta c^2}{4(1-\rho)^2} > 0$$

通常来说，在线下传统供应链中，主导企业的利润大于从属企业的利润。但是在本部分研究中，命题 6.2 表明在电商供应链中，电商平台作为主导企业，其利润却低于制造商利润。究其原因，这是由电商平台的特性决定的，为了满足用户多样性的需求，防止顾客的流失，很多电商平台将全品类电商平台作为自己的发展战略，并且为了覆盖更多的消费人群，平台联合商家进行了品类化的横向延伸和系列化的纵向扩展。电商平台作为共享平台，为众多商家提供销售服务，比如爱定客凭借全

套的供应链、快速反应的 ERP 系统以及经验丰富的电商运营团队，同时依靠鞋类定制成本高、难度大、竞争对手进入门槛高的行业壁垒，已经成为个性化定制鞋领域首屈一指的品牌。借由定制鞋类所带来的良好用户反馈以及不断优化的运营体系，爱定客正式从单一品类向全品类定制平台转型，为用户提供更多个性化定制的商品。[①] 实际运营中，众多的入驻商家降低了电商平台的边际成本，获得了更大的利润。但是对于本部分的模型来说，即对于单一产品而言，制造商的利润远远高于电商平台的利润。

通过命题 6.1 和命题 6.2 可看出，一方面，优质的服务对于提高市场需求量具有重要作用。目前电商供应链的发展进入了严重同质化的商业模式，经常会实行拼低价的恶性竞争策略，如果不关注客户体验，提高服务水平，必然会轰然倾倒。因此电商平台在实际运营过程中要注重提高服务质量，做消费者满意的购物平台。另一方面，电商平台在电商供应链的优势地位是通过规模经济获得的，作为共享平台，应该注重吸引更多商家入驻平台，建立友好、和谐的经济合作关系对长久发展是非常重要的。这就要求电商平台在获得巨大的经济利润的同时，也要关注处于从属地位的制造商的利润，关注制造商的决策心理，为了保持电商供应链系统的协调运行，适当在利润上做出让步，保持公平、公正、和谐竞争的网络市场局面。

6.1.2.2　考虑利他偏好的分散决策

在该模型下，平台在作决策时考虑了制造商的利益，即对制造商表现出利他的偏好。借鉴 Katok 等[②]的研究，电商平台的效用函数可表示为：

$$U_e = (1 - \theta)\pi_e + \theta\pi_m = \pi_e + \theta(\pi_m - \pi_e) \qquad (6.6)$$

其中，θ 称为电商平台的利他偏好系数，θ 越接近 0，电商平台的利他偏好程度（即对制造商收益的关注程度）越弱；反之，θ 越接近 1，电商平台的利他偏好程度越强。

①　张海蛟：《爱定客全品类定制平台上线 引领 C2B 社交化电商》，中国经济网，http://finance.ce.cn/rolling/201312/19/t20131219_1951871.shtml，2013 年 12 月 19 日。

②　Katok E, Olsen T, Pavlov V. Wholesale Pricing under Mild and Privately Known Concerns for Fairness. *Production and Operations Management*, Vol. 23, No. 2, 2014, pp. 285–302.

此时在决策时，电商平台的决策函数不是利润，而是效用，电商平台以实现自身效用最大化为目标进行决策。制造商和电商平台仍然构成以电商平台为主、制造商为从的 Stackelberg 博弈。采用逆向归纳法求解（求解思路同 6.1.2.1 部分），可得在此决策模式下的最优决策为：

$$s^{*f} = \frac{\gamma\{\alpha[\rho(1-\theta)+\theta(1-\rho)]-\beta\theta c\}}{2k\beta(1-\theta)-\gamma^2[\rho(1-\theta)+\theta(1-\rho)]} \qquad (6.7)$$

$$p^{*f} = \frac{2k\alpha(1-\theta)-\theta\gamma^2 c}{2\{2k\beta(1-\theta)-\gamma^2[\rho(1-\theta)+\theta(1-\rho)]\}} + \frac{c}{2(1-\rho)} \qquad (6.8)$$

$$q^{*f} = \frac{\beta[2k\alpha(1-\theta)-\theta\gamma^2 c]}{2\{2k\beta(1-\theta)-\gamma^2[\rho(1-\theta)+\theta(1-\rho)]\}} - \frac{\beta c}{2(1-\rho)}$$

$$\pi_m^{*f} = \beta(1-\rho)\left\{\frac{2k\alpha(1-\theta)-\theta\gamma^2 c}{2\{2k\beta(1-\theta)-\gamma^2[\rho(1-\theta)+\theta(1-\rho)]\}} - \frac{c}{2(1-\rho)}\right\}^2 - f$$

$$\pi_e^{*f} = \frac{\rho\beta[2k\alpha(1-\theta)-\theta\gamma^2 c]^2}{4\{2k\beta(1-\theta)-\gamma^2[\rho(1-\theta)+\theta(1-\rho)]\}^2} - \frac{\rho\beta c^2}{4(1-\rho)^2}$$
$$- \frac{k\gamma^2\{\alpha[\rho(1-\theta)+\theta(1-\rho)]-\beta\theta c\}^2}{2\{2k\beta(1-\theta)-\gamma^2[\rho(1-\theta)+\theta(1-\rho)]\}} + f$$

$$\pi^{*f} = \frac{\rho\beta[2k\alpha(1-\theta)-\theta\gamma^2 c]^2}{4\{2k\beta(1-\theta)-\gamma^2[\rho(1-\theta)+\theta(1-\rho)]\}^2}$$
$$- \frac{k\gamma^2\{\alpha[\rho(1-\theta)+\theta(1-\rho)]-\beta\theta c\}^2}{2\{2k\beta(1-\theta)-\gamma^2[\rho(1-\theta)+\theta(1-\rho)]\}^2}$$
$$+ \beta(1-\rho)\left\{\frac{2k\alpha(1-\theta)-\theta\gamma^2 c}{2\{2k\beta(1-\theta)-\gamma^2[\rho(1-\theta)+\theta(1-\rho)]\}}\right.$$
$$\left. - \frac{c}{2(1-\rho)}\right\}^2 - \frac{\rho\beta c^2}{4(1-\rho)^2}$$

命题 6.3 s^{*f}、p^{*f}、q^{*f}、π_m^{*f} 与 θ 正相关，π_e^{*f} 与 θ 负相关。当 $\theta < 0.5$ 时，π^{*f} 与 θ 正相关；当 $\theta > 0.5$ 时，π^{*f} 与 θ 负相关。

证明： $\dfrac{\partial s^{*f}}{\partial\theta} = \dfrac{\beta\gamma\{2k[\alpha(1-\rho)-\beta c]+\rho\gamma^2 c\}}{\{2k\beta(1-\theta)-\gamma^2[\rho(1-\theta)+\theta(1-\rho)]\}^2} > 0$，$\dfrac{\partial p^{*f}}{\partial\theta} =$

$\dfrac{\gamma^2\{2k[\alpha(1-\rho)-\beta c]+\rho\gamma^2 c\}}{2\{2k\beta(1-\theta)-\gamma^2[\rho(1-\theta)+\theta(1-\rho)]\}^2} > 0$，同理可证，$\dfrac{\partial q^{*f}}{\partial\theta} > 0$，

$\dfrac{\partial\pi_m^{*f}}{\partial\theta} > 0$，$\dfrac{\partial\pi_e^{*f}}{\partial\theta} < 0$。$\dfrac{\partial\pi^{*f}}{\partial\theta} = \dfrac{\beta\gamma^2(1-2\theta)\{2k[\alpha(1-\rho)-\beta c]+\rho\gamma^2 c\}^2}{2\{2k\beta(1-\theta)-\gamma^2[\rho(1-\theta)+\theta(1-\rho)]\}^3}$，

显然，当 $\theta = 0.5$ 时，$\dfrac{\partial\pi^{*f}}{\partial\theta} = 0$；当 $\theta < 0.5$ 时，$\dfrac{\partial\pi^{*f}}{\partial\theta} > 0$；当 $\theta > 0.5$ 时，

157

$$\frac{\partial \pi^{*f}}{\partial \theta} < 0_\circ$$

从命题 6.3 中可以看出，在电商供应链中，产品的销售价格、电商平台的服务水平以及市场需求量随着利他偏好系数的增加而增加。制造商利润随着利他偏好系数的增加而增加，而电商平台利润随着利他偏好系数的增加而减少。

事实上，电商平台的这种利他偏好模式，相当于电商平台牺牲了部分利润来保持电商供应链的正常运行。电商平台决策时从系统的角度来考虑，不仅仅是关注自身的收益，而且也关注制造商的收益。电商平台在决定服务水平时，考虑服务水平的增加会促进产品需求量的增加，因此服务水平较无利他偏好的服务水平高。服务水平的提高必然会使制造商制定较高的销售价格来保证一定的利润空间，此时服务水平刺激的需求的增加远远大于价格上涨压抑的需求，因此产品的需求量增加；虽然制造商的利润增加，但是过高的服务成本，导致电商平台利润会低于无利他偏好的情况。正是这个原因，在实际运作中，电商平台一般不愿考虑利他偏好，往往是迫于政策的压力和维持链条长期稳定运行的需要，不得不考虑利他偏好，而且这种利他偏好程度一般不会太高，在实际运行中，一般而言，电商平台利他偏好系数 $\theta < 0.5_\circ$[①]

从命题 6.3 也可以看出，当 $\theta < 0.5$ 时，系统的利润随着利他偏好程度的增加而增加，但是当 $\theta > 0.5$ 时，系统的利润却随着利他偏好程度的增加而减少。这进一步说明，电商平台在决策时，适当地考虑利他偏好，保证 $\theta < 0.5$，电商平台牺牲自身的部分利润来换取良好的市场效用，可以促进与制造商的密切合作，对整个系统的运行是有利的。

目前，随着电子商务的繁荣和各国相关政策的出台，对电商平台主导的网络经济竞争市场提出了公平、公正的要求，这使得电商平台因为独特的运营特点不得不考虑上下游合作企业的生存现状。为保证电商供

---

① Qin, F., Mai, F., Fry, M. J. and Raturi, A. S. Supply – Chain Performance Anomalies: Fairness Concerns under Private Cost Information. *European Journal of Operational Research*, Vol. 252, No. 1, 2016, pp. 170 – 182; Jokela P, Söderman A. Re-examining the Link Between Fairness and Commitment in Buyer-supplier Relationships. *Journal of Purchasing and Supply Management*, Vol. 23, No. 4, 2017, pp. 268 – 279.

应链的高效稳定运行，适当牺牲自身的利润来换取良好的市场效用，促进供应链成员的密切合作，有效提高系统收益，成为电商平台在决策时的明智选择。

6.1.2.3　集中决策

从前文的分析可知，电商平台的利他偏好能够促进系统成员的紧密合作。在供应链系统中，随着制造商和电商平台合作密切度的加深，若双方能共同以实现电商供应链系统的整体利润最大化为目标进行决策，则系统就构成了集中决策。在集中决策下，双方的决策函数为：

$$\max_{p,s}\pi(p,\ s) = (p - c)q - \frac{ks^2}{2} \tag{6.9}$$

根据式 (6.9)，计算 $\pi(p,\ s)$ 的 Hessian 矩阵为 $H = \begin{bmatrix} \partial^2\pi/\partial^2 p & \partial^2\pi/\partial p\partial s \\ \partial^2\pi/\partial s\partial p & \partial^2\pi/\partial^2 s \end{bmatrix} = \begin{bmatrix} -2\beta & \gamma \\ \gamma & -k \end{bmatrix}$，由于 $-2\beta < 0$，$2k\beta - \gamma^2 > 0$，所以 $\pi(p,\ s)$ 的 Hessian 矩阵 H 是负定矩阵，$\pi(p,\ s)$ 存在极大值。由 $\frac{\partial\pi}{\partial p} = 0$，$\frac{\partial\pi}{\partial s} = 0$ 联立方程，可得在集中决策下的最优决策为：

$$s^{*c} = \frac{\gamma(\alpha - \beta c)}{2k\beta - \gamma^2},\ p^{*c} = \frac{k\alpha + k\beta c - c\gamma^2}{2k\beta - \gamma^2},\ \pi_s^{*c} = \frac{k(\alpha - \beta c)^2}{2(2k\beta - \gamma^2)}$$

比较三种决策模式下的最优决策，可以得到结论 6.1 至结论 6.2。

结论 6.1　$p^{*c} > p^{*f} > p^{*d}$，$s^{*c} > s^{*f} > s^{*d}$。

证明： 因为 $0 < \rho < 0.25$，$2k\beta - \rho\gamma^2 > 2k\beta - \gamma^2 > 0$，$\alpha > \beta c$，$k\alpha + k\beta c > \gamma^2 c$，所以 $s^{*c} - s^{*f} = \frac{\beta\gamma(1 - 2\theta)\{2k[\alpha(1 - \rho) - \beta c] + \rho\gamma^2 c\}}{(2k\beta - \gamma^2)\{2k\beta(1 - \theta) - \gamma^2[\rho(1 - \theta) + \theta(1 - \rho)]\}} > 0$，同理可证，$p^{*c} - p^{*f} > 0$。

当 $\theta = 0$ 时，有 $p^{*d} = p^{*f}$，$s^{*d} = s^{*f}$，由命题 6.3 可知，s^{*f}、p^{*f} 与 θ 正相关，因此 $p^{*d} < p^{*f}$，$s^{*d} < s^{*f}$。所以有 $p^{*c} > p^{*f} > p^{*d}$，$s^{*c} > s^{*f} > s^{*d}$ 成立。

结论 6.1 表明，在电商平台利他偏好下，产品的销售价格和电商平台的服务水平均高于无利他偏好时的情形。这进一步说明，电商平台从保持系统稳定发展的长期目标出发考虑利他偏好，有利于提高系统效率。在集中决策下，产品的销售价格和电商平台的服务水平均达到最高。集中决策模式下产品的销售价格高于分散决策模式下的销售价格，这一结论与以往研究结论"集中决策模式中价格更低"[①] 不一致。随着网络经济中不同平台之间产品价格的透明化，产品价格变动的幅度空间不断变小，在这种情况下，产品的需求量与电商平台的服务水平密切相关。为了提高产品的销量，在集中决策下，电商平台投入较大的资金用于提供优质的服务，而电商平台的运营资金主要源于销售产品的佣金收益，因此必然会导致产品价格的上升。

根据集中决策下的求解规则，以及命题 6.1 的证明思路，可得结论 6.2。

结论 6.2　$\pi_m^{*f} > \pi_m^{*d}$，$\pi_e^{*d} > \pi_e^{*f}$。当 $\theta < 0.5$ 时，$\pi^{*c} > \pi^{*f} > \pi^{*d}$；当 $\theta > 0.5$ 时，$\pi^{*c} > \pi^{*d} > \pi^{*f}$。

结论 6.2 表明，（1）集中决策下，电商供应链系统利润最高。（2）分散决策下，当电商平台公平关切时，制造商利润高于不考虑利他偏好时的利润，电商平台利润低于不考虑利他偏好时的利润，这与命题 6.3 的结论是一致的。电商平台利他偏好下，考虑制造商的收益情况，通过提供较高的销售服务水平，有效增加了产品的市场需求量，提高了制造商的收益。而电商平台尽管自身收益受损，但是制造商收益的增长提高了制造商与电商平台之间合作的积极性，对开展广泛的合作是有利的。而且电商平台采取适当的利他偏好行为（保证 $\theta < 0.5$），有利于增加供应链系统的利润，对促成制造商和电商平台的协调运作发挥一定的积极作用。

6.1.3　协调机制的设计

集中决策模式可以有效提高产品的销售价格和服务水平，并且获得最大的系统利润。这说明集中决策可以避免分散决策下"双重边际效应"导致的系统效率损失。因此设计有效的协调机制，实现供应链成员以及系统利润的"双赢"，是非常有必要的。

[①]　Chen L T. Dynamic Supply Chain Coordination Under Consignment and Vendor-managed Inventory in Retailer-centric B2B Electronic Markets. *Industrial Marketing Management*，Vol. 42，No. 4，2013，pp. 518 – 531；Hong X，Xu L，Du P，et al. Joint Advertising，Pricing and Collection Decisions in a Closed-loop Supply Chain. *International Journal of Production Economics*，Vol. 167，2015，pp. 12 – 22.

通过 6.1.2 的分析可知，一方面，电商平台的利他偏好行为有利于促成电商平台和制造商的协调；另一方面，电商平台收取的佣金和固定技术服务费，可以调整集中决策下电商平台和制造商所得的利润分配比例。因此，电商平台可以采用利他偏好系数 θ、佣金率 ρ 和固定技术服务费 f 作为协调工具，设计"利他偏好联合佣金"契约实现系统的协调。

"利他偏好联合佣金"契约的协调思想是：一方面，电商平台通过提供较高的利他偏好程度，让自身的服务水平达到集中决策要求的服务水平；另一方面，电商平台通过调整佣金率的大小，促使制造商制定的产品销售价格达到集中决策要求的销售价格，以期实现集中决策。与此同时，电商平台通过调整固定技术服务费 f 的大小，协调双方在集中决策下的利润分配比例，以达到双方的收益都大于分散决策下的收益。假设协调后，电商平台的固定技术服务费调整为 f′，佣金率为 ρ′。

结论 6.3 在"利他偏好联合佣金"契约中，若契约协调系数 (θ, ρ', f') 满足 $(\theta, \rho', f') = \left\{ 0.5, 0, f' \in \left[\pi_e^{*d} + \dfrac{k\gamma^2(\alpha - \beta c)^2}{2(2k\beta - \gamma^2)^2}, \right.\right.$

$\left.\left. \dfrac{\beta k^2(\alpha - \beta c)^2}{(2k\beta - \gamma^2)^2} - \pi_m^{*d} \right] \right\}$，则契约可以实现电商供应链系统的协调。

证明：电商平台公平关切下：

最优的服务水平为 $s^{*f} = \dfrac{\gamma\{\alpha[\rho(1-\theta) + \theta(1-\rho)] - \beta\theta c\}}{2k\beta(1-\theta) - \gamma^2[\rho(1-\theta) + \theta(1-\rho)]}$

最优的产品销售价格为 $p^{*f} = \dfrac{2k\alpha(1-\theta) - \theta\gamma^2 c}{2\{2k\beta(1-\theta) - \gamma^2[\rho(1-\theta) + \theta(1-\rho)]\}} + $

$\dfrac{c}{2(1-\rho)}$

当 $\theta = 0.5$ 且 $\rho' = 0$ 时，有

$$s^{*f} = \frac{\gamma\{\alpha[\rho(1-\theta) + \theta(1-\rho)] - \beta\theta c\}}{2k\beta(1-\theta) - \gamma^2[\rho(1-\theta) + \theta(1-\rho)]} = \frac{\gamma(\alpha - \beta c)}{2k\beta - \gamma^2} = s^{*c}$$

$$p^{*f} = \frac{2k\alpha(1-\theta) - \theta\gamma^2 c}{2\{2k\beta(1-\theta) - \gamma^2[\rho(1-\theta) + \theta(1-\rho)]\}} + \frac{c}{2(1-\rho)}$$

$$= \frac{k\alpha + k\beta c - c\gamma^2}{2k\beta - \gamma^2} = p^{*c}$$

此时，电商平台的利他偏好决策模式可以实现集中决策。

协调后，有 $\theta = 0.5$ 且 $\rho' = 0$，则

制造商的利润为 $\overline{\pi}_m = (1-\rho)pq - cq - f' = [p^{*c} - c] \cdot (\alpha - \beta p^{*c} + \gamma s^{*c}) - f'$

电商平台利润函数为 $\overline{\pi}_e = \rho pq - ks^2/2 + f' = -k\dfrac{(s^{*c})^2}{2} + f'$

若要电商平台和制造商能接受这个契约，则要保证 $\overline{\pi}_m \geqslant \pi_m^{*d}$ 且

$\overline{\pi}_e \geqslant \pi_e^{*d}$，即 $\begin{cases} [p^{*c} - c] \times (\alpha - \beta p^{*c} + \gamma s^{*c}) - f' \geqslant \pi_m^{*d} \\ -k\dfrac{(s^{*c})^2}{2} + f' \geqslant \pi_e^{*d} \end{cases}$，整理得，$f'$ 需要

满足 $\pi_e^{*d} + \dfrac{k\gamma^2(\alpha - \beta c)^2}{2(2k\beta - \gamma^2)^2} \leqslant f' \leqslant \dfrac{\beta k^2(\alpha - \beta c)^2}{(2k\beta - \gamma^2)^2} - \pi_m^{*d}$。

由结论6.3可知，为了保障系统的稳定运行，实现系统的利润协调，在"利他偏好联合佣金"契约中，电商平台做出了最大的让步，为制造商免费提供最好的服务，对制造商只收取一定数量的固定技术服务费。而且，还在决策中很大程度地考虑制造商的收益，将公平关切程度提高到0.5，这与命题6.3的结论也相符，电商平台在契约中采取了最大限度的让步来保证系统效率的提升。例如淘宝（www.taobao.com）对"企业店铺"不收取佣金，极有家平台（www.jiyoujia.com）对入驻商家不收取入驻费用也不收取佣金；针对平台返佣类目（例如服饰鞋帽、运动户外、箱包皮具等20个产品类目），在苏宁易购的商家考核中如果详细卖家评分（Detail Seller Rating, DSR）商家评价数超过200个，DSR（商品、服务、物流）评分不低于4.8分，且退货纠纷率不高于1%，那么就可以享受佣金现金返还的优惠。电商平台通过一系列的让利，减轻了入驻商家的运营成本，加强了与入驻商家的合作。

命题6.4 在"利他偏好联合佣金"契约中，调整的固定技术服务费 f' 与服务成本弹性系数 k 负相关，与销售价格的弹性系数 β 负相关，与服务水平的弹性系数 γ 正相关，与协调之前佣金率 ρ 正相关。

证明： 根据结论6.3，对调整的固定技术服务费 f' 满足的条件进行分析，通过化简可有 $f'_{min} \leqslant f' \leqslant f'_{max}$，其中 $f'_{min} = \rho\left[\dfrac{k\alpha^2}{2(2k\beta - \rho\gamma^2)} - \dfrac{\beta c^2}{4(1-\rho)^2}\right] + \dfrac{k\gamma^2(\alpha - \beta c)^2}{2(2k\beta - \gamma^2)^2} + f$，$f'_{max} = f + \dfrac{\beta k^2(\alpha - \beta c)^2}{(2k\beta - \gamma^2)^2} - \beta(1-\rho)\left[\dfrac{k\alpha}{2k\beta - \rho\gamma^2} - \dfrac{c}{2(1-\rho)}\right]^2$。

$$\frac{\partial f'_{\min}}{\partial \rho} = \frac{\beta}{4} \Big[\frac{4k^2\alpha^2}{(2k\beta - \rho\gamma^2)^2} - \frac{c^2 (1+\rho)}{(1-\rho)^3} \Big] > 0$$

$$\frac{\partial f'_{\max}}{\partial \rho} = -\frac{\beta c^2 (1+\rho)}{4 (1-\rho)^2} + \frac{k^2\alpha^2\beta \{2k\beta - \gamma^2 (2-\rho)\}}{(2k\beta - \rho\gamma^2)^3} + \frac{ck\alpha\beta\gamma^2}{(2k\beta - \rho\gamma^2)^2} > 0$$

同理可证，$\dfrac{\partial f'_{\min}}{\partial k} < 0$，$\dfrac{\partial f'_{\min}}{\partial \beta} < 0$，$\dfrac{\partial f'_{\min}}{\partial \gamma} > 0$；$\dfrac{\partial f'_{\max}}{\partial k} < 0$，$\dfrac{\partial f'_{\max}}{\partial \beta} < 0$，$\dfrac{\partial f'_{\max}}{\partial \gamma} > 0$。

因为有 $f'_{\min} \leqslant f' \leqslant f'_{\max}$，所以 $\exists \lambda \in [0, 1]$，使得 $f' = \lambda f'_{\min} + (1-\lambda) f'_{\max}$，由于 $\dfrac{\partial f'_{\min}}{\partial k} < 0$，$\dfrac{\partial f'_{\max}}{\partial k} < 0$，所以 $\dfrac{\partial f'}{\partial k} < 0$，即固定技术服务费 f' 随着服务成本弹性系数 k 的增大而减小。

同理可证，f' 与 β 负相关，与 γ 正相关，与 ρ 正相关。

从命题 6.4 可以看出，随着服务成本弹性系数 k 的增加，即随着电商平台提高单位服务水平需要付出的成本的增加，协调机制中制造商需要缴纳的固定技术服务费会降低。一般认为电商平台需要付出的成本越高，为缓解成本压力便会向合作企业收取更高的费用，但是在"公平关切联合佣金"契约中，电商平台关注制造商收益的公平关切行为会使固定技术服务费降低。实施协调契约之前，佣金率越高的品类，在实施协调契约之后，调整的固定技术服务费会增加。这是因为在协调契约中，电商平台放弃了产品的佣金收入，只能通过提高固定技术服务费补偿佣金损失的部分利润。

随着销售价格弹性系数 β 的增加，固定技术服务费呈现下降的趋势，消费者对产品价格越发敏感，使得市场需求量波动较大，制造商面临的市场不确定性增强，电商平台的公平关切行为使固定技术服务费降低。

随着服务水平弹性系数 γ 的增加，固定技术服务费呈现上升的趋势，服务水平的提高对市场需求量的影响增大，电商平台提高服务水平的行为有利于产品的销售，因此会提高固定技术服务费保证服务质量的改善。

命题 6.5　在"利他偏好联合佣金"契约协调前后，制造商交纳的固定技术服务费之差与服务成本弹性系数 k 负相关，与销售价格的弹性系数 β 负相关，与服务水平的弹性系数 γ 正相关。

证明： 因为有 $\pi_e^{*d} + \dfrac{k\gamma^2 (\alpha - \beta c)^2}{2(2k\beta - \gamma^2)^2} \leqslant f' \leqslant \dfrac{\beta k^2 (\alpha - \beta c)^2}{(2k\beta - \gamma^2)^2} - \pi_m^{*d}$，

所以 $\Delta f = f' - f$ 的范围满足 $\Delta f_l \leqslant \Delta f \leqslant \Delta f_r$，其中 $\Delta f_l = \rho \left[\dfrac{k\alpha^2}{2(2k\beta - \rho\gamma^2)} - \right.$

$\left. \dfrac{\beta c^2}{4(1-\rho)^2} \right] + \dfrac{k\gamma^2(\alpha - \beta c)^2}{2(2k\beta - \gamma^2)^2}$，$\Delta f_r = \dfrac{\beta k^2(\alpha - \beta c)^2}{(2k\beta - \gamma^2)^2} - \beta(1-\rho)$

$\left[\dfrac{k\alpha}{2k\beta - \rho\gamma^2} - \dfrac{c}{2(1-\rho)} \right]^2$。根据命题 6.4 可知，$\dfrac{\partial \Delta f}{\partial k} < 0$，$\dfrac{\partial \Delta f}{\partial \beta} < 0$，

$\dfrac{\partial \Delta f}{\partial \gamma} > 0$。

命题 6.5 表明，制造商所缴纳的固定技术服务费变化情况与调整之后的固定技术服务费的变化情况是一致的。随着服务成本弹性系数 k 的增加和销售价格弹性系数 β 的增加，固定技术服务费提高的范围变小；随着服务水平弹性系数 γ 的增加，固定技术服务费提高的范围变大。

6.1.4 数值分析

下面结合数值算例，对"利他偏好联合佣金"契约的协调性质进行数值分析。借鉴现有研究[①]的取值，将问题一般化，即考虑一般性产品进行数值分析。

（1）首先对协调契约实施后的协调效果进行数值分析，取 $k \in [15, 25]$，其他参数赋值为 $\alpha = 50$，$\beta = 1$，$\gamma = 0.8$，$c = 5$，$\rho = 0.1$，$f = 30$，可以得到协调前后制造商利润和电商平台利润的对比结果，如图 6-2 和图 6-3 所示（$\bar{\pi}_m$ 和 $\bar{\pi}_e$ 分别表示协调机制后制造商和电商平台的利润，$\bar{\pi}_m$ 的可行范围为 $[\bar{\pi}_m|_{min}, \bar{\pi}_m|_{max}]$，$\bar{\pi}_e$ 的可行范围为 $[\bar{\pi}_e|_{min}, \bar{\pi}_e|_{max}]$）。可以看出，协调机制中，电商平台利润和制造商利润相对于分散决策下都有提高，电商平台利润的增加程度明显高于制造商，进一步说明了电商平台实施契约的可行性。并且说明"利他偏好

① Lu Q, Liu N. Effects of E - commerce Channel Entry in a Two-echelon Supply Chain: A Comparative Analysis of Single-and Dual-channel Distribution Systems. *International Journal of Production Economics*, Vol. 165, 2015, pp. 100 - 111; Wang L, Song H, Wang Y. Pricing and Service Decisions of Complementary Products in a Dual-channel Supply Chain. *Computers & industrial engineering*, Vol. 105, 2017, pp. 223 - 233; Xie J P, Liang L, Liu L H, et al. Coordination Contracts of Dual-channel with Cooperation Advertising in Closed-loop Supply Chains. *International Journal of Production Economics*, Vol. 183, 2017, pp. 528 - 538.

联合佣金"契约可以实现制造商和电商平台的帕累托改进，实现电商供应链协调。

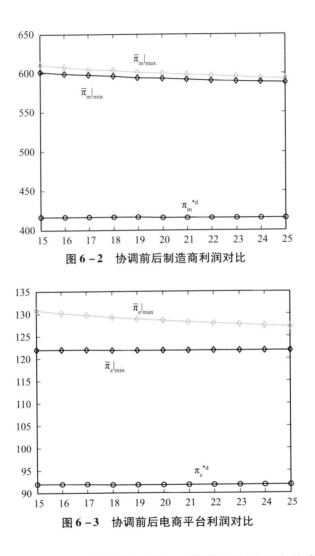

图6-2　协调前后制造商利润对比

图6-3　协调前后电商平台利润对比

（2）其次分析服务成本弹性系数 k 对协调机制中固定技术服务费 f′的可行区间 $[f'_{min}, f'_{max}]$ 的影响。取 $k \in [10, 30]$，其他参数赋值为 $\alpha = 50$，$\beta = 1$，$\gamma = 0.8$，$c = 5$，$\rho = 0.1$，$f = 30$，可以得到固定技术服务费的变化情况，如图6-4所示，可以看出，随着 k 的增加，协调契约中固定技术服务费 f′减小，固定技术服务费下降的速度趋于平缓。并且固定技术服务费上限 f'_{max} 下降的速度高于下限 f'_{min} 的下降速度，电商平台和制造商之间的协调空间变小。

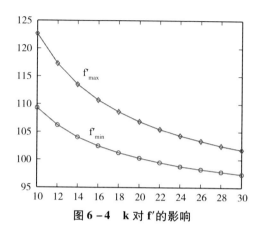

图 6-4　k 对 f′的影响

（3）再次分析销售价格弹性系数 β 对固定技术服务费 f′的可行区间 $[f'_{min}, f'_{max}]$ 的影响。取 $\beta \in [0.2, 1.2]$，其他参数赋值为 $\alpha = 50$，$\gamma = 0.8$，$k = 20$，$c = 5$，$\rho = 0.1$，$f = 30$，可以得到 f′的可行区间 $[f'_{min}, f'_{max}]$ 的变化情况，如图 6-5 所示。可以看出，f′与 β 是负相关的关系，并且随着 β 的增加，f′下降的速度逐渐减缓。并且固定技术服务费上限 f'_{max} 下降的速度高于下限 f'_{min} 的下降速度，所以，电商平台和制造商之间的协调空间会变小。

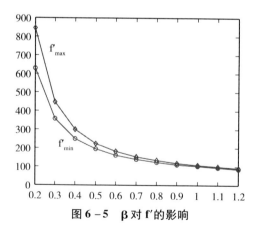

图 6-5　β 对 f′的影响

（4）最后分析服务水平弹性系数 γ 对固定技术服务费 f' 的可行区间 $[f'_{min}, f'_{max}]$ 的影响。取 $\gamma \in [0.3, 0.8]$，其他参数赋值为 $\alpha = 50$，$\beta = 1$，$k = 20$，$c = 5$，$\rho = 0.1$，$f = 30$，可以得到 f' 的变化情况，如图 6-6 所示。图 6-6 表明，随着 γ 的增加，协调契约中固定技术服务费增加。并且固定技术服务费上限 f'_{max} 的增长速度明显高于下限 f'_{min} 的增长速度。协调契约的可行区间逐渐增大，制造商和电商平台的谈判空间扩大。

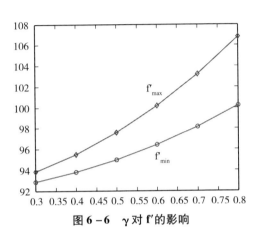

图 6-6　γ 对 f' 的影响

167

由此可见，虽然服务成本弹性系数 k 和销售价格弹性系数 β 的增加，使得协调时电商平台会减少固定技术服务费 f' 的收取标准，但这也进一步导致电商平台和制造商的谈判空间减小，不利于系统协调机制的设计。而服务水平弹性系数 γ 的增加，会提高固定技术服务费的收取标准，同时会使得协调机制的谈判空间扩大，有利于系统协调机制的设计。

参考 Varian[1] 的研究，并且根据现实生活中消费者对产品销售价格和服务水平敏感性的不同，可以将电商平台销售的主要产品大概分为四类，如表 6-1 所示。

表 6-1　　　　　　　　　根据弹性系数对产品分类

服务水平弹性系数	销售价格弹性系数较大	销售价格弹性系数较小
服务水平弹性系数较大	家用电器	数码产品、定制性产品
服务水平弹性系数较小	珠宝首饰、礼品箱包、钟表	服饰食品、家居等用品

---

① Hal R. Varian, *Intermediate Economics*, New York, Norton, 1999.

由图 6 - 4 至图 6 - 6 的分析可知,"利他偏好联合佣金"契约比较适用于市场需求受销售价格影响小且受服务水平影响大的产品,比如数码产品和定制型产品;但是对于市场需求受销售价格影响大且服务水平影响小的产品并不太适合,比如珠宝首饰、礼品箱包等,对于这些产品类目,协调机制的谈判空间很小,很难达到契约满足的条件。对于市场需求受销售价格影响小且受服务水平影响也小的日常用品而言,由于产品的市场需求波动较小,因此对这类产品采用"利他偏好联合佣金"契约协调系统,效果也不明确。因此,电商平台在采用"利他偏好联合佣金"契约协调系统时,还要考虑产品类别以及产品弹性系数的影响。

根据表 6 - 1 对产品的分类,下面通过中国某大型电商平台的某些产品的销售数据来说明契约的协调效果。选取平台中几类产品某年 7 ~ 9 月的销售数据进行对比,如表 6 - 2 所示。

表 6 - 2　　　　　　　　**某年 7 ~ 9 月产品的销售量情况**

产品	7 月	8 月	9 月
手机	37958	39735	45684
瑞士手表	321	455	397
翡翠玉石	550	699	624
旅行包	280	344	524
家装软饰	615	499	575

从表 6 - 2 可以看出,手机在从 7 月开始的 3 个月,每个月的销售量呈现增长趋势,这主要是因为从 6 月开始,这个平台开通了全国上门取件服务,解决了消费者网购的售后之忧。提供上门取件服务可以使入驻商家摆脱售后物流慢的困境,平台作为主导企业向入驻商家做出一定的让步,提高了产品的市场销量和电商平台的服务水平,增强了消费者的购物体验。这说明协调契约更适用于服务水平弹性系数大的产品,这也进一步表明电商平台让利性质的公平关切有利于系统运行,提高效率。但是,瑞士手表、翡翠玉石、旅行包等产品增长的幅度并不明确,"家装软饰"的销量反而出现下降的趋势。这表明,对于市场需求受服务水平影响小的产品,采用"利他偏好联合佣金"契约协调系统效果并不明显。

6.1.5　讨论

在现实生活中,"利他偏好联合佣金"协调契约的实施面临很大的困境,很少有电商平台能做到免收佣金。苏宁易购仅对达到要求的服饰鞋帽、运动户外、箱包皮具、珠宝首饰等产品类目返还佣金;国美在线在 2014 年时曾对符合要求的入驻商家免收第一年佣金,吸引了大量的商家入驻,但是从第二年起仍然继续收取佣金;天猫对销售额达到一定规模满足折扣条件的商家给予 50% 或者 100% 的年费折扣优惠[①],并不会返还佣金。究其主要原因是:

(1)尽管电商供应链加强了制造商和电子商务平台之间的信息交流,促进了企业之间的合作,但是不可否认的是,仍然存在信息不对称的情况,电商平台和入驻企业之间很难实现一体的企业联盟,"双重边际化现象"也是很难避免的。在现实中,佣金作为电商平台的主要收入,是提供销售服务的主要资金来源,免佣金政策在电商平台创建初期能够吸引较多制造商入驻,拉拢更多的合作企业;但是随着电商平台的发展壮大,电商平台与制造商的实力差距越来越大,电商平台为了谋取更多的利润,一般不会将这种免佣金政策长期实施下去。

(2)利他偏好是决策主体对公平意愿在决策过程中的反映,但是这种考虑是有一定限度的。本部分所研究的电商平台的利他偏好实际上是一种利他主义行为,在分散决策的模式下,电商平台一般不愿考虑利他偏好,往往是迫于政策的压力和维持链条长期稳定运行的需要,不得不考虑利他偏好,因此这种利他偏好程度一般不会太高。"利他偏好联合佣金"契约中,所建议的利他偏好系数 $\theta = 0.5$,是一种非常理想的情况,在电商供应链实际运营决策中,电商平台的利他偏好很难达到这一程度。

由于公平、公正、稳定的网络竞争局面是网络经济健康、良性发展的基础[②],为了构建公平、公正、稳定的竞争局面,需要做到:

---

① 《天猫 2018 年度各类目年费软件服务费一览表》,https://wenku.baidu.com/view/2b15fd51590216fc700abb68a98271fe900eaf51.html? _wkts_ = 1712451463966,2018 年 6 月 12 日。

② Anderson B B, Hansen J V, Lowry P B, et al. Standards and Verification for Fair-exchange and Atomicity in E – commerce Transactions. *Information Sciences*, Vol. 176, No. 8, 2006, pp. 1045 – 1066; Ray I, Zhang H. Experiences in Developing a Fair-exchange E – commerce Protocol Using Common Off-the-shelf Components. *Electronic Commerce Research and Applications*, Vol. 7, No. 2, 2008, pp. 247 –259.

（1）对电商平台而言，首先，应该要致力于提高平台的服务质量，优化消费者的购物体验，增强消费者粘性，获得更多流量才能在市场中保持竞争优势；其次，电商平台需要考虑公平性问题，关注合作企业的经营状况和利润空间，适当时候做出一定让步，才有利于成员企业的稳定合作；最后，电商平台可以根据产品的类别，尝试对产品减免佣金，从而减轻制造商销售压力而关注产品质量，保证所售产品的高质量，有利于提升电商平台的信誉。

（2）对于国家有关管理部门而言，首先，应根据电商平台发展中出现的问题，及时出台相应的政策法规，尤其是针对当前网络市场中出现的网络交易不诚信、网络欺诈等现象，建立连带责任机制，对电商平台和商家同时施压，调控企业的不良行为，促进网络经济的健康发展。其次，在政策上支持电商供应链的发展，引导电商平台加强与入驻商家的合作，引导电商平台提高让利性质的公平关切程度，比如可以通过对合作良好的电商平台和制造商实行税收减免等具体政策，促进建立公平、公正、稳定、和谐的良性网络经济竞争局面。

6.1.6　结论与启示

本部分对电商平台利他偏好下电商供应链的决策与协调进行了研究。针对单个制造商和单个电商平台组成的电商供应链，将电商平台的服务水平纳入决策系统，构建了三种决策模型：不考虑利他偏好的分散决策、电商平台利他偏好的分散决策和集中决策，然后对三种决策模型进行求解、分析与比较。在此基础上设计"利他偏好联合佣金"契约实现了电商供应链的协调，并采用数值分析验证了结论。本部分研究表明：

（1）在电商供应链中，电商平台是共享平台，为众多制造商提供销售服务，其经济优势是凭借企业的规模经济获得的。

（2）电商平台的利他偏好虽然对自身不利，但是有利于提高产品的销售价格、电商平台的服务水平、制造商的利润；而且，当利他偏好程度保持在一定范围内，利他偏好有利于维持与制造商友好和谐的合作关系，增加电商供应链系统收益，提高系统运作效率。

（3）不同于线下传统供应链中"集中决策下，产品销售价格最低"的结论，在电商供应链中，集中决策下，产品的销售价格最高，电商平台的服务水平最高，电商供应链的系统利润达到最大。

（4）在"利他偏好联合佣金"契约中，电商平台利他偏好达到保证系统有效运行的最大限度（保证 $\theta = 0.5$），为制造商提供零佣金的最优销售服务，只收取一定数量的固定技术服务费，实现了电商供应链的协调。

以上结论也给电商供应链企业提供了以下管理启示：

一方面，产品销售价格在国内主流的电商平台上趋向一致，服务水平的高低就成为成就电商平台的重要因素。作为直接为消费者提供销售服务的电商平台，要致力于提高服务质量，优化消费者的购物体验，才能在市场中获得竞争优势。

另一方面，电商平台在决策时一定程度地考虑利他偏好，能有效提高系统效率，增加电商平台和制造商合作的密切程度。当前很多国家相关宏观政策的出台以及市场环境对电商平台的决策行为提出了明确要求，因此作为电商供应链的主导者，电商平台要遵循公开、公平、公正的原则，通过一定程度的利他偏好维持市场的有序公平运行。

本部分研究只是考虑了电商平台的利他偏好行为，实际中，制造商也存在利他偏好的意愿，在本部分研究基础上，分析制造商的利他偏好行为，可以得到更多具有现实洞察性的结论。此外，本部分只是考虑了单一电商平台和单一制造商组成的电商供应链，但是现实中，更多存在的是单一电商平台对多个制造商，或者多个电商平台对多个制造商的供应链运作模式，对这类"一对多"或者"多对多"的电商供应链的研究，将是下一步的研究方向。

6.2 政府补贴机制下低碳电商闭环供应链的利他偏好决策研究

随着废旧品回收再制造的经济效益与环境效益逐步凸显[①]，社会各界的回收意识逐渐提高，循环经济已成为各国政府及企业关注的热点问

① Debo L G, Toktay L B, Van Wassenhove L N. Market Segmentation and Product Technology Selection for Remanufacturable Products. *Management Science*, Vol. 51, No. 8, 2005, pp. 1193 - 1205; Atasu A, Souza G C. How Does Product Recovery Affect Quality Choice? *Production and Operations Management*, Vol. 22, No. 4, 2013, pp. 991 - 1010.

题。一方面，各国政府出台了相关的政策及规范，以指导和约束废旧产品的回收及丢弃，例如，德国《循环经济和废物管理法》、日本《家电再生利用法》、中国《废弃电器电子产品回收处理管理条例》等政策的推出；另一方面，企业为响应国家号召和承担相应社会责任，也开始积极寻求更为高效的回收方式，以解决传统线下回收模式的交易环节多、交易响应时间长、回收效率低、成本高等一系列问题。因此，在政企双方的不断推动及全球电子商务的发展背景下，结合再制造品优势的凸显，电商闭环供应链（E-CLSC）与"低碳"供应链快速融合，形成了低碳 E-CLSC。在低碳 E-CLSC 运作过程中，电商平台取代回收交易中心成为回收废旧品及销售再造品的新平台，再造商依托电商平台进行低碳供应链的业务运作，并通过采取"线上预约，线下回收"的方式减少了交易环节，缩短了交易响应时间，降低了回收成本，提高了回收效率，缓解了传统线下回收模式的诸多弊端，更有利于低碳供应链的推行及实施。目前，这种模式在中国已经有了较为广泛的应用，如华为商城（www.vmall.com/recycle）、小米商城（huanxin.mi.com）、爱回收（aihuishou.com）等。

但是，企业在参与低碳 E-CLSC 时仍会遇到一定的困难，比如改进或重购设备带来的投资成本增加、使用清洁能源或新能源使制造成本上升、改善生产流程造成的回收周期变长等，这些问题不仅不利于企业的生存发展[①]，而且影响着社会对循环经济和低碳经济的推动。因此，为激励企业进行节能减排技术创新，各国均出台了一定的财政补贴、减税等相关政策。例如，中国政府采用财政补贴的方式，鼓励企业参与节能减排工作；日本则大规模推行"绿色税制"，用以鼓励企业及个人购买并使用节能产品。随着此类惠企政策的推出、消费者低碳偏好的增强以及企业社会责任感的提升，越来越多的企业参与到低碳 E-CLSC 中，并借此实现了企业经济和社会环境双重效益。例如，电子产业制造商富士康科技集团设立了专业节能公司，通过进行碳交易增强了企业的产品竞争力并收获了经济效益；沃尔玛启动全球"10 亿吨减排项目"，提高了企业的社会责任感，赢得了社会各界的美誉并

---

① Xia Q, Jin M, Wu H, et al. A DEA-based Decision Framework to Determine the Subsidy Rate of Emission Reduction for Local Government. *Journal of Cleaner Production*, Vol. 202, 2018, pp. 846-852.

获得了环境效益。

与此同时，越来越多的学者对低碳 E – CLSC 决策问题产生了浓厚的兴趣，但目前大多数文献都基于"决策者完全理性"这一假定而开展研究，而实证研究发现，当传统供应链中的领导者与跟随者收入差距过大时，跟随者采取措施会对主导者进行惩罚，这必然会影响供应链系统的效益，甚至可能出现系统链条中断的局面。[①] 例如，由于中国康师傅控股有限公司单方面提高批发价格，广州友谊集团于 2011 年中断了与其的合作关系。[②] 这种局面的出现，不仅使供应链各节点企业及系统整体都遭受了严重的损失，也使供应链中主导企业不得不关注渠道中的公平性问题。同样，在低碳 E – CLSC 中，为避免跟随者因感到不公而实施惩罚措施，作为领导者的再造商需要在关注自身效益的同时也关注跟随者的利润，并在决策时采取一定程度的"利他偏好"行为。因此，在低碳 E – CLSC 研究中考虑这种"利他偏好"行为，极其具有理论及现实意义。

不同于以往对 E – CLSC 决策的研究，本部分将政府财政补贴和再造商的利他偏好行为引入低碳 E – CLSC，并对如下问题进行了探讨：

（1）政府补贴和再造商的利他偏好分别对低碳 E – CLSC 供应链成员的决策有何影响？

（2）再造商的利他偏好行为是否有利于供应链系统的运作？对再造商自身及其他供应链成员利润有何影响？对于社会总福利有何影响？

（3）在低碳 E – CLSC 中，如何设计协调机制，能够实现成员收益和系统收益的"双赢"？

本部分研究区别于现有研究的不同点主要有如下三点：

一是考虑了再造商的利他偏好行为，分析了这种行为对系统决策的影响。现有学者的研究比较少涉及"利他偏好行为"，而在实际低碳 E – CLSC 中，主导企业为保证系统的稳定运行和长远发展，会对从属企业采取一定程度的利他偏好行为。

173

---

① Fehr E, Schmidt K M. A Theory of Fairness, Competition, and Cooperation. *The Quarterly Journal of Economics*, Vol. 114, No. 3, 1999, pp. 817–868.

② 《康师傅断货广州友谊 因接连涨价与零售商产矛盾》，https：//news. sohu. com/20110330/n280062705. shtml#: ~: text = % E7% BE% 8A% E5% 9F% 8E% E6% 99% 9A% E6% 8A% A5% E8% AE% AF% 20% E8% AE% B0% E8% 80% 85% E5% AD% 99% E6% 99% B6]，2011 年 3 月 30 日。

二是构建了电商平台负责回收的低碳闭环供应链模型，在考虑政府补贴影响的基础上，将碳减排水平作为再造商决策变量之一，分析再造商的碳减排、利他偏好等决策问题。将废旧品对社会环境的危害纳入总社会剩余，研究利他偏好行为对社会总福利的影响。现有关于供应链碳减排的研究主要集中在传统线下供应链，针对线上供应链，考虑电商平台影响的研究比较少。

三是将利他偏好行为和电商平台的佣金同时作为调整工具，提出了新的"利他偏好联合佣金"契约，该契约在进行系统协调时更有效且具有现实意义。

6.2.1 模型说明与假设

模型考虑在政府补贴条件下，由单一再造商、单一电商平台组成的低碳 E – CLSC，结构如图 6 –7 所示。在低碳 E – CLSC 中，首先，再造商在电商平台提供的网站上发布废旧品的回收价格、回收数量等有关的信息；其次，消费者可以通过平台浏览信息，并可在网站上提交废旧品的出售信息；最后，由电商平台安排工作人员完成对所提交废旧品的回收。电商平台将这些废旧品转交给再造商，再造商再将其加工处理成低碳再造品，然后投放到市场中进行销售。当然，再造商须支付给电商平台一定的佣金作为电商平台提供回收服务的报酬。在中国，有很多这样经营模式的网络平台，例如淘绿网（http：//www. taolv365. com）、爱回收（http：//www. aihuishou. com/）、乐回收（http：//www. lehuiso. com/）等。由于废旧品的回收以及再造商的节能减排有利于提高社会的环境效益，因此政府会对再造商进行补贴，以鼓励再造商回收、再造废旧品。例如，中国推动大中城市新增标准化规范化回收站点 2000 个，其中供销系统 1000 个，而且要建设绿色分拣中心 200 个。目前，供销合作社系统拥有再生资源全资控股企业 800 多家，回收网点 3.5 万个，将积极改造和新建标准化规范化回收站点。[①]

---

① 《建立健全高效回收循环利用体系》，中国政府网，https：//www. gov. cn/zhengce/202406/content_6957360. htm，2024 年 6 月 15 日。

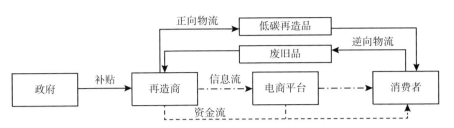

图6-7 低碳电商闭环供应链模型

与依赖电商平台销售的正向 E - 供应链不同（在 E - 供应链中，电商平台一般占据主导地位）[①]，在 E - CLSC 中，电商平台在供应链中一般处于劣势地位。由于参与低碳供应链的再造商往往具备一定的经济实力，而电商平台的收入来源主要来自再造商委托的废旧品回收，因此在 E - CLSC 的决策过程中，电商平台一般处于劣势地位，而再造商一般占据主导地位。模型的符号说明如表6-3所示。

表6-3 模型的符号说明

符号	说明
变量	
p	低碳再造品的单位销售收益
p_0	再造商不考虑碳减排水平时，普通再造品的销售收益
ρ	电商平台回收单位废旧品向再造商收取的佣金
$C_m(h)$	再造商的减排成本
t	碳减排成本弹性系数，$t > 0$
δ	低碳再造品的收益关于碳减排水平的弹性系数，$\delta > 0$
$C_e(s)$	电商平台提供服务水平为 s 时的服务成本
k	电商平台的服务成本弹性系数，$k > 0$
q_t	社会现存废旧品总量
q	废旧品的回收量

175

① Wang Y, Yu Z, Shen L. Study on the Decision-making and Coordination of an E - commerce Supply Chain with Manufacturer Fairness Concerns. *International Journal of Production Research*, Vol. 57, No. 9, 2019, pp. 2788 - 2808.

符号	说明
变量	
ε	废旧品对社会的危害系数，$\varepsilon > 0$
α	废旧品的市场最低回收量，主要是指消费者主动免费捐赠的废旧品，$\alpha > 0$
β	回收价格弹性系数，$\beta > 0$
γ	服务水平的弹性系数，$\gamma > 0$
ϕ	政府对单位低碳再造品的补贴，$\phi > 0$
决策变量	
h	再造商的碳减排水平，再造商的决策变量
p_w	废旧品的单位回收价格，再造商的决策变量
s	电商平台对再造商提供的回收服务水平，电商平台的决策变量
派生函数	
π_m	制造商的利润
π_e	电商平台的利润
π	E – CLSC 系统的利润，$\pi = \pi_m + \pi_e$

对这些模型的必要假设现陈述如下。

（1）在 E – CLSC 的回收系统中，再造商是主导企业，电商平台是从属企业。

（2）假设委托电商平台回收的废旧品经过严格的评估监测，确保废旧品具有回收再利用价值，都能加工处理为再造品。[①]

（3）假设政府根据低碳再造品的加工数量对再造商进行补贴，假设对单位低碳再造品的补贴额为 $\phi(\phi > 0)$。

（4）在模型中考虑再造商的一种特定的低碳再造产品，再造商的碳减排水平越高，相应的成本就越高，根据 Nair 和 Narasimhan[②] 的研

---

① 在实际回收过程中，那些回收的不合格废旧品将交给相关的拆解企业以零件拆解等方式获得剩余价值，或者进行环保降解处理。

② Nair A, Narasimhan R. Dynamics of Cmpeting with Quality-and Advertising-based Goodwill. *European Journal of Operational Research*, Vol. 175, No. 1, 2006, pp. 462 – 474.

究，碳减排成本可以假设为 $C_m(h) = \dfrac{th^2}{2}$。

（5）低碳再造品的销售收益 p 与碳减排水平 h 有关，碳减排水平越高，再造商的销售收益越高，假设 $p = p_0 + \delta h$。

（6）假设 $0 < \rho \leqslant p_0$，这说明，电商平台回收废旧品有利可图。

（7）电商平台提供的回收服务水平越高，相应的服务成本就越高，借鉴文献 Han 和 Wang[1] 的假设，假设电商平台提供服务的成本函数为 $C_e(s) = \dfrac{ks^2}{2}$。

（8）回收价格和电商平台的服务水平均会影响废旧品的回收量，回收价格越高，服务水平越高，废旧品的回收量越大，借鉴文献 Bakal 和 Akcali[2] 的假设，假设废旧品的回收函数 q 满足 $q = \alpha + \beta p_w + \gamma s$。

（9）为计算便利，在不影响结论的前提下，假设 $\alpha = 0$，则 $q = \beta p_w + \gamma s$。

（10）为了保证模型有意义，保证价格、碳减排水平等决策变量为正数，假设参数满足 $2t > \beta \delta^2$，$2t > \beta \gamma^2$，$k\beta > \gamma^2$。

177

6.2.2　构建模型与求解

6.2.2.1　分散决策（案例 1）

在该模型中不考虑政府的补贴因素。再造商的利润函数为：

$$\pi_m = (p_0 + \delta h - \rho - p_w)q - \frac{th^2}{2} \tag{6.10}$$

电商平台的利润函数为：

$$\pi_e = \rho q - \frac{ks^2}{2} \tag{6.11}$$

低碳 E – CLSC 系统的利润函数为：

————————

① Han Q，Wang Y. Decision and Coordination in a Low-carbon E – supply Chain Considering the Manufacturer's Carbon Emission Reduction Behavior. *Sustainability*，Vol. 10，No. 5，2018，pp. 1686.

② Bakal I S，Akcali E. Effects of Random Yield in Remanufacturing with Price – Sensitive Supply and Demand. *Production and Operations Management*，Vol. 15，No. 3，2006，pp. 407 – 420.

$$\pi = (p_0 + \delta h - p_w) q - \frac{th^2}{2} - \frac{ks^2}{2} \tag{6.12}$$

此时，再造商和电商平台作为独立的经济主体，均以实现自身利润最大化为目标进行决策，再造商和电商平台构成了以再造商为主，电商平台为从的 Stackelberg 博弈关系。决策顺序为：再造商先确定废旧品的回收价格 p_w 和低碳再造品的减排水平 h；电商平台再根据再造商的决策确定相应的服务水平 s。根据逆向归纳法求解：

由式（6.11），$\frac{\partial^2 \pi_e}{\partial s^2} = -k < 0$ 可知，π_e 存在极大值，由 $\frac{\partial \pi_e}{\partial s} = 0$ 可得：

$$s = \frac{\gamma \rho}{k} \tag{6.13}$$

将式（6.13）代入式（6.10），得到再造商关于 p_w 和 h 的函数，

计算 $\pi_m(p_w, h)$ 的 Hessian matrix $H = \begin{bmatrix} \dfrac{\partial^2 \pi_m}{\partial p_w^2} & \dfrac{\partial^2 \pi_m}{\partial p_w \partial h} \\ \dfrac{\partial^2 \pi_m}{\partial h \partial p_w} & \dfrac{\partial^2 \pi_m}{\partial h^2} \end{bmatrix} = \begin{bmatrix} -2\beta & \beta\delta \\ \beta\delta & -t \end{bmatrix}$，

由 $2t\beta - \beta^2\delta^2 > 0$ 可得，$\pi_m(p_w, h)$ 的 Hessian 矩阵为负定矩阵。$\pi_m(p_w, h)$ 存在最大值，令 $\frac{\partial \pi_m}{\partial p_w} = 0$ 和 $\frac{\partial \pi_m}{\partial h} = 0$ 联立整理可得模型的最优决策如表 6 - 4 所示。

6.2.2.2 考虑政府补贴的分散决策（案例2）

在该分散决策中，考虑政府的补贴因素。再造商的利润函数为：

$$\pi_m = (p_0 + \delta h - \rho - p_w + \phi) q - \frac{th^2}{2} \tag{6.14}$$

电商平台的利润函数为：

$$\pi_e = \rho q - \frac{ks^2}{2} \tag{6.15}$$

低碳 E - CLSC 系统的利润函数为：

$$\pi = (p_0 + \delta h - p_w + \phi) q - \frac{th^2}{2} - \frac{ks^2}{2} \tag{6.16}$$

根据逆向归纳法求解（求解思路同 6.2.2.1 部分），可得到模型的最优决策如表 6 - 4 所示。

表 6 - 4 案例 1 和案例 2 中的最优决策

	基准的分散模型	政府补贴的分散模型
废旧品回收价格	$p_w^{1*} = \dfrac{kt\beta p_0 - \rho kt\beta - \rho(t-\beta\delta^2)\gamma^2}{k\beta(2t-\beta\delta^2)}$	$p_w^{2*} = \dfrac{kt\beta p_0 - (t-\beta\delta)\rho\gamma^2 - kt\beta(\rho-\phi)}{k\beta(2t-\beta\delta^2)}$
碳减排水平	$h^{1*} = \dfrac{\delta(\gamma^2\rho - k\beta\rho + k\beta p_0)}{k(2t-\beta\delta^2)}$	$h^{2*} = \dfrac{\delta[\gamma^2\rho + k\beta(\phi-\rho) + k\beta p_0]}{k(2t-\beta\delta^2)}$
废旧品回收量	$q^{1*} = \dfrac{t(\gamma^2\rho - k\beta\rho + k\beta p_0)}{k(2t-\beta\delta^2)}$	$q^{2*} = \dfrac{t[\gamma^2\rho - k\beta(\rho-\phi) + k\beta p_0]}{k(2t-\beta\delta^2)}$
回收服务水平	$s^{1*} = \dfrac{\rho\gamma}{k}$	$s^{2*} = \dfrac{\rho\gamma}{k}$
再造商的利润	$\pi_m^{1*} = \dfrac{t[\rho(\gamma^2 - k\beta) + k\beta p_0]^2}{2k^2\beta(2t-\beta\delta^2)}$	$\pi_m^{2*} = \dfrac{t[\gamma^2\rho + k\beta(\phi-\rho) + k\beta p_0]^2}{2k^2\beta(2t-\beta\delta^2)}$
电商平台的利润	$\pi_e^{1*} = \dfrac{\beta\rho(2ktp_0 - 2kt\rho + \delta^2\rho\gamma^2)}{2k(2t-\beta\delta^2)}$	$\pi_e^{2*} = \dfrac{\beta\rho(2ktp_0 + 2kt(\phi-\rho) + \delta^2\rho\gamma^2)}{2k(2t-\beta\delta^2)}$
E - CLSC 系统利润	$\pi^{1*} = \dfrac{k^2 t\beta^2 p_0^2 + 2kt\beta\rho\gamma^2 p_0}{2k^2\beta(2t-\beta\delta^2)}$ $+ \dfrac{\rho^2[k^2 t\beta^2 + k\beta(2t-\beta\delta^2)\gamma^2 - t\gamma^4]}{2k^2\beta(2t-\beta\delta^2)}$	$\pi^{2*} = \dfrac{t\rho^2\gamma^4 + k\beta\rho\gamma^2(2t\phi - 2t\rho + \beta\delta^2\rho)}{2k^2\beta(2t-\beta\delta^2)}$ $+ \dfrac{k^2 t\beta^2(\phi^2 - \rho^2) + 2kt\beta(\rho\gamma^2 + k\beta\phi)p_0}{2k^2\beta(2t-\beta\delta^2)}$ $+ \dfrac{k^2 t\beta^2 p_0^2}{2k^2\beta(2t-\beta\delta^2)}$

6.2.2.3 模型比较

命题 6.6 $p_w^{2*} > p_w^{1*}$，$h^{2*} > h^{1*}$，$s^{2*} = s^{1*}$，$q^{2*} > q^{1*}$，$\pi_m^{2*} > \pi_m^{1*}$，$\pi_e^{2*} > \pi_e^{1*}$，$\pi^{2*} > \pi^{1*}$。

证明：

$$p_w^{2*} - p_w^{1*} = \frac{t\phi}{2t-\beta\delta^2} > 0，\quad h^{2*} - h^{1*} = \frac{\beta\delta\phi}{2t-\beta\delta^2} > 0，\quad q^{2*} - q^{1*} = \frac{t\beta\phi}{2t-\beta\delta^2} > 0，$$

$$\pi_e^{2*} - \pi_e^{1*} = \frac{t\beta\rho\phi}{2t-\beta\delta^2} > 0，\text{同理可证，}\ \pi_m^{2*} - \pi_m^{1*} > 0，\ \pi^{2*} - \pi^{1*} > 0。$$

由命题 6.6 可知，政府对再造商实施补贴政策后，废旧品的回收价格、再造商碳减排水平、再造商利润、电商平台利润及系统利润均增加，但电商平台服务水平不受政府对再造商补贴政策的影响。

这是由于政府对再造品进行单位补贴，有效降低了再造商对低碳供应链的投资成本及风险，使得再造商碳减排水平提高并开始考虑发展规模经济。因此，为激励负责回收的电商平台和购买再造品的消费者，再造商会让渡一定的利润（如提高废旧品回收价格），在保证自身利润增加的前提下，实现了废旧品回收数量的增加。而电商平台服务水平属于其自身固定的运营成本，只在佣金率的刺激下发生改变，因此，当废旧品回收数量提高时，电商平台收入提升而服务成本不发生变化，因此其利润同样得到了增加。由此可见，政府对再造商进行补贴时，再造商利润、电商平台利润以及系统利润均会提高，政府补贴有利于促进供应链的协调。

例如，汽车零部件再制造是再制造产业的重要组成部分，也是我国最早开展再制造实践的领域。据统计，2020年我国汽车保有量2.81亿辆，随着汽车保有量的增加，汽车零部件行业和汽车售后市场规模不断扩大。2020年，全国汽车售后市场规模达到1.6万亿，其中售后维修市场规模约为6770亿元。从国际发展规律看，再制造零部件在售后维修市场占据重要地位，我国也将迎来再制造产品爆发高峰期。近日，国家发展改革委会同工业和信息化部、生态环境部、交通运输部、商务部、海关总署、市场总局、银保监会等印发《汽车零部件再制造规范管理办法》（以下简称《办法》），这是我国再制造产业发展历史上的一个里程碑，标志着中国汽车零部件再制造产业已经由试点阶段迈向全面规范发展阶段。《办法》在严格规范再制造企业和再制造产品质量管控的基础上，着力在助力规范再制造企业、推广再制造产品方面发力。《办法》吸收了近年来行业实践经验，提出了对规范再制造企业的系统性支持措施：从旧件回收方面，鼓励报废机动车回收拆解企业将报废汽车"五大总成"交售给通过再制造质量管理体系认证的再制造企业，推动建立与拆解企业的协同对接机制；在售后体系方面，鼓励汽车整车生产企业支持再制造产品进入自身售后体系销售，禁止再制造产品进入汽车整车生产环节；在保险备件方面，鼓励保险公司将通过再制造质量管理体系认证的再制造企业产品纳入维修备件体系；在维修更换方面，鼓励汽车维修企业采用通过再制造质量管理体系认证企业的再制造产品；在政府采购方面，鼓励政府机关、部队等公共机构在汽车维修中优先使用再制造产品。《办法》的出台为再制造产品推广提供了重要制度保障，中国再制造产业发展前景可期，也必将为构建我国绿色低碳循环发展的经济体系贡献重要力量。[1]

命题 6.7　$\pi_m^{1*} > \pi_e^{1*}$，$\pi_m^{2*} > \pi_e^{2*}$

证明思路同命题 6.6。

由命题 6.7 可知，在低碳 E - CLSC 中，分散决策下，再造商利润远远高于电商平台利润。这是因为在低碳 E - CLSC 中，再造商占据供应链主导地位并利用该优势作出对自身最有利的决策，导致再造商与电商平台收入差距过大，这与传统供应链中"谁主导，谁利润大"的结论一致。[2] 这种利润分配模式容易使电商平台在决策时产生不满情绪，若此时再造商选择忽视电商平台的这种不满决策心理，则可能会引发整个系统效率的损失[3]，甚至导致渠道成员合作的终止，出现链条中断的局面。例如，由于经营成本过高，2017 年，中国互联网回收平台"再生活"宣布"停摆"；2015 年，"闲豆回收"平台上线不久后便放弃了个人用户，只为小型商家提供回收服务。[4]

政府补贴后，再造商利润增加 $\Delta m = \pi_m^{2*} - \pi_m^{1*}$，电商平台利润增加 $\Delta e = \pi_e^{2*} - \pi_e^{1*}$。比较 Δm 和 Δe 的大小，可得：

命题 6.8　$\Delta m > \Delta e$

证明： $\Delta m = \pi_m^{2*} - \pi_m^{1*} = \dfrac{t\phi\left[2\rho\gamma^2 + k\beta(\phi - 2\rho) + 2k\beta p_0\right]}{2k(2t - \beta\delta^2)} > 0$，

$$\Delta e = \pi_e^{2*} - \pi_e^{1*} = \frac{t\beta\rho\phi}{2t - \beta\delta^2} > 0$$

$$\Delta m - \Delta e = \frac{t\phi\left[2\rho\gamma^2 + k\beta(\phi + 2p_0 - 4\rho)\right]}{2k(2t - \beta\delta^2)} > 0。$$

由命题 6.8 可知，再造商直接从政府补贴中获得的收益远远高于电商平台间接从政府补贴中获得的收益。再造商是系统的领导者，政府补

---

①　么新：《加快发展再制造产业　促进经济绿色高质量发展》，国家发展和改革委员会网站，https：//www.ndrc.gov.cn/fzggw/jgsj/hzs/sjdt/202104/t20210423_1277208.html，2021 年 4 月 23 日。

②　Yue J，Austin J，Huang Z，et al. Pricing and Advertisement in a Manufacturer-retailer Supply Chain. *European Journal of Operational Research*，Vol. 231，No. 2，2013，pp. 492 – 502.

③　Li, Q., Xiao, T. and Qiu, Y. Price and Carbon Emission Reduction Decisions and Revenue – Sharing Contract Considering Fairness Concerns. *Journal of Cleaner Production*，Vol. 190，2018，pp. 303 – 314.

④　多多头：《废品网上回收成本高，互联网回收平台"再生活"停摆》，经理人分享，http：//www.managershare.com/post/488871？from = feed，2021 年 4 月 23 日。

贴再造商，一是鼓励再造商进行低碳制造，节能减排；二是希望再造商能够将部分补贴转移给电商平台，以激发电商平台的回收积极性。但是，在实际运行中，再造商将大部分补贴占为已有，仅仅将极小部分的补贴以佣金的方式转移给电商平台。这也会导致电商平台不满于再造商对政府补贴的分配，一旦电商平台将这种不满体现在决策中，同样会造成系统运行效率的降低。[①]

在低碳 E – CLSC 的实际运行中，为维持系统的稳定发展，弥补电商平台对利润分配和政府补贴分配的不满心理，保障供应链运行的稳定性，再造商会在关注自身利润的同时，也关注处于劣势地位的电商平台的利润，对电商平台采取让利偏好行为。

6.2.2.4 带有政府补贴和利他主义偏好的分散模式（案例3）

在 E – CLSC 中，再造商通过政府的补贴，获得的利润远远大于电商平台的利润，为了防止电商平台产生不满的决策心理，再造商会在关注自身利润的同时，也关注电商平台的利润，即再造商会在决策时以电商平台的利润为参考基点，对电商平台进行一定程度的让利偏好行为，借鉴 Kucuksenel[②] 和 Katok 等[③]关于公平关切的研究思路，采用 Loch 和 Wu[④] 提出的让利偏好性的效用函数形式，我们假设再造商让利偏好程度为 $\theta(0 \le \theta \le 1)$，再造商的效用函数可表示为：

$$U_m = \pi_m + \theta \pi_e \tag{6.17}$$

其中，$\theta(0 \le \theta \le 1)$ 表示再造商的让利偏好系数，θ 越接近 0，表示再造商的让利程度越弱；反之，θ 越接近 1，表示再造商的让利偏好程度越强。

此时，E – CLSC 中，再造商的决策函数不是利润，而是效用，再造商以实现自身效用最大化为目标进行决策。采用逆向归纳法求解（求解思

① Li, Q. H. and Li, B. Dual – Channel Supply Chain Equilibrium Problems Regarding Retail Services and Fairness Concerns. *Applied Mathematical Modelling*, Vol. 40, 2016, pp. 7349 – 7367.

② Kucuksenkl S. A Theory of fairnesss, Competition and Cooperation. *Journal of Public Economic Theory*, Vol. 14, No. 5, 2012, pp. 767 – 789.

③ Katok E, Olsen T, Pavlov V. Wholesale Pricing under Mild and Privately Known Concerns for Fairness. *Production and Operations Management*, Vol. 23, No. 2, 2014, pp. 285 – 302.

④ Loch, C. H. and Wu, Y. Social Preferences and Supply Chain Performance: An Experimental Study. *Management Science*, Vol. 54, No. 11, 2008, pp. 1835 – 1849.

路同 6.2.2.1 部分），可得模型的最优决策以及相应的利润如表 6-5 所示。

表 6-5　　　　　　　　案例 3 和案例 4 的最优决策

	具有政府补贴和再造商利他偏好的分散决策	集中决策
废旧品的回收价格	$p_w^{3*} = \dfrac{kt\beta(p_0+\phi) - kt\beta(1-\theta)\rho - (t-\beta\delta^2)\rho\gamma^2}{k\beta(2t-\beta\delta^2)}$	$p_w^{4*} = \dfrac{t(k\beta-\gamma^2)(\phi+p_0)}{k\beta(2t-\beta\delta^2)-t\gamma^2}$
碳减排水平	$h^{3*} = \dfrac{\delta[k\beta(p_0+\phi)+\rho\gamma^2-k\beta(1-\theta)\rho]}{k(2t-\beta\delta^2)}$	$h^{4*} = \dfrac{k\beta^2\delta(\phi+p_0)}{k\beta(2t-\beta\delta^2)-t\gamma^2}$
废旧品回收量	$q^{3*} = \dfrac{t[k\beta(p_0+\phi)+\rho\gamma^2-k\beta(1-\theta)\rho]}{k(2t-\beta\delta^2)}$	$q^{4*} = \dfrac{kt\beta^2(\phi+p_0)}{k\beta(2t-\beta\delta^2)-t\gamma^2}$
回收服务水平	$s^{3*} = \dfrac{\rho\gamma}{k}$	$s^{4*} = \dfrac{t\beta\gamma(\phi+p_0)}{k\beta(2t-\beta\delta^2)-t\gamma^2}$
再造商的利润	$\pi_m^{3*} = t\dfrac{\rho^2\gamma^4+2kt\beta\rho\gamma^2(\phi-\rho)+k^2\beta^2(\rho^2+\phi^2-\theta^2\rho^2-2\rho\phi)}{2k^2\beta(2t-\beta\delta^2)}$ $+ t\dfrac{k^2\beta^2 p_0^2 - 2k\beta p_0(k\beta\rho-\rho\gamma^2-k\beta\phi)}{2k^2\beta(2t-\beta\delta^2)}$	—
电商平台的利润	$\pi_e^{3*} = \dfrac{\beta\rho[\delta^2\rho\gamma^2+2kt(p_0+\phi)-2k\rho t(1-\theta)]}{2k(2t-\beta\gamma^2)}$	
E-CLSC 系统利润	$\pi^{3*} = \dfrac{t\rho^2\gamma^4+k\beta\rho\gamma^2(2t\phi-2t\rho+\beta\delta^2\rho)+2kt\beta p_0(\rho\gamma^2+k\beta\phi)}{2k^2\beta(2t-\beta\delta^2)}$ $+ \dfrac{k^2 t\beta^2[\phi^2-(1-\theta)^2\rho^2+p_0^2]}{2k^2\beta(2t-\beta\delta^2)}$	$\pi^{4*} = \dfrac{kt\beta^2(\phi+p_0)^2}{2[k\beta(2t-\beta\delta^2)-t\gamma^2]}$

命题 6.9　p_w^{3*}、h^{3*}、q^{3*}、π_e^{3*}、π^{3*} 与 θ 呈正相关，π_m^{3*} 与 θ 呈负相关，s^{3*} 与 θ 的大小无关。

证明：$\dfrac{\partial p_w^{3*}}{\partial\theta} = \dfrac{t\rho}{2t-\beta\delta^2} > 0$，$\dfrac{\partial h^{3*}}{\partial\theta} = \dfrac{\beta\delta\rho}{2t-\beta\delta^2} > 0$，$\dfrac{\partial q^{3*}}{\partial\theta} = \dfrac{t\beta\rho}{2t-\beta\delta^2} > 0$，

$\dfrac{\partial s^{3*}}{\partial\theta} = 0$，$\dfrac{\partial\pi_m^{3*}}{\partial\theta} = -\dfrac{t\beta\theta\rho^2}{2t-\beta\delta^2} < 0$，同理可证，$\dfrac{\partial\pi_e^{3*}}{\partial\theta} > 0$，$\dfrac{\partial\pi^{3*}}{\partial\theta} > 0$。

由命题 6.9 可以看出，随着再造商让利偏好系数的增加，废旧品回收价格、再造商碳减排水平、废旧品回收数量、电商平台利润以及系统利润均会增加，再造商自身利润却会减少。

这是由于再造商具有利他偏好，使得其在决策时对电商平台的利润进行了主动关注，并通过加大碳减排力度和提高废旧品回收价格的方式，间接提高了废旧品的回收数量，最终实现电商平台的收益增长。在

供应链运作过程中，让利型再造商更关注帮助电商平台增加利润所带给自己的效用感的提升，因此愿意牺牲部分利益，而使得自身利润水平有所下降。

由命题 6.9 还可知：一是电商平台不会因为再造商的主动让利而改变服务水平；二是对再造商而言，其让利关切行为虽然巩固了再造商与电商平台的合作关系，却增加了自身的运营成本和碳减排成本，最终导致再造商自身利润的减少。因此，在实践中，再造商在决策时也不会过多让利，让利的程度会考虑自身企业定位、社会形象及市场情形，且一般不会使自身利润低于电商平台的利润；此外，再造商的让利程度还会与市场中同类型竞争企业的数量大小有关，一般来说，再造商之间的竞争越激烈，其让利偏好程度也会越高，以此获得电商平台对于合作关系的重视。

命题 6.10 在考虑政府补贴及让利关切的分散决策模型中，当 $\rho > 1$ 时，再造商回收价格、碳减排水平、废旧品回收数量及电商平台利润受让利关切的影响程度比受同等比例下政府补贴的影响程度更大；当 $\rho < 1$ 时，再造商回收价格、碳减排水平、废旧品回收数量及电商平台利润受政府补贴的影响程度比受同等比例下让利关切的影响程度更大。

证明：

当 $\rho < 1$ 时，$\dfrac{\partial p_w^{3*}}{\partial \phi} - \dfrac{\partial p_w^{3*}}{\partial \theta} = \dfrac{t(1-\rho)}{2t - \beta\delta^2} > 0$，$\dfrac{\partial h^{3*}}{\partial \phi} - \dfrac{\partial h^{3*}}{\partial \theta} = \dfrac{\beta\delta(1-\rho)}{2t - \beta\delta^2} > 0$，$\dfrac{\partial q^{3*}}{\partial \phi} - \dfrac{\partial q^{3*}}{\partial \theta} = \dfrac{t\beta(1-\rho)}{2t - \beta\delta^2} > 0$，$\dfrac{\partial s^{3*}}{\partial \phi} - \dfrac{\partial s^{3*}}{\partial \theta} = 0$，$\dfrac{\partial \pi_e^{3*}}{\partial \phi} - \dfrac{\partial \pi_e^{3*}}{\partial \theta} = \dfrac{t\beta(\rho - \rho^2)}{2t - \beta\gamma^2} > 0$；当 $\rho > 1$ 时，$\dfrac{\partial p_w^{3*}}{\partial \phi} - \dfrac{\partial p_w^{3*}}{\partial \theta} = \dfrac{t(1-\rho)}{2t - \beta\delta^2} < 0$，$\dfrac{\partial h^{3*}}{\partial \phi} - \dfrac{\partial h^{3*}}{\partial \theta} = \dfrac{\beta\delta(1-\rho)}{2t - \beta\delta^2} < 0$，$\dfrac{\partial q^{3*}}{\partial \phi} - \dfrac{\partial q^{3*}}{\partial \theta} = \dfrac{t\beta(1-\rho)}{2t - \beta\delta^2} < 0$，$\dfrac{\partial s^{3*}}{\partial \phi} - \dfrac{\partial s^{3*}}{\partial \theta} = 0$ $\dfrac{\partial \pi_e^{3*}}{\partial \phi} - \dfrac{\partial \pi_e^{3*}}{\partial \theta} = \dfrac{t\beta(\rho - \rho^2)}{2t - \beta\gamma^2} < 0$。

废旧品的剩余价值不同，电商平台收取的佣金额就会不同。一般而言，废旧品的剩余价值越大，佣金会越多。由命题 6.10 可以看出，当佣金较高（$\rho > 1$）时，再造商回收价格、碳减排水平、废旧品回收数量及电商平台利润，受让利关切的影响程度比受同等比例下政府补贴的影响程度更大。这是因为若废旧品的剩余价值较高，其对应单位废旧品的回收佣金就较高，此时再造商较小程度的让利关切，就可以为消费者和电商平台带来大幅度的利润提升，对其有较为明显的激励作用，从而使供应链中各项指标有较为明显的提升。而对于那些剩余价值较小的废旧品，其对应的回收价格及单位佣金也较低，再造商适度的让利关切无法带来有效的激励效果，需要政府通过供应链外部补贴的措施促进 E - CSLC 的高效运作。

因此，若政府和企业想要快速提高碳减排水平及废旧品回收数量，则应针对具有不同剩余价值的废旧品施行不同的激励措施：对于单位剩余价值较高的废旧品，应以再造商让利行为为主要手段，通过再造商对电商平台的利润让渡，大幅度提高废旧品回收价格及碳减排力度；但当废旧品的单位剩余价值较低时，再造商主动的让利行为起到的作用有限，此时政府应出台相应的补贴措施，通过供应链外部激励的形式，促进供应链中碳减排水平、废旧品回收数量等多项指标的快速提升。

综上，从消费者角度，再造商让利偏好行为导致废旧品回收价格的提高，对消费者是有利的。从环境角度，再造商考虑让利偏好时会提高碳减排水平，这说明再造商让利偏好行为也有利于环境效益的提高。从系统运作角度，再造商考虑让利偏好时，系统利润增加，这说明再造商的让利偏好行为有利于供应链系统的运作。同时，再造商让利偏好行为能够加强电商平台的合作意愿，巩固供应链成员关系，促成集中决策的实现。为实现系统利润最优，6.2.2.5 部分对集中决策进行研究。

6.2.2.5　集中决策（案例4）

在集中决策下，再造商、电商平台能进行紧密合作，均以实现 E - CLSC 系统的整体利润最大化为目标进行决策，此时 E - CLSC 的决策函数为：

$$\max_{h, p_w, s} \pi = (p_0 + \delta h - p_w + \phi) q - \frac{th^2}{2} - \frac{ks^2}{2}$$

计算 $\pi(p_w, h, s)$ 的 Hessian 矩阵：

$$H = \begin{bmatrix} \frac{\partial^2 \pi}{\partial p_w^2} & \frac{\partial^2 \pi}{\partial p_w \partial h} & \frac{\partial^2 \pi}{\partial p_w \partial \rho} \\ \frac{\partial^2 \pi}{\partial h \partial p_w} & \frac{\partial^2 \pi}{\partial h^2} & \frac{\partial^2 \pi}{\partial h \partial \rho} \\ \frac{\partial^2 \pi}{\partial \rho \partial p_w} & \frac{\partial^2 \pi}{\partial \rho \partial h} & \frac{\partial^2 \pi}{\partial \rho^2} \end{bmatrix} = \begin{bmatrix} -2\beta & \beta\delta & -\gamma \\ \beta\delta & -t & \delta\gamma \\ -\gamma & \delta\gamma & -k \end{bmatrix}$$

185

由 $-2\beta < 0$，$2\beta t - \beta^2\delta^2 > 0$，$-k\beta(2t - \beta\delta^2) + t\gamma^2 < 0$ 可得，$\pi(p_w$，h，$s)$ 的 Hessian 矩阵为负定矩阵，$\pi(p_w$，h，$s)$ 存在最大值，可以计算得模型的最优决策以及相应的利润如表 6-5 所示。

命题 6.11 $p_w^{4*} > p_w^{3*}$，$h^{4*} > h^{3*}$，$s^{4*} > s^{3*}$，$\pi^{4*} > \pi^{3*}$。

证明思路同命题 6.6。

由命题 6.11 可知，集中决策下，再造商回收价格和碳减排水平最高、电商平台服务水平最高、系统利润最优。这是由于分散决策下，再造商与电商平台追求自身利润最大化，引发"双重边际效应"，造成系统效率的损失。而集中决策下，低碳 E-CLSC 能高效运作，实现经济效益和环境效益双重优化。但集中决策是理想的决策模式，需要一定的协调机制来实现。

6.2.3　全社会盈余总额

总社会剩余 T_w 即社会总福利，是指生产者剩余 π^* 和消费者剩余 C_s 之和，可以用以衡量供应链的最优决策为社会带来的价值。[1] 而出于对废旧品特殊性的考虑，本书借鉴 Chen 和 Cheng[2] 的研究，将废旧品对社会环境的危害 E 纳入总社会剩余的考虑范围，即 $T_w = \pi^* + C_s - E$。其中，废旧品对社会环境的危害 E 为废旧品危害系数 ε 与社会剩余废旧品数量的乘积，即 $E = \varepsilon(q_t - q)$[3]；根据 Wang 等[4]的研究，消费者的剩余 C_s 可定义为 $C_s = \dfrac{q^2}{2\beta}$；生产者剩余 π^* 即为不同决策条件下的系统总利润。计算得到表 6-6。

①　Atasu A，Souza G C. How Does Product Recovery Affect Quality Choice? *Production and Operations Management*，Vol. 22，No. 4，2013，pp. 991-1010.

②　Chen，C. K.，and Akmalul'Ulya，M. Analyses of the Reward-Penalty Mechanism in Green Closed-Loop Supply Chains with Product Remanufacturing. *International Journal of Production Economics*，Vol. 210，2019，pp. 211-223.

③　Wang W，Zhang Y，Zhang K，et al. Reward-Penalty Mechanism for Closed-Loop Supply Chains under Responsibility-Sharing and Different Power Structures. *International Journal of Production Economics*，Vol. 170，2015，pp. 178-190.

④　Wang，W.，Zhang，Y.，Zhang，K.，Bai，T. and Shang，J. Reward-Penalty Mechanism for Closed-Loop Supply Chains under Responsibility-Sharing and Different Power Structures. *International Journal of Production Economics*，Vol. 170，2015，pp. 178-190.

表 6 - 6　不同模式下（案例 1、案例 2、案例 3、案例 4）的环境损害、消费者盈余和总社会盈余

	环境损害	消费者盈余	总社会盈余
案例 1	$E^{1*} = q_t\varepsilon - \dfrac{\varepsilon t\left[k\beta p_0 - (k\beta - \gamma^2)\rho\right]}{k(2t - \beta\delta^2)}$	$C_s^{1*} = \dfrac{t^2\left[k\beta p_0 - (k\beta - \gamma^2)\rho\right]^2}{2k^2\beta(2t - \beta\delta^2)^2}$	$T_w^{1*} = \pi^{1*} + C_s^{1*} - E^{1*}$
案例 2	$E^{2*} = q_t\varepsilon - \dfrac{\varepsilon t\left[\gamma^2\rho + k\beta(\phi + p_0 - \rho)\right]}{k(2t - \beta\delta^2)}$	$C_s^{2*} = \dfrac{t^2\left[\gamma^2\rho + k\beta(\phi + p_0 - \rho)\right]^2}{2k^2\beta(2t - \beta\delta^2)^2}$	$T_w^{2*} = \pi^{2*} + C_s^{2*} - E^{2*}$
案例 3	$E^{3*} = q_t\varepsilon - \dfrac{\varepsilon t\left[\gamma^2\rho + k\beta(\phi + p_0) - k\beta\rho(1 - \theta)\right]}{k(2t - \beta\delta^2)}$	$C_s^{3*} = \dfrac{t^2\left[\gamma^2\rho + k\beta(\phi + p_0) - k\beta\rho(1 - \theta)\right]^2}{2k^2\beta(2t - \beta\delta^2)^2}$	$T_w^{3*} = \pi^{3*} + C_s^{3*} - E^{3*}$
案例 4	$E^{4*} = q_t\varepsilon - \dfrac{\varepsilon kt\beta^2(\phi + p_0)}{k\beta(2t - \beta\delta^2) - t\gamma^2}$	$C_s^{4*} = \dfrac{k^2 t^2\beta^3(\phi + p_0)^2}{2\left[k\beta(2t - \beta\delta^2) - t\gamma^2\right]^2}$	$T_w^{3*} = \pi^{3*} + C_s^{3*} - E^{3*}$

命题 6.12 $E^{1*} > E^{2*} \geqslant E^{3*} > E^{4*}$，$C_s^{4*} > C_s^{3*} \geqslant C_s^{2*} > C_s^{1*}$，$T_w^{4*} > T_w^{3*} \geqslant T_w^{2*} > T_w^{1*}$。

证明思路同命题 6.6。

由命题 6.12 可知，政府的补贴及再造商的让利偏好行为，均能够有效减少未回收废旧品对环境的危害，并可以起到提高消费者剩余及社会总剩余的效果。这是由于政府补贴及让利行为均能够提高消费者和电商平台对废旧品的回收积极性，从而增加了废旧品回收数量，使得原本可能对环境产生危害的废旧品进入再生产过程，有利于环境保护及资源节约，提高了消费者支付意愿及社会效益，而由命题 6.6 及命题 6.11 可得，政府补贴及让利偏好行为均能提高供应链系统的总体利润，最终实现了社会总剩余的提高。

命题 6.13 在同时考虑政府补贴及利他关切的分散决策模型中，当 $\rho < 1$ 时，政府补贴对剩余废旧品的环境损害、消费者剩余及社会总剩余的影响，比变动同等比例的利他偏好行为时产生的影响更大；相反，当 $\rho > 1$ 时，利他偏好对上述因素的影响更大。

证明思路同命题 6.10。

由命题 6.13 可知，在同时考虑政府补贴及利他关切的分散决策模型中，若单位废旧品剩余价值不同，电商平台回收废旧品时收入的佣金率必然不同，此时，政府补贴与利他偏好对未回收废旧品的环境损害、消费者剩余及社会总剩余的影响幅度也不同。这是因为未回收废旧品对环境的损害以及消费者剩余主要受废旧品回收数量影响，社会总剩余主要与供应链利润有关，而由命题 6.10 可得，废旧品回收数量与供应链利润会因废旧品剩余价值不同而对政府补贴和利他关切产生不同的反应。由此可见，对于单位佣金额低的废旧品，若要快速降低废旧品对自然环境的危害，实现消费者剩余及社会总剩余的加速增长，政府和企业应根据所回收废旧品的剩余价值做出不同举措：当废旧品的单位剩余价值较高时，政府不应一味地要求再造企业作出相应努力，而是应该同步完善补贴政策，以此带动供应链向提高社会总剩余方向快速发展；同样，对于单位剩余价值较低的废旧品，企业也不能过于依靠政府补贴，而应该重视再造商让利行为的重要作用。

6.2.4　协调机制的设计

6.2.4.1　协调机制设计

通过上述分析和比较可知，集中决策优于分散决策。为了实现这种集中决策，本部分设计"利他偏好联合佣金"契约对系统进行协调。

"利他偏好联合佣金"契约的协调思想是：首先，再造商增加让利偏好程度，支付电商平台更多佣金，以稳固两者合作关系，保证系统稳定运行。再造商的这种让利会大幅度降低再造商的利润，为了弥补部分利润的损失，再造商在让利后，会要求电商平台分享部分固定收益给自己，实现再造商与电商平台的双赢。

在"利他偏好联合佣金"契约中，假设再造商的让利偏好系数为 $\bar{\theta}$，电商平台的佣金为 $\bar{\rho}$，电商平台分享给再造商的固定收益为 $\bar{f}$。

命题 6.14　"利他偏好联合佣金"契约中，若契约协调系数 $(\bar{\theta}, \bar{\rho}, \bar{f})$ 满足 $(\bar{\theta}, \bar{\rho}) = \left(1, \dfrac{kt\beta(\phi+p_0)}{2kt\beta - k\beta^2\delta^2 - t\gamma^2}\right)$ 且 $\bar{f} \in \left[\pi_m^{3*} + \dfrac{k^2t\beta^4\delta^2(\phi+p_0)^2}{2\left[t\gamma^2 - k\beta(2t-\beta\delta^2)\right]^2}, \right.$
$\left. \dfrac{kt^2\beta^2(2k\beta-\gamma^2)(\phi+p_0)^2}{2\left[t\gamma^2 - k\beta(2t-\beta\delta^2)\right]^2} - \pi_e^{3*}\right]$，则契约可以实现低碳 E - CLSC 系统的协调。

证明： 根据表 6 - 4，在再造商的利他主义公平问题的情况下再造商的最佳回收价格是：

$$p_w^{3*} = \frac{kt\beta(p_0+\phi) - kt\beta(1-\theta)\rho - (t-\beta\delta^2)\rho\gamma^2}{k\beta(2t-\beta\delta^2)}$$

再造商的最佳减排水平是 $h^{3*} = \dfrac{\delta\left[k\beta(p_0+\phi) + \rho\gamma^2 - k\beta(1-\theta)\rho\right]}{k(2t-\beta\delta^2)}$，

电子商务平台的最佳服务水平是 $s^{3*} = \dfrac{\rho\gamma}{k}$。

当 $(\theta, \rho) = \left(1, \dfrac{kt\beta(\phi+p_0)}{2kt\beta - k\beta^2\delta^2 - t\gamma^2}\right)$ 时，

$$\bar{p}_w^{3*} = \frac{t(k\beta-\gamma^2)(\phi+p_0)}{k\beta(2t-\beta\delta^2) - t\gamma^2} = p_w^{4*}, \quad \bar{h}^{3*} = \frac{k\beta^2\delta(\phi+p_0)}{k\beta(2t-\beta\delta^2) - t\gamma^2} = h^{4*}$$

$$\bar{s}^{3*} = \frac{t\beta\gamma(\phi + p_0)}{k\beta(2t - \beta\delta^2) - t\gamma^2} = s^{4*}$$

此时，实现了集中式模型。

经过协调，再造商的利润功能为：

$$\bar{\pi}_m = (p_0 + \delta\bar{h} - \bar{\rho} - \bar{p}_w + \phi)q - \frac{t\bar{h}^2}{2} + \bar{f} = \bar{f} - \frac{k^2 t\beta^4\delta^2(\phi + p_0)^2}{2[t\gamma^2 - k\beta(2t - \beta\delta^2)]^2}.$$

该电子商务平台的利润功能是：

$$\bar{\pi}_e = \bar{\rho}q - \frac{k\bar{s}}{2} - \bar{f} = \frac{kt^2\beta^2(2k\beta - \gamma^2)(\phi + p_0)^2}{2[t\gamma^2 - k\beta(2t - \beta\delta^2)]^2} - \bar{f},$$

再造商的实用功能是：

$$\bar{U}_m = \bar{\pi}_m + \bar{\pi}_e$$

电子商务平台和再造商均接受本合同，$\bar{\pi}_m \geqslant \pi_m^{3*}$ 和 $\bar{\pi}_e \geqslant \pi_e^{3*}$ 需要得到满足，即：

$$\begin{cases} \bar{f} - \dfrac{k^2 t\beta^4\delta^2(\phi + p_0)^2}{2[t\gamma^2 - k\beta(2t - \beta\delta^2)]^2} \geqslant \pi_m^{3*} \\ \dfrac{kt^2\beta^2(2k\beta - \gamma^2)(\phi + p_0)^2}{2[t\gamma^2 - k\beta(2t - \beta\delta^2)]^2} - \bar{f} \geqslant \pi_e^{3*} \end{cases},$$

所以 $\bar{f}$ 需要满足：

$$\bar{f} \in \left[\pi_m^{3*} + \frac{k^2 t\beta^4\delta^2(\phi + p_0)^2}{2[t\gamma^2 - k\beta(2t - \beta\delta^2)]^2}, \ \frac{kt^2\beta^2(2k\beta - \gamma^2)(\phi + p_0)^2}{2[t\gamma^2 - k\beta(2t - \beta\delta^2)]^2} - \pi_e^{3*} \right]$$

令 $\bar{f}_{min} = \pi_m^{3*} + \dfrac{k^2 t\beta^4\delta^2(\phi + p_0)^2}{2[t\gamma^2 - k\beta(2t - \beta\delta^2)]^2}$，$\bar{f}_{max} = \dfrac{kt^2\beta^2(2k\beta - \gamma^2)(\phi + p_0)^2}{2[t\gamma^2 - k\beta(2t - \beta\delta^2)]^2} -$

π_e^{3*}，可得

命题 6.15 随着 δ 增加，$\bar{f}_{min}$，$\bar{f}_{max}$ 增加，且 $\bar{f}$ 的可行范围增加。

证明：$\dfrac{\partial f_{min}}{\partial\delta} = \dfrac{t\delta}{k^2} \left\{ \dfrac{2k^5\beta^6\delta^2(\phi + p_0)^2}{[k\beta(2t - \beta\delta) - t\gamma^2]^3} + \dfrac{k^4 t\beta^4\delta(\phi + p_0)^2}{k\beta(2t - \beta\delta) - t\gamma^2]^2} \right.$

$$+ \frac{\rho^2\gamma^4 + 2k\beta\rho\gamma^2(\phi - \rho) + k^2\beta^2(\rho^2 + \phi^2 - \theta^2\rho^2 - 2\rho_0)}{(2t - \beta\delta^2)^2}$$

$$\left. + \frac{2k\beta(\rho\gamma^2 + k\beta\phi p_0 + k^2\beta^2 p_0^2 - k\beta\rho p_0)}{(2t - \beta\delta^2)^2} \right\} > 0$$

$$\frac{\partial f_{max}}{\partial\delta} = \frac{2k^2 t^2\beta^4\delta(2k\beta - \gamma^2)(\phi + p_0)^2}{[k\beta(2t - \beta\delta) - t\gamma^2]^3} - \frac{2\beta\delta\rho^2\gamma^2}{k(2t - \beta\delta^2)}$$

$$-\frac{\beta^2\delta\rho(\delta^2\rho\gamma^2 - 2kt\rho + 2kt\theta\rho + 2kt\phi + 2ktp_0)}{k(2t-\beta\delta^2)^2} > 0$$

同样，$\frac{\partial \bar{f}_{min}}{\partial \delta} - \frac{\partial \bar{f}_{max}}{\partial \delta} < 0$。因此，弹性系数 δ 在上界 $\bar{f}_{max}$ 大于下界 $\bar{f}_{min}$，随着 δ 的增加，$\bar{f}$ 的可行范围（即 $[\bar{f}_{min}, \bar{f}_{max}]$）扩大。

从命题 6.15 可以看出，在"利他偏好联合佣金"契约中，随着弹性系数 δ 的增加，契约可行区间的上下界 $\bar{f}_{min}$ 与 $\bar{f}_{max}$ 均增加，这表明协调后 δ 的增加有利于提高再造商的利润，这进一步表明，提高消费者的低碳环保意识对再造商是有利的。另外，弹性系数 δ 对固定收益上限 $\bar{f}_{max}$ 的影响大于下限 $\bar{f}_{min}$，所以 δ 的增加扩大了可行区间 $[\bar{f}_{min}, \bar{f}_{max}]$，增加了契约的谈判空间，有利于系统协调的实现。因此，提高消费者的低碳环保意识，有利于提高协调机制的可行性。

6.2.4.2　模型讨论

"利他偏好联合佣金"契约实现系统协调后，再造商和电商平台利润都高于协调之前的利润，因此该契约可行的。然而，"利他偏好联合佣金"契约以政府补贴为前提。但现实中，政府并未对所有行业进行节能减排补贴，而且即便政府对部分企业进行补贴，也会在过程中遇到很多的不确定因素。例如，为顺应全球节能环保的大环境，2012 年，中国政府对 LED 照明采取补贴政策，在持续多年政策的补贴下，半导体照明产业在中国迅速崛起，然而在政府补贴的过程中却出现了企业过度依赖政府补贴的情况：当政府补贴减少时，企业只能通过提高 LED 灯价格以保证自身利润空间，这造成了企业市场销售份额的剧减。此外，对于补贴实施过程中的细节问题，政府也很难有足够的时间和精力进行把控，因此导致政府在进行补贴的过程中偶尔会遇到欺诈行为。例如，河南省林州市以节能减排为由，骗取国家 2300 万补贴款①，这意味着并非所有的补贴都有利于推动企业实施低碳制造。

基于此，为加强"利他偏好联合佣金"契约在现实社会中的可行性，我们对政府和企业提出相应管理建议：

首先，政府应该制定合理的补贴政策，使得该政策既能发挥市场经

① 李星文：《河南林州停暖事件三宗罪》，中国经济网，http://views.ce.cn/view/ent/201101/18/t20110118_22149550.shtml，2011 年 1 月 18 日。

济的调节作用，又能起到积极引导企业节能减排的作用，通过合适的补贴机制来鼓励企业对节能减排技术创新，达到减少温室气体排放、保护环境的目的。此外，针对补贴过程中出现的欺诈行为，政府需加大监管力度，提高监管效率。[①]

其次，对处于主导地位的再造商而言，虽然政府补贴为再造企业的发展提供了契机，但再造企业不可过分依赖政府补贴，再造商企业要想实现长远发展，需要制定适合自身的发展策略，在碳减排技术上寻求突破，探索更加成熟的节能减排技术。再者，协调机制下，消费者低碳意识的增强有利于再造商获取更多收益，再造商可以通过广告、媒体网络宣传等方式提高消费者的低碳意识，也可以通过参加公益组织项目的方式发起对低碳生活的宣传，如世界自然基金会（WWF）设立的"碳减排先锋"项目（Climate Saver）。[②]另外，获得政府补贴的再造商应对电商平台做出适当的让利行为，以此建立长期稳定的合作关系。

最后，对处于从属地位的电商平台而言，为维持系统长远发展，需要努力提高自身服务水平，不可因过多关注政府补贴的分配问题而产生不满情绪，更不能将自身的不满情绪掺杂在运营决策中。另外，电商平台要积极配合再造商对系统进行协调，利用自身平台优势开展节能减排和废品回收宣传活动，以实现自身与再造商共赢。

6.2.5 数值分析

6.2.5.1 全社会总盈余的数值分析

在上述参数取值（$p_0 = 100$，$\gamma = 1$，$\delta = 2$，$t = 2$，$\beta = 0.5$，$k = 4$）的基础上，进一步假设 $\phi = 20$，$\theta = 0.25$，$q_t = 500$，$\varepsilon = 0.5$，令 ρ 为自变量，其中 $\rho \in (0, 20)$，在图 6 - 8 至图 6 - 10 中，绘出政府补贴下

① Chen W，Hu Z H. Using Evolutionary Game Theory to Study Governments and Manufacturers' Behavioral Strategies under Various Carbon Taxes and Subsidies. *Journal of Cleaner Production*，Vol. 201，2018，pp. 123 – 141.

② Wang Q，Zhao D，He L. Contracting Emission Reduction for Supply Chains Considering Market Low-carbon Preference. *Journal of Cleaner Production*，Vol. 120，2016，pp. 72 – 84.

分散决策各个模型的社会总剩余随着 ρ 的变化关系；在参数取值
（$p_0 = 100$，$\gamma = 1$，$\delta = 2$，$t = 2$，$\beta = 0.5$，$k = 4$，$\rho = 18$，$q_t = 500$，
$\varepsilon = 0.5$）的基础上，令（ϕ，θ）为自变量，其中，$\phi \in (20,50)$，
$\theta \in (0.2,0.5)$，绘出图 6 - 11，以进一步反映政府补贴及利他偏好
对社会总剩余的影响。

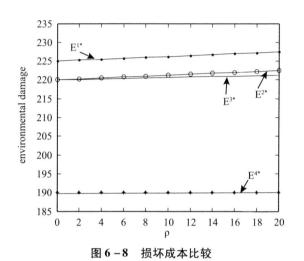

图 6 - 8　损坏成本比较

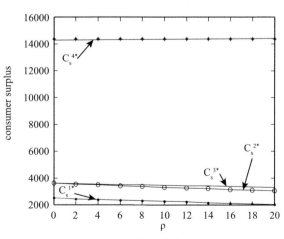

图 6 - 9　消费者剩余比较

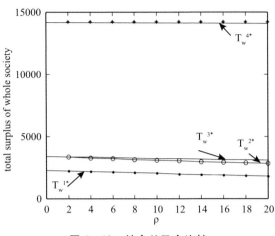

图 6-10　社会总盈余比较

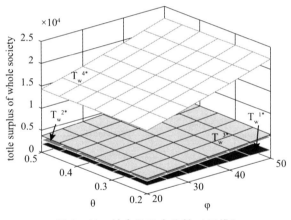

图 6-11　社会总盈余比较（三维）

图 6-8 至图 6-11 验证了命题 6.12 的正确性，并可以得到以下结论：

（1）无论从剩余废旧品对环境损害角度，还是从消费者剩余甚至是社会总剩余角度分析，集中决策下带来的社会效益始终是最高的。相反，无政府补贴下的分散决策带来的社会效益最低，而在政府补贴下，考虑利他偏好的情况要优于各主体分散决策。

（2）不同模型下最优决策的环境损害、消费者剩余及社会总剩余各不相同，但与对应模型下的废旧品回收数量及系统利润方向一致，即当废旧品回收数量越多、系统利润越大时，环境损害越小，消费者剩余及社会总剩余越高。因此，若政府或企业以提高全社会剩余为决策目标，则应该在保证供应链系统利润的前提下，优先汇集各方力量及资本提高废旧品回收的数量。

（3）在单位废旧品剩余价值较高的情况下，当政府补贴与利他偏好程度同步提高时，政府补贴变化下环境损害、消费者剩余及社会总剩余的变化幅度，比实施利他偏好时的变动幅度更大。因此，若要快速降低废旧品对自然环境的危害，实现消费者剩余及社会总剩余的加速增长，政府不应一味地要求再造企业作出相应努力，而是应该同步完善补贴政策，以此带动供应链向提高社会总剩余方向快速发展。

6.2.5.2　配合机构的数值分析

在假设上述参数取值（$p_0 = 100$，$\gamma = 1$，$\delta = 2$，$t = 2$，$\beta = 0.5$，$k = 4$，$\rho = 18$）基础上，进一步假设 $\phi = 20$，$\theta = 0.25$，可得让利偏好下的分散决策时（协调前），再造商的利润 $\pi_m^{3*} = 3075$，电商平台利润 $\pi_e^{3*} = 999$，采用"利他偏好联合佣金"契约协调后，再造商利润 $\overline{\pi}_m^{3*} = \overline{f} - 14400$，电商平台利润 $\overline{\pi}_e^{3*} = 21600 - \overline{f}$，$\overline{f}$ 的有效范围为 $\overline{f} \in [17475, 20601]$。采用"利他偏好联合佣金"契约协调后，画出 π_m^{3*}、π_e^{3*}、$\overline{\pi}_m^{3*}$、$\overline{\pi}_e^{3*}$ 随 $\overline{f}$ 的变化范围，如图 6-12 所示。

195

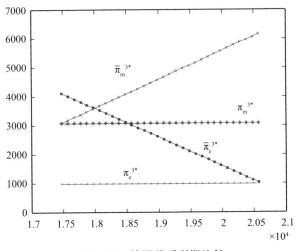

图 6-12　协调前后利润比较

从图 6 - 12 可看出：

（1）采用"利他偏好联合佣金"契约可以实现再造商利润及电商平台利润的升高，这说明供应链各方有足够的积极性实现集中决策。

（2）随着电商平台分享自身收益 $\bar{f}$ 增加，再造商利润增加，电商平台利润减少，且再造商利润逐步超过电商平台。这是由于在现实供应链运营过程中，占据主导地位的企业往往会期望自身利益能够在各节点企业中处于领先位置，这符合企业组织行为学的逻辑观点，而具体的 $\bar{f}$ 取值，需要考虑契约实施条件、再造商的战略规划，以及供应链各方的利益诉求。

6.2.6　结论与启示

本部分针对单一再造商和单一电商平台构成的低碳 E - CLSC，研究了再造商无政府补贴且无让利偏好的分散决策、再造商有政府补贴且无让利偏好的分散决策、再造商有政府补贴且有让利偏好的分散决策以及集中决策四种决策模型的最优决策，分析了政府补贴和让利偏好行为对供应链回收、碳减排水平、社会总福利等决策的影响，并设计"利他偏好联合佣金"契约，实现系统的协调。研究表明：

政府补贴以及再造商让利偏好行为均能提高再造商节能减排的积极性，并实现了电商平台利润帕累托改进，有利于提高系统运作效率、促进系统协调。但不同的是，政府补贴对再造商是有利的，再造商的让利偏好对再造商自身收益却是不利的，且政府补贴的效果要优于同等力度的让利关切。此外，分散决策下，无论政府是否补贴，再造商是否有让利关切行为，电商平台服务水平都不发生改变。但在集中决策下，因为再造商提高了佣金，使得电商平台服务水平达到最高。与此同时，集中决策下的废旧品回收价格、再造商碳减排水平、社会总剩余也达到最高，系统利润达到最优。通过"利他偏好联合佣金"契约可以实现系统协调。协调机制下，随着消费者低碳环保意识的增强，$\bar{f}$ 的可行区间 $[\bar{f}_{min}, \bar{f}_{max}]$ 增大，再造商与电商平台的谈判空间增加，协调机制的可行性增强。

本部分研究也存在一定的局限性，研究没有考虑废旧品的质量差异，将废旧品的质量因素或者剩余价值差异等因素纳入模型，会使得研究结论更具有现实指导意义。此外，在现实中，电商平台往往为多家再造商提供回收服务，将再造商扩展到多家企业，并考虑再造商企业之间的竞争性，这将是我们下一步的研究问题。

6.3　物流外包下电商供应链的利他偏好决策研究

　　近年来，随着互联网技术的快速发展，网上购物受到了越来越多消费者的青睐。根据中国互联网网络信息中心数据统计，2019 年中国网络购物用户达 6.49 亿人，渗透率为 76.2%，交易金额达到 6.66 万亿元。[①] 这一发展使得越来越多的制造商选择入驻电商平台[②]，并通过物流运营商将商品配送给消费者，从而形成了包含电商平台、制造商、物流运营商在内的电商供应链（ESC）。ESC 的迅速崛起凸显了物流的重要性。与实体商店购物不同，消费者与其网购的产品往往存在空间隔离，需要依赖物流渠道实现产品的交付。[③] 因此，网购中消费者的满意度及忠诚度极易受到物流，尤其是物流的交付速度及质量的影响。[④] 这使得许多电商企业都将物流视为自身发展优势的重要来源。目前，ESC 中的物流可大致分为电商平台自建物流及第三方物流。其中，电商平台与第三方物流运营商的合作在现实生活中更为常见，且相较于平台自建物流具有两个方面的优点：一方面，这种物流运营模式可以节省平台在

197

　　① 《第 44 次〈中国互联网络发展状况统计报告〉》，中国互联网络信息中心，https：//www. cnnic. cn/n4/2022/0401/c88 – 1116. html，2019 年 8 月 30 日。

　　② Lu Q，Liu N. Effects of E – commerce Channel Entry in a Two-echelon Supply Chain：A Comparative Analysis of Single-and Dual-channel Distribution Systems. *International Journal of Production Economics*，Vol. 165，2015，pp. 100 – 111.

　　③ Hua Z，Hou H，Bian Y. Optimal Shipping Strategy and Return Service Charge Under No-reason Return Policy in Online Retailing. *IEEE Transactions on Systems*，*Man*，*and Cybernetics*：*Systems*，Vol. 47，No. 12，2016，pp. 3189 – 3206.

　　④ Rao S，Goldsby T J，Griffis S E，et al. Electronic Logistics Service Quality（E – LSQ）：Its Impact on the Customer's Purchase Satisfaction and Retention. *Journal of Business Logistics*，Vol. 32，No. 2，2011，pp. 167 – 179；Xu M，Tang W，Zhou C. Procurement Strategies of E – retailers Under Different Logistics Distributions with Quality-and Service-dependent Demand. *Electronic Commerce Research and Applications*，Vol. 35，2019，P. 100853.

物流体系建设及运输过程中的相关成本，使其专注于自身企业优势。① 另一方面，与不同的物流运营商合作，可以使电商平台迎合消费者的不同服务偏好，既可以为有时效要求的产品提供速达服务，又可以为无特殊要求的产品提供一般化的物流服务，增加了平台产品物流服务的灵活性，并最终实现 ESC 成本的降低及绩效的提升。②

但是，独立物流运营商的加入对 ESC 的合作产生了更高的要求。在 ESC 中，电商平台一般拥有庞大的客户群体及较为完备的管理制度，因此具有较大的话语权。在追逐自身利益最大化过程中，电商平台与居于从属地位的制造商与物流企业间时有冲突。例如，2017 年 7 月中国京东宣布与天天快递单方面暂停服务，随后又将圆通、EMS、百世快递、德邦列入不推荐名单当中。③ 这种电商平台与从属企业针锋相对的结果是对 ESC 各节点成员均不利。为尽可能地避免 ESC 内部冲突导致的利润损失，电商平台越来越倾向于不仅考虑自身的利益，而且考虑其合作伙伴的利益。也就是说，电商平台在运作过程中会具有一定程度的利他偏好。④ 例如，2013 年京东推出了 "JDPhone" 计划，给 "努比亚" 生产商 1 亿元的固定承诺费用并以成本价向该生产商批发手机，通过薄利多销方式实现了双方共赢⑤；而苏宁在 2018 年的 "双 11" 之前发布了补贴商家规则，并在各快递公司涨价时，与其合作的物流运营商达成补贴协议，实现对消费者承诺的 "一分钱不涨"，最终达到了产品销量的增长，形成了三方共赢的良好局面。⑥ 这些实例不仅阐述了 ESC

---

① Yu Y, Wang X, Zhong R Y, et al. E - commerce Logistics in Supply Chain Management: Implementations and Future Perspective in Furniture Industry. *Industrial Management & Data Systems*, Vol. 117, No. 10, 2017, pp. 2263 - 2286.

② Giri B C, Sarker B R. Improving Performance By Coordinating a Supply Chain with Third Party Logistics Outsourcing under Production Disruption. *Computers & Industrial Engineering*, Vol. 103, 2017, pp. 168 - 177.

③ 孟永辉：《为什么电商平台与物流公司矛盾公开化?》，亿邦动力网，https://www. gov. cn/zhengce/202406/content_6957360. htm，2017 年 8 月 1 日。

④ Wang, Y., Fan, R., Shen, L. and Miller, W. Recycling Decisions of Low - Carbon E - Commerce Closed - Loop Supply Chain under Government Subsidy Mechanism and Altruistic Preference. *Journal of Cleaner Production*, Vol. 259, 2020, P. 120883.

⑤ 群硕系统：《"国母手机"背后的故事》，第一财经，https://www. yicai. com/news/3660238. html，2014 年 4 月 2 日。

⑥ 马昌、袁勃：《"双 11"见证中国网购变迁》，人民网，http://finance. people. com. cn/n1/2018/1112/c1004 - 30393979. html，2018 年 11 月 12 日。

中复杂的竞争合作关系，也为利他偏好在 ESC 研究的引入提供了实际背景。

综上，物流运营商的加入增加了 ESC 运作的复杂性，电商平台的利他偏好也必然会影响 ESC 成员的决策及利润分配。因此，本部分在现有成果的基础上，主要研究如下问题：

（1）ESC 中的物流服务运营商应采取何种定价策略？物流运营商的决策会受到哪些因素的影响？消费者对物流服务价格的敏感度如何影响产品销量及物流商利润？

（2）电商平台实施利他偏好行为的动机是什么？电商平台的利他偏好行为如何影响 ESC 成员的决策？利他偏好行为是否有利于电商平台自身利润？

（3）考虑电商平台利他偏好，如何设计协调机制实现 ESC 中制造商、物流运营商、电商平台的三方共赢？协调机制的可行性受哪些因素的影响？

本部分研究的贡献体现在如下三方面。

首先，现有 ESC 研究中较少将独立电商平台及第三方运营商作为决策主体。[①] 本部分考虑常见的 ESC 运作模式，构建了由制造商、电商平台和物流运营商组成的 ESC 模型，并分析了电商平台的销售推广服务水平决策、物流运营商的物流定价以及制造商的产品销售定价决策。进一步地，探索了 ESC 决策的影响因素，并分析了其产生的内在原因。通过研究发现，该 ESC 模型中联合决策下的产品价格并非达到最低，而是始终高于完全理性的分散决策下的售价，这不同于传统供应链及双渠道供应链的结论。[②]

其次，不同于传统线下供应链和双渠道供应链中对利他行为的研究。本部分构建了电商平台对制造商和物流运营商的"双利他"模型。研究发现，电商平台的利他偏好行为有利于提高从属企业及系统利润，

① Yan B, Chen Z, Wang X, et al. Influence of Logistic Service Level on Multichannel Decision of a Two-echelon Supply Chain. *International Journal of Production Research*, Vol. 58, No. 11, 2020, pp. 3304 – 3329; Qin X, Liu Z, Tian L. The Strategic Analysis of Logistics Service Sharing in An E – commerce Platform. *Omega*, Vol. 92, 2020, P. 102153.

② Feng L, Govindan K, Li C. Strategic Planning: Design and Coordination for Dual – Recycling Channel Reverse Supply Chain Considering Consumer Behavior. *European Journal of Operational Research*, Vol. 260, No. 2, 2017, pp. 601 – 612.

但是会减少其自身利润。此外，电商平台对制造商和物流运营商的让利效果取决于消费者产品价格偏好和物流服务价格偏好的大小。当消费者对产品价格的增加更敏感时，电商平台对物流运营商进行让利更有效；当消费者对物流服务价格更敏感时，电商平台对制造商的让利更有利于ESC运作。

最后，现有 ESC 的研究大多通过收益共享、成本分摊等常用的协调方式实现系统的最优决策。本部分将电商平台的利他偏好系数作为协调工具，设计了新的"利他偏好联合固定费用"契约对 ESC 进行协调。研究发现，消费者的产品价格敏感度以及 SP – service 成本系数的提高会缩小协调机制的可行区间，而消费者对 SP – service level 敏感度的提高会扩大契约可行范围。

6.3.1 模型说明与假设

本部分模型如图 6 – 13 所示。考虑由单一制造商、单一电商平台和单一物流运营商组成的 ESC。其中，制造商负责生产产品，并借助电商平台销售产品。消费者从电商平台上获取产品信息，进行购买并支付费用。然后，电商平台自动生成订单并交由制造商处理。接着，制造商将产品的配送业务外包给物流运营商。消费者在收到货物并确认无误后签收。订单完成后，电商平台会扣除所售产品中一定比例的货款作为佣金，物流运营商获得消费者所付邮费作为物流服务报酬。

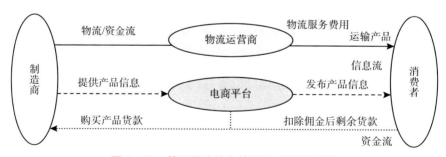

图 6 – 13　基于物流外包的 ESC 的模型结构

在目前的 ESC 中，由电商平台设定入驻条件，制造商只有符合平台要求的条件才能入驻平台。在入驻平台时，制造商提交的费用主要包括以下两种：（1）平台使用费，即制造商入驻费用。由于制造商从事行业及规模大小不同，需要缴纳的使用费也不同。此类费用不会随着销售产品的数量发生变动，且在入驻初期缴纳后一定期限内无须续费，属于固定成本，为计算方便，本部分模型构建中将此类固定费用忽略不计。（2）佣金。电商平台为制造商提供了网上销售渠道，并提供了线下培训、自动发货、购物车营销等相关代销售服务（在本书简称 SP - services），因此会向制造商收取佣金作为报酬。通常，佣金收取标准是按照产品的销售金额的一定百分比提取，一般比例小于30%。[①]

模型中符号说明如表6-7所示。

表6-7 　　　　　　　　　　模型的符号说明

变量、符号说明	含义
c	制造商的生产成本
p	产品的单位销售价格
ρ	佣金率，即为电商平台收取的单位销售额的佣金，$0 < \rho < 1$
p_l	产品的物流服务价格
s	电商平台提供的 SP - service level
k	SP - service 成本参数，$k > 0$
α	市场潜在的最大需求量，即市场饱和度，$\alpha > 0$
β	销售价格对销量的弹性系数，$\beta > 0$
γ	SP - service level 的弹性系数，$\gamma > 0$
δ	物流服务价格对销量的影响系数，$\delta > 0$
v	单位产品的物流运输成本，$v > 0$
q	产品的市场需求量
$\theta_i (i=1, 2)$	电商平台的利他偏好系数，$0 \leq \theta_i \leq 1$
e, m, l	e 表示电商平台，m 表示制造商，l 表示物流运营商
D, F, C	D 表示无利他偏好的分散决策模型，F 表示电商平台利他偏好下的分散决策模型，C 表示集中决策模型

---

① Wang Y, Yu Z, Ji X. Coordination of E - commerce Supply Chain When E - commerce Platform Providing Sales Service and Extended Warranty Service. *Journal of Control and Decision*, Vol. 7, No. 3, 2020, pp. 241 - 261.

变量、符号说明	含义
π_i^k	决策成员 i 在模型 k 下的利润，其中 i 可取 e、m、l；k 可取 D、F、C
π^k	ESC 系统在模型 k 下的总利润，其中 k 可取 D、F、C
$C(s)$	电商平台提供销售服务的成本

模型假设如下：

（1）电商平台是 ESC 的主导企业，制造商和物流运营商是从属企业，物流运营商的渠道权力小于制造商（制造商将产品运输业务外包给物流运营商，除了产品的物流业务外，物流运营商并不参与其他供应链内部的运营决策）。

（2）电商平台按照产品销售金额的一定百分比收取佣金。

（3）假设产品的需求与产品的价格、SP – service 水平和物流价格有关，借鉴现有文献①的假设，假设；

$$q = \alpha - \beta p - \delta p_l + \gamma s \tag{6.18}$$

（4）假设 $c'(s) > 0$，$c''(s) < 0$，借鉴已有文献②的假设，假设 SP – service 的成本函数为：

$$C(s) = \frac{ks^2}{2} \tag{6.19}$$

（5）在模型中，假设 $0 < \delta < \gamma \leqslant \beta < 2\delta \ll \alpha$，这说明，消费者对产品销售价格的敏感程度大于对 SP – service 的敏感程度，也大于对产品物流服务价格的敏感程度，但是 β 不会偏离 δ 太大，即 $\beta < 2\delta$；假设 $4k\beta > \gamma^2$，即保证产品的销售价格等决策为正。

根据以上符号设定以及相关假设说明，可得

制造商的利润函数：$\pi_m = (p - \rho p - c)q \tag{6.20}$

电商平台的利润函数：$\pi_e = \rho p q - \dfrac{ks^2}{2} \tag{6.21}$

---

① Tang J, Li B Y, Li K W, et al. Pricing and Warranty Decisions in a Two-period Closed-loop Supply Chain. *International Journal of Production Research*, Vol. 58, No. 6, 2020, pp. 1688 – 1704.

② Liu Z, Li K W, Li B Y, et al. Impact of Product – Design Strategies on the Operations of a Closed-loop Supply Chain. *Transportation Research Part E: Logistics and Transportation Review*, Vol. 124, 2019, pp. 75 – 91.

物流运营商的利润函数：$\pi_1 = (p_1 - v)q$ (6.22)

物流供应链系统的利润函数：$\pi = (p + p_1 - c - v)q - \dfrac{ks^2}{2}$ (6.23)

为了比较分析利他偏好的分散决策与其他决策模式的不同，根据决策者决策时是否有限理性，下面构建 ESC 的三种决策模型。一是 ESC 成员完全理性的分散决策，二是电商平台利他偏好的分散决策，三是物流外包下的联合决策。在这三种决策模型中，决策者的决策区别如图 6 – 14 所示。

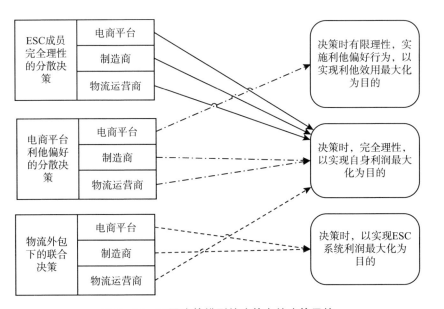

图 6 – 14   不同决策模型的决策者的决策目的

6.3.2 构建模型与求解

6.3.2.1 完全理性的分散决策

在此模型中，电商平台为主导者，制造商和物流运营商为从属者，且物流运营商的决策权力小于制造商，三者的决策顺序为：首先，电商平台确定自己投入的销售服务水平 s；其次，制造商根据市场需求和电商平台的决策确定产品的销售价格 p；最后，物流运营商根据市场行情确定物流服务价格 p_1。采用逆向归纳法求解，根据式（6.22），计算 $\dfrac{\partial \pi_1}{\partial p_1} = 0$，可得反应函数为：

$$p_1 = \frac{\alpha - p\beta + s\gamma + \nu\delta}{2\delta} \tag{6.24}$$

将式（6.24）代入式（6.18），计算 $\dfrac{\partial \pi_m}{\partial p} = 0$，可得反应函数为：

$$p = \frac{\alpha + c\beta + s\gamma - \nu\delta - \alpha\rho - s\gamma\rho + \nu\delta\rho}{2\beta(1-\rho)} \tag{6.25}$$

将式（6.25）代入式（6.24），化简得：

$$p_1 = \frac{\alpha(1-\rho) + (s\gamma + 3\nu\delta)(1-\rho) + c\beta}{4\delta(1-\rho)} \tag{6.26}$$

将式（6.25）、式（6.26）一同代入式（6.19），计算 $\dfrac{\partial \pi_e}{\partial s} = 0$，可得：

$$s^{D*} = \frac{\alpha\gamma\rho - \nu\gamma\delta\rho}{4k\beta - \gamma^2\rho} \tag{6.27}$$

将 s^{D*} 代入式（6.25）、式（6.26），化简可得 p^{D*}、p_1^{D*}，进而得到产品市场需求量及各决策成员利润。模型最优决策如表 6-8 所示。

表 6-8   不同决策模型的最优决策

模型	最优决策及相应 ESC 的成员利润
完全理性的分散决策	$p^{D*} = \dfrac{4k[(\alpha - \nu\delta)(1-\rho) + c\beta] - c\gamma^2\rho}{2(1-\rho)(4k\beta - \gamma^2\rho)}$ $p_1^{D*} = \dfrac{\nu(3k\beta - \gamma^2\rho)}{4k\beta - \gamma^2\rho} + \dfrac{\beta\{4k[\alpha(1-\rho) - c\beta] + c\gamma^2\rho\}}{4\delta(1-\rho)(4k\beta - \gamma^2\rho)}$ $s^{D*} = \dfrac{\alpha\gamma\rho - \nu\gamma\delta\rho}{4k\beta - \gamma^2\rho}$ $q^{D*} = \dfrac{\beta\{c\gamma^2\rho + 4k[(\alpha - \nu\delta)(1-\rho) - c\beta]\}}{4(1-\rho)(4k\beta - \gamma^2\rho)}$ $\pi_m^{D*} = \dfrac{\beta\{c\gamma^2\rho + 4k[(\alpha - \nu\delta)(1-\rho) - c\beta]\}^2}{8(1-\rho)(4k\beta - \gamma^2\rho)^2}$ $\pi_e^{D*} = \dfrac{4k\rho[(\alpha - \nu\delta)^2(1-\rho) - c^2\beta^2] + c^2\beta\gamma^2\rho^2}{8(1-\rho)^2(4k\beta - \gamma^2\rho)}$ $\pi_1^{D*} = \dfrac{\beta^2\{c\gamma^2\rho + 4k[(\alpha - \nu\delta)(1-\rho) - c\beta]\}^2}{16\delta(1-\rho)^2(4k\beta - \gamma^2\rho)^2}$ $\pi^{D*} = \pi_m^{D*} + \pi_e^{D*} + \pi_1^{D*}$

模型	最优决策及相应 ESC 的成员利润
电商平台利他偏好的分散决策	$s^{F*} = \dfrac{\gamma\{[\beta\theta_2 + 2\delta(\theta_1 + \rho - \theta_1\rho)](\alpha - \nu\delta)(1-\rho) - c\beta[\beta\theta_2 + 2\delta\theta_1(1-\rho)]\}}{(1-\rho)\{8k\beta\delta - \gamma^2[2\delta(\theta_1 + \rho - \theta_1\rho) + \beta\theta_2]\}}$ $p^{F*} = \dfrac{4k\delta[(\alpha - \nu\delta)(1-\rho) + c\beta] - c\gamma^2[\delta(2\theta_1 - 2\theta_1\rho + \rho) + \beta\theta_2]}{(1-\rho)\{8k\beta\delta - \gamma^2[2\delta(\theta_1 + \rho - \theta_1\rho) + \beta\theta_2]\}}$ $p_l^{F*} = \nu + \dfrac{c\beta\gamma^2\rho + 4k\beta((\alpha - \nu\delta)(1-\rho) - c\beta)}{2(1-\rho)\{8k\beta\delta - \gamma^2[2\delta(\theta_1 + \rho - \theta_1\rho) + \beta\theta_2]\}}$ $q^{F*} = \dfrac{\beta\delta\{4k[(\alpha - \nu\delta)(1-\rho) - c\beta] + c\gamma^2\rho\}}{2(1-\rho)\{8k\beta\delta - \gamma^2[2\delta(\theta_1 + \rho - \theta_1\rho) + \beta d_2]\}}$ $\pi_m^{F*} = \dfrac{\beta\delta^2\{4k[(\alpha - \nu\delta)(1-\rho) - c\beta] + c\gamma^2\rho\}^2}{2(1-\rho)\{8k\beta\delta - \gamma^2[2\delta(\theta_1 + \rho - \theta_1\rho) + \beta\theta_2]\}^2}$ $\pi_e^{F*} = \dfrac{\beta\delta\rho\{4k[(\alpha - \nu\delta)(1-\rho) - c\beta] + c\gamma^2\rho\}\{4k\delta[(\alpha - \nu\delta)(1-\rho) + c\beta] - c\gamma^2[\delta(2\theta_1 - 2\theta_1\rho + \rho) + \beta\theta_2]\}^2}{2(1-\rho)^2\{8k\beta\delta - \gamma^2[2\delta(\theta_1 + \rho - \theta_1\rho) + \beta\theta_2]\}^2}$ $-\dfrac{k\gamma^2\{c\beta[2\delta(1-\rho)\theta_1 + \beta\theta_2] - (\alpha - \nu\delta)(1-\rho)[\delta(\theta_1 + \rho - \theta_1\rho) + \beta\theta_2]\}^2}{2(1-\rho)^2\{8k\beta\delta - \gamma^2[2\delta(\theta_1 + \rho - \theta_1\rho) + \beta\theta_2]\}^2}$ $\pi_l^{F*} = \dfrac{\beta^2\delta\{4k[(\alpha - \nu\delta)(1-\rho) - c\beta] + c\gamma^2\rho\}^2}{4(1-\rho)\{8k\beta\delta - \gamma^2[2\delta(\theta_1 + \rho - \theta_1\rho) + \beta\theta_2]\}^2}$ $\pi^{F*} = \pi_m^{F*} + \pi_e^{F*} + \pi_l^{F*}$
物流外包下的联合决策	$p^{C*} = \dfrac{2k\alpha + 2ck\beta - c\gamma^2 - 2k\nu\delta}{4k\beta - \gamma^2}$ $s^{C*} = \dfrac{\gamma(\alpha - c\beta - \nu\delta)}{4k\beta - \gamma^2}$ $p_l^{C*} = \nu + \dfrac{k\beta(\alpha - c\beta - \nu\delta)}{(4k\beta - \gamma^2)\delta}$ $q^{C*} = \dfrac{k\beta(\alpha - c\beta - \nu\delta)}{4k\beta - \gamma^2}$ $\pi_l^{C*} = \dfrac{k^2\beta^2(\alpha - c\beta - \nu\delta)^2}{(4k\beta - \gamma^2)^2\delta}$ $\pi^{C*} = \dfrac{k(\alpha - c\beta - \nu\delta)^2[2k\beta(\beta + 2\delta) - \gamma^2\delta]}{2\delta(4k\beta - \gamma^2)^2}$

对该模型下的最优解进行进一步比较分析，可得如下命题。

命题 6.16　p^{D*}、p_l^{D*}、s^{D*}、q^{D*}、π_m^{D*}、π_e^{D*}、π_l^{D*}、π^{D*} 均与 γ 正相关。

证明： $\dfrac{\partial p^{D*}}{\partial\gamma} = \dfrac{4k\gamma\rho(\alpha - \nu\delta)}{(4k\beta - \gamma^2\rho)^2} > 0$，$\dfrac{\partial p_l^{D*}}{\partial\gamma} = \dfrac{2k\beta\gamma\rho(\alpha - \nu\delta)}{\delta(4k\beta - \gamma^2\rho)^2} > 0$，$\dfrac{\partial s^{D*}}{\partial\gamma} = \dfrac{\rho(4k\beta + \gamma^2\rho)(\alpha - \nu\delta)}{(4k\beta - \gamma^2\rho)^2} > 0$，

$$\frac{\partial q^{D*}}{\partial \gamma} = \frac{2k\beta\gamma\rho(\alpha - \nu\delta)}{(4k\beta - \gamma^2\rho)^2} > 0,$$

$$\frac{\partial \pi_m^{D*}}{\partial \gamma} = \frac{2k\beta\gamma\rho(\alpha - \nu\delta)\{c\gamma^2\rho + 4k[(\alpha - \nu\delta)(1 - \rho) - c\beta]\}}{(4k\beta - \gamma^2\rho)^3} > 0,$$

$$\frac{\partial \pi_e^{D*}}{\partial \gamma} = \frac{k\gamma\rho^2(\alpha - \nu\delta)^2}{(4k\beta - \gamma^2\rho)^2} > 0,$$

$$\frac{\partial \pi_l^{D*}}{\partial \gamma} = \frac{k\beta^2\gamma\rho(\alpha - \nu\delta)\{c\gamma^2\rho + 4k[(\alpha - \nu\delta)(1 - \rho) - c\beta]\}}{\delta(1 - \rho)(4k\beta - \gamma^2\rho)^3} > 0。$$

而 $\pi^{D*} = \pi_m^{D*} + \pi_e^{D*} + \pi_l^{D*}$，$\pi_m^{D*}$、$\pi_e^{D*}$、$\pi_l^{D*}$、$\pi^{D*}$ 均与 γ 正相关。

命题 6.16 说明，当消费者 SP – services 偏好增加时，电商平台会相应提高自身 SP – services 水平以吸引更多客户。同时，消费者对 SP – services 水平敏感度的增加导致其对产品价格及物流服务价格的敏感度相对降低，因此制造商和物流商会小幅度增加产品售价及物流服务价格。但由于价格的增加幅度远小于 SP – services 水平的提高幅度，市场需求量将增加，ESC 中各成员及系统利润均会提升。

命题 6.17　p^{D*}、p_l^{D*}、s^{D*}、q^{D*}、π_m^{D*}、π_e^{D*}、π_l^{D*}、π^{D*} 均与 δ 负相关。

证明思路同命题 6.16。

命题 6.17 说明，当消费者对物流价格变动的敏感度增加时，物流商会降低物流服务价格，制造商也会降低产品售价。这表明消费者物流服务价格偏好与其产品价格偏好具有正向联系。同时，消费者价格敏感度增加导致其对 SP – services 水平的敏感度相对降低，由此，电商平台 SP – services 水平将会降低。但是，由于物流商成本及现有价格的限制，其服务价格降低范围极其有限，这会导致产品销量下降。最终，消费者对低价的追求缩小了 ESC 成员及系统的盈利空间。

命题 6.18　当 $\left(1 - \frac{\beta}{2\delta}\right) < \rho$ 时，有 $\pi_l^{D*} > \pi_m^{D*} > \pi_e^{D*}$；当 $0 < \rho < \left(1 - \frac{\beta}{2\delta}\right)$ 时，有 $\pi_m^{D*} > \pi_l^{D*} > \pi_e^{D*}$。

证明： $\pi_l^{D*} - \pi_m^{D*} = \frac{\beta[\beta - 2\delta(1 - \rho)]\{c\gamma^2\rho + 4k[(\alpha - \nu\delta)(1 - \rho) - c\beta]\}^2}{16\delta(1 - \rho)^2(4k\beta - \gamma^2\rho)^2}$

当 $\beta - 2\delta(1 - \rho) > 0$，即 $\rho > 1 - \frac{\beta}{2\delta}$ 时，$\pi_l^{D*} > \pi_m^{D*}$；当 $\beta - 2\delta(1 - $

$\rho) < 0$，即 $\rho < 1 - \dfrac{\beta}{2\delta}$ 时，$\pi_m^{D*} > \pi_1^{D*}$。

同理可证，$\pi_m^{D*} - \pi_e^{D*} > 0$，$\pi_1^{D*} - \pi_e^{D*} > 0$。

命题 6.18 说明在单一 ESC 的分散决策下，制造商与物流运营商利润的大小取决于 β、ρ、δ 等参数的变化，且当制造商缴纳的佣金率较高时$\left(\rho > 1 - \dfrac{\beta}{2\delta}\right)$，制造商利润会低于物流运营商的利润。但是，在 ESC 中，电商平台所获利润为三者中最少。这是因为，本部分模型仅考虑电商平台与一家制造商合作，但现实中电商平台是一家共享平台，主要依靠数量众多的制造商入驻平台来保证佣金收益。如京东 2019 年仅通过第三方平台入驻的商家就有 25 万余家。如在 2022 年，京东第三方商家数量继续保持高质量增长，2022 年全年新入驻的商家数量同比增长 34%；截至 2022 年四季度，京东零售的第三方商家数量连续八个季度取得 20% 以上的同比增长 。[1] 电商平台通过与数量众多的商家合作获取巨额收益，并成为 ESC 中的主导者。然而，电商平台为了使自身收益最大化，制定的一些规则往往会损害入驻商家的利益，进而引起商家的不满。例如，天猫京东二选一垄断中，商家透露，天猫小二逐个给商家打电话，给商家两个选择，第一个选择是将京东会场的所有商品下架，第二个选择是商家自己将京东会场上的商品拍下架。另外，针对已经被京东锁定后台的商家，据商家爆料，天猫小二要求商家：上公告，发微博，下会场，否则将要严重惩罚商家，停掉商家在天猫的所有流量。很多商家迫于天猫的压力，发微博"指责"京东锁定后台。而一些商家则迫于压力挂出公告或者通知，声称 6 月 6 日的所有订单作废，不再发货。[2] 电商平台这种利用自己的优势地位强迫商家及物流运营商按自身条款进行合作的行为，虽然能提高自身收益，但会导致从属企业的不满，从而影响自身声誉，不利于 ESC 的稳定合作及电商平台的长期战略规划。基于此种情况，为了维护自身信誉、吸引更多商家入驻，越来越多的电商平台倾向于采取利他行为，以提升从属企业的合作意愿、促进 ESC 长期稳定发展。

---

① 子莹：《京东 2022 年新入驻的商家数量同比增长 34% 尽全力促生产稳就业》，快科技，https://news.mydrivers.com/1/896/896577.htm，2023 年 3 月 10 日。

② 关婧：《年中电商大促 商家被迫"站队"？》，中国经济网，http://finance.ce.cn/roll-ing/201706/08/t20170608_23497195.shtml，2017 年 6 月 8 日。

6.3.2.2　电商平台利他偏好的分散决策

近年来，在电商平台占据了 ESC 主导权的情况下，有些电商平台为了保证自身利益最大化，会设立一些严重侵害物流运营商和制造商利润的霸王条款，引起很多制造商和物流运营商的不满，这对电商平台的信誉造成不利影响。在这种情况下，一方面，很多制造商会选择退出平台，使得电商平台的竞争力减弱。另一方面，部分物流运营商也会选择终止与电商平台的合作关系，或者以降低物流服务水平的方式来减少成本支出，而这又导致物流运输时间延长、快件损毁率变高等。面对这种局面，一些大型电商平台会对从属企业采用利他偏好行为。采用利他偏好行为的目的，一是减少与制造商和物流运营商之间的矛盾、避免冲突发生，保持自身长远发展；二是电商平台需要提升制造商和物流运营商的合作意愿，促使现有 ESC 稳定运转。

当电商平台采取利他偏好行为时，会关注 ESC 中从属企业的收益公平问题，将物流运营商和制造商的利润纳入自己的决策中。本部分采用 Loch and Wu[1] 提出的利他偏好效用函数形式，在电商平台采用利他偏好性决策时，假设电商平台的效用函数为：

$$U_e^{F*} = \pi_e + \theta_1 \pi_m + \theta_2 \pi_1 \qquad (6.28)$$

其中，$0 \leqslant \theta_1$，$\theta_2 \leqslant 1$。θ_1 表示电商平台对制造商的利他偏好程度，θ_2 表示电商平台对物流运营商的利他偏好程度。$\theta_i (i = 1, 2)$ 越接近 0，表示电商平台的偏好程度越弱；反之，θ 越接近 1，表示电商平台的偏好程度越强。

此时，在 ESC 中，电商平台的决策函数是效用函数。成员的决策顺序为：首先，电商平台确定自己投入的网络销售服务水平 s；其次，制造商根据市场需求和电商平台的决策确定产品的销售价格 p；最后，物流运营商根据市场行情确定物流服务价格 p_1。采用逆向归纳法求解（计算思路同 6.3.2.2 对于无利他偏好情况下各成员利润及决策变量的求解），可计算最优决策如表 6 - 7 所示。

下面进一步分析电商平台采取利他偏好的范围。在实践中，电商平台只会在保障自身利润的前提下考虑利他偏好，因此在最优决策中，必须

① Loch, C. H. and Wu, Y. Social Preferences and Supply Chain Performance: An Experimental Study. *Management Science*, Vol. 54, No. 11, 2008, pp. 1835 - 1849.

保证 $s^{F*}>0$，$p^{F*}>0$，$p_1^{F*}>0$，$\pi_e^{F*}>0$，求解可得 θ_1 与 θ_2 需要满足：

$$2\delta(1-\rho)\theta_1+\beta\theta_2<2\delta(1-\rho)$$

即 θ_1 和 θ_2 需满足 $2\delta(1-\rho)\theta_1+\beta\theta_2<2\delta(1-\rho)$。下面在该条件下分析电商平台具有利他偏好时的有关结论。通过进一步计算分析，可得命题6.19 和命题6.20。

命题 6.19　（1）s^{F*}、p^{F*}、p_1^{F*}、q^{F*} 与 θ_1 正相关，π_e^{F*} 与 θ_1 负相关，π_m^{F*}，π_1^{F*} 与 θ_1 正相关；

（2）s^{F*}、p^{F*}、p_1^{F*}、q^{F*} 与 θ_2 正相关，π_e^{F*} 与 θ_2 负相关，π_m^{F*}，π_1^{F*} 与 θ_2 正相关。

证明思路同命题6.16。

由命题6.19可得，当电商平台对制造商和物流运营商的利他偏好增强时，一方面，电商平台会提高自身 SP – services 水平以吸引更多消费者。另一方面，制造商和物流运营会提高产品售价及物流服务价格，以进一步扩大自身利润。而且，电商平台的两种利他偏好行为均会形成市场需求量的提升，最终形成制造商及物流运营商利润的增加。但是，由于电商平台对服务的投入加大，其自身利润受损。因此，现实生活中的电商平台往往不愿意采取利他偏好行为，或是因从属企业的施压而采取偏好系数较小的利他偏好行为。

命题 6.20　当 $\beta>2\delta(1-\rho)$ 时，$\dfrac{\partial p^{F*}}{\partial\theta_1}<\dfrac{\partial p^{F*}}{\partial\theta_2}$，$\dfrac{\partial s^{F*}}{\partial\theta_1}<\dfrac{\partial s^{F*}}{\partial\theta_2}$，$\dfrac{\partial p_1^{F*}}{\partial\theta_1}<\dfrac{\partial p_1^{F*}}{\partial\theta_2}$，$\dfrac{\partial q^{F*}}{\partial\theta_1}<\dfrac{\partial q^{F*}}{\partial\theta_2}$，$\dfrac{\partial\pi_m^{F*}}{\partial\theta_1}<\dfrac{\partial\pi_m^{F*}}{\partial\theta_2}$，$\dfrac{\partial\pi_e^{F*}}{\partial\theta_1}<\dfrac{\partial\pi_e^{F*}}{\partial\theta_2}$，$\dfrac{\partial\pi_1^{F*}}{\partial\theta_1}<\dfrac{\partial\pi_1^{F*}}{\partial\theta_2}$，$\dfrac{\partial\pi^{F*}}{\partial\theta_1}<\dfrac{\partial\pi^{F*}}{\partial\theta_2}$。当 $\beta<2\delta(1-\rho)$ 时，结论相反。

证明：$\dfrac{\partial p^{F*}}{\partial\theta_2}-\dfrac{\partial p^{F*}}{\partial\theta_1}=\dfrac{\gamma^2\delta[\beta-2\delta(1-\rho)]\{4k[(\alpha-v\delta)(1-\rho)-c\beta]+c\gamma^2\rho\}}{(1-\rho)\{8k\beta\delta-\gamma^2[\beta\theta_2+2\delta(\theta_1+\rho-\theta_1\rho)]\}^2}$，

当 $\beta>2\delta(1-\rho)$ 时，$\dfrac{\partial p^{F*}}{\partial\theta_2}-\dfrac{\partial p^{F*}}{\partial\theta_1}>0$，即 $\dfrac{\partial p^{F*}}{\partial\theta_1}<\dfrac{\partial p^{F*}}{\partial\theta_2}$。

同理可证，当 $\beta>2\delta(1-\rho)$ 时，$\dfrac{\partial s^{F*}}{\partial\theta_1}<\dfrac{\partial s^{F*}}{\partial\theta_2}$，$\dfrac{\partial p_1^{F*}}{\partial\theta_1}<\dfrac{\partial p_1^{F*}}{\partial\theta_2}$，$\dfrac{\partial q^{F*}}{\partial\theta_1}<\dfrac{\partial q^{F*}}{\partial\theta_2}$，$\dfrac{\partial\pi_m^{F*}}{\partial\theta_1}<\dfrac{\partial\pi_m^{F*}}{\partial\theta_2}$，$\dfrac{\partial\pi_e^{F*}}{\partial\theta_1}<\dfrac{\partial\pi_e^{F*}}{\partial\theta_2}$，$\dfrac{\partial\pi_1^{F*}}{\partial\theta_1}<\dfrac{\partial\pi_1^{F*}}{\partial\theta_2}$，$\dfrac{\partial\pi^{F*}}{\partial\theta_1}<\dfrac{\partial\pi^{F*}}{\partial\theta_2}$。

命题 6.20 说明，电商平台两种让利的效果取决于消费者产品价格偏好及物流服务价格偏好的大小。当消费者对产品价格较为敏感［$\beta > 2\delta(1-\rho)$］时，电商平台对物流运营商的让利效果优于其对制造商让利的效果。这是因为此时电商平台对制造商的让利行为会间接导致制造商提升产品价格，由此会偏离消费者对低价产品的追求，使得其让利效果减弱。相反，当消费者对物流服务价格更敏感［$\beta < 2\delta(1-\rho)$］时，电商平台对制造商让利的效果更好，究其根源，也是因为电商平台对物流商让利导致物流服务价格上升。在实际 ESC 运作中，消费者对物流服务价格的敏感度高于其对产品价格的敏感度[①]，因此电商平台对制造商的让利行为更有利于 ESC 运作。

6.3.2.3 物流外包下的联合决策

在联合决策下，制造商、电商平台均以实现物流 ESC 系统的整体利润最大化为目标进行决策。此时，物流运营商是外包企业，除了物流业务外，物流运营商不参与供应链内部的其他决策。该决策模式下，制造商和电商平台的决策函数为：

$$\max_{p,s} \pi = (p + p_1 - c - \nu)q - \frac{ks^2}{2} \tag{6.29}$$

物流运营商的利润函数为：

$$\pi_1 = (p_1 - \nu)q \tag{6.30}$$

此时，物流运营商仍是系统中的从属企业，制造商和电商平台联合在一起成为系统的主导者。企业之间的决策顺序为：首先，制造商和电商平台根据市场需求确定产品的销售价格 p 和投入的销售服务水平 s，以最大化系统的利润；其次，物流运营商根据制造商和电商平台的决策确定物流服务价格 p_1。

由式（6.29），Hessian 矩阵为 $H = \begin{bmatrix} \dfrac{\partial^2 \pi}{\partial p^2} & \dfrac{\partial^2 \pi}{\partial p \partial s} \\ \dfrac{\partial^2 \pi}{\partial s \partial p} & \dfrac{\partial^2 \pi}{\partial s^2} \end{bmatrix} = \begin{bmatrix} -2\beta & \gamma \\ \gamma & -k \end{bmatrix}$,

① Shu L, Qu S, Wu Z. Supply Chain Coordination with Optimal Pricing and Logistics Service Decision in Online Retailing. *Arabian Journal for Science and Engineering*, Vol. 45, 2020, pp. 2247 – 2261.

由于 $-2\beta < 0$，$2k\beta - \gamma^2 > 0$，所以 $\pi(p, s)$ 的 Hessian 矩阵 H 是负定矩阵，$\pi(p, s)$ 存在极大值。

由式（6.30），计算 $\dfrac{\partial \pi_1}{\partial p_1} = 0$，可得反应函数为：

$$p_1 = \frac{\alpha - p\beta + s\gamma + \nu\delta}{2\delta} \tag{6.31}$$

将式（6.31）代入式（6.29）中，由 $\dfrac{\partial \pi}{\partial p} = 0$，$\dfrac{\partial \pi}{\partial s} = 0$ 联立方程，可得

$$p^{C*} = \frac{2k\alpha + 2ck\beta - c\gamma^2 - 2k\nu\delta}{4k\beta - \gamma^2}, \quad s^{C*} = \frac{\gamma(\alpha - c\beta - \nu\delta)}{4k\beta - \gamma^2}$$

将 p^{C*}、s^{C*} 代入式（6.31）中，化简得 p_1^{C*}，进而得到联合决策的其他最优决策以及系统利润如表 6 - 7 所示。

比较三种决策模式下的最优决策，可以得到结论 6.3.1 和结论 6.3.2。

结论 6.4　（1）$s^{C*} > s^{F*} > s^{D*}$，$p_1^{C*} > p_1^{F*} > p_1^{D*}$；

（2）当 $2\delta(1-\rho)\theta_1 + \beta\theta_2 < \Delta$ 时，$p^{C*} > p^{F*} > p^{D*}$；

当 $\Delta < 2\delta(1-\rho)\theta_1 + \beta\theta_2 < 2\delta(1-\rho)$ 时，$p^{F*} > p^{C*} > p^{D*}$；

其中，$\Delta = \dfrac{\delta\{4k\gamma^2[(\alpha-\nu\delta)(1-\rho)^2 + c\beta(-1+2\rho+\rho^2)] - 16ck^2\beta^2\rho + c\gamma^4\rho(1-2\rho)\}}{\gamma^2\{c\gamma^2\rho + 2k[(\alpha-\nu\delta)(1-\rho) - c\beta(1+\rho)]\}}$。

证明：$s^{C*} - s^{D*} = \dfrac{\beta\gamma\{4k[(\alpha-\nu\delta)(1-\rho)-c\beta]+c\gamma^2\rho\}}{(4k\beta-\gamma^2)(4k\beta-\gamma^2\rho)} > 0$，$s^{C*} -$

$s^{F*} = \dfrac{\beta\gamma\{c\gamma^2\rho + 4k[(\alpha-\nu\delta)(1-\rho)-c\beta]\}[2\delta(1-\rho)(1-\theta_1)-\beta\theta_2]}{(4k\beta-\gamma^2)(1-\rho)\{8k\beta\delta-\gamma^2[2\delta(\theta_1-\rho\theta_1+\rho)+\beta\theta_2]\}} >$

0，因此，$s^{C*} > s^{F*} > s^{D*}$。

同理可证，$p^{C*} > p^{D*}$，$p^{F*} > p^{D*}$，$p_1^{F*} > p_1^{D*} > p_1^{C*}$，

$p^{C*} - p^{F*} = \dfrac{\begin{aligned}&\delta\{4k\gamma^2[(\alpha-\nu\delta)(1-\rho)^2 + c\beta(-1+2\rho+\rho^2)] - 16ck^2\beta^2\rho + \\ &c\gamma^4\rho(1-2\rho)\} - \gamma^2\{c\gamma^2\rho + 2k[(\alpha-\nu\delta)(1-\rho) - \\ &c\beta(1+\rho)]\}[2\delta(1-\rho)\theta_1+\beta\theta_2]\end{aligned}}{(4k\beta-\gamma^2)(1-\rho)\{8k\beta\delta-\gamma^2[2\delta(\theta_1-\theta_1\rho+\rho)+\beta\theta_2]\}}$，

令 $p^{C*} - p^{F*} > 0$，可得 $2\delta(1-\rho)\theta_1 + \beta\theta_2 < \Delta$；令 $p^{C*} - p^{F*} < 0$，可得 $\Delta < 2\delta(1-\rho)\theta_1 + \beta\theta_2 < 2\delta(1-\rho)$。

从结论 6.4 中得，集中决策下，电商平台与制造商通力合作，会将服务水平及物流服务价格维持在一个相对较高的水平，这样既能提升客户需求量，也有助于物流运营商获得更大利润。此外，完全理性分散决策下的产品售价最低，联合决策与利他分散决策中售价的大小关系取决于电商平台的利他程度。当电商平台利他程度较小 $[2\delta(1-\rho)\theta_1 + \beta\theta_2 < \Delta]$ 时，联合决策下的产品价格最高；当电商平台利他程度较大 $[\Delta < 2\delta(1-\rho)\theta_1 + \beta\theta_2 < 2\delta(1-\rho)]$ 时，利他分散决策中的售价最高。这个结论不同于传统线下供应链和双渠道供应链"集中决策下，产品的定价最低"的结论①，该 ESC 模型中联合决策下的产品价格始终大于完全理性分散决策下的产品售价。这是因为，消费观念的更新使得消费者不再将低价作为其选购产品的主要目标，再加之网购过程具有较大的不确定性及复杂性，消费者越来越希望平台提供更优质的销售及售后服务，并愿意为此支付更高的费用。

结论 6.5 $\pi_m^{F*} > \pi_m^{D*}$，$\pi_e^{D*} > \pi_e^{F*}$，$\pi_l^{C*} > \pi_l^{F*} > \pi_l^{D*}$，$\pi^{C*} > \pi^{F*} > \pi^{D*}$。

证明思路同结论 6.4。

结论 6.5 进一步验证了命题 6.19，并且说明集中决策可以实现系统利润的最大化，有利于 ESC 的持续发展。但是，这种集中决策需要一定的协调机制才能实现。

6.3.3 协调机制的设计

本部分采取"利他偏好联合固定费用"契约来对 ESC 进行协调，由于物流运营商是外包企业，不参与供应链的产品定价、SP - service 水平等决策，因此，在协调中，电商平台和制造商是协调主体，其协调方式为：（1）电商平台采取利他偏好的行为，提升 SP - service 水平并减少佣金，从而提高产品的销售量、增加制造商的利润。（2）为了弥补

---

① Feng L，Govindan K，Li C. Strategic Planning：Design and Coordination for Dual - Recycling Channel Reverse Supply Chain Considering Consumer Behavior. *European Journal of Operational Research*，Vol. 260，No. 2，2017，pp. 601 – 612；Shu L，Qu S，Wu Z. Supply Chain Coordination with Optimal Pricing and Logistics Service Decision in Online Retailing. *Arabian Journal for Science and Engineering*，Vol. 45，2020，pp. 2247 – 2261；Giri B C，Mondal C，Maiti T. Analysing a Closed-loop Supply Chain with Selling Price，Warranty Period and Green Sensitive Consumer Demand under Revenue Sharing Contract. *Journal of Cleaner Production*，Vol. 190，2018，pp. 822 – 837.

因电商平台实施利他偏好损失的利润，电商平台要求制造商支付一定的固定合作费用。

在"利他偏好联合固定费用"协调机制中，假设电商平台对制造商的利他偏好水平为 $\bar{\theta}_1$，对物流运营商的利他偏好水平为 $\bar{\theta}_2$，制造商向电商平台缴纳的固定费用为 f，电商平台向制造商收取的佣金调整为 $\bar{\rho}$，则有：

制造商的利润函数为：

$$\bar{\pi}_m = (p - \bar{\rho}p - c)q - f \tag{6.32}$$

电商平台的利润函数为：

$$\bar{\pi}_e = \bar{\rho}pq - \frac{ks^2}{2} + f \tag{6.33}$$

物流运营商的利润函数为：

$$\bar{\pi}_l = (p_l - v)q \tag{6.34}$$

此时，电商平台的效用函数为：

$$\bar{U}_e = \bar{\pi}_e + \bar{\theta}_1\bar{\pi}_m + \bar{\theta}_2\bar{\pi}_l \tag{6.35}$$

在决策时，电商平台仍以实现效用函数最大化为目的进行决策，制造商和物流运营商以实现自身利润最大化为目标进行决策。

协调后，电商平台的最优服务水平为：

$$\bar{s}^{F*} = \frac{\gamma\{[\beta\bar{\theta}_2 + 2\delta(\bar{\theta}_1 + \rho - \bar{\theta}_1\rho)](\alpha - v\delta)(1 - \rho) - c\beta[\beta\bar{\theta}_2 + 2\delta\bar{\theta}_1(1 - \rho)]\}}{(1 - \rho)\{8k\beta\delta - \gamma^2[2\delta(\bar{\theta}_1 + \rho - \bar{\theta}_1\rho) + \beta\bar{\theta}_2]\}}$$

产品的最优销售价格为：

$$\bar{p}^{F*} = \frac{4k\delta[(\alpha - v\delta)(1 - \rho) + c\beta] - c\gamma^2[\beta\bar{\theta}_2 + \delta(2\bar{\theta}_1 - 2\bar{\theta}_1\rho + \rho)]}{(1 - \rho)\{8k\beta\delta - \gamma^2[2\delta(\bar{\theta}_1 + \rho - \bar{\theta}_1\rho) + \beta\bar{\theta}_2]\}}$$

产品的最优物流服务价格为：

$$\bar{p}_l^{F*} = v + \frac{c\beta\gamma^2\rho + 4k\beta((\alpha - v\delta)(1 - \rho) - c\beta)}{2(1 - \rho)\{8k\beta\delta - \gamma^2[2\delta(\bar{\theta}_1 + \rho - \bar{\theta}_1\rho) + \beta\bar{\theta}_2]\}}$$

要保证能实现协调，则需要 $\begin{cases} \bar{s}^{F*} \equiv s^{C*} \\ \bar{p}^{F*} \equiv p^{C*} \\ \bar{p}_l^{F*} \equiv p_l^{C*} \end{cases}$ 成立，

求解可得：

$$\begin{cases} \bar{\theta}_1 = \dfrac{2\delta - \beta\bar{\theta}_2}{2\delta} \\ \bar{\rho} = 0 \end{cases}。$$

因此，可得如下结论。

结论6.6 在"利他偏好联合固定费用"契约下，当 $(\bar{\theta}_1, \bar{\theta}_2, \bar{\rho})$

满足 $\begin{cases} \bar{\theta}_1 = \dfrac{2\delta - \beta\bar{\theta}_2}{2\delta} \\ \bar{\rho} = 0 \end{cases}$ 时，契约可以实现系统的协调。

在协调机制中，电商平台的两个利他偏好系数满足 $2\delta\bar{\theta}_1 + \beta\bar{\theta}_2 = 2\delta$，收取的佣金为0，这说明电商平台在采用协调机制的效用函数中两个利他偏好的总值是一个定值，且两个利他偏好系数 $(\bar{\theta}_1, \bar{\theta}_2)$ 取值均不会过大；电商平台完全不收取佣金，仅依靠收取的固定费用 f 实现盈利。为保证协调机制的有效性，下面分析协调机制的可行条件。

（1）电商平台无让利偏好时，ESC各成员接受协调的条件是协调

之后的利润不低于协调前的利润，因此必须保证 $\begin{cases} \bar{\pi}_1^* \geq \pi_1^{D*} \\ \bar{\pi}_m \geq \pi_m^{D*} \\ \bar{\pi}_e \geq \pi_e^{D*} \end{cases}$ ，可得 f 的

可行区间为 $\left[\dfrac{k\gamma^2(\alpha - c\beta - \nu\delta)^2}{2(4k\beta - \gamma^2)^2} + \pi_e^{D*}, \quad \dfrac{2k^2\beta(\alpha - c\beta - \nu\delta)^2}{(4k\beta - \gamma^2)^2} - \pi_m^{D*} \right]$ ；

（2）电商平台具有让利偏好时，ESC成员接受协调的条件是协调

之后的利润不低于协调前的利润，因此必须保证 $\begin{cases} \bar{\pi}_1^* \geq \pi_1^{F*} \\ \bar{\pi}_m \geq \pi_m^{F*} \\ \bar{\pi}_e \geq \pi_e^{F*} \\ \bar{U}_e \geq U_e^{F*} \end{cases}$ ，可得 f 的

可行区间为 $\left[\dfrac{k\gamma^2(\alpha - c\beta - \nu\delta)^2}{2(4k\beta - \gamma^2)^2} + \pi_e^{F*}, \quad \dfrac{2k^2\beta(\alpha - c\beta - \nu\delta)^2}{(4k\beta - \gamma^2)^2} - \pi_m^{F*} \right]$ 。

综上，协调机制的可行范围为 $[f_{min}, f_{max}]$，其中，$f_{min} = \dfrac{k\gamma^2(\alpha - c\beta - \nu\delta)^2}{2(4k\beta - \gamma^2)^2} + \pi_e^{D*}$，$f_{max} = \dfrac{2k^2\beta(\alpha - c\beta - \nu\delta)^2}{(4k\beta - \gamma^2)^2} - \pi_m^{F*}$。

在"利他偏好联合固定费用"契约下，由于 $\bar{\rho} = 0$，$\bar{\theta}_1 = \dfrac{2\delta - \beta\bar{\theta}_2}{2\delta}$，可以计算此时物流运营商的利润始终等于其在联合决策下的利润，即

$$\bar{\pi}_1^* = \pi_1^{C*} = \frac{k^2\beta(\alpha - c\beta - \nu\delta)^2}{(4k\beta - \gamma^2)^2\delta}。$$

协调机制可行范围将在数值分析中进一步研究。

6.3.4 数值分析

6.3.4.1 数值分析比较

为了说明电商平台的利他偏好系数对系统决策的影响，下面采用算例进行数值分析。假设参数取值为 $\alpha = 200$，$\beta = 4$，$\gamma = 3$，$\delta = 2$，$\rho = 0.2$，$k = 3$，$c = 8$，$\nu = 3$，设定电商平台对制造商的利他偏好系数取值为 $\theta_1 = [0, 0.5]$，对物流运营商的利他偏好系数取值为 $\theta_1 = [0, 0.5]$，得各决策变量及利润函数与 θ_1、θ_2 的关系如图 6-15 至图 6-17 所示。

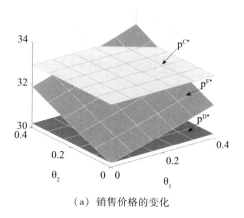

（a）销售价格的变化

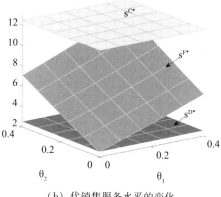

（b）代销售服务水平的变化

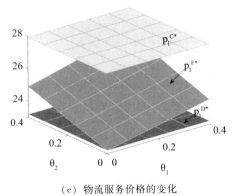

（c）物流服务价格的变化

图 6 - 15　决策变量和利润的变化

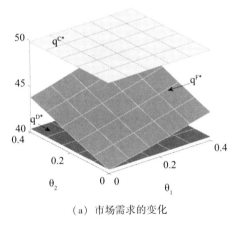

（a）市场需求的变化

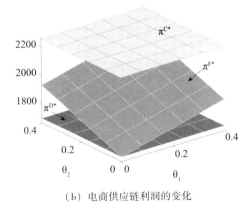

（b）电商供应链利润的变化

图 6 - 16　市场需求和电商供应链利润的变化

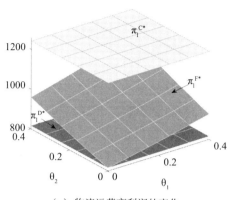
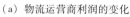

（a）物流运营商利润的变化

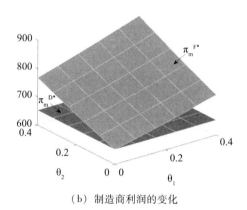

（b）制造商利润的变化

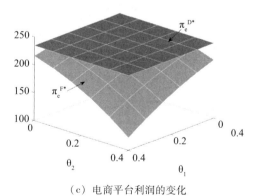

（c）电商平台利润的变化

图 6 - 17 决策者利润的变化

由图 6 - 15 至图 6 - 17 可知：

（1）集中决策下，SP - service 水平，物流服务价格、产品销量、各决策主体及 ESC 利润均达到最高，但不同模型下产品价格的大小关系受到利他偏好系数的影响。完全理性分散模型中的产品价格最低，且当电商平台存在较高利他程度时，利他模型中产品的销售价格将会高于集中决策。

（2）利他偏好程度对电商平台利润的影响与其对其他决策变量和利润的影响效果不同。一方面，利他行为使得其他决策变量、制造商、物流商及 ESC 利润升高，却使电商平台利润降低；另一方面，当利他程度逐渐增高时，除电商平台利润外的决策变量或利润呈匀速升高的现象，但电商平台利润的下降趋势越来越明显。因此，在现实生活中，电商平台在采取利他偏好措施时，往往会采取较小的利他偏好系数以保证其自身利益不受损害。同时，电商平台的利他偏好程度会根据其与制造商和物流运营商合作的密切程度而随时调整，在维护自身利益的前提下最大限度调动从属企业合作积极性。

6.3.4.2　协调机制的数值分析

在上述参数（$\alpha = 200$，$\beta = 4$，$\gamma = 3$，$\delta = 2$，$\rho = 0.2$，$k = 3$，$c = 8$，$v = 3$）基础上，进一步假设 $\theta_1 = 0.2$，$\theta_2 = 0.2$。可得完全理论的分散决策时，制造商、物流提供商、电商平台的利润分别为 $\pi_m^{D*} = 653$、$\pi_l^{D*} = 816$、$\pi_e^{D*} = 234$；电商平台具有让利偏好时，制造商、物流提供商、电商平台的利润分别为 $\pi_m^{F*} = 755$、$\pi_l^{F*} = 943$、$\pi_e^{F*} = 211$；采用"利他偏好联合固定费用"契约协调后，制造商、物流提供商、电商平台的利润分别为 $\overline{\pi}_m^* = 1242 - f$、$\overline{\pi}_e^* = 233 + f$、$\overline{\pi}_l^* = 3075$，f 的有效范围为 $f \in [468, 487]$。首先，分别取 $\beta \in [1, 2]$，$k \in [1, 2]$，$\gamma \in [1, 4]$，分析 β、k、γ 对协调机制下各固定费用区间 $[f_{min}, f_{max}]$ 的影响，如图 6 - 18 所示。

由图 6 - 18 可知：

β、k 对"利他偏好联合固定费用"契约可行范围的影响方向与 γ 不同。β、k 的增加会使协调机制可行区间下限 f_{min} 和上限 f_{max} 均降低，但上限 f_{max} 的下降幅度更大，最终使得协调机制可行区间 $[f_{min}, f_{max}]$ 减小；γ 的增加会使协调机制可行区间下限 f_{min} 和上限 f_{max} 均升高，同时上限 f_{max} 的升高更明显，最终使得协调机制可行区间 $[f_{min}, f_{max}]$ 增大。

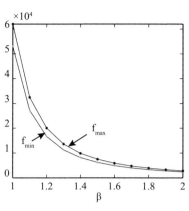

（a）β 对 [f_min，f_max] 的影响

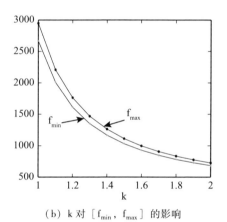

（b）k 对 [f_min，f_max] 的影响

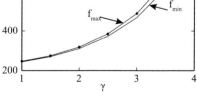

（c）γ 对 [f_min，f_max] 的影响

图 6 - 18 各参数对 [f_min，f_max] 的影响

进一步地，在原有参数假设基础上（$\alpha = 200$，$\beta = 4$，$\gamma = 3$，$\delta = 2$，$\rho = 0.2$，$k = 3$，$c = 8$，$\nu = 3$），令 $f = 480$，协调前后各模型下最优决策如表 6 - 9 所示。

表 6 - 9　　　　　　　　　协调前后的参数值及变化率

决策变量	协调前			协调后
	分散决策		集中决策	
	完全理性	考虑利他偏好		
p^*	30.2	31.7（4.96%↑）	32.9（8.94%↑）	32.9（8.94%↑）
s^*	2.5	6.6（164.00%↑）	12.5（400.00%↑）	12.5（400.00%↑）
p_l^*	23.2	24.7（3.45%↑）	27.9（20.26%↑）	27.9（20.26%↑）
q^*	40.4	43.4（7.43%↑）	49.8（23.27%↑）	49.8（23.27%↑）
π_m^*	653	755（15.62%↑）	——	1722（163.71%↑）
π_e^*	234	211（9.83%↓）	——	247（5.56%↑）
π_l^*	816	943（15.56%↑）	1242（52.21%↑）	1242（52.21%↑）
π^*	1703	1909（12.10%↑）	2251（32.18%↑）	2251（32.18%↑）

由表 6 - 9 可得：

（1）电商平台的利他行为对 SP - service 水平的影响幅度更大。这是因为电商平台利他途径就是通过提高自身服务水平以扩大销量，由此使得制造商和物流服务提供商均受益。此外，对物流运营商和制造商进行相同程度的利他行为，物流服务价格的增加幅度会远远大于产品售价的提高幅度。

（2）电商平台利他行为虽然会使其自身利润损失，但会使制造商、物流提供商及 ESC 的利润升高。而且，制造商和物流提供商的利润升高幅度均大于电商平台利润的下降幅度。

（3）"利他偏好联合固定费用"契约协调后的各变量均达到集中决策下的效果，各决策主体的利润较分散决策也有所提高。

6.3.5　结论与启示

近年来，由于网络购物逐渐普及，越来越多的制造商选择借助电商平台销售自己的产品，并将物流服务外包给物流运营商，以获取更大的收益。然而，不同于传统的线下供应链，电商平台身为 ESC 中的主导者，往往会为使自身利润最大化而采取种种不利于物流运营商和制造商的措施，因此物流运营商和制造商近年来也与电商平台产生了较多矛盾，影响了 ESC 的整体发展。为了推动物流 ESC 的持续发展，本部分重点研究了由物流运营商、制造商和电商平台组成的供应链系统内，电商平台对物流运营商和制造商同时采取利他偏好行为的影响。本部分构建了三种物流 ESC 决策模型，分别是无利他偏好的分散决策模型、电商平台双向利他偏好下的分散决策模型以及物流外包下的集中决策模型，分别求解给出了三种模型的最优决策，并设计了"利他偏好联合固定费用"契约实现了 ESC 的协调。本部分研究表明：

第一，消费者对服务水平敏感度的提高会使得 ESC 成员更有利可图，但其物流价格敏感度的提高则会产生相反效果。此外，ESC 中，作为主导企业的电商平台利润始终最低，而制造商和物流服务提供商的利润大小取决于单位产品佣金率。

第二，电商平台的利他偏好行为有利于提高从属企业及系统利润，但是会减少自身的利润。此外，电商平台对制造商和物流商的让利效果取决于消费者产品价格偏好及物流服务价格偏好的大小。当消费者对产品价格的增加更敏感时，电商平台对物流运营商进行让利更有效；当消费者对物流服务价格更敏感时，电商平台对制造商的让利更有利于 ESC 运作。

第三，相较分散决策，联合决策下的物流服务价格和 SP – service 水平均达到最高，且联合决策下的产品价格并非达到最低，而是始终高于完全理性的分散决策下的售价。这与传统供应链及双渠道供应链的结论是不同的。[①]

第四，借助电商平台的利他偏好系数作为协调工具，本部分设计新的协调机制——"利他偏好联合固定费用"契约对 ESC 进行协调。研

① Feng L, Govindan K, Li C. Strategic Planning: Design and Coordination for Dual – Recycling Channel Reverse Supply Chain Considering Consumer Behavior. *European Journal of Operational Research*, Vol. 260, No. 2, 2017, pp. 601 – 612; Shu L, Qu S, Wu Z. Supply Chain Coordination with Optimal Pricing and Logistics Service Decision in Online Retailing. *Arabian Journal for Science and Engineering*, Vol. 45, 2020, pp. 2247 – 2261.

究发现，消费者的产品价格敏感度以及 SP - service 成本系数的提高会缩小协调机制的可行区间，而消费者对 SP - service 水平敏感度的提高会扩大契约可行范围。

通过本部分研究，可以得到如下管理启示：

（1）作为主导者，电商平台首先要保持自身的竞争力，提升服务水平。保证自己在竞争市场中具有优势，拥有较稳定的市场份额，是同从属企业发展长期合作关系的前提。其次，电商平台要加强同制造商和物流运营商的沟通交流并主动进行适当让利。最后，电商平台可以将"利他偏好联合固定费用"契约与企业实际相结合，适当修改并利用主导优势进行推广，最大限度提升从属企业合作意愿并实现多方共赢。

（2）作为从属者，物流运营商与制造商都需要加强与电商平台的交流，让电商平台充分了解自己的困境，借助电商平台的大数据以及资金等帮助自己攻克难关。且物流运营商与制造商需要迎合 ESC 中消费者的价格偏好，不能通过直接提升产品价格或物流服务价格进行获利，而是从系统整体角度出发，与电商平台建立更深层次的合作关系，在保障自身利益不受损的情况下进行合理的降价，以量取胜，获得更大利润。

本部分研究的不足之处在于，虽对物流 ESC 进行了模型建构并讨论了相关结论，但是模型的建构并不全面，缺少将物流运营商与电商平台结成联盟并进行分析的相关模型，并且没有探讨在既有物流自营又有物流外包的情况下，电商平台将如何作出决策使自身利益最大化。有关物流运营商和物流自营的物流电商供应链将会成为下一步的研究目标，这会使得模型构建更加贴近现实。

6.4 考虑产品质量的电商供应链利他偏好决策研究

相比传统供应链，电商供应链中的消费者只能在网页上浏览产品的图片与文字介绍，没有实际接触产品的体验，在顾客消费观念改变造成的产品质量越来越受重视的大环境下，很容易引起产品信息不对称的问题，因此产品质量成为电商供应链中制约产品销售的重要因素。鉴于此，研究电商供应链中的产品质量问题是很有必要的。

产品质量是消费者自愿支付的基础，也是制造商产品定价的重要依据，决定企业能否在激烈的市场竞争中生存和发展。早期关于产品质量的研究立足于质量竞争、占据市场，而那些关于产品质量研究的文献主要集中在传统的线下供应链，并未针对电商供应链中的产品质量问题。但是产品质量却是影响电商供应链销售的重要因素。

不仅产品质量是影响电商供应链的重要因素，电商供应链中企业之间的决策态度也是影响系统运行的关键因素，尤其是供应链中决策的公平问题。一般而言，电商供应链中的电商平台占有绝对主导地位，控制供应链的资金流和信息流，而制造商处于劣势地位，当其自认为不公平时就会采取惩罚性行为来夺回心理公平。例如：2017 年京东把近百个品牌拉到京东会场，参加相关促销活动，对于要退出会场活动的商家，强制锁定了后台。[①]

针对此问题，2019 年 1 月 1 日起正式实施的《中华人民共和国电子商务法》第三十二条规定，"电子商务第三方平台应当遵循公开、公平、公正的原则，制定平台服务协议和交易规则"，第三十五条规定"电子商务平台经营者不得利用服务协议、交易规则以及技术等手段，对平台内经营者在平台内的交易、交易价格以及与其他经营者的交易等进行不合理限制或者附加不合理条件，或者向平台内经营者收取不合理费用"，并对电子商务第三方平台的违法行为给予了具体的法律责任。在国家宏观政策的约束和引导下，电商平台为落实企业社会责任、实现企业经济责任，避免因制造商不满而不合作的状态，需要对制造商进行适当的让利性偏好关切以保障系统的稳定性。

本部分提到的让利性偏好关切行为是供应链中的主导企业关注自身利益的同时考虑系统中其他成员的效益，为了保证系统的稳定运行，而不得以出让部分自身收益，更多强调的是系统的效率。这种"让利"偏好关切并非电商平台在任何决策中主动实施，主要是目前源于国家激励政策的实施，为了保持电商供应链的持续稳定发展，迎合国家政策的要求，提升自身的声誉，而不得不采取的一种策略。研究表明，在供应链运行模式下，当企业将社会责任作为企业决策的一部分时，大多数供

①　关婧：《年中电商大促 商家被迫"站队"?》，中国经济网，http://finance.ce.cn/rolling/201706/08/t20170608_23497195.shtml，2017 年 6 月 8 日。

应链企业在决策时会不同程度地考虑这种"让利",体现自己企业的社会价值,从而进一步提高企业的声誉,提高自身的竞争力。例如,在全球范围内原材料价格持续波动,国内消费者需求多元,伴随诸多外部不利因素背景下,格力电器发出《敢为宣言》,以诚信铸品质,有敢的底气,以技术升级拓宽增长空间,这也是对中国制造力量的一次有力展示。[①]

电商平台作为主要以提供信息服务为导向的特殊的共享平台,依靠规模经济的效应取得供应链的核心主导地位,故而不能套用传统供应链中的公平关切理论最大化自己的利益,这样会导致其他企业的不合作,加速供应链条的断节。尽管让利性偏好关切行为是在公平关切基础上引申出来的,但具有利他偏好的电商平台考虑的是根据供应链各方成员的贡献进行利益的合理分配,让制造商有更大的"利"可图,从而激励制造商积极参与线上的销售,维护电商供应链的平稳。因此,利他偏好关切体现的是一种"利他则久"的经营哲学。但是现有的研究对电商供应链的这种利他偏好关切行为关注较少。

鉴于此,本部分考虑产品质量因素,构建电商供应链的让利性偏好关切模型,对电商平台的让利行为进行研究。研究创新性有三点:

一是分析产品质量对电商供应链定价、服务策略的影响;

二是对电商平台的利他偏好关切行为进行研究,分析利他偏好关切行为对系统运行的影响;

三是采用 Shapley 值法设计系统的协调机制,实现系统的协调。

6.4.1　模型说明与假设

ESC 与传统供应链的区别不仅体现在前者依靠发展迅猛的电子信息技术,更体现在 ESC 中没有专门的零售商,制造商是直销模式,负责产品从生产到销售的整个过程。模型考虑由单个制造商和单个电商平台构成的电商供应链,具体操作是制造商将产品信息借助电商平台发布,在平台上完成产品的交易,同时需要支付一定的佣金给电商平台作为其提供服务的报酬。模型结构如图 6 – 19 所示。

---

① 《敢担责,敢负责!董明珠最新发声》,央视财经,https://baijiahao.baidu.com/s? id = 1799193644095819151&wfr = spider&for = pc。

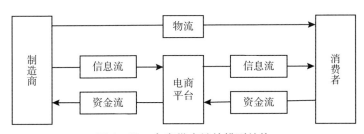

图6-19　电商供应链的模型结构

在电商供应链中，电商平台发布产品信息进行产品的销售，提供的服务质量直接影响着销售额，导致制造商在 ESC 中处于劣势地位，当其入驻电商平台时，要达到平台提出的入驻资质和收费标准，并且需要交纳两方面的费用：其一是固定技术服务年费，作用类似于制造商在电商平台拥有网店的租金，只能获得最基本的服务，典型的电商平台如天猫商城，其年费分为3万元、6万元两档；其二是依据销售额缴纳的变动费用，目前制造商入驻当当网、1号店、天猫和聚美优品都是按照销售额缴纳佣金，不同的平台佣金不同，并且按照产品归属的类目不同，缴纳的佣金也不同，制造商获得的服务质量与其缴纳佣金的多少息息相关。

制造商只有比竞争对手提供的产品质量更高，销售价格更合适，才能提高赢单率、降低客户损失率。而电商供应链作为线上销售模式，消费者只能通过浏览产品图片与介绍、查询已购买者的评论来了解产品的性能，无法享受线下实际接触产品的体验，因此产品质量就成为制约消费者购买的关键因素。为了吸引并保留住更多客户，制造商会提高产品质量的技术投入。

模型基本假设：

（1）模型假设电商平台是领导者，制造商作为跟随者；

（2）模型中只考虑制造商一种特定的产品；

（3）模型假设产品售价、质量和电商平台的服务水平是影响产品市场需求量的主要因素；

（4）假设电商平台和制造商都是风险中立的。

模型符号说明：

c：产品的单位生产成本。

p：产品的销售价格，制造商的决策变量。

μ：产品的质量水平，制造商的决策变量。

T：制造商对提高产品质量的技术投入，产品的质量水平随着技术投入的增加而增加，但质量技术的边际效用递减。参考已有文献[①]的假设，假设技术投入与产品的质量成正比，为 $T = \dfrac{h\mu^2}{2}$，$h(h>0)$ 表示技术投入影响因子。

ρ：电商平台对单位销售产品收取的佣金，且假设 $\rho < p - c$，说明佣金小于销售产品的收益。

s：电商平台的服务水平，电商平台的决策变量。电商平台提供的销售服务水平越高，相应的服务成本就越高，借鉴现有文献[②]的假设，假设电商平台提供销售服务 s 的成本函数为 $C(s) = \dfrac{ks^2}{2}$，其中 $k(k>0)$ 为服务成本弹性系数，具体指提高单位服务水平需要付出的成本。

q：产品的市场需求量，产品的需求主要受产品价格、质量以及电商平台服务水平的影响，借鉴已有文献[③]的假设，假设

$$q = \alpha - \beta p + \delta\mu + \gamma s \qquad (6.36)$$

其中，$\alpha(\alpha>0)$ 为市场规模，$\beta(\beta>0)$ 为产品销售价格影响因子，$\delta(\delta>0)$ 为产品质量影响因子。γ 表示服务水平的弹性系数。且假设 $0 < \max\{\gamma, \delta\} < \beta$，这说明消费者对产品价格变动的敏感程度大于对服务水平变动的敏感程度。

f：在销售期内，销售商缴纳给电商平台的固定技术服务费。

根据上面的假设，可得

制造商的利润函数为：

$$\pi_m = (p - \rho - c)q - \frac{h\mu^2}{2} - f \qquad (6.37)$$

---

① Shen B，Qian R，Choi T M. Selling Luxury Fashion Online with Social Influences Considerations：Demand Changes and Supply Chain Coordination. *International Journal of Production Economics*，Vol. 185，2017，pp. 89 - 99.

② Han Q，Wang Y. Decision and Coordination in a Low-carbon E - supply Chain Considering the Manufacturer's Carbon Emission Reduction Behavior. *Sustainability*，Vol. 10，No. 5，2018，P. 1686.

③ Wang Y Y，Li J. Research on Pricing，Service and Logistic Decision-making of E - supply Chain with 'Free Shipping' Strategy. *Journal of Control and Decision*，Vol. 5，No. 4，2018，pp. 319 - 337.

电商平台的利润函数为：

$$\pi_e = \rho q - \frac{ks^2}{2} + f \qquad (6.38)$$

电商供应链系统的整体利润函数为：

$$\pi = (p - c)q - \frac{ks^2}{2} - \frac{h\mu^2}{2} \qquad (6.39)$$

为保证研究有意义，我们假定 $2kh\beta - h\gamma^2 - k\delta^2 > 0$，即 $h\gamma^2 < k(2h\beta - \delta^2)$。

6.4.2　构建模型与求解

6.4.2.1　不考虑关切的分散决策

当制造商不考虑公平关切时，制造商的决策函数为利润函数。在分散决策时，制造商和电商平台都是独立的经济主体，双方均以实现自身利润最大化为目标进行决策。双方在决策时分为两阶段，第一阶段，电商平台率先给出服务水平 s；第二阶段，制造商再给出产品的销售价格 p 和产品的质量水平 μ。制造商和电商平台构成电商平台为主、制造商为从的 Stackelberg 博弈。根据逆向归纳法求解。

根据制造商的利润函数式（6.37）式可得，$\frac{\partial^2 \pi_m}{\partial p^2} = -2\beta < 0$，$\frac{\partial^2 \pi_m}{\partial \mu^2} = -h < 0$，所以 π_m 是关于 p 和 μ 的严格凸函数，由 $\frac{\partial \pi_m}{\partial p} = 0$、$\frac{\partial \pi_m}{\partial \mu} = 0$，联立得销售价格和质量水平的反应函数分别为：

$$p^M = \frac{h\alpha + ch\beta + hs\gamma - c\delta^2 + h\beta\rho - \delta^2\rho}{2h\beta - \delta^2} \qquad (6.40)$$

$$\mu^M = \frac{\alpha\delta - c\beta\delta + s\gamma\delta - \beta\delta\rho}{2h\beta - \delta^2} \qquad (6.41)$$

将上述所求反应函数代入电商平台的利润函数式（6.38），由于 $\frac{\partial^2 \pi_e}{\partial s^2} = -k < 0$，所以 π_e 是关于服务水平 s 的严格凸函数，由 $\frac{\partial \pi_e}{\partial s} = 0$ 可得电商平台的最优服务水平为：

$$s^{1*} = \frac{h\beta\gamma\rho}{k(2h\beta - \delta^2)} \qquad (6.42)$$

将式 (6.42) 代入式 (6.40)、式 (6.41), 进而可得制造商产品的最优销售价格为:

$$p^{1*} = \frac{(c+\rho)(\delta^4 + 3h\delta^2\beta + 2h^2\beta^2)}{(2h\beta - \delta^2)^2} + \frac{h\alpha}{2h\beta - \delta^2} + \frac{h^2\beta\gamma^2\rho}{k(2h\beta - \delta^2)^2}$$

(6.43)

产品的质量水平为:

$$\mu^{1*} = \frac{h\beta\delta\gamma^2\rho}{k(2h\beta - \delta^2)^2} + \frac{[\alpha - \beta(c+\rho)]\delta}{2h\beta - \delta^2}$$

(6.44)

将式 (6.42)、式 (6.43)、式 (6.44) 代入式 (6.37) 至式 (6.39) 中, 可以得到:

制造商的最优利润为:

$$\pi_m^{1*} = \frac{h^3\beta^2\gamma^4\rho^2}{2k^2(2h\beta - \delta^2)^3} + \frac{h^2\beta\gamma^2\rho[\alpha - \beta(c+\rho)]}{k(2h\beta - \delta^2)^2} + \frac{h[\alpha - \beta(c+\rho)]^2}{2(2h\beta - \delta^2)} - f$$

(6.45)

电商平台的最优利润为:

$$\pi_e^{1*} = \frac{h^2\beta^2\rho^2\gamma^2}{2k(2h\beta - \delta^2)^2} + \frac{h\beta\rho[\alpha - \beta(c+\rho)]}{2h\beta - \delta^2} + f$$

(6.46)

电商供应链的最优利润为:

$$\pi^{1*} = \pi_m^{1*} + \pi_e^{1*}$$

命题 6.21 s^{1*}、p^{1*}、μ^{1*}、π_m^{1*}、π_e^{1*}、π^{1*} 都与 $\delta(\delta > 0)$ 呈正比例关系。

证明:

$$\frac{\partial s^{1*}}{\partial \delta} = \frac{2h\beta\gamma\delta\rho}{k(2h\beta - \delta^2)^2} > 0, \quad \frac{\partial p^{1*}}{\partial \delta} = \frac{2h\delta[\alpha - \beta(c+\rho)]}{(2h\beta - \delta^2)^2} + \frac{4h^2\delta\beta\gamma^2\rho}{k(2h\beta - \delta^2)^3} > 0,$$

$$\frac{\partial \pi_e^{1*}}{\partial \delta} = 2h\beta\delta\rho\left[\frac{\alpha - \beta(c+\rho)}{(2h\beta - \delta^2)^2} + \frac{h\beta\gamma^2\rho}{k(2h\beta - \delta^2)^3}\right] > 0$$

同理可证, $\dfrac{\partial \mu^{1*}}{\partial \delta} > 0$, $\dfrac{\partial \pi_m^{1*}}{\partial \delta} > 0$, $\dfrac{\partial \pi^{1*}}{\partial \delta} > 0$。

命题 6.21 说明不考虑公平关切时, 产品的最优销售价格、产品的质量水平、制造商的利润、电商平台的最优利润以及电商供应链的最优利润都随着产品质量影响因子的增加而增加。显而易见, 当产品质量影响因子增加时, 即消费者对产品质量敏感度增加, 为迎合消费者需求, 制造商持续提高产品质量, 则产品销售价格和销售量相应增加, 会赢得高利润。对于电商平台来说，为高质量的产品提供匹配的服务水平，同时利润也会增加，电商供应链整体利润提高。随着目前消费者越来越关注产品质量问题，很多低质量的产品几乎没有销量。为此，拼多多自2018年8月持续进行技术升级，为了吸引优质商家、淘汰劣质商家，该平台在流量和佣金上向优质商家提供更多优惠。[①]

6.4.2.2　电商平台利他偏好的分散决策

Lau等[②]的研究指出，在传统的线下供应链中，制造商一般是作为主导企业来控制供应链的，但是在电商供应链中，电商平台则因作为连接供应商和消费者的纽带而成为主导企业，这导致制造商的地位从主导企业转变为从属企业，使得制造商不仅销售利润受到很大影响，心理落差也会增大，因而产生强烈的不公平感，进而采取措施惩罚电商平台。尤其近几年火爆的"双11"促销活动，以牺牲制造商的利益换取电商平台自身利益的行为引起不少制造商的不满，导致线上供应链的崩溃，损害供应链上各个节点的利益，得不偿失。例如，之前的红品爱家灯饰、知名女装公司裂帛和淘品牌女装七格格因不满京东商城的霸权行为，纷纷在"双11"前愤然退出京东平台，并发表声明宣称商家有自主参加电商平台活动的自由。为防止制造商因为不满收益过低而脱离链条，电商平台开始在关注自身的同时也会适当关注制造商的收益，会"让掉"自己的部分利润，提高制造商合作的积极性，营造公平公正的渠道内部竞争环境。

鉴于此，借鉴Cui等[③]、Kucuksenel[④]和Katok等[⑤]关于公平关切的研究思路，本部分分析电商平台"让利"性质的关切行为。根据Katok等[⑥]的研究，当电商平台以制造商的利润作为参考点，考虑渠道中利润

---

①　《拼多多式消费升级：更好的生活也可以很划算》，金融界，https：//baijiahao. baidu. com/s? id＝1794206404986848037&wfr＝spider&for＝pc。

②　Lau A H L，Lau H S，Zhou Y W. A Stochastic and Asymmetric-information Framework for a Dominant-manufacturer Supply Chain. *European Journal of Operational Research*，Vol. 176，No. 1，2007，pp. 295 – 316.

③　Haitao Cui，Tony，Jagmohan S. Raju，and Z. John Zhang. Fairness and Channel Coordination. *Management Science*，Vol. 53，No. 8，2007，pp. 1303 – 1314.

④　Kucuksenkl S. A Theory of fairnesss，Competition and Cooperation. *Journal of Public Economic Theory*，Vol. 14，No. 5，2012，pp. 767 – 789.

⑤⑥　Katok E，Olsen T，Pavlov V. Wholesale Pricing under Mild and Privately Known Concerns for Fairness. *Production and Operations Management*，Vol. 23，No. 2，2014，pp. 285 – 302.

分配的公平性时，在决策时除了关注自身利润外，也会对制造商利润进行一定程度关切，假设其让利性关切程度为 $\phi(0 \leqslant \phi \leqslant 1)$，电商平台的效用函数可表示为：

$$V_e = \pi_e - \phi(\pi_e - \pi_m) = (1 - \phi)\pi_e + \phi\pi_m \qquad (6.47)$$

整理式（6.47）可得：

$$\frac{V_e}{(1 - \phi)} = \pi_e + \frac{\phi}{(1 - \phi)}\pi_m \qquad (6.48)$$

采用 Christph H[①] 提出的让利性关切效用函数形式，假设电商平台的关切效用函数为 U_m，电商平台对制造商的关切系数为 θ，且满足 $U_e = \dfrac{V_e}{1 - \phi}$，$\theta = \dfrac{\phi}{(1 - \phi)}$，则式（6.48）可以整理得

$$U_e = \pi_e + \theta\pi_m \qquad (6.49)$$

该函数中，电商平台对制造商利润的关切程度用 $\theta = \dfrac{\phi}{(1 - \phi)}$ 表示，电商平台关切程度越弱，θ 越趋近于 0；电商平台关切程度越强，θ 越大。

此时，制造商的决策函数不是利润，而是效用，制造商以实现自身效用最大化为目标进行决策。制造商和电商平台构成电商平台为主、制造商为从的 Stackberg 博弈。采用逆向归纳法可求得最优决策。

电商平台的最优服务水平为：

$$s^{2*} = \frac{h\gamma\{[\alpha - \beta(c + \rho)]\theta + \beta\rho\}}{2hk\beta - k\delta^2 - h\gamma^2\theta} \qquad (6.50)$$

制造商产品的最优销售价格为：

$$p^{2*} = \frac{hk(\alpha + c\rho) - c(k\delta^2 + h\gamma^2\theta)}{2hk\beta - k\delta^2 - h\gamma^2\theta} + \frac{(h\beta - \delta^2)\rho}{2h\beta - \delta^2}$$
$$+ \frac{h^2\beta\gamma^2\rho(1 - \theta)}{(2h\beta - \delta^2)(2hk\beta - k\delta^2 - h\gamma^2\theta)} \qquad (6.51)$$

产品最优质量水平为：

$$\mu^{2*} = \frac{k\delta(\alpha - c\beta)}{2hk\beta - k\delta^2 - h\gamma^2\theta} - \frac{\beta\delta\rho}{2h\beta - \delta^2} \qquad (6.52)$$

制造商的最优利润为：

---

① Loch，C. H. and Wu，Y. Social Preferences and Supply Chain Performance：An Experimental Study. *Management Science*，Vol. 54，No. 11，2008，pp. 1835 - 1849.

$$\pi_m^{2*} = \frac{h\{k[\alpha - \beta(c+\rho)](2h\beta - \delta^2) + h\beta\gamma^2\rho\}^2}{2(2h\beta - \delta^2)(2hk\beta - k\delta^2 - h\gamma^2\theta)^2} - f \qquad (6.53)$$

电商平台的最优利润为：

$$\pi_e^{2*} = \frac{k[\alpha - \beta(c+\rho)]}{2hk\beta - k\delta^2 - h\gamma^2\theta} - \frac{h^2k\gamma^2\{[\alpha - \beta(c+\rho)]\theta + \beta\rho\}^2}{2(2hk\beta - k\delta^2 - h\gamma^2\theta)^2}$$

$$+ \frac{h\beta\gamma^2\rho}{(2h\beta - \delta^2)(2hk\beta - k\delta^2 - h\gamma^2\theta)} + f \qquad (6.54)$$

电商供应链的最优利润为：

$$\pi^{2*} = \pi_m^{2*} + \pi_e^{2*}$$

命题 6.22　s^{2*}、p^{2*}、μ^{2*}、π_m^{2*}、π^{2*} 与 θ 正相关；π_e^{2*} 与 θ 负相关。

证明：

$$\frac{\partial s^{2*}}{\partial\theta} = \frac{h\gamma\{(2h\beta - \delta^2)k[\alpha - \beta(c+\rho)] + h\beta\gamma^2\rho\}}{2hk\beta - k\delta^2 - h\gamma^2\theta} > 0$$

$$\frac{\partial p^{2*}}{\partial\theta} = \frac{h^2\gamma^2\{(2h\beta - \delta^2)k[\alpha - \beta(c+\rho)] + h\beta\gamma^2\rho\}}{(2h\beta - \delta^2)(2hk\beta - k\delta^2 - h\gamma^2\theta)^2} > 0$$

$$\frac{\partial\pi_m^{2*}}{\partial\theta} = \frac{h^2\gamma^2\{(2h\beta - \delta^2)k[\alpha - \beta(c+\rho)] + h\beta\gamma^2\rho\}^2}{(2h\beta - \delta^2)(2hk\beta - k\delta^2 - h\gamma^2\theta)^3} > 0$$

同理可证，$\dfrac{\partial\mu^{2*}}{\partial\theta} > 0$，$\dfrac{\partial\pi_e^{2*}}{\partial\theta} < 0$，$\dfrac{\partial\pi^{2*}}{\partial\theta} > 0$。

命题 6.22 说明考虑公平关切时，随着电商平台关切程度的增强，电商平台会提高自己的服务水平以提高产品销量，进而制造商有动力加大产品技术投入，销售价格自然会增加，这样制造商利润增加，但电商平台由于成本增加导致利润减少。同时，供应链总体利润随着让利程度的增强而增加，所以很多电商平台为了吸引商家及客流量进行大幅度让利：在目前餐饮 O2O 快速发展的环境下，很多商家想要利用譬如美团外卖、饿了么的平台流量增加自己的用户资源，但高额的提成以及缴纳的管理费、配送费让商家望而却步，为此外卖平台联合银行、信用卡优惠补贴商家的推广打折费用，这一补贴力度在经历 2017 年的高峰期后回归平稳。我们可以注意到，在实践中电商平台适度关切有利于系统的长期稳定运行，有利于增进制造商与电商平台合作的密切性，有利于促成集中决策的实现。

6.4.2.3　集中决策模型

若制造商和电商平台能进行亲密合作，共同以实现电商供应链系统的整体利润最大化为目标进行决策，此时构成集中决策。在集中决策

下，双方的决策函数为

$$\max_{p,s,\mu}\pi(p,\ s,\ \mu) = \pi = (p-c)q - \frac{ks^2}{2} - \frac{h\mu^2}{2} \tag{6.55}$$

求式（6.55）关于销售价格 p、产品质量水平 μ 和电商平台服务水平 s 的海塞矩阵，得到

$$H = \begin{pmatrix} -2\beta & \gamma & \delta \\ \gamma & -k & 0 \\ \delta & 0 & -h \end{pmatrix} \tag{6.56}$$

由式（6.56）可知海塞矩阵为负定矩阵，表明式（6.56）是关于 p、μ、和 s 的严格凹函数，即存在唯一最优解。联立 $\frac{\partial \pi}{\partial p} = 0$、$\frac{\partial \pi}{\partial \mu} = 0$、$\frac{\partial \pi}{\partial s} = 0$，求解模型，可得集中决策下的最优解。

产品的最优销售价格为：

$$p^{3*} = \frac{hk\alpha + chk\beta - ch\gamma^2 - ck\delta^2}{2hk\beta - h\gamma^2 - k\delta^2} \tag{6.57}$$

产品的质量水平为：

$$\mu^{3*} = \frac{(k\alpha - ck\beta)\delta}{2hk\beta - h\gamma^2 - k\delta^2} \tag{6.58}$$

电商平台的最优服务水平为：

$$s^{3*} = \frac{(h\alpha - ch\beta)\gamma}{2hk\beta - h\gamma^2 - k\delta^2} \tag{6.59}$$

将式（6.57）至式（6.59）代入式（6.55）得到电商供应链系统的整体最优利润为：

$$\pi^{3*} = \frac{hk(\alpha - c\beta)^2}{2(2hk\beta - h\gamma^2 - k\delta^2)} \tag{6.60}$$

6.4.3 模型的比较分析

将不同模型的最优决策进行比较，可以得到下面的结论

结论 6.7 $s^{3*} > s^{2*} > s^{1*}$

证明：

$$s^{2*} - s^{1*} = \frac{h\gamma\theta\{k(2h\beta - \delta^2)[\alpha - \beta(c+\rho)] + h\beta\gamma^2\rho\}}{k(2h\beta - \delta^2)(2hk\beta - k\delta^2 - h\gamma^2\theta)} > 0$$

$$s^{3*} - s^{2*} = \frac{h\gamma(1-\theta)\{k(2h\beta - \delta^2)[\alpha - \beta(c+\rho)] + h\beta\gamma^2\rho\}}{(2hk\beta - k\delta^2 - h\gamma^2)(2hk\beta - k\delta^2 - h\gamma^2\theta)} > 0$$

同理可证结论 6.8 至结论 6.11。

从结论 6.7 可以看出，分散决策下电商平台考虑关切行为时的服务水平高于不考虑公平关切时的服务水平，这是因为在电商供应链中，产品销售量与电商平台服务水平关系密切，当电商平台作为主导企业考虑关切行为时会"让利"给制造商，表现为提高服务水平进而增加制造商的销量。相比于分散决策，集中决策服务水平更高，因为此时电商平台和制造商都是以供应链整体利润为基本参考点，为了利润最大化，电商平台投入大量资金提高服务水平以增加产品销量。典型的例子就是海尔商城，海尔商城是一站式销售服务平台，其"24 小时限时达，超时即免单"和强大的售后服务使其受到市场的一致好评。

结论 6.8　$p^{3*} > p^{2*} > p^{1*}$

通过结论 6.8 看出，制造商的销售价格在集中决策下最高，其次是分散决策下电商平台考虑关切行为时的价格，不考虑关切时的售价最低。集中决策下，电商平台利用来自制造商的佣金提高服务水平增加产品销量，电商供应链为获取更高的利益自然会提高产品的销售价格。分散决策下，制造商出于与电商平台的收益进行比较以求公平待遇的思想，势必会提高产品价格为自己谋取更大利益。

结论 6.9　$\mu^{3*} > \mu^{2*} > \mu^{1*}$

结论 6.9 说明，集中决策下制造商的产品质量是最高的，这是因为集中决策下电商供应链是单边效用最大化，为提高顾客忠诚度改进产品质量保留客户。现实生活中有很多这样的例子，比如，被称为美版"拼多多"的 Brandles 是自产自销（属于集中决策）的小型电商公司，之所以被称为美版"拼多多"是由于其产品和拼多多产品一样价格低廉，但好评如潮，成立仅 1 年就获得软银集团 2.4 亿美元的 C 轮投资[①]，它的成功完全出于其产品的质量保证：在食物方面强调非转基因和有机；家居用品方面注重环保可降解，并通过了美国环保署（EPA）环保认证；在文具方面主张健康的诉求，通过了美国森林管理委员会（FSC）的健康认证；等等。进一步说明：相比分散决策，集中决策更加有利于提高产品质

233

---

① 《"美版拼多多"爆红　带给中国电商哪些启示？》，中华网，https：//economy. china. com/tech/13001906/20180828/33716976. html，2018 年 8 月 28 日。

量、增强产品市场竞争力。分散决策下，电商平台有关切行为时产品质量优于不考虑关切的质量水平，因为电商平台的"让利"行为获得制造商好感，提升制造商的合作意愿，进而积极提高产品质量增加市场竞争力。

结论 6.10 $\pi_m^{2*} > \pi_m^{1*}$，$\pi_e^{2*} < \pi_e^{1*}$。

结论 6.10 说明，在分散决策下，电商平台对制造商利润进行关切，将自己的部分利润转移给制造商，所以电商平台利润随着关切程度增强而减少，而制造商利润随之增加。

结论 6.11 $\pi^{3*} > \pi^{2*} > \pi^{1*}$

结论 6.11 可以看出，无论是否考虑关切行为，电商供应链系统利润在集中决策下都不劣于分散决策的最优利润，集中决策是两者最有效的运作模式。分散决策时电商平台考虑关切时的系统利润大于不考虑关切时的系统利润，这很容易理解，当电商平台作为主导企业对制造商利润进行关切时，能够增强制造商合作积极性，继而供应链整体效率提高。

根据结论 6.7 至结论 6.11 可以得出：与电商平台不考虑关切行为比较，在电商平台关切时服务水平、产品质量、销售价格及整体利润都有所上升，因此，电商平台的关切行为能够对制造商与电商平台的积极合作起到推动作用；通过集中决策和分散决策比较可知，由于集中决策是整体利润最大化模式，剔除了"双重边际化效应"，服务水平和产品质量都较高，电商供应链整体利润达到最优。

因此，不管是电商供应链中的电商平台还是制造商都有动力设计一种激励机制，以协调两者达到电商供应链的集中决策效果。协调后的模式可以激励电商平台确定集中决策下的服务水平，制造商随之确定产品价格和产品质量，这样使得供应链的参与者达到双赢的效果。

6.4.4 协调机制的设计

基于以上分析，非合作的分散决策产生双重边际化效应，大大降低了电商供应链的运作效率，为保证电商供应链的整体效益最大化，这里采用 Shapley 值法对电商供应链进行协调。Shapley[①] 最早提出的 Shapley

① Shapley L S. A Value For N - person Games. *Annals of Mathematical Studies*，Vol. 28，1953，pp. 307 - 317；Shapley, L. S. On Balanced Games Without Side Payments. In *Mathematical Programming*. Academic Press，1973.

值法是根据联盟或集团成员的贡献大小来实现联盟整体利益在各成员之间的分配与公平的一种求值方法。Shapley 值法的基本思想是一种"1 + 1 > 2"的系统思想，是非对抗性的。

在 Shalpey 值法中，集合 I 中的所有参与成员得到的利益分配 $\varphi(\nu) = (\varphi_1(\nu), \varphi_2(\nu), \cdots, \varphi_n(\nu))$ 称为 Shalpey 值，其中，$\varphi_i(\nu)$ 表示在合作 I 中第 i 个成员分到的利润，计算方式为：

$$\varphi_i(\nu) = \sum_{i \in s_i} \omega(|s|)[\nu(s) - \nu(s \setminus i)]$$

$$\omega(|s|) = \frac{(n - |s|)!(|s| - 1)!}{n!}$$

该式中，$|s|$ 表示联盟 s 中的成员个数，$\omega(|s|)$ 代表一个加权因子，$\nu(s \setminus i)$ 是子集 s 中除去成员 i 获得的收益。

6.4.4.1 不考虑关切行为的协调分析

运用 Shalpey 值法对不考虑公平关切的电商供应链中的制造商和电商平台进行利润分配，方便起见，分别用 m 和 e 代表制造商和电商平台，具体协调分析计算过程见表 6 – 10。表中 s 代表联盟方式，则 m 为不考虑公平关切的分散决策下制造商单独决策，m∪e 表示电商平台与制造商合作的联盟（即集中决策模型）。

表 6 – 10 制造商的 Shalpey 值计算过程

s	m	m∪e
$\nu(s)$	π_m^{1*}	π^{3*}
$\nu(s \setminus m)$	0	π_e^{1*}
$\nu(s) - \nu(s \setminus m)$	π_m^{1*}	$\pi^{3*} - \pi_e^{1*}$
$|s|$	1	2
$\omega(|s|)$	0.5	0.5
$\omega(|s|)[\nu(s) - \nu(s \setminus m)]$	$\dfrac{\pi_m^{1*}}{2}$	$\dfrac{\pi^{3*} - \pi_e^{1*}}{2}$

观察表 6 – 10，可得制造商可分配的利润为 $\varphi_m^1(\nu) = \dfrac{\pi^{3*} + \pi_m^{1*} - \pi_e^{1*}}{2}$，同理可得电商平台分配的利润为 $\varphi_e^1(\nu) = \dfrac{\pi^{3*} + \pi_e^{1*} - \pi_m^{1*}}{2}$。

结论 6.12 $\varphi_m^1(v) > \pi_m^{1*}$，$\varphi_e^1(v) > \pi_e^{1*}$。

结论 6.12 说明使用 Shapley 值法对电商供应链集中决策的合作利润进行协调与分配，此时无论是制造商还是电商平台的利润都高于分散决策下的利润。由此可以看出，双方若能够在合作之前一致同意按照 Shapley 值法对最终的利润进行合理的分配，那么双方都有合作的积极性，尤其是对于主导企业——电商平台来说避免了自己采取合作而制造商不合作的风险，进而实现了帕累托改进，实现了供应链共赢的目标。

6.4.4.2 考虑关切行为的协调分析

电商平台考虑关切行为时利用 Shapley 值法进行的协调分析，可分别得出在电商平台关切行为下制造商和电商平台各自分得的利润，计算过程如表 6 - 11 所示。表中 s 代表联盟策略，m 是电商平台考虑关切行为时制造商不合作的模式，m∪e 表示集中决策的联盟。

表 6 - 11   制造商的 Shalpey 值计算过程

s	m	m∪e
$v(s)$	π_m^{2*}	π^{3*}
$v(s \setminus m)$	0	π_m^{2*}
$v(s) - v(s \setminus m)$	π_m^{2*}	$\pi^{3*} - \pi_e^{2*}$
$\|s\|$	1	2
$\omega(\|s\|)$	0.5	0.5
$\omega(\|s\|)[v(s) - v(s \setminus m)]$	$\dfrac{\pi_m^{2*}}{2}$	$\dfrac{\pi^{3*} - \pi_e^{2*}}{2}$

观察表 6 - 11，可得制造商可分配的利润为 $\varphi_m^2(v) = \dfrac{\pi^{3*} + \pi_m^{2*} - \pi_e^{2*}}{2}$，同理可得电商平台分配的利润为 $\varphi_e^2(v) = \dfrac{\pi^{3*} + \pi_e^{2*} - \pi_m^{2*}}{2}$。

结论 6.13 $\varphi_m^2(v) > \pi_m^{2*}$，$\varphi_e^2(v) > \pi_e^{2*}$。

从结论 6.13 可以看出，该分配方案在满足电商供应链总体利润达到最大 $[\varphi_m^2(v) + \varphi_e^2(v) = \pi^{3*}]$ 的同时，满足电商平台和制造商分配所得利益比不协调时要大。

证明：

$$\varphi_m^1(v) - \pi_m^{1*} = \frac{\pi^{3*} - \pi^{1*}}{2} > 0，\quad \varphi_e^1(v) - \pi_e^{1*} = \frac{\pi^{3*} - \pi^{1*}}{2} > 0，$$

$$\varphi_m^2(\nu) - \pi_m^{2*} = \frac{\pi^{3*} - \pi^{2*}}{2} > 0, \quad \varphi_e^2(\nu) - \pi_e^{2*} = \frac{\pi^{3*} - \pi^{2*}}{2} > 0.$$

命题 6. 23　$\varphi_m^2(\nu)$ 与 θ 正相关，$\varphi_e^2(\nu)$ 与 θ 负相关。

证明：

$$\frac{\partial \varphi_m^2(\nu)}{\partial \theta} = \frac{h^2\gamma^2 \{k(2h\beta - \delta^2)[\alpha - \beta(c + \rho)] + h\beta\gamma^2\rho\}^2}{2(2h\beta - \delta^2)[k(2h\beta - \delta^2)(1 - \theta) - h\gamma^2\theta]^3} > 0$$

$$\frac{\partial \varphi_e^2(\nu)}{\partial \theta} = -\frac{h^2\gamma^2 \{k(2h\beta - \delta^2)[\alpha - \beta(c + \rho)] + h\beta\gamma^2\rho\}^2}{2(2h\beta - \delta^2)[k(2h\beta - \delta^2)(1 - \theta) - h\gamma^2\theta]^3} < 0$$

由命题 6. 23 可以看出，尽管通过 Shapley 值法进行协调可以使电商平台和制造商的利润比不合作时有明显增加，但是双方提升空间与关切系数密切相关：电商平台关切程度越大，协调后，制造商分配的利润越大，电商平台分配的利润越少。因此，电商平台关切程度越大，对制造商越有利，而电商平台的利润提升空间却会变小。

6.4.4.3　现实 Shalpey 值协调机制的相关建议

电商供应链节点间合理的利润分配是保证供应链正常运作的一个重要条件，Shapley 值法按照联盟者各自在供应链中的贡献对利润进行分配，在现实中容易被成员接受，可操作性强，而且具有很好的稳定性，协调后可以提高电商供应链的效率，达到集中决策的效果。Shapley 值协调机制可以为实践中电商供应链节点企业合作提供理论指导，给出企业实现协调的管理启示。具体如下：

（1）对电商供应链中主导企业电商平台的建议。

无论电商平台是否考虑关切行为，进行协调都能够增加自身的利益，但利润增加幅度会随关切程度增加而减小，出于电商平台的企业家精神，要进行关切行为激励从属企业，在利润的分配、贡献的评价中力求公平合理，以调动从属企业的积极性，取得供应链的合作稳定，从长远来看是保证电商供应链稳定运行的一种策略。

（2）对电商供应链中从属企业制造商的建议。

制造商作为从属企业应避免采用不合作的方式来惩罚主导企业的不公，这样虽然惩罚了供应链成员，但同时也损害了自身利益。制造商必须充分意识到为保证企业利润最大化进行的有效决策应该是：大量投入资金提高自己产品的质量，达到市场上不可替代的产品要求，进而就能够提高从属企业的议价能力，与电商平台积极合作并谈判利润的合理分配方案，达到双方共赢的局面。

6.4.5 数值分析

为了证明模型结论的正确性，下面采用算例对模型进行分析。假设参数 $\alpha = 100$，$c = 10$，$\beta = 2$，$k = 3$，$h = 1$，$f = 20$，$\rho = 5$。

（1）不考虑关切行为下的协调机制：将 δ、γ 作为自变量进行分析，令 $\delta \in [0, 1.5]$，$\gamma \in [0, 1.5]$，画出协调前后制造商和电商平台利润的三维图像，如图 6 - 20、图 6 - 21 所示，比较协调前后利润变化。

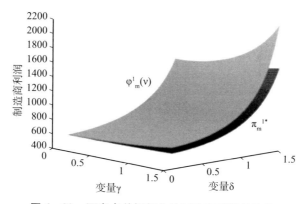

图 6 - 20　不考虑关切行为的制造商利润的比较

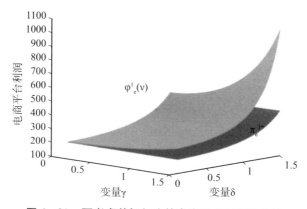

图 6 - 21　不考虑关切行为的电商平台利润的比较

从图 6 - 20、图 6 - 21 可以看出，不考虑公平关切的 Shalpey 值协调使得制造商和电商平台利润都较之前有所提高，证明了结论 6.12 的正确性，同时可以发现，随着产品质量影响因子和服务水平弹性系数的增加，协调后的利润增加更快。

（2）考虑关切行为下的协调机制：假设 $\delta = 1$，$\gamma = 0.8$，将 θ 作为自变量，画出协调前后制造商和电商平台利润的二维图像，如图 6 - 22、图 6 - 23 所示。

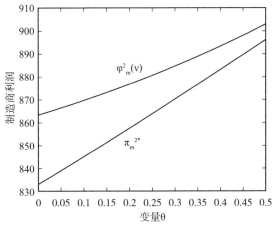

图 6 - 22　考虑关切行为的制造商利润的比较

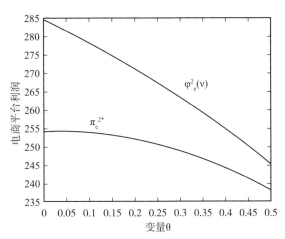

图 6 - 23　考虑关切行为的电商平台利润的比较

从图 6-22、图 6-23 可以看出利用 Shapley 值协调后，制造商和电商平台利润都明显优于协调前，与推论 6.12 结论相符，证明了相关结果的正确性；并且协调后制造商利润随关切程度加强而增大，电商平台利润与之相反，也证明了命题 6.23。

协调前后电商平台和制造商利润随关切程度的变化趋势没有改变，但变化速率改变了：协调后制造商利润随着关切程度的增大，其增速变缓，说明制造商随着电商平台的让利增加效用递减；而电商平台利润随让利程度的增大导致下降速率变快，说明过多的让利对电商平台利润影响较大。故在现实中，一般而言电商平台会选择性地做出一定程度的让利，既能获得制造商的合作，确保电商供应链的稳步运行，又能够使自己获得较高利润。

6.4.6 结束与启示

面对网购形式的日趋大众化和消费者消费偏好的改变，市场更加重视产品质量的提高。为此，考虑产品质量的影响，本部分对二级电商供应链的不同决策模式和协调机制进行研究与分析，建立了分散决策下是否考虑关切行为的两种模型和集中决策的模型，并对此进行比较与分析，最后，通过算例对模型结论进行验证。分析发现：

（1）消费者对产品质量的重视提高了电商供应链中的产品价格，但高质量的产品同时也提高了电商平台的服务水平，使其更具竞争优势，有助于提高制造商和电商平台的利润。

（2）电商平台利他偏好行为提高了制造商和电商供应链整体的利润，对电商平台自己是不利的，但长远来看，电商平台的这种关切属于让利行为，能够促进制造商的合作，稳固供应链系统的运行。

（3）与集中决策相比，电商平台关切行为虽然可以提高市场竞争力，但无法使电商供应链达到协调，造成分散决策下双重效应的损失，对此，利用 Shapley 值法实现系统的协调运作。

（4）采用 Shapley 值法进行协调，协调后成员利润都明显高于分散决策下的，且供应链可以达到集中决策下的效率。

根据以上的研究结论，可以给出对电商供应链成员企业的管理启示：

（1）对于处于主导地位的电商平台而言。

电商平台应具有"利他则久"的企业家精神，让利关切从属企业，提高从属企业利益，根据各方参与者的贡献合理进行利润的分配，调动从属企业的积极性。

（2）对于处于从属地位的制造商而言。

大力度提高产品质量使其成为企业核心竞争力就能带来比较竞争优势，从而提高企业自身地位，逐步具备与电商平台议价的能力，积极参与到电商供应链的合作中，借助互联网技术升级、整改企业的运营。

本部分在研究电商供应链时只考虑了单一制造商和单一电商平台，而在生活中更多的是多家制造商对应一个电商平台或者多家制造商对应多个电商平台，并且本研究假设市场销售量仅与产品价格、服务水平和产品质量有关，现实生活中，顾客的购买倾向影响因素更加个性化、更加复杂，这也为后续研究指明了方向。

第7章 零售商主导型低碳供应链利他偏好决策研究

　　市场对低碳产品的偏好不断提高，促使许多企业将环境保护和可持续发展纳入其战略决策。许多国家和地区还采取了各种减少碳排放量（CER）的举措，包括发布限制碳排放的法律法规，例如《欧洲排放权交易体系》和《中国绿色制造工程实施指南》（2016～2020）。但是，低碳经济也会增加运营成本。[①] 制造企业可能承受沉重的成本压力，因为实施 CER 技术通常需要大量资金，因此损害了其在供应链中的经济竞争力。另外，信息技术的进步和对市场的熟悉程度使零售商变得更强大，并逐渐在供应链渠道中占据主导地位，例如苏宁（中国），国美（中国）和沃尔玛（美国）。实施 CER 技术的制造商，特别是中小型制造商（SMM），在与强大的零售商进行谈判期间已成为弱势群体，这为零售商主导的低碳供应链提供了依据。例如，在 2023 年的沃尔玛供应商增长论坛上，沃尔玛阐述了其与供应商的持续增长计划，并强调了其对数据驱动战略和可持续发展的承诺。然而，对供应商的更高效率和数据透明度要求，使得一些规模较小的供应商难以跟上这些变化。

　　在绿色经济环境下，占主导地位的零售商必须关注制造商的收益和生存，以确保整个供应链的长期健康和可持续性。例如，当苏宁构建其物流系统时，零售商通过对中小型物流公司的员工进行必要的培训并对这些合作公司采用可持续的盈利模式来全面考虑中小型物流公司的利益。2017 年，中国大型在线零售商京东（JD. com）与手机制造商中兴通讯（NTE）合作。未来与中兴天机 Axon M 的合作中，京东将参与到产品的软件定制，京东阅读会针对中兴天机 Axon M 的双屏设计进行定

---

　　① Chen X，Benjaafar S，Elomri A. The Carbon-constrained EOQ. *Operations Research Letters*，Vol. 41，No. 2，2013，pp. 172－179.

制研发，提升用户阅读体验。此外，京东还将开放京东之家资源，针对中兴折叠智能手机进行线下规模投放，最终形成"线上燎原，线下齐步走"，共同践行第四次零售革命的同时，助力中兴快速实现市场占位。①为了长期的业务可持续发展，许多企业坚持合作理念，追求互利共赢。具体来说，供应链渠道主导者（即本研究中的零售商）不仅可以根据自己的利润，还可以根据对供应链中其他决策方利润的关注来作出决策。在本章研究中，这种关注被称为利他偏好。

近来，学者们对低碳供应链已进行了广泛的研究工作。但是，尚未在供应链背景下研究主导型零售商的利他偏好。面对日益严格的环境保护要求，制造商可能不得不采用技术创新或更换设备以控制碳排放并减少污染。例如，由于环保政策和经济结构调整，美国钢铁行业面临着多重压力，导致多家钢铁厂关闭。2019 年，U. S. Steel 宣布关闭印第安纳州的部分生产线，因需求下降和环保成本压力而进行的削减。② 除法规外，政府还可能使用激励政策（例如补贴）来提高 CER 水平。此类法规和激励措施在供应链外部，但是主导型零售商的利他偏好可以为 CER 提供内部激励措施。

本章考虑了由零售商和制造商组成的低碳供应链。制造商被认为比零售商具有较小的市场支配力。解决了以下三个问题：

（1）当主导型零售商考虑利他偏好（即关心制造商的盈利能力）时，最佳决策是什么？

（2）利他偏好系数与系统性能（包括定价、CER 水平和盈利能力）之间的关系是什么？

（3）当考虑利他偏好时，系统如何实现协调？

不同于现有利他偏好文献将企业自身利润和系统利润的加权平均值用作效用函数③，本章研究假设利他偏好的零售商将自己的利润和制造

243

---

①　《中兴通讯牵手京东集团战略合作拥抱 5G 时代》，中兴官网，https：//www. zte. com. cn/china/about/news/20171014. html，2017 年 10 月 18 日。

②　吴勇：《美国钢铁业高光时刻难再续》，中国钢铁新闻网，http：//www. csteelnews. com/xwzx/gjgt/201906/t20190628_12352. html，2019 年 6 月 28 日。

③　Fan, R., Lin, J. and Zhu, K. Study of Game Models and the Complex Dynamics of a Low-Carbon Supply Chain with an Altruistic Retailer under Consumers' Low-Carbon Preference. *Physica A：Statistical Mechanics and its Applications*，Vol. 528，2019，P. 121460；Liu W，Yan X，Wei W，et al. Altruistic Preference for Investment Decisions in the Logistics Service Supply Chain. *European Journal of Industrial Engineering*，Vol. 12，No. 4，2018，pp. 598-635.

商的利润作为其效用函数进行加权。此外，从理论和数值上分析了利他主义偏好对低碳供应链决策的影响。本章研究还提出了一种利用利他偏好和成本分摊合同的协调契约，并讨论了利他偏好对协调的有益影响。

7.1　模型说明与假设

本章模型考虑由一个制造商和一个零售商组成的低碳供应链。在低碳供应链中，制造商负责低碳产品的生产，零售商负责低碳产品的销售，如图 7－1 所示。制造商生产产品的碳减排水平为 h，然后以 w 的批发价格将产品批发给零售商；零售商以每单位 p 的销售价格将产品销售给消费者，模型的结构如图 7－1 所示。

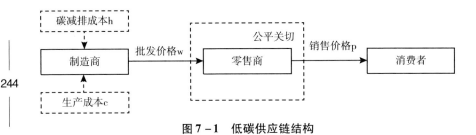

图 7－1　低碳供应链结构

零售商作为低碳供应链的主导企业，为了维持系统的正常运作，在决策时会采取对制造商让利性质的公平关切行为。表 7－1 对本章中使用的符号进行了说明。

表 7－1　　　　　　　　　　　　符号说明

符号	说明
c	制造商的生产成本
w	制造商的批发价格
p	产品的单位销售价格
h	制造商的碳减排水平。制造商的碳减排水平越高，相应的成本就越高，根据 Nair 和 Narasimhan[1] 的研究，碳减排水平 h 与碳减排成本可以假设为 $C(h) = \dfrac{kh^2}{2}$，其中 k（k > 0）为碳减排成本参数

符号	说明
q	产品的市场需求量。低碳供应链中，低碳产品的市场需求量一般与产品价格、制造商的碳减排水平有关，借鉴现有文献[2]的假设，假设低碳产品的市场需求函数为 $q = \alpha - \beta p + \lambda h$，$\alpha$，$\beta$，$\lambda > 0$。其中，$\alpha$ 表示潜在的市场最大需求量，β 表示销售价格的弹性系数，λ 表示产品的低碳水平对销量的影响系数。且假设 $0 < \lambda < \beta$，这说明消费者对产品价格的敏感程度大于对产品低碳性的敏感程度
θ	零售商的公平关切系数（$0 \leqslant \theta \leqslant 1$）。$\theta$ 越接近 0，表示零售商的公平关切程度越弱；反之，θ 越接近 1，表示零售商的公平关切程度越强
π_m	制造商的利润函数 $\pi_m = (w - c)(\alpha - \beta p + \lambda h) - \dfrac{kh^2}{2}$
πr	零售商的利润函数为 $\pi_r = (p - w)(\alpha - \beta p + \lambda h)$
π	低碳供应链的系统利润函数 $\pi = (p - c)(\alpha - \beta p + \lambda h) - \dfrac{kh^2}{2}$
U_r	零售商公平关切时的效用函数 $U_r = (1 - \theta)\pi_r + \theta \pi_m$

注：1. Nie T，Du S. Dual - Fairness Supply Chain with Quantity Discount Contracts. *European Journal of Operational Research*，Vol. 258，No. 2，2017，pp. 491 - 500；2. 王玉燕、于兆青：《以旧换再"策略下汽车供应链的运作模式调整研究》，载于《经济与管理评论》2017 年第 33 期；王晓迪、王玉燕、李璟：《公平关切下网络平台主导的 E——闭环供应链决策及协调模型》，载于《系统管理学报》2019 年第 28 期。

为保证研究模型有意义，模型的假设如下：

（1）在低碳供应链中，零售商是主导企业，制造商是从属企业；

（2）假设低碳产品的价格在短期内是固定不变的；

（3）假设制造商与零售商紧密合作，两者之间的成本、市场需求等信息是公开的，即两者之间的决策是完全信息决策；

（4）假设模型中参数满足 $2k\beta - \lambda^2 > 0$，这说明，模型的定价、碳减排水平等决策均为正数。

7.2 模型构建与求解

在本部分的研究中，我们构建了低碳供应链的三种决策模型，即联合决策、无公平关切的分散决策、零售商公平关切下的分散决策。

7.2.1 联合决策

在联合决策下，制造商和零售商紧密合作，以实现低碳供应链系统的整体利润最大化为目标进行决策，此时低碳供应链成员的决策函数为系统利润函数：

$$\max_{p,h}\pi(p,\ h) = (p-c)(\alpha - \beta p + \lambda h) - \frac{kh^2}{2} \qquad (7.1)$$

根据式（7.1），计算 $\pi(p,\ h)$ 的 Hessian 矩阵为 $H = \begin{bmatrix} \partial^2\pi/\partial p^2 & \partial^2\pi/\partial p\partial h \\ \partial^2\pi/\partial h\partial p & \partial^2\pi/\partial h^2 \end{bmatrix} = \begin{bmatrix} -2\beta & \lambda \\ \lambda & -k \end{bmatrix}$，由于 $-2\beta < 0$，$2k\beta - \lambda^2 > 0$，所以 $\pi(p,\ h)$ 的 Hessian 矩阵 H 是负定矩阵，$\pi(p,\ h)$ 存在极大值。由 $\frac{\partial\pi}{\partial p} = 0$，$\frac{\partial\pi}{\partial h} = 0$ 联立方程，可得在联合决策下的最优决策为：

$$h^{c*} = \frac{\lambda(\alpha - \beta c)}{2k\beta - \lambda^2},\ p^{c*} = \frac{k\alpha + k\beta c - \lambda^2 c}{2k\beta - \lambda^2},$$

$$q^{c*} = \frac{k\beta(\alpha - \beta c)}{2k\beta - \lambda^2},\ \pi^{c*} = \frac{k(\alpha - \beta c)^2}{2(2k\beta - \lambda^2)}。$$

7.2.2 无利他偏好的分散决策

当零售商不考虑利他偏好时，在分散决策下，制造商和零售商都是独立的经济主体，双方均以实现自身利润最大化为目标进行决策。零售商作为主导企业，首先确定产品的销售价格 p，然后处于从属地位的制造商确定批发价格 w 和碳减排水平 h。根据逆向归纳法求解，可得此时模型的最优决策为：

$$w^{d*} = \frac{k(\alpha - \beta c)}{2(2k\beta - \lambda^2)} + c,\ h^{d*} = \frac{\lambda(\alpha - \beta c)}{2(2k\beta - \lambda^2)},\ p^{d*} = \frac{k(\alpha - \beta c)}{2(2k\beta - \lambda^2)} + \frac{\alpha + \beta c}{2\beta},$$

$$q^{d*} = \frac{k\beta(\alpha - \beta c)}{2(2k\beta - \lambda^2)},\ \pi_m^{d*} = \frac{k(\alpha - \beta c)^2}{8(2k\beta - \lambda^2)},\ \pi_r^{d*} = \frac{k(\alpha - \beta c)^2}{4(2k\beta - \lambda^2)},\ \pi^{d*} = \frac{3k(\alpha - \beta c)^2}{8(2k\beta - \lambda^2)}。$$

证明： 拥有主导权的零售商为保证一定的利润空间，将产品的单位预期利润设为 δ，即满足

$$p = w + \delta \qquad (7.2)$$

此时，制造商的利润函数为：

$$\pi_m = (w - c)[\alpha - \beta(w + \delta) + \lambda h] - \frac{kh^2}{2} \tag{7.3}$$

根据式（7.3），计算 π_m（w，h）的 Hessian 矩阵：

$$H = \begin{bmatrix} \partial^2 \pi_m / \partial w^2 & \partial^2 \pi_m / \partial w \partial h \\ \partial^2 \pi_m / \partial h \partial w & \partial^2 \pi_m / \partial h^2 \end{bmatrix} = \begin{bmatrix} -2\beta & \lambda \\ \lambda & -k \end{bmatrix}$$

由于 $-2\beta < 0$，$2k\beta - \lambda^2 > 0$，所以 π_m（w，h）的 Hessian 矩阵 H 是负定矩阵，π_m（w，h）存在极大值。由 $\frac{\partial \pi_m}{\partial w} = 0$，$\frac{\partial \pi_m}{\partial h} = 0$ 联立方程，可得在分散决策下的批发价格和碳减排水平为：

$$w = \frac{k[\alpha - \beta(c + \delta)]}{2k\beta - \lambda^2} + c \tag{7.4}$$

$$h = \frac{\lambda[\alpha - \beta(c + \delta)]}{2k\beta - \lambda^2} \tag{7.5}$$

将式（7.4）和式（7.5）代入零售商的利润函数，有：

$$\pi_r = \delta \left\{ \alpha - \frac{\beta[k\alpha + k\beta(c + \delta) - \lambda^2(c + \delta)]}{2k\beta - \lambda^2} + \frac{\lambda^2[\alpha - \beta(c + \delta)]}{2k\beta - \lambda^2} \right\} \tag{7.6}$$

由式（7.6），$\frac{\partial^2 \pi_r}{\partial \delta^2} = -\frac{2k\beta^2}{2k\beta - \lambda^2} < 0$ 可知，π_r 存在最大值，由 $\frac{\partial \pi_r}{\partial \delta} = 0$ 可得，零售商的最优单位预期收益为：

$$\delta = \frac{\alpha - \beta c}{2\beta} \tag{7.7}$$

将式（7.7）代入式（7.2）、式（7.4）和式（7.5），整理可得模型的最优决策。

命题7.1 $\pi_m^{d*} < \pi_r^{d*}$。

由命题 7.1 可见，在分散决策下，当零售商为主导时，零售商的利润大于制造商的利润。在低碳供应链中，制造商是实施减排的主体，负责低碳产品的生产，除了正常的生产成本之外还要付出一定的低碳成本，但是利润却远远小于零售商的利润。这种利润的差距会让制造商产生基于不公平厌恶模型中不利不公的公平关切心理[①]，制造商的这种心

[①] Fehr, E. and Schmidt, K. M., A Theory of Fairness, Competition, and Cooperation. *The Quarterly Journal of Economics*, Vol. 114, No. 3, 1999, pp. 817 – 868.

理对系统的运作会产生很多不利的影响①，甚至导致供应链合作的断裂。比如2013年3月，低碳家用电器的制造商格力因为国美卖场的强制低价销售而停止向国美供货，而国美也在全国范围内停止了对格力空调的销售。② 因此在低碳供应链的实际运营中，为了避免制造商因收益差距产生不公平心理，处于主导地位的零售商在与制造商的合作过程中，会适当考虑制造商的盈利情况。不同于完全理性人的决策心理，零售商会展现一定的利他主义，即零售商让利性质的公平关切，我们将在下一部分中讨论这种公平关切对系统决策的影响。

7.2.3 零售商利他偏好下的分散决策

通常来说，在低碳供应链中当零售商是主导企业时，为了保证低碳供应链的稳定运作，作为主导企业的零售商在关注自身收益的同时也会关注生产低碳产品的制造商的盈利空间。苏宁在构建物流体系时提出的重要战略就是全面谋划构建"利他式"物流，为中小物流企业工作人员提供培训、对企业评级、为平台企业制定盈利模式。因此，本部分将考虑零售商具有"让利"性质的公平关切行为。参考 Nie③ 和 Ho④ 对公平关切的研究，假设零售商会直接将与制造商的利润差距作为参考点，对制造商做出部分"让利"。当零售商采用让利性质的公平关切时，零售商的效用水平可以表示为：

$$U_r = \pi_r - \theta(\pi_r - \pi_m) = (1 - \theta)\pi_r + \theta\pi_m \tag{7.8}$$

其中，$0 \leqslant \theta \leqslant 1$ 表示零售商的利他偏好系数，θ 越接近0，表示零售商的利他偏好程度越弱；反之，θ 越接近1，表示零售商的利他偏好程度越强。

此时，在低碳供应链中，零售商的决策函数不是利润函数而是效用

① Haitao Cui, Tony, Jagmohan S. Raju, and Z. John Zhang. Fairness and Channel Coordination. *Management Science*, Vol. 53, No. 8, 2007, pp. 1303–1314.

② 王先庆：《格力模式的形成与国美、苏宁渠道控制权之争》，开商网，2017年4月17日，http://www.kesum.com/zjzx/mjzl/guangzhou/wxq/201704/167858.html。

③ Nie T, Du S. Dual–Fairness Supply Chain with Quantity Discount Contracts. *European Journal of Operational Research*, Vol. 258, No. 2, 2017, pp. 491–500.

④ Ho TH, Su X, Wu Y, Distributional and Peer—Induced Fairness in Supply Chain Contract Design. *Production and Operations Management*. Vol 23, No. 2, 2014, pp. 161–175.

函数。零售商以实现自身的效用最大化为目标进行决策。采用逆向归纳法（逆向归纳法的求解思路同 7.2.2 部分一致），可以求得此时模型的最优决策为：

$$w^{f*} = \frac{k(\alpha - \beta c)(1 - \theta)}{(2k\beta - \lambda^2)(2 - 3\theta)} + c, \quad h^{f*} = \frac{\lambda(\alpha - \beta c)(1 - \theta)}{(2k\beta - \lambda^2)(2 - 3\theta)},$$

$$p^{f*} = \frac{k(\alpha - \beta c)(1 - \theta)}{(2k\beta - \lambda^2)(2 - 3\theta)} + \frac{(\alpha + \beta c)(1 - \theta) - \alpha\theta}{\beta(2 - 3\theta)}.$$

$$q^{f*} = \frac{k\beta(\alpha - \beta c)(1 - \theta)}{(2k\beta - \lambda^2)(2 - 3\theta)}, \quad \pi_m^{f*} = \frac{k(\alpha - \beta c)^2(1 - \theta)^2}{2(2k\beta - \lambda^2)(2 - 3\theta)^2},$$

$$\pi_r^{f*} = \frac{k(\alpha - \beta c)^2(1 - \theta)(1 - 2\theta)}{(2k\beta - \lambda^2)(2 - 3\theta)^2}, \quad \pi^{f*} = \frac{k(\alpha - \beta c)^2(1 - \theta)(3 - 5\theta)}{2(2k\beta - \lambda^2)(2 - 3\theta)^2}.$$

命题 7.2　当制造商实施碳减排策略时，零售商的利他偏好程度满足 $0 \leqslant \theta < \frac{2}{3}$。

根据模型的最优决策可知，当 $\theta > \frac{2}{3}$ 时，$h^{f*} < 0$，这与实际问题不符，因此零售商在考虑利他偏好时，会保证 $0 \leqslant \theta < \frac{2}{3}$。

命题 7.3　（1）w^{f*}、h^{f*}、q^{f*}、π_m^{f*} 与 θ 正相关，π_r^{f*} 与 θ 负相关。

（2）若 $k\beta > \lambda^2$，p^{f*} 与 θ 负相关；若 $k\beta < \lambda^2$，p^{f*} 与 θ 正相关。

（3）当 $0 \leqslant \theta < \frac{1}{2}$ 时，π^{f*} 与 θ 正相关；当 $\frac{1}{2} \leqslant \theta < \frac{2}{3}$ 时，π^{f*} 与 θ 负相关。

命题 7.3 说明，在零售商利他偏好下，制造商的批发价格、制造商的碳减排水平、产品的市场需求量、制造商利润均随着零售商利他偏好程度的增加而增加，但是零售商利润随着利他偏好程度的增加而减小。这是因为，当零售商存在利他偏好时，在决策过程中会考虑制造商的收益情况，在决定销售价格时，会降低自己的单位预期收益，制造商也会根据零售商利他偏好调整批发价格和碳减排水平，使得批发价格和碳减排水平增加。但是产品销售价格的变动取决于批发价格和预估收益的共同影响，产品的碳减排成本参数 k、销售价格的弹性系数 β 和产品低碳水平对销量的影响系数 λ 共同决定产品销售价格的变动。当 $k\beta < \lambda^2$ 时，零售商的利他偏好有利于产品销售价格的提高；当 $k\beta > \lambda^2$ 时，零售商的利他偏好行为会降低产品的销售价格。但是在现实中，对大多数消费者而言，其更注重产品价格的影响，因此有 $0 < \lambda < \beta$。在这种情况下，当 $k < \lambda$ 时，零售商的公平关切行为会提高产品的销售价格；反之，当 $k > \lambda$ 时，零售商的利他偏好行为会降低产品的销售价格。

零售商通过利他偏好，在决策时牺牲了自身部分利润，来维持低碳供应链的正常运行。因此随着零售商利他偏好系数的增加 $\left(\theta < \dfrac{1}{2}\right)$，系统利润会增加；但是当 $\dfrac{1}{2} \leqslant \theta < \dfrac{2}{3}$ 时，系统利润会随着 θ 的增加而下降。这也说明，当零售商让利性质的利他偏好程度 $\theta < \dfrac{1}{2}$ 时，有利于系统的稳定运行。虽然零售商的利他偏好行为有利于制造商利润的增加，但是却使得自己的利润减少。因此，在实际运营中，零售商往往是迫于政策的压力或者为了维持系统的稳定性，而被迫考虑利他偏好；即使考虑利他偏好，利他偏好的程度也不会太高，一般而言，$\theta \leqslant \dfrac{1}{2}$①，此时这种适当的利他偏好行为正好有利于供应链系统的稳定运行。下面限定零售商的利他偏好程度 $\theta \leqslant \dfrac{1}{2}$，对模型之间的最优决策进行比较分析。

7.3　模型之间的比较

考虑零售商的利他偏好程度满足 $\theta \leqslant \dfrac{1}{2}$ 时，比较三种模式下的最优决策，可以得到结论 7.1 至结论 7.4。

结论 7.1　不同模型下，产品的销售价格满足：若 $k\beta < \lambda^2 < 2k\beta$，有 $p^{c*} > p^{f*} > p^{d*}$；若 $k\beta > \lambda^2$，有 $p^{d*} > p^{f*} > p^{c*}$。

由结论 7.1 可知，当产品的性质参数满足 $k\beta > \lambda^2$ 时，联合决策下的产品销售价格最低，无利他偏好的分散决策下产品销售价格最高，此时联合决策对消费者最为有利。当产品的性质参数满足 $k\beta < \lambda^2 < 2k\beta$

---

① Wang Y, Yu Z, Shen L. Study on the Decision-making and Coordination of an E – commerce Supply Chain with Manufacturer Fairness Concerns. *International Journal of Production Research*, Vol. 57, No. 9, 2019, pp. 2788 – 2808.

时，联合决策下的产品销售价格最高。在分散决策下，零售商利他偏好下的产品销售价格高于无利他偏好的情形，这与 Li 等[1]对绿色双渠道供应链的研究结论一致，这种情形下产品的低碳水平对产品需求量影响很大，为了提高低碳产品的市场需求量，制造商会提高产品的碳减排水平。

结论 7.2 不同模式下，制造商的碳减排水平和市场需求量满足：

$$h^{d*} = \frac{h^{c*}}{2}, \quad q^{d*} = \frac{q^{c*}}{2}; \quad h^{c*} > h^{f*} > h^{d*}、q^{c*} > q^{f*} > q^{d*}。$$

由结论 7.2 可看出，联合决策下，碳减排水平和市场需求量均达到最大，而且联合决策下制造商的碳减排水平和市场需求量是无利他偏好的分散决策下的两倍，这说明，相较于分散决策而言，联合决策是更优的决策模式。零售商考虑利他偏好时，随着利他偏好系数的增加，制造商的碳减排水平和市场需求量会增加，说明零售商的利他偏好有利于提高制造商的碳减排水平和产品市场需求量。

同结论 7.1 和结论 7.2 的证明思路，可得结论 7.3 和结论 7.4。

结论 7.3 分散决策模式下，零售商利润和制造商利润分别满足：

（1） $\pi_m^{d*} = \frac{\pi_r^{d*}}{2}$, $w^{f*} > w^{d*}$, $\pi_m^{f*} > \pi_m^{d*}$, $\pi_r^{f*} < \pi_r^{d*}$;

（2） 当 $0 < \theta < \frac{1}{3}$ 时，$\pi_m^{f*} < \pi_r^{f*}$，当 $\frac{1}{3} < \theta < \frac{1}{2}$ 时，$\pi_m^{f*} > \pi_r^{f*}$。

结论 7.3 表明，在无利他偏好的分散决策情形下，制造商利润是零售商利润的一半，但是在零售商利他偏好下，随着利他偏好系数的增加，制造商的利润会随之增加，零售商的利润会随之减少，当利他偏好系数达到一定程度时 $\left(\frac{1}{3} < \theta < \frac{1}{2}\right)$，制造商的利润会超过零售商的利润，作为主导企业的零售商在追逐自身利润最大化的目标下，很难接受"制造商的利润大于自身利润"的情况。因此若没有政策或者其他外界的压力，零售商即使考虑利他偏好，其程度也会比较小 $\left(0 < \theta < \frac{1}{3}\right)$。只有政策的引导或者外部环境的压力，零售商利他偏好程度才可能达到 $\frac{1}{3} <$

① Li B, Zhu M, Jiang Y, et al. Pricing Policies of a Competitive Dual-channel Green Supply Chain. *Journal of Cleaner Production*, Vol. 112, 2016, pp. 2029–2042.

$\theta < \dfrac{1}{2}$。这进一步说明，零售商利他偏好行为，是通过牺牲自身部分利润来维持制造商的利润空间，由此能够增强制造商合作的积极性。

结论7.4 不同决策模式下，低碳供应链的系统利润满足 $\pi^{c*} > \pi^{f*} > \pi^{d*}$。

结论7.4表明，（1）联合决策下，低碳供应链的系统利润达到最大；（2）分散决策下，当零售商的利他偏好程度满足 $0 \leqslant \theta \leqslant \dfrac{1}{2}$ 时，系统利润高于无利他偏好的情形，这与命题7.1的结论是一致的。零售商采取适当程度的利他偏好 $\left(\theta \leqslant \dfrac{1}{2}\right)$，对制造商进行一定程度的让利，通过影响制造商的碳减排水平和产品的销售价格，可以有效提高产品的市场需求量，有利于增加低碳供应链的系统利润和提高运作效率，对促进制造商和零售商的协调运作能够发挥积极作用。

7.4 协调机制的设计

零售商适当程度的利他偏好 $\left(\theta \leqslant \dfrac{1}{2}\right)$ 能够有效提高系统利润和运行效率，有助于系统的协调运行。因此本部分拟将零售商的利他偏好行为和批发价格作为协调变量，设计"利他偏好联合批发价格"契约，实现低碳供应链的协调。

"利他偏好联合批发价格"契约的设计思路是：首先，零售商作为系统主导者，通过调整利他偏好系数 θ 实现联合决策下的碳减排水平和产品销售价格；其次，制造商调整产品的批发价格 w，协调双方的利润，使其在协调契约中利润大于分散决策下的利润。假设协调后，制造商的批发价格调整为 w^{cd}。

结论7.5 在"利他偏好联合批发价格"契约中，若协调参数（θ，w^{cd}）满足 $(\theta, w^{cd}) = \left\{ 0.5, w^{cd} \in \left[\dfrac{k(\alpha - \beta c)}{2k\beta - \lambda^2} + \dfrac{11c}{8} - \dfrac{3\alpha}{8\beta}, \dfrac{k(\alpha - \beta c)}{2k\beta - \lambda^2} - \dfrac{\alpha - 5\beta c}{4\beta} \right] \right\}$，则协调契约可以协调低碳供应链。

由此可见，在"利他偏好联合批发价格"契约中，零售商通过调整利他偏好系数（$\theta=0.5$），即将零售商利润和制造商利润的平均加权作为决策函数，实现了联合决策的产品销售价格和碳减排水平，这符合结论 7.1 和结论 7.2。而且，制造商调整批发价格可以有效分配制造商和零售商的利润，使其契约协调后的利润高于协调之前的利润。

命题 7.4 在"利他偏好联合批发价格"契约中，制造商的批发价格 w^{cd} 与碳减排成本弹性系数 k 负相关，与销售价格的弹性系数 β 负相关，与产品碳减排水平对销量的影响系数 λ 正相关。

命题 7.4 表明，批发价格在协调契约中的大小与 k、β 和 λ 紧密相关。碳减排成本弹性系数 k 越大，制造商付出的成本越高；β 越大，产品的市场需求量受销售价格影响越大，在这两种情况下，一般认为，制造商会制定更高的批发价格保证收益；但是在协调契约中，因为零售商的利他偏好，批发价格反而变小。λ 越大，产品的市场需求量受碳减排水平影响越大，提高碳减排水平有助于提高产品的销售量，此时，提高产品的批发价格可以保证将较多的资金投入用于提高产品的碳减排水平。

7.5 数 值 分 析

7.5.1 比较分析

下面对模型结论采用算例进行分析。考虑一般性产品，假设 $\alpha=100$，$\beta=0.6$，$\lambda=0.3$，$c=3$，令 $k\in[0.09, 0.19]$，$\theta\in[0.1, 0.5]$，在图 7-2 至图 7-7 画出各个决策变量随 k 和 θ 的变化情况。

由图 7-2 至图 7-7 可以看出，联合决策下，制造商的碳减排水平和低碳供应链的系统利润最高，并且当产品参数满足 $k\beta>\lambda^2$ 时，产品的销售价格最低，对消费者最有利。但是当产品参数满足 $k\beta<\lambda^2<2k\beta$ 时，产品的销售价格最高。这是因为在联合决策下，当消费者对产品碳减排水平较为敏感时，为了吸引更多的消费者，制造商和零售商会集中资源提高碳减排水平，这会导致运行成本增加，从而进一步导致产品的销售价格升高。

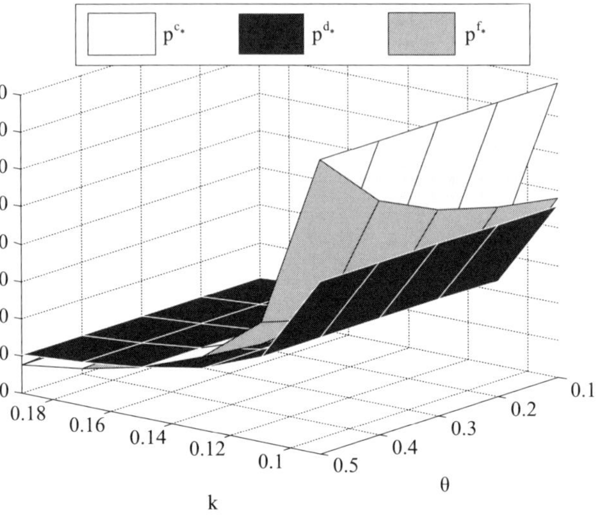

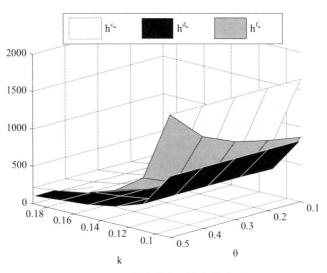

图 7 – 2　产品销售价格的变化曲线

图 7 – 3　碳减排水平的变化曲线

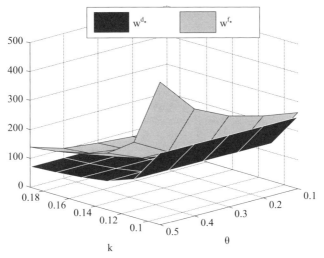

图 7 – 4　批发价格的变化曲线

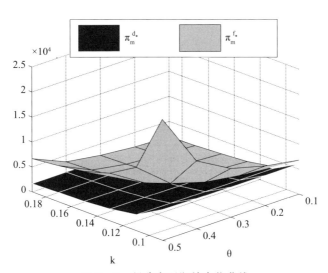

图 7 – 5　制造商利润的变化曲线

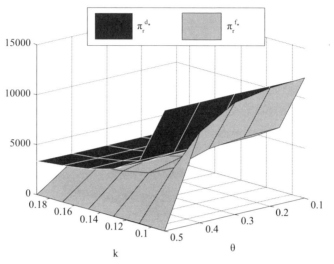

图 7 - 6　零售商利润的变化曲线

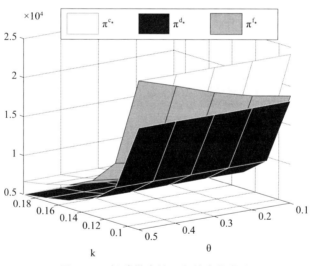

图 7 - 7　低碳供应链利润的变化曲线

　　分散决策下，零售商考虑利他偏好且 $\theta \in (0, 0.5]$ 时，制造商的碳减排水平、产品的批发价格和制造商利润均高于无利他偏好的情形，零售商的利润随着利他偏好系数的增加而减小，但是低碳供应链的利润随之增加。并且当消费者对产品碳减排水平较为敏感时（$k\beta < \lambda^2 < 2k\beta$），产品的销售价格与利他偏好系数正相关，这与联合决策下的结论是一致的。

7.5.2　协调机制分析

为了进一步验证参数变化对协调机制中批发价格协调区间的影响，取 $\alpha = 100$，$c = 3$。令 $k \in [0.3, 0.8]$，$\beta = 0.6$，$\lambda = 0.3$，可以得到碳减排成本弹性系数 k 对批发价格的影响，如图 7-8 所示。令 $\beta \in [0.5, 1]$，$k = 0.5$，$\lambda = 0.3$，可以得到销售价格的弹性系数 β 对批发价格的影响，如图 7-9 所示。令 $\lambda \in [0.1, 0.5]$，$\beta = 0.6$，$k = 0.5$，可以得到产品碳减排水平对销量的影响系数 λ 对批发价格的影响，如图 7-10 所示。图 7-8 至图 7-10 中阴影部分表示批发价格的协调可行区间。

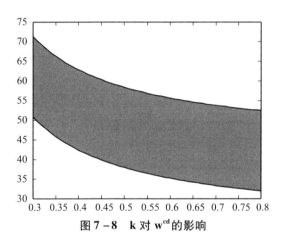

图 7-8　k 对 w^{cd} 的影响

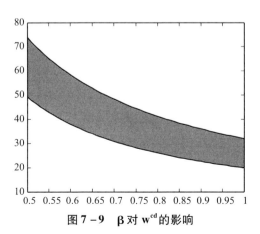

图 7-9　β 对 w^{cd} 的影响

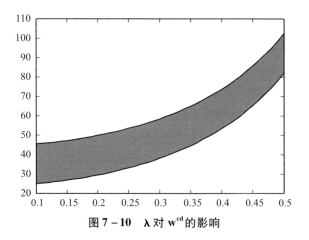

图 7 - 10　λ 对 w^{cd} 的影响

　　从图 7 - 9、图 7 - 10 可以看出，在"利他偏好联合批发价格"契约中，随着 λ 的增加，批发价格逐渐增加，但是批发价格的协调可行区间却减小；随着 β 的增加，不仅批发价格会降低，而且批发价格的协调可行区间也会减小；随着 k 增加，批发价格会逐渐降低，但是批发价格的协调可行区间却会增大。协调可行区间的增大，使得制造商和零售商之间的谈判空间增大，有利于协调契约的实施。因此，"利他偏好联合批发价格"契约比较适合碳减排成本参数 k 较大的产品。对于销售价格弹性系数 β 较大和碳减排水平影响系数 λ 较大的产品，由于协调可行区间的减小，会导致制造商和零售商之间的谈判空间缩小，降低协调机制的可行性。

7.6　模 型 讨 论

　　从零售商主导型低碳供应链中的实际运营来看，制造商负责低碳产品的生产，创新碳减排技术能够大幅度提高碳减排水平，但是需要制造商投入大量的资金研发碳减排技术。并且当低碳产品投入生产时，生产设备购买和维护费用也是制造商需要承担的成本压力，因此零售商主导型低碳供应链的碳减排资金问题亟待解决。但是从现实情况来看，制造商独自承担碳减排的成本，资金压力严重阻碍了低碳供应链的发展。其主要原因如下：

（1）零售商依靠对零售市场的控制，往往将碳减排的任务抛给制造商，认为负责产品生产的制造商同样负责实现碳减排目标的实现，因此零售商并不愿意分担制造商的减排成本，并不会主动考虑制造商的盈利状况。

（2）在零售商主导型低碳供应链中，制造商是实施碳减排的主体，与实力强大的零售商相比，在供应链中处于从属地位，所获利润比较少，对提高碳减排水平造成了一定困难，同时也影响了产品销售，对资金链产生不利影响。

从本章研究内容来看，针对本章提出的协调契约，首先，在理论上，"利他偏好联合批发价格"契约是比较可行的方法，但是在现实中的实施并不顺利。处于主导地位的零售商，在追逐自身利润最大化的同时，不愿考虑利他偏好。即使考虑利他偏好，也会控制在一定范围内 $\left(\text{如命题} 7.2 \text{中的} 0 < \theta < \frac{1}{3}\right)$，很难达到 0.5。其次，在协调契约中，批发价格用来协调双方的利润分配，批发价格的大小取决于双方的谈判实力。在零售商主导的模式下，制造商的实力有限，很难在谈判中获得比价的利润分成，对实施碳减排也造成一定的资金影响。

但是从本章的研究结论来看，零售商让利性质的利他偏好有利于低碳供应链的协调运行。因此，为解决低碳供应链中的碳减排资金问题，实现低碳供应链的长久发展，需要企业的紧密合作和宏观政策的积极引导：

（1）对低碳供应链成员而言。零售商作为系统主导方，应该承担维持供应链协调运作的责任，积极关注上游承担沉重碳减排成本的制造商。另外在低碳供应链中零售商直接面向消费者，还应该注意消费者对低碳产品的偏好，做好营销宣传，鼓励全民参与碳减排，积极推广低碳产品，提升低碳产品的市场份额。负责低碳产品生产的制造商，应该积极探索碳减排新技术，依靠科技进步降低碳减排成本，提高碳减排水平。并且要与零售商协调合作，实现更大的盈利空间和长久发展。

（2）政府对低碳供应链的政策引导必不可少。从环保的角度考虑，推广低碳产品，提高制造商的碳减排水平对环境治理和全球变暖具有积极的重要意义，有利于实现国家碳减排目标。政府一方面要加强对零售市场的引导，从宏观政策层面要求零售商与碳减排制造商进行战略合作，对销售低碳产品的零售商进行奖励，促进零售商实施利他偏好；另一方面政府也要对制造商实施碳减排进行补贴或者给予税收减免等优惠政策，减少制造商的碳减排成本，使得制造商有余力加强对碳减排技术的研发。

7.7　结论与启示

针对零售商主导的二级低碳供应链，同时考虑到零售商为构建公平市场环境而采取利他偏好行为，本章对低碳供应链的决策和协调机制进行了研究。本章构建了三种不同的决策模式：联合决策、无利他偏好的分散决策和考虑零售商利他偏好的分散决策，并对三种模式的最优决策进行比较分析，研究公平关切对低碳供应链决策的影响；在此基础上，进一步提出"利他偏好联合批发价格"契约，实现了供应链协调，最后通过数值分析验证了本章结论。研究表明：

第一，联合决策下，制造商的碳减排水平最高，低碳供应链系统利润最高，随着消费者对低碳产品的关注，低碳产品的销售价格会大幅度提高。

第二，分散决策下，无利他偏好时，零售商利润大于制造商利润，但是当零售商考虑利他偏好时，随着利他偏好程度的增加，制造商的利润会高于零售商的利润；零售商利他偏好下，制造商的碳减排水平、批发价格、制造商利润均高于无利他偏好的情形，零售商利润却会下降。这说明零售商利他偏好行为是通过牺牲部分自身利润，实现公平的市场环境，保障低碳供应链的长期稳定运行的。

第三，"利他偏好联合批发价格"契约可以实现低碳供应链的协调。在"利他偏好联合批发价格"契约中，零售商的利他偏好达到最大程度 $\theta = 0.5$，并且协调契约中批发价格的协调可行区间大小与产品参数密切相关。此契约比较适合碳减排成本弹性系数较大的产品。对于销售价格弹性系数较大和碳减排水平影响系数较大的产品，由于协调可行区间的减小，会降低协调机制的可行性。

以上研究结论带来的管理启示是：

一方面，零售商作为低碳供应链的主导企业，应适当考虑制造商的碳减排成本问题，进行适当的利他偏好，减轻制造商的碳减排压力，提高系统利润，增强与制造商的密切合作，保持供应链系统的稳定运行。

另一方面，对处于从属地位负责生产低碳产品的制造商而言，应当致力于提高产品的碳减排水平，积极研发新技术，降低碳减排成本。这样不仅能提高产品的低碳水平，吸引更多的消费者促进产品销售，而且碳减排成本的降低有利于协调契约的实行，实现自身盈利情况的改善。

此外，由于分散决策存在明显的"双重边际化"效用，导致系统运行效率低，低碳供应链的成员企业应当积极探索实现供应链协调的契约。研究表明，"利他偏好联合批发价格"契约能实现供应链的协调，但是要求零售商达到最大程度的利他偏好，并且制造商能够调整合适的批发价格范围。因此低碳供应链成员应当密切合作、相互配合，促使双方达成"利他偏好联合批发价格"契约，以实现系统的协调运行。

除了本章研究的单一制造商和单一零售商组成的低碳供应链外，实际运营中，低碳供应链的模型结构还包括多个竞争的制造商和单一的零售商、单一的制造商和多个竞争的零售商、多个竞争的制造商和多个竞争的零售商等复杂的模型结构，对这些复杂结构的研究将是我们下一步的研究重点。另外，利他偏好作为一种社会学情感，决策主体可能会掩盖真实的利他偏好程度，即信息不对称的情形更加常见，对这类利他偏好进行探讨，将会使得研究结论更富有现实指导意义。

第8章 政府奖励机制下闭环供应链的利他偏好决策研究

随着电子信息技术的不断发展，计算机、手机、电视等电子产品使用周期越来越短，废弃电器电子设备（Waste Electrical and Electronic Equipment，WEEE）成为发展中国家污染环境最严重的危害之一。《全球电子垃圾监测》报告数据显示，2022 年共有 510 万吨电子垃圾跨境转移。其中，估计有 330 万吨是通过不受控制的途径从高收入国家运往中低收入国家实现跨境转移，占全球电子垃圾跨境流动总量的 65%。[①] WEEE 的回收再制造成为处理电子垃圾污染的首要解决方案，比如，Xerox 公司 1991 年就开始实施回收战略，2006 年成立施乐资源循环工厂，到 2017 年回收产品的再资源化率高达 99.99%[②]，通过循环再制造达到降低企业生产成本、减少能源消耗以及减少污染物排放的效果[③]。但是由于技术、成本及资金的限制，国内现有自发实施闭环供应链的企业较少且实施较为困难，为了激励更多企业积极参与 WEEE 的回收，我们从 2009 年开始陆续出台了以《废弃电器电子产品回收处理管理条例》为核心的一系列激励机制和管理制度。

[①] 贾平凹：《全球电子垃圾激增亟需关注》，清华大学新闻网，https：//www. tsinghua. edu. cn/info/1182/110598. htm，2024 年 4 月 7 日。

[②] 《富士胶片中国及富士胶片商业创新中国 2022 可持续发展报告》，富士康中国官网，https：//www. fujifilm - fb. com. cn/zh - cn/sustainability - report - 2022，2024 年 9 月 12 日。

[③] Giutini R，Gaudette K. Remanufacturing：The Next Great Opportunity for Boosting US Productivity. *Business Horizons*，Vol. 46，No. 6，2003，pp. 41 – 48；Jung K S，Dawande M，Geismar H N，et al. Supply Planning Models for a Remanufacturer under Just-in-time Manufacturing Environment with Reverse Logistics. *Annals of Operations Research*，Vol. 240，2016，pp. 533 – 581；Entezaminia A，Heidari M，Rahmani D. Robust Aggregate Production Planning in a Green Supply Chain under Uncertainty Considering Reverse Logistics：a Case Study. *The International Journal of Advanced Manufacturing Technology*，Vol. 90，2017，pp. 1507 – 1528.

政府参与闭环供应链（CLSC）的研究也受到学术界的关注。目前，关于政府激励闭环供应链的研究多集中在政府奖励机制下闭环供应链的定价和需求预测①、渠道选择②、闭环供应链的契约协调③以及政府的奖励模式④等方面，这些研究从不同角度验证了政府奖励政策对 WEEE 闭环供应链的积极促进作用，但这些研究大多都假设决策者决策时是完全理性的。实际上现实中，参与者在决策时并不是完全理性的，很多情况下，决策者决策时会将自己的情感等"非理性"因素纳入其中。这种不完全理性的决策模式主要有两种：

一种是公平关切的决策模式，一般是作为从属企业由于自身收益低而不满主导企业的利益分配的决策模式。第二种是利他关切性决策模式，一般是作为主导企业主动关注从属企业的收益而对从属企业进行的让利决策模式。大多数研究结论表明：公平关切决策模型，不利于主导企业的发展，也不利于供应链系统的稳定运作。⑤ 因此，在实际中，主导企业会引导从属企业不采用公平关切决策模式，而利他关切性决策模式正是一种有效的引导决策模式。在闭环供应链中，为了稳定系统的运行，激励从属企业配合实施 WEEE 的回收再造活动，主导企业会在决策时对从属企业做出一定的利他行为，即在决策时，采取利他关切行为。

263

①　Atasu A, Özdemir Ö, Van Wassenhove L N. Stakeholder Perspectives on E – waste Takeback Legislation. *Production and Operations Management*, Vol. 22, No. 2, 2013, pp. 382 – 396.

②　Liu H, Lei M, Deng H, et al. A Dual Channel, Quality-based Price Competition Model for the WEEE Recycling Market with Government Subsidy. *Omega*, Vol. 59, 2016, pp. 290 – 302.

③　曹柬、胡丽玲、姚清钦、周根贵：《基于激励理论的政府与逆向供应链系统协调机制》，载于《系统工程学报》2015 年第 30 期。

④　Tian Y, Govindan K, Zhu Q. A System Dynamics Model Based on Evolutionary Game Theory for Green Supply Chain Management Diffusion among Chinese Manufacturers. *Journal of Cleaner Production*, Vol. 80, 2014, pp. 96 – 105; Shu T, Peng Z, Chen S, et al. Government Subsidy for Remanufacturing or Carbon Tax Rebate: Which is Better for Firms and a Low-carbon Economy. *Sustainability*, Vol. 9, No. 1, 2017, P. 156.

⑤　Wang Y, Yu Z, Shen L. Study on the Decision-making and Coordination of an E – commerce Supply Chain with Manufacturer Fairness Concerns. *International Journal of Production Research*, Vol. 57, No. 9, 2019, pp. 2788 – 2808; Pan K, Cui Z, Xing A, et al. Impact of Fairness Concern on Retailer-dominated Supply Chain. *Computers & Industrial Engineering*, Vol. 139, 2020, P. 106209；马德青、胡劲松：《具公平行为的零售商回收闭环供应链动态均衡策略研究》，载于《中国管理科学》2019 年第 27 期。

目前学术界对利他关切行为的研究主要集中在行为经济学和实验经济学中，但这些研究主要是针对制造商和零售商之间的利他行为，目前的研究还鲜有涉及对回收商的利他行为，也很少考虑主导者对其他供应链成员共同实施的双向利他关切，而且鲜有研究对政府规制下闭环供应链中的利他关切行为进行探讨。

鉴于此，本章在政府奖励机制下，探究当制造商具有利他关切行为时，闭环供应链的决策和协调问题。本章研究与之前研究的明显区别有以下几点：首先，考虑制造商的利他关切行为构建了效用决策函数，而不是从传统的完全理性角度建立决策函数，这种考虑参与者公平意愿的设定更贴近现实；其次，由于 WEEE 的回收具有增加社会福利、社会公益的作用，因此引入政府参与和指导闭环供应链的运行过程，研究了政府的决策目标；此外，设计了"数量折扣联合固定费用——成本共担"契约来实现闭环供应链的协调。

8.1　模型说明与假设

模型考虑由单一制造商、单一零售商和单一回收商构成的闭环供应链。在政府奖励机制下，模型结构如图 8 - 1 所示。制造商以批发价（w）向零售商销售新产品和再造品，接着零售商按零售价（p）将产品销售给消费者，回收商从消费者手里回收 WEEE（回收率为 τ）并将回收的废旧产品以回收价（b）出售给制造商进行再制造，形成闭环供应链。再制造作为一种生产战略就是要充分发挥 WEEE 的剩余价值，包括提取内部的重金属、零件再利用等，为了提高 WEEE 的回收率，政府会采用一定的奖励机制，制定合适的奖励强度（h）和目标回收率（τ_0）来设计奖励，以此来鼓励制造商和回收商积极回收 WEEE，当实际回收率高于设定目标值（τ_0），政府就会给予制造商奖励。

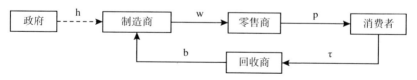

图 8 - 1　政府奖励机制下的闭环供应链

模型假设如下：

（1）假设所有回收的 WEEE 都能够进行再制造和再销售，并且再造品不足以满足所有需求，因此制造商还需要生产一些新产品。[①]

（2）假设新产品和再造品无差异，并且以相同的价格在同一市场上一起销售。

（3）假设生产新产品的单位成本高于使用 WEEE 再制造的成本，即 $c_n > c_u$。为了方便起见，参考 Kumar 和 Sarmah[②] 的文献，定义成本差异 $\Delta = c_n - c_u$，并且假设 $\Delta \geqslant b$，说明再制造是有成本优势的。

（4）借鉴现有文献[③]的假设，假设制造商是闭环供应链的领导者，对零售商和第三方回收者具有足够的渠道权力。

模型符号说明如下：

c_n：使用新部件的生产成本。

c_u：制造企业使用 WEEE 组件的生产成本。

$C(\tau)$：回收商的回收成本；采用已有文献[④]的假设形式，假设 $C(\tau) = \dfrac{k\tau^2}{2}$，其中，k 为回收难度系数。

b：WEEE 的回购价格。

τ_0：政府规定的目标回收率。

h（h > 0）：对超过政府设定目标回收率（τ_0）设定的奖励强度；参考已有文献[⑤]的假设，设定奖励强度为 h 时，政府所付出的激励成本为

265

① Shi J, Zhang G, Sha J. Optimal Production Planning for a Multi-product Closed Loop Ssystem with Uncertain Demand and Return. *Computers & Operations Research*, Vol. 38, No. 3, 2011, pp. 641 – 650.

② Jena S K, Sarmah S P. Price Competition and Co – Operation in a Duopoly Closed-loop Supply Chain. *International Journal of Production Economics*, Vol. 156, 2014, pp. 346 – 360.

③ Xie G. Modeling Decision Processes of a Green Supply Chain with Regulation on Energy Saving Level. *Computers & Operations Research*, Vol. 54, 2015, pp. 266 – 273; Tao Z G, Guang Z Y, Hao S, et al. Multi-period Closed-loop Supply Chain Network Equilibrium with Carbon Emission Constraints. *Resources, Conservation and Recycling*, Vol. 104, 2015, pp. 354 – 365; 王文宾、周维明、张梦、林欣怡：《考虑政府引导制造商节能的闭环供应链决策模型研究》，载于《中国管理科学》2018 年第 26 期。

④ Wei J, Zhao J. Pricing and Remanufacturing Decisions in Two Competing Supply Chains. *International Journal of Production Research*, Vol. 53, No. 1, 2015, pp. 258 – 278.

⑤ 王文宾、张雨、范玲玲、何凌云、达庆利：《不同政府决策目标下逆向供应链的奖惩机制研究》，载于《中国管理科学》2015 年第 23 期。

$C(h) = \dfrac{lh^2}{2}$，其中 l 为政府实施奖励机制的成本系数。

q：产品的市场需求；参考已有文献[①]，假设零售商面临的线性需求函数为 $q = a - \beta p$，$a, \beta > 0$，$a > \beta c_n$。其中，a 表示市场规模，β 代表价格弹性系数。

w：产品批发价格，制造商的决策变量。

p：产品零售价格，零售商的决策变量。

$\tau(\tau \in [0, 1])$：回收率，回收商的决策变量，其为回收 WEEE 的比率，当 $\tau = 1$ 时，制造商在生产中只使用回收的组件；当 $\tau = 0$ 时，制造商在生产中只使用新部件。

π_m：制造商的利润。

π_r：零售商的利润。

π_c：回收商的利润。

π：CLSC 系统的利润 $\pi = \pi_m + \pi_r + \pi_c$。

在政府奖励机制下，制造商的利润为：

$$\pi_m = (w - c_n)(1 - \tau)q + (w - c_u - b)\tau q + h[\tau - \tau_0]^+$$
$$= (w - c_n + \Delta\tau - b\tau)(a - \beta p) + h[\tau - \tau_0]^+ \tag{8.1}$$

零售商的利润为：

$$\pi_r = (p - w)q = (p - w)(a - \beta p) \tag{8.2}$$

第三方回收商的利润是：

$$\pi_c = b\tau q - C(\tau) = b\tau(a - \beta p) - \frac{k\tau^2}{2} \tag{8.3}$$

8.2 模型构建与求解

下面对政府奖励机制下，无利他偏好性的分散决策模型、利他偏好性的分散决策模型以及集中决策模型进行分析。为保证所求解有意义，假设参数满足 $2k + b\beta(b - \Delta) > 0$，$ak + bh\beta - k\beta c_n \geqslant 0$，$2k > \beta\Delta^2$。

---

① Tsay, A. A. and Agrawal, N. Channel Dynamics under Price and Service Competition. *Manufacturing & Service Operations Management*, Vol. 2, No. 4, 2000, pp. 372 – 391.

8.2.1 政府奖励机制下不考虑利他关切行为的分散决策模型

8.2.1.1 闭环供应链成员的决策

当制造商不考虑利他关切行为时，制造商、零售商和回收商在决策时是理性的，在分散决策下，他们均以实现自身收益最大化为目标进行决策，制造商和零售商、制造商和回收商分别构成制造商为主的 Stackelberg 博弈关系。闭环供应链成员的决策如下：首先制造商考虑政府规定的奖励机制，决定批发价格 w；接着，零售商根据制造商的定价策略确定零售价格 p，第三方回收商根据制造商的决策确定其回收率 τ。

制造商的决策目标是最大化其利润：

$$\max_{w} \pi_m = \begin{cases} (w - c_n + \Delta\tau - b\tau)(a - \beta p) + h(\tau - \tau_0) & \text{s. t.} \quad \tau > \tau_0 \\ (w - c_n + \Delta\tau - b\tau)(a - \beta p) & \text{s. t.} \quad \tau \leqslant \tau_0 \end{cases}$$

(8.4)

跟随制造商，零售商的决策函数是：

$$\max_{p} \pi_r = (p - w)(a - \beta p)$$

(8.5)

第三方回收商的决策函数为：

$$\max_{\tau} \pi_c = b\tau(a - \beta p) - \frac{k\tau^2}{2}$$

(8.6)

博弈模型通过反向归纳法求解，可得最优决策如下。

制造商的批发价格为：

$$w_1^* = \begin{cases} \dfrac{ak + ab\beta(b - \Delta) - bh\beta + k\beta c_n}{\beta[2k + b\beta(b - \Delta)]} & \tau > \tau_0 \\[3mm] \dfrac{ak + ab\beta(b - \Delta) + k\beta c_n}{\beta[2k + b\beta(b - \Delta)]} & \tau \leqslant \tau_0 \end{cases}$$

零售商的零售价格为：

$$p_1^* = \begin{cases} \dfrac{3ak + 2ab\beta(b - \Delta) - bh\beta + k\beta c_n}{2\beta[2k + b\beta(b - \Delta)]} & \tau > \tau_0 \\[3mm] \dfrac{3ak + 2ab\beta(b - \Delta) + k\beta c_n}{2\beta[2k + b\beta(b - \Delta)]} & \tau \leqslant \tau_0 \end{cases}$$

再造商的回收率为：

267

$$\tau_1^* = \begin{cases} \dfrac{b(ak + bh\beta - k\beta c_n)}{2k[2k + b\beta(b - \Delta)]} & \tau > \tau_0 \\[4mm] \dfrac{b(a - \beta c_n)}{4k + 2b\beta(b - \Delta)} & \tau \leqslant \tau_0 \end{cases}$$

制造商的利润为:

$$\pi_{m1}^* = \begin{cases} \dfrac{hb(ak + bh\beta - k\beta c_n)}{2[2k + b\beta(b - \Delta)]^2} + \dfrac{(ak + bh\beta - k\beta c_n)^2}{4k\beta[2k + b\beta(b - \Delta)]} - \tau_0 h & \tau > \tau_0 \\[4mm] \dfrac{k(a - \beta c_n)^2}{4\beta[2k + b\beta(b - \Delta)]} & \tau \leqslant \tau_0 \end{cases}$$

零售商的利润为:

$$\pi_{r1}^* = \begin{cases} \dfrac{(ak + bh\beta - k\beta c_n)^2}{4\beta[2k + b\beta(b - \Delta)]^2} & \tau > \tau_0 \\[4mm] \dfrac{k^2(a - \beta c_n)^2}{4\beta[2k + b\beta(b - \Delta)]^2} & \tau \leqslant \tau_0 \end{cases}$$

回收商的利润为:

$$\pi_{c1}^* = \begin{cases} \dfrac{b^2(ak + bh\beta - k\beta c_n)^2}{8k[2k + b\beta(b - \Delta)]^2} & \tau > \tau_0 \\[4mm] \dfrac{b^2 k(a - \beta c_n)^2}{8[2k + b\beta(b - \Delta)]^2} & \tau \leqslant \tau_0 \end{cases}$$

CLSC 系统的利润为:

$$\pi^* = \pi_{m1}^* + \pi_{r1}^* + \pi_{c1}^*$$

证明:由逆向归纳法可知:$\dfrac{\partial^2 \pi_r}{\partial p^2} = -2\beta < 0$,$\dfrac{\partial^2 \pi_c}{\partial \tau^2} = -k < 0$,则 π_r 是关于 p 的严格凸函数,π_c 是关于 τ 的严格凸函数,联立方程 $\dfrac{\partial \pi_r}{\partial p} = 0$,$\dfrac{\partial \pi_c}{\partial \tau} = 0$ 得到零售价格和回收率的反应函数为:

$$p = \frac{a + w\beta}{2\beta} \tag{8.7}$$

$$\tau = \frac{b(a - w\beta)}{2k} \tag{8.8}$$

(1)当 $\tau > \tau_0$ 时,将式(8.7)、式(8.8)代入式(8.4)中,令 $\dfrac{\partial \pi_m}{\partial w} = 0$,可得制造商的批发价格为:

$$w_1^{e*} = \frac{ak + ab\beta(b-\Delta) - bh\beta + k\beta c_n}{\beta[2k + b\beta(b-\Delta)]} \quad (8.9)$$

将式 (8.9) 分别代回式 (8.7)、式 (8.8) 可得：

零售商零售价格是：

$$p_1^{e*} = \frac{3ak + 2ab\beta(b-\Delta) - bh\beta + k\beta c_n}{2\beta[2k + b\beta(b-\Delta)]} \quad (8.10)$$

再造商回收率为：

$$\tau_1^{e*} = \frac{b(ak + bh\beta - k\beta c_n)}{2k[2k + b\beta(b-\Delta)]} \quad (8.11)$$

将式 (8.9)、式 (8.10)、式 (8.11) 代入供应链成员的利润函数中，得到制造商的利润、零售商利润、再造商利润分别为：

$$\pi_{m1}^{e*} = \frac{hb(ak + bh\beta - k\beta c_n)}{2[2k + b\beta(b-\Delta)]^2} + \frac{(ak + bh\beta - k\beta c_n)^2}{4k\beta[2k + b\beta(b-\Delta)]} - \tau_0 h \quad (8.12)$$

$$\pi_{r1}^{e*} = \frac{(ak + bh\beta - k\beta c_n)^2}{4\beta[2k + b\beta(b-\Delta)]^2} \quad (8.13)$$

$$\pi_{c1}^{e*} = \frac{b^2(ak + bh\beta - k\beta c_n)^2}{8k[2k + b\beta(b-\Delta)]^2} \quad (8.14)$$

(2) 当 $\tau \leqslant \tau_0$ 时，将式 (8.7)、式 (8.8) 代入式 (8.12) 中，令 $\frac{\partial \pi_m}{\partial w} = 0$，可得制造商的批发价格为：

$$w_1^{n*} = \frac{ak + ab\beta(b-\Delta) + k\beta c_n}{\beta[2k + b\beta(b-\Delta)]} \quad (8.15)$$

将式 (8.15) 代回式 (8.7)、式 (8.8) 可得：

零售商零售价格是：

$$p_1^{n*} = \frac{3ak + 2ab\beta(b-\Delta) + k\beta c_n}{2\beta[2k + b\beta(b-\Delta)]} \quad (8.16)$$

再造商回收率为：

$$\tau_1^{n*} = \frac{b(a - \beta c_n)}{4k + 2b\beta(b-\Delta)} \quad (8.17)$$

制造商的利润、零售商利润、再造商利润分别为：

$$\pi_{m1}^{n*} = \frac{k(a - \beta c_n)^2}{4\beta[2k + b\beta(b-\Delta)]}, \quad \pi_{r1}^{n*} = \frac{k^2(a - \beta c_n)^2}{4\beta[2k + b\beta(b-\Delta)]^2},$$

$$\pi_{c1}^{n*} = \frac{b^2 k(a - \beta c_n)^2}{8[2k + b\beta(b-\Delta)]^2} \quad (8.18)$$

命题 8.1 w_1^{e*}、p_1^{e*} 关于 h 成反比；τ_1^{e*} 关于 h 成正比；

当 $0 < h \leqslant \dfrac{k\{2\tau_0[2k + b\beta(b - \Delta)] - b(a - \beta c_n)\}}{b^2\beta}$ 时，π_{m1}^{e*} 随 h 的增大而减小；

当 $h > \dfrac{k\{2\tau_0[2k + b\beta(b - \Delta)] - b(a - \beta c_n)\}}{b^2\beta}$ 时，π_{m1}^{e*} 随 h 的增大而增大；

π_{r1}^{e*}、π_{c1}^{e*} 关于 h 正相关。

证明：$\dfrac{\partial w_1^*}{\partial h} = -\dfrac{b}{2k + b\beta(b - \Delta)} < 0$；$\dfrac{\partial p_1^*}{\partial h} = -\dfrac{b}{2[2k + b\beta(b - \Delta)]} < 0$；

$\dfrac{\partial \tau_1^*}{\partial h} = \dfrac{b^2\beta}{2k[2k + b\beta(b - \Delta)]} > 0$；$\dfrac{\partial^2 \pi_{m1}^*}{\partial h^2} = \dfrac{b^2\beta}{2k[2k + b\beta(b - \Delta)]} > 0$，

故 π_{m1}^* 是关于奖励强度的凹函数，当 $\tau_0 \leqslant \dfrac{b(ak + bh\beta - k\beta c_n)}{2k[2k + b\beta(b - \Delta)]}$ 时，$\dfrac{\partial \pi_{m1}^*}{\partial h} \geqslant$

0；$\dfrac{\partial \pi_{r1}^*}{\partial h} > 0$；$\dfrac{\partial \pi_{c1}^*}{\partial h} > 0$。

由命题 8.1 可知，当实际回收率大于政府规定的目标回收率时，决策变量与政府奖励强度有关：制造商批发价格、零售商销售价格均随着政府奖励强度的增强而减小。从成本角度来说，当实际回收率大于政府目标回收率时，政府的奖励机制相当于降低再造品的生产成本，能够增强再造品的竞争优势，使得制造商有回收再造的动力，进而降低批发价格占据更大的市场份额。回收率随着奖励强度的增强而增加，说明奖励机制能有效提高 WEEE 的回收率，有利于环境效益最大化。为改善我国人均资源水平低的现状，政府会主动加大奖励强度来激励产品回收再造。但是通过模型的求解结果可看出，虽然零售商利润、回收商利润与奖励强度正相关，但是制造商的利润随着奖励强度的增强而减小，

当奖励强度 $h > \dfrac{k\{2\tau_0[2k + b\beta(b - \Delta)] - b(a - \beta c_n)\}}{b^2\beta}$ 时，制造商的回收

再造行为才有利于增加自身收益，这说明政府的奖励强度必须达到一定标准时，才能有效激励制造商的回收再造行为。

8.2.1.2　政府的决策

政府奖励的目的是提高 WEEE 的回收率，此时，我们考虑政府的

决策函数为 $\max\limits_{h}\pi_G = \tau_1^{e^*} - C(h)$，即为：

$$\max\limits_{h}\pi_G = \frac{b(ak + bh\beta - k\beta c_n)}{2k[2k + b\beta(b - \Delta)]} - \frac{lh^2}{2} \quad (8.19)$$

由于 $\frac{\partial^2\pi_G}{\partial h^2} = -1 < 0$，故而 π_G 是关于奖励强度 h 的严格凸函数，可求政府的最优奖励强度为：

$$h_2^* = \frac{b^2\beta}{2k[2k + b\beta(b - \Delta)]} \quad (8.20)$$

在此最优奖励强度下，各决策变量的最优值如下：

制造商的批发价格为：

$$w_2^* = \frac{ak + ab\beta(b - \Delta) + k\beta c_n}{\beta[2k + b\beta(b - \Delta)]} - \frac{b^3\beta}{2kl[2k + b\beta(b - \Delta)]^2}$$

零售商的零售价格为：

$$p_2^* = \frac{3ak + 2ab\beta(b - \Delta) + k\beta c_n}{2\beta[2k + b\beta(b - \Delta)]} - \frac{b^3\beta}{4kl[2k + b\beta(b - \Delta)]^2}$$

回收商的回收率为：

$$\tau_2^* = \frac{b(a - \beta c_n)}{2[2k + b\beta(b - \Delta)]} + \frac{b^4\beta^2}{4k^2[2k + b\beta(b - \Delta)]^2}$$

制造商的利润、零售商利润、回收商利润分别为：

$$\pi_{m2}^* = \frac{k(a - \beta c_n)^2}{4\beta[2k + b\beta(b - \Delta)]} + \frac{b^3\beta(2ak + bh\beta - 2kc_n)}{8k^2l[2k + b\beta(b - \Delta)]^2} - \tau_0 h$$

$$\pi_{r2}^* = \frac{\{b^3\beta^2 + 2k^2l(a - \beta c_n)[2k + b\beta(b - \Delta)]\}^2}{16k^2l^2\beta[2k + b\beta(b - \Delta)]^4}$$

$$\pi_{c2}^* = \frac{b^2\{b^3\beta^2 + 2k^2l(a - \beta c_n)[2k + b\beta(b - \Delta)]\}^2}{32k^3l^2[2k + b\beta(b - \Delta)]^4}$$

命题 8.2 在政府奖励强度的可行域内，存在最优奖励强度 h_2^* 使得政府决策达到最优，即回收率达到最高，且激励有效。

证明：$\pi_{m2}^* - \pi_{m1}^{n^*} = \frac{b^3\beta(2ak + bh\beta - 2k\beta c_n)}{8k^2l[2k + b\beta(b - \Delta)]^2} - \tau_0 h > 0$，同理可证：$\pi_{r2}^* - \pi_{r1}^{n^*} > 0$，$\pi_{c2}^* - \pi_{c1}^{n^*} > 0$。

当 $h_2^* = \frac{b^2\beta}{2k[2k + b\beta(b - \Delta)]}$ 时，此时的激励机制是有效的，能够保证社会总福利高于无政府奖励情形下，利用最少的资源获得更高的经济效益和环境效益，减少环境污染。此时，政府设置的奖励强度使新产品和再造品的批发价格及零售价格都低于无政府奖励时的价格，且闭环供应链中各个成员的利润都高于无奖励时的利润，进一步说明政府决策的最优奖励强度是有效的。

命题 8.3　h_2^* 关于 b、β 成正相关。

证明思路同命题 8.1。

命题 8.3 表明：

（1）随着废旧产品回购价格 b 的增加，政府设置的奖励强度提高。这是因为 WEEE 回购价格越高，制造商再制造节省的成本越低，回收再造的成本优势并不突出，导致企业缺乏回收再造的积极性，所以政府会加大奖励强度激发制造商再制造的积极性。

（2）WEEE 在市场上的零售价格对销量的影响系数 β 越大，奖励强度就越大，价格敏感系数的增大使得消费者对产品价格更为敏感，轻微的价格变动率就能导致销量发生较大变化。结合命题 8.1 中销售价格与奖励强度成反比可知，为了扩大销量，价格敏感系数的增加必然会引起政府奖励强度的提高，故两者正相关。因此，政府在进行回收奖励时要考虑不同产品价格对销量的影响程度，设置合理高效的奖励机制，不能采用"一刀切"的方法。

以上分析说明，政府最优奖励强度的设置是一个动态过程，要随着实际的变化做出改变。目前我国政府也会根据 WEEE 回收成本的变化，结合有关企业和行业给出意见，对基金补贴标准实时做出调整。2009年国务院发布的通知中，安排 20 亿元资金补贴家电"以旧换再"，仅对家电拆解处理商给予回收运费补贴。[①] 2012 年发布的《废弃电器电子产品处理基金征收使用管理办法》按照实际完成拆解处理的数量给予定额补贴。[②] 2016 年国务院通过的《生产者责任延伸制度推行方案》对电器电子产品制造商做了进一步要求和指引。[③] 2021 年国务院出台关于调

① 《国务院办公厅关于转发发展改革委等部门促进扩大内需鼓励汽车家电以旧换新实施方案的通知》，中国政府网，http://www.gov.cn/zhengce/content/2009 – 06/03/content_4903. htm，2009 年 6 月 3 日。

② 财政部：《关于印发废弃电器电子产品处理基金征收使用管理办法的通知》，中国政府网，http://www.gov.cn/gzdt/2012 – 05/30/content_2149195. htm，2012 年 5 月 30 日。

③ 《国务院办公厅关于印发生产者责任延伸制度推行方案的通知》，中国政府网，http://www.gov.cn/zhengce/content/2017 – 01/03/content_5156043. htm，2017 年 1 月 3 日。

整废弃电器电子产品处理基金补贴标准的通知，这使得使政府奖励更加标准规范。① 2022 年国务院办公厅发布关于深化电子电器行业管理制度改革的意见促进电子电器行业的进一步发展。② 这进一步阐明，本部分研究设置的政府奖励机制是随着再制造技术水平、消费者偏好以及社会的可持续发展意识的变化而逐步做出调整的，政府奖励的方式方法也在不断调整变化，从而达到最优的激励机制。

8.2.2　政府奖励机制下的利他关切性决策模型

在闭环供应链中，制造商是主导企业和政府奖励机制的主要作用主体，政府希望通过影响制造商的决策来促进闭环供应链企业积极参与WEEE 的再循环。然而，在实践中，零售商和回收商并没有完全按照政府的意愿参与回收活动。例如，2010 年湖南家电销售行业的违规套利行为，在消费者提供旧家电的基础上，一些家电销售商还收取消费者100 元服务费才能让消费者同样享受"以旧换新"400 元补贴的政策，这样一来，就会出现家电零售商违规收取顾客旧机款、与拆解企业合作直接购买废旧机等问题。家电企业利用国家补贴黑洞，自己消化完成回收和销售过程，据报道通过违规操作套取国家补贴普遍存在。③

出现以上问题的主要原因如下：在政府奖励机制模式下，制造商显然是政策奖励的最大受益者，零售商和第三方回收商的利润只能通过制造商的决策间接转移，所以收益相对较小。这会导致零售商和回收商对制造商的不满，在这种情况下，零售商和回收商可能会做出并不完全理性的决策来表达对制造商的不满，甚至采取极端行为来表达不满。例如，在苹果与一些回收商的合作中，由于苹果强制所有的回收商销毁回收的产品，使第三方回收商对此感到不满，认为苹果的政策限制了他们的商业机会，并且阻碍了对仍可使用的部件进行修复和

---

① 财政部：《关于调整废弃电器电子产品处理基金补贴标准的通知》，中国政府网，https：//www. gov. cn/zhengce/zhengceku/2021 – 03/23/content_5595129. htm，2021 年 3 月 22 日。

② 《国务院办公厅关于深化电子电器行业管理制度改革的意见》，中国政府网，https：//www. gov. cn/zhengce/content/2022 – 09/23/content_5711385. htm，2022 年 9 月 23 日。

③ 傅天明：《家电以旧换新造假骗补普遍存在》，中国法院网，https：//www. chinacourt. org/article/detail/2010/11/id/437269. shtml，2010 年 11 月 29 日。

转售的机会。[1]

显然，这种从属企业对主导企业的不满不利于闭环供应链系统的稳定运行。为了避免从属企业的不满，迎合政府奖励机制的要求，提高WEEE 的回收率，从而获得更大的利润，制造商在决策时不得不考虑零售商和回收商的收入，并对从属企业做出适当的利他性关切，这种关切可以调动从属企业参与 WEEE 回收的积极性。根据 Loch 和 Wu[2] 提出的利他性关切函数的定义，假设制造商对零售商的利他性关切程度是 θ_1，对第三方回收商的利他性关切是 θ_2，$0 \leqslant \theta_1$，$\theta_2 \leqslant 1$。定义制造商的利他关切性效用函数为：

$$U_m = \pi_m + \theta_1 \pi_r + \theta_2 \pi_c \tag{8.21}$$

其中，$\theta_i (i = 1, 2)$ 值越高，制造商的关注程度越高。若 $\theta_1 < \theta_2$ 表示制造商更关心回收商，$\theta_1 > \theta_2$ 则表示制造商更关心零售商。此时，制造商的决策函数是他的效用函数。

8.2.2.1　闭环供应链成员的决策

当制造商考虑利他关切行为时，通过逆向归纳法求解模型，最优决策如下。

制造商批发价格为：

$$w_3^* = \begin{cases} \dfrac{a}{\beta} - \dfrac{2(ak + bh\beta - k\beta c_n)}{\beta\{2[2k + b\beta(b - \Delta)] - (2k\theta_1 + b^2\beta\theta_2)\}} & \tau > \tau_0 \\[4mm] \dfrac{a}{\beta} - \dfrac{2k(a - \beta c_n)}{\beta\{2[2k + b\beta(b - \Delta)] - (2k\theta_1 + b^2\beta\theta_2)\}} & \tau \leqslant \tau_0 \end{cases}$$

零售商零售价格为：

$$p_3^* = \begin{cases} \dfrac{a}{\beta} - \dfrac{(ak + bh\beta - k\beta c_n)}{\beta\{2[2k + b\beta(b - \Delta)] - (2k\theta_1 + b^2\beta\theta_2)\}} & \tau > \tau_0 \\[4mm] \dfrac{a}{\beta} - \dfrac{k(a - \beta c_n)}{\beta\{2[2k + b\beta(b - \Delta)] - (2k\theta_1 + b^2\beta\theta_2)\}} & \tau \leqslant \tau_0 \end{cases}$$

回收商回收率为：

①　Jason Koebler. Apple Forces Recyclers to Shred All iPhones and MacBooks. 2017 – 04 – 20，https：//www. vice. com/en/article/apple – recycling – iphones – macbooks/.

②　Loch，C. H. and Wu，Y. Social Preferences and Supply Chain Performance：An Experimental Study. *Management Science*，Vol. 54，No. 11，2008，pp. 1835 – 1849.

$$\tau_3^* = \begin{cases} \dfrac{b(ak + bh\beta - k\beta c_n)}{k\{2[2k + b\beta(b - \Delta)] - (2k\theta_1 + b^2\beta\theta_2)\}} & \tau > \tau_0 \\[3mm] \dfrac{b(a - \beta c_n)}{2[2k + b\beta(b - \Delta)] - (2k\theta_1 + b^2\beta\theta_2)} & \tau \leq \tau_0 \end{cases}$$

制造商利润为：

$$\pi_{m3}^{e*} = \begin{cases} \dfrac{(ak + bh\beta - k\beta c_n)[k(a - \beta c_n) + bh\beta]}{k\beta\{2[2k + b\beta(b - \Delta)] - (2k\theta_1 + b^2\beta\theta_2)\}} - \tau_0 h \\[3mm] \quad - \dfrac{(ak + bh\beta - k\beta c_n)(2k + b^2\beta - b\beta\Delta)}{k\beta\{2[2k + b\beta(b - \Delta)] - (2k\theta_1 + b^2\beta\theta_2)\}^2} & \tau > \tau_0 \\[3mm] \dfrac{k(a - \beta c_n)^2\{[2k + b\beta(b - \Delta)] - (2k\theta_1 + b^2\beta\theta_2)\}}{\beta\{2[2k + b\beta(b - \Delta)] - (2k\theta_1 + b^2\beta\theta_2)\}^2} & \tau \leq \tau_0 \end{cases}$$

零售商利润为：

$$\pi_{r3}^* = \begin{cases} \dfrac{(ak + bh\beta - k\beta c_n)^2}{\beta\{2[2k + b\beta(b - \Delta)] - (2k\theta_1 + b^2\beta\theta_2)\}^2} & \tau > \tau_0 \\[3mm] \dfrac{(ak - k\beta c_n)^2}{\beta\{2[2k + b\beta(b - \Delta)] - (2k\theta_1 + b^2\beta\theta_2)\}^2} & \tau \leq \tau_0 \end{cases}$$

回收商利润为：

$$\pi_{c3}^* = \begin{cases} \dfrac{b^2(ak + bh\beta - k\beta c_n)^2}{2k\{2[2k + b\beta(b - \Delta)] - (2k\theta_1 + b^2\beta\theta_2)\}^2} & \tau > \tau_0 \\[3mm] \dfrac{b^2 k(a - \beta c_n)^2}{2\{2[2k + b\beta(b - \Delta)] - (2k\theta_1 + b^2\beta\theta_2)\}^2} & \tau \leq \tau_0 \end{cases}$$

制造商效用为：

$$U_{m3}^* = \pi_{m3}^* + \theta_1\pi_{r3}^* + \theta_2\pi_{c3}^*$$

命题 8.4　（1）制造商的利他关切程度是有限的，对零售商和回收商的利他关切程度满足 $2k\theta_1 + b^2\beta\theta_2 \leq 2[2k + b\beta(b - \Delta)] - \dfrac{b(ak + bh\beta - k\beta c_n)}{k}$。

（2）w_3^*、p_3^* 与 $\theta_i(i = 1, 2)$ 成反比，τ_3^* 与 $\theta_i(i = 1, 2)$ 成正比，π_{m3}^* 随着 $\theta_i(i = 1, 2)$ 的增大而减小，π_{r3}^*、π_{c3}^* 随着 $\theta_i(i = 1, 2)$ 的增大而增大。

证明： 由 $\tau \in [0, 1]$ 可知 $\tau_3^{e*} = \dfrac{b(ak + bh\beta - k\beta c_n)}{k\{2[2k + b\beta(b - \Delta)] - (2k\theta_1 + b^2\beta\theta_2)\}}$

是属于 $[0, 1]$ 之间的函数，此时 $\tau_3^{e*} \geq 0$，只需要 $\tau_3^{e*} \leq 1$，得出 $2k\theta_1 + b^2\beta\theta_2 \leq 2[2k + b\beta(b - \Delta)] - \dfrac{b(ak + bh\beta - k\beta c_n)}{k}$。

命题 8.4 表明在其他因素不变的情况下，随着制造商利他关切程度 $\theta_i(i = 1, 2)$ 的增加，新产品及再造品的批发价格和零售价格降低，WEEE 的回收率提高，零售商和回收商的利润均增加，但是制造商自身的利润降低。这说明，制造商的利他关切行为增加了消费者剩余，增加了从属企业的收益，有助于闭环供应链系统的稳定运行，有益于社会自然环境的优化。随着制造商利他程度的提高，说明制造商更多地将零售商、回收商利润纳入自己的决策中，这样，制造商就会降低批发价格，零售商也可以从制造商处获取一部分政府奖励。批发价格的降低缩减了零售商的成本，零售商进而会降低产品的零售价格，吸引那些对产品价格敏感的消费者，扩大了再造品的市场需求，回收率进一步提高。2022年，海尔联合五星电器零售商推出超级品牌节，为消费者提供三重补贴：换新补贴、银行支付补贴、政府消费补贴，吸引了一大批消费者。海尔集团为了增加家电产品销量，利他零售商和消费者的做法效果显著。①

制造商的利他行为虽然不利于自身利润的增加，但提高了零售商、回收商以及系统整体的利润，这是因为制造商为了降低闭环供应链崩塌的风险，维持与零售商和回收商的长期合作，会在考虑自身利润的同时关注从属企业的利润，因此会选择主动让利给零售商和回收商。但制造商的利他程度不会太高，制造商对零售商和回收商利他程度需要满足的条件是：

$$2k\theta_1 + b^2\beta\theta_2 \leq 2[2k + b\beta(b - \Delta)] - \frac{b(ak + bh\beta - k\beta c_n)}{k}$$

8.2.2.2 政府的决策

大力提高 WEEE 的回收率是政府进行奖励的目的，当制造商考虑利他偏好行为时，考虑政府的决策函数为：

$$\max_h \pi_G = \tau_3^{e*} - C(h),$$

---

① 田宁：《苏宁易购与海尔联合举办"717海尔超级品牌节"》，电商报，https://www.dsb.cn/191965.html，2022年7月7日。

即为：

$$\max_{h} \pi_G = \frac{b(ak + bh\beta - k\beta c_n)}{k\{2[2k + b\beta(b-\Delta)] - (2k\theta_1 + b^2\beta\theta_2)\}} - \frac{lh^2}{2} \quad (8.22)$$

可求得，政府的最优奖励强度为：

$$h_4^* = \frac{b^2\beta}{kl\{2[2k + b\beta(b-\Delta)] - (2k\theta_1 + b^2\beta\theta_2)\}} \quad (8.23)$$

在此最优奖励强度下，各决策变量的最优值如下：

制造商批发价格是：

$$w_4^* = \frac{a}{\beta} - \frac{2k(a - \beta c_n)}{\beta\{2[2k + b\beta(b-\Delta)] - (2k\theta_1 + b^2\beta\theta_2)\}}$$
$$- \frac{2b^3\beta}{kl\{2[2k + b\beta(b-\Delta)] - (2k\theta_1 + b^2\beta\theta_2)\}^2}$$

零售商零售价格是：

$$p_4^* = \frac{a}{\beta} - \frac{k(a - \beta c_n)}{\beta\{2[2k + b\beta(b-\Delta)] - (2k\theta_1 + b^2\beta\theta_2)\}}$$
$$- \frac{b^3\beta}{kl\{2[2k + b\beta(b-\Delta)] - (2k\theta_1 + b^2\beta\theta_2)\}^2}$$

回收商回收率为：

$$\tau_4^* = \frac{b(a - \beta c_n)}{2[2k + b\beta(b-\Delta)] - (2k\theta_1 + b^2\beta\theta_2)}$$
$$+ \frac{b^4\beta^2}{k^2l\{2[2k + b\beta(b-\Delta)] - (2k\theta_1 + b^2\beta\theta_2)\}^2}$$

制造商的利润、零售商利润、回收商利润分别为：

$$\pi_{m4}^* = \frac{b^4\beta}{k^2l\{2[2k + b\beta(b-\Delta)] - (2k\theta_1 + b^2\beta\theta_2)\}^3}$$
$$+ \frac{b(a - \beta c_n)}{\beta\{2[2k + b\beta(b-\Delta)] - (2k\theta_1 + b^2\beta\theta_2)\}^2}$$
$$- \frac{\tau_0}{\beta\{[2k + b\beta(b-\Delta)] - (2k\theta_1 + b^2\beta\theta_2)\}}$$

$$\pi_{r4}^* = \frac{[k^2l(a - \beta c_n)(4k + 2b^2\beta - 2b\beta\Delta - 2k\theta_1 - b^2\beta\theta_2) + b^3\beta^2]^2}{k^2l^2\beta\{2[2k + b\beta(b-\Delta)] - (2k\theta_1 + b^2\beta\theta_2)\}^4}$$

$$\pi_{c4}^* = \frac{b^2[k^2l(a - \beta c_n)(4k + 2b^2\beta - 2b\beta\Delta - 2k\theta_1 - b^2\beta\theta_2) + b^3\beta^2]^2}{2k^3l^2\{2[2k + b\beta(b-\Delta)] - (2k\theta_1 + b^2\beta\theta_2)\}^4}$$

命题 8.5 相比无制造商利他关切情形，在利他程度满足一定条件时，政府存在最优奖励强度 $h_4^* = \dfrac{b^2\beta}{kl\{2[2k+b\beta(b-\Delta)]-(2k\theta_1+b^2\beta\theta_2)\}}$ 使得回收率达到最高，且激励有效。

此时制造商让利关切强度需要满足的条件是：

$$2[2k+b\beta(b-\Delta)]-b(a-\beta c_n)\leqslant 2k\theta_1+b^2\beta\theta_2\leqslant 2[2k+b\beta(b-\Delta)]$$

证明：证明思路同命题 8.4。

由命题 8.5 可以看出，在制造商考虑利他关切行为时，政府制定的最优奖励强度会高于无制造商利他情形，但制造商的利他程度必须满足一定条件，即

$$2[2k+b\beta(b-\Delta)]-b(a-\beta c_n)\leqslant 2k\theta_1+b^2\beta\theta_2\leqslant 2[2k+b\beta(b-\Delta)]$$

在政府的奖励机制下，制造商的利他程度有下限，这意味着利他系数并不是越大越好。制造商的利他系数必须在一定范围内，才能存在政府的最优奖励强度使得回收率达到最大，利他过低时不足以使零售商降低售价增大销量，也起不到激励回收商增加回收率的作用；利他过高时又会使得制造商失去太多利润，缺乏参与供应链利他合作的积极性，所以利他适中才是最有效的激励形式。

命题 8.6 h_4^* 与 $\theta_i(i=1,2)$ 成正比。

证明：证明过程同命题 8.1。

命题 8.6 表明，政府的奖励强度与制造商的利他程度同方向变化，后者的增加必然导致前者的增加。说明政府在设置奖励强度时，不仅要考虑产品再回收的难易程度和奖励成本的大小，还要将主导企业的利他关切程度加以考虑，并且要随着利他程度的变大而加大政府投资力度。

通过上面的分析可以看出，在政府激励机制下，制造商的利他关切行为有助于闭环供应链成员的密切合作，也有利于协调运行。

8.2.3 集中决策模型

在制造商的利他偏好下，若闭环供应链成员之间相互信任、亲密合作，各方均以实现供应链整体利润最大化为目标进行决策，此时闭环供应链成员构成集中决策，各方的决策函数为：

$$\max_{p,\tau} \pi(p,\tau) = \pi = (p - c_n + \Delta\tau)(a - \beta p) + h[\tau - \tau_0]^+ - \frac{k\tau^2}{2}$$

(8.24)

决策结果如下。

零售商零售价格为：

$$p_5^* = \begin{cases} \dfrac{ak - a\beta\Delta^2 - h\beta\Delta + k\beta c_n}{\beta(2k - \beta\Delta^2)} & \tau > \tau_0 \\[3mm] \dfrac{ak - a\beta\Delta^2 + k\beta c_n}{\beta(2k - \beta\Delta^2)} & \tau \leqslant \tau_0 \end{cases}$$

再造商回收率为：

$$\tau_5^* = \begin{cases} \dfrac{2h + a\Delta - \beta\Delta c_n}{\beta(2k - \beta\Delta^2)} & \tau > \tau_0 \\[3mm] \dfrac{\Delta(a - \beta c_n)}{2k - \beta\Delta^2} & \tau \leqslant \tau_0 \end{cases}$$

CLSC 系统利润为：

$$\pi_5^* = \begin{cases} \dfrac{(a - \beta c_n)(ak + h\beta\Delta - k\beta c_n)}{2\beta(2k - \beta\Delta^2)} + \dfrac{h(2h + a\Delta - \beta\Delta c_n)}{2(2k - \beta\Delta^2)} - \tau_0 h & \tau > \tau_0 \\[3mm] \dfrac{k(a - \beta c_n)^2}{2\beta(2k - \beta\Delta^2)} & \tau \leqslant \tau_0 \end{cases}$$

证明：（1）当 $\tau > \tau_0$ 时。

求解式（8.12）关于零售价格 p、回收率 τ 的海塞矩阵，得到：

$$H = \begin{pmatrix} -2\beta & -\beta\Delta \\ -\beta\Delta & -k \end{pmatrix}$$

(8.25)

当 $2k > \beta\Delta^2$ 时，该矩阵为负定矩阵，是可微凹函数，故存在唯一最优解，联立 $\dfrac{\partial\pi}{\partial p} = 0$、$\dfrac{\partial\pi}{\partial \tau} = 0$ 得到零售商零售价格是：

$$p_5^{e*} = \frac{ak - a\beta\Delta^2 - h\beta\Delta + k\beta c_n}{\beta(2k - \beta\Delta^2)}$$

(8.26)

再造商回收率为：

$$\tau_5^{e*} = \frac{2h + a\Delta - \beta\Delta c_n}{\beta(2k - \beta\Delta^2)}$$

(8.27)

将式（8.14）、式（8.15）代入供应链系统的利润函数中得到系统利润为：

279

$$\pi_5^{e*} = \frac{(a - \beta c_n)(ak + h\beta\Delta - k\beta c_n)}{2\beta(2k - \beta\Delta^2)} + \frac{h(2h + a\Delta - \beta\Delta c_n)}{2(2k - \beta\Delta^2)} - \tau_0 h$$

(8.28)

（2）当 $\tau < \tau_0$ 时。

零售商零售价格是：

$$p_5^{n*} = \frac{ak - a\beta\Delta^2 + k\beta c_n}{\beta(2k - \beta\Delta^2)}$$

(8.29)

再造商回收率为：

$$\tau_5^{n*} = \frac{\Delta(a - \beta c_n)}{2k - \beta\Delta^2}$$

(8.30)

将式（8.14）、式（8.15）代入供应链系统的利润函数中得到系统利润为：

$$\pi_5^{n*} = \frac{k(a - \beta c_n)^2}{2\beta(2k - \beta\Delta^2)}$$

(8.31)

8.3　模型的比较分析

将8.2部分给出的各决策模型的最优决策进行比较，可以得到下面的结论。

推论8.1　$w_5^* < w_3^* < w_1^*$，$p_5^* < p_3^* < p_1^*$，$\pi_{r3}^* > \pi_{r1}^*$，$\pi_{c3}^* > \pi_{c1}^*$，$\pi_{m3}^* < \pi_{m1}^*$，$\pi_5^* > \pi_3^* > \pi_1^*$。

从推论8.1可看出，在分散决策下，制造商的利他关切行为会降低产品的批发价格和零售价格。这是因为制造商通过降低批发价格，直接减少零售商的进价成本，扩大了销量，从而起到利他零售商的目的。作为零售商，为了回应制造商的利他影响，在成本降低的情况下为了出售更多的产品、获得更有利的市场竞争力，会选择小幅降低自己产品的销售价格以吸引更多的顾客。但价格下降的程度远不如制造商批发价格降低的程度，且经过计算，零售价格下降程度正好为制造商批发价下降程度的一半，即制造商降价 Δw，零售商降价 $\Delta p = \frac{\Delta w}{2}$。

制造商的利他行为是把己方从政府获得的部分奖励让给零售商和

回收商，利他行为下零售商和回收商的积极性提高。但是这种利他行为会导致制造商的利润下降，利他关切下的制造商利润低于不考虑关切行为时的利润，这种"非经济人"的行为因素是制造商承担社会环境责任的表现。制造商的利他行为一方面为了提高 WEEE 回收率，施行可持续发展战略，起到环保的作用；另一方面为了维持 WEEE 闭环供应链系统的持久性，维持供应链系统的稳定运行。现实生活中也有这样的实例，阿里巴巴旗下的天猫平台近年来通过与商家签订收益共享契约，给予商家更多的让利。尤其在大型购物节期间，平台会根据商家的销量或表现提供一定比例的返佣或返点，以提高商家的积极性。[①]

从供应链系统来看，制造商的这种利他关切行为有助于增加供应链系统的利润，提高系统的运作效率。但是相对于分散决策，集中决策下批发价和零售价都是最低的，消费者剩余最大，系统总利润明显优于分散决策，系统效率最高。进一步说明集中决策对消费者最有益，有利于提高顾客满意度和扩大市场规模。

推论 8.2　$\tau_5^* > \tau_3^* > \tau_1^*$

推论 8.2 显示，在分散决策下，制造商的利他关切使得社会回收 WEEE 进行二次利用的效果显著，回收率高于制造商不考虑利他的情形。利他行为在一定程度上减少了环境污染和能源消耗，减缓了制造商面临的因自然资源稀缺带来的原材料成本上升的风险。而且制造商的利他行为促进了制造商、零售商和回收商的密切合作，有利于促成集中决策的实现。从推论 8.2 的结果可看出，集中决策下 WEEE 的回收率最高，是提高资源利用率最有效的决策方式。数据显示：2022 年，我国手机产量为 15.6 亿部，国内市场手机总体出货量达 2.72 亿部。一部手机配件含有超过 60 种元素材料，包含多种贵金属与稀有金属，手机材料还有占比达 40%—50% 的塑料等，这些材料存在着较高的回收价值。然而，近 5 年来，我国平均每年产生 4 亿部以上废旧手机。但不容乐观的是，根据中国循环经济协会的一项研究结果显示，手机废弃后，约 54.2% 被消费者闲置留存，只有约 5% 能够进入专业的废旧手机回收平

---

① 郭倩：《天猫"双 11"力塑健康商业新生态》，载于《经济参考报》，2021 年 11 月 18 日，http：//www.jjckb.cn/2021 – 11/18/c_1310317432.htm。

台、"以旧换新"新型回收渠道。[①] 制造商的利他行为是出于环保意识和节能减排目的，能够进一步提高 WEEE 回收率和社会福利。

证明：$w_3^{e*} - w_1^{e*} = -\dfrac{(ak + bh\beta - k\beta c_n)(2k\theta_1 + b^2\beta\theta_2)}{\beta[2k + b\beta(b-\Delta)]\{2[2k + b\beta(b-\Delta)] + (2k\theta_1 + b^2\beta\theta_2)\}} < 0,$

$w_3^{m*} - w_1^{m*} = -\dfrac{[a - \tau_0\beta(b-\Delta) - \beta c_n]\theta_1 + 2\tau_0 b\beta\theta_2}{2\beta(2 - \theta_1)} < 0,$

$w_3^{n*} - w_1^{n*} = -\dfrac{k(a - \beta c_n)(2k\theta_1 + b^2\beta\theta_2)}{\beta[2k + b\beta(b-\Delta)]\{2[2k + b\beta(b-\Delta)] + (2k\theta_1 + b^2\beta\theta_2)\}} < 0,$

即 $w_3^* - w_1^* < 0$。

同理可证，$p_5^{m*} - p_3^{m*} < 0$，$p_3^* - p_1^* = \dfrac{w_3^* - w_1^*}{2} < 0$，$\tau_3^* - \tau_1^* > 0$，

$\pi_{m3}^* - \pi_{m1}^* < 0$，$\pi_{r3}^* - \pi_{r1}^* > 0$，$\pi_{c3}^* - \pi_{c1}^* > 0$，$p_5^* - p_3^* < 0$，$\tau_5^* - \tau_3^* \geqslant 0$，

$\pi_5^* - \pi_3^* \geqslant 0$。

8.4　协调机制的设计

通过 8.3 部分的讨论得知，闭环供应链系统效率在集中决策下达到最高，但是在实际运作中，各节点企业很难自发的以供应链系统利润最大化为目标来做决策，需要设计协调机制才能实现。借鉴范建昌[②]的研究，拟将数量折扣契约和成本共担契约共同组成的协调机制引入本章模型中。与传统两级供应链协调契约不同的是，在本章给出的协调机制中，制造商与零售商之间需要通过数量折扣联合固定费用契约协调，同时需要制造商和回收商之间成本共担契约共同实现闭环供应链的协调。

"数量折扣联合固定费用——成本共担"契约的协调方式是：一方面，制造商批发价格随订货量变化调整为 $\bar{w}$，同时收取零售商一定固定

---

① 《近 5 年来，我国平均每年产生 4 亿部以上——旧手机，如何物尽其用（大数据观察）》，中国日报网，https://caijing.chinadaily.com.cn/a/202401/05/WS659 77309a310af3247ffaeb2. html，2024 年 1 月 5 日。

② 范建昌、倪得兵、唐小我、洪定军：《产品责任、企业社会责任偏好与供应链中的质量—数量协调》，载于《中国管理科学》2019 年第 27 期。

费用 f 作为利润保证 （以 $\tau > \tau_0$ 为例），固定费用 f 越大，表示制造商的议价能力越强，反之则零售商议价能力强。制造商通过设计数量折扣契约鼓励零售商增加批发量。另一方面，制造商和回收商共同承担回收成本，其中成本比例的 $\psi(0 < \psi < 1)$ 部分由制造商分担，剩余的 $1 - \psi$ 部分由回收商自己承担，$\psi(0 < \psi < 1)$ 为制造商成本承担系数。以此实现闭环供应链系统的协调，消除分散决策下的双重边际效用，进而提高WEEE 产品的回收率，增加节点企业的利润。

协调机制下，供应链成员的目标函数变为：

制造商的利润为：

$$\pi_m = (\bar{w} - c_n + \Delta\tau - b\tau)(a - \beta p) + h(\tau - \tau_0) - \psi\left(\frac{k\tau^2}{2}\right) + f \quad (8.32)$$

零售商利润为：

$$\pi_r = (p - \bar{w})q - f = (p - \bar{w})(a - \beta p) - f \quad (8.33)$$

第三方回收商的利润是：

$$\pi_c = b\tau(a - \beta p) - (1 - \psi)\left(\frac{k\tau^2}{2}\right) \quad (8.34)$$

结论 8.1　在"数量折扣联合固定费用——成本共担"契约中，若调整后批发价格和制造商成本承担系数满足 $(\bar{w}, \psi) =$

$$\begin{cases} \bar{w} = \dfrac{2kc_n - a\Delta^2 - 2h\Delta}{2k - \beta\Delta^2} \\ \psi = 1 - \dfrac{b(ak + h\beta\Delta - k\beta c_n)}{k(2h + a\Delta - \beta\Delta c_n)} \end{cases}，$$ 则可实现闭环供应链的协调。

证明：

当系统实现协调时：$p^{C*} = p_5^{e*} = \dfrac{ak - a\beta\Delta^2 - h\beta\Delta + k\beta c_n}{\beta(2k - \beta\Delta^2)}$，$\tau^{C*} = \tau_5^{e*} =$

$\dfrac{2h + a\Delta - \beta\Delta c_n}{\beta(2k - \beta\Delta^2)}$，

$$\pi_m^{C*} = \frac{h^2(2k - b\beta\Delta)}{(2k - \beta\Delta^2)^2} - \tau_0 h - \frac{\begin{bmatrix} 2h\beta\Delta^2 + bk(a - \beta c_n)\end{bmatrix}^2(2h + a\Delta - \beta\Delta c_n) + \\ \Delta^2(ak + bh\beta - k\beta c_n)(a - \beta c_n)}{2(2k - \beta\Delta^2)^2} + f$$

$$\pi_r^{C*} = \frac{(2h\Delta + a\Delta^2 - 2kc_n)(ak + h\beta\Delta - k\beta c_n)(ak - h\beta\Delta - a\beta\Delta^2 + k\beta c_n)}{\beta(2k - \beta\Delta^2)^3} - f$$

$$\pi_c^{C*} = \frac{b(ak + h\beta\Delta - k\beta c_n)(2h + a\Delta - \beta\Delta c_n)}{2(2k - \beta\Delta^2)^2}$$

283

"数量折扣联合固定费用——成本共担"契约的使用可以达到集中决策的结果，但是为使得供应链成员能够接受并采用这一协调机制，必须保证存在帕累托改进。下边分析该协调机制的可行性条件：

（1）制造商不考虑利他关切行为时，供应链成员接受"数量折扣联合固定费用——成本共担"契约的条件是己方利润不低于协调前的分散决策水平，即 $\begin{cases} \pi_m^{C*} \geqslant \pi_{ml}^{e*} \\ \pi_r^{C*} \geqslant \pi_{rl}^{e*} \\ \pi_c^{C*} \geqslant \pi_{cl}^{e*} \end{cases}$，可以得出 $f_{min} \leqslant f \leqslant f_{max}$，其中，$f_{min} = \pi_{ml}^{e*} - M$，$f_{max} =$

$N - \pi_{rl}^{e*}$，而 $M = \dfrac{h^2}{2k - \beta\Delta^2} - \tau_0 h - \dfrac{\left[2h^2\beta\Delta + k\Delta(a - \beta c_n)^2\right](b + \Delta) + (2bhk + bh\beta\Delta^2 + h\beta\Delta^3)(a - \beta c_n)}{2(2k - \beta\Delta^2)^2}$，$N = \dfrac{(ak + h\beta\Delta - k\beta c_n)^2}{\beta(2k - \beta\Delta^2)^2}$。

（2）制造商考虑利他行为时，要想供应链成员接受契约须保证制造商的效用不低于分散决策下的效用，零售商和回收商的利润不低于分散下的水平，即 $\begin{cases} U_m^{C*} \geqslant U_{m3}^* \\ \pi_r^{C*} \geqslant \pi_{r3}^{e*} \\ \pi_c^{C*} \geqslant \pi_{c3}^{e*} \end{cases}$，可以求得 $f'_{min} \leqslant f' \leqslant f'_{max}$，其中，$f'_{min} =$

$\dfrac{U_{m3}^* - \theta_1 N - \theta_2 \pi_c^{C*} - M}{1 - \theta_1}$，$f'_{max} = N - \pi_{r3}^{e*}$，而 $M = \dfrac{h^2}{2k - \beta\Delta^2} - \tau_0 h - \dfrac{\left[2h^2\beta\Delta + k\Delta(a - \beta c_n)^2\right](b + \Delta) + (2bhk + bh\beta\Delta^2 + h\beta\Delta^3)(a - \beta c_n)}{2(2k - \beta\Delta^2)^2}$，

$N = \dfrac{(ak + h\beta\Delta - k\beta c_n)^2}{\beta(2k - \beta\Delta^2)^2}$。

由结论 8.1 可推出以下命题。

推论 8.3 ψ 与 b 负相关，ψ 与 Δ、k、h 正相关。

证明：证明思路同命题 8.1。

从推论 8.3 可以看出，制造商分担回收商回收成本的比例与 WEEE 的回购价格、制造商使用 WEEE 节省的加工成本、回收难度和政府奖励强度都有关。并且制造商承担回收商成本比例与 WEEE 产品回购价格负相关，与新旧原料的成本差异、回收难度和政府奖励强度正相关。显而易见，回购价越低、节省成本越高和奖励强度越大时，制造商进行

回收再造的成本优势越大，而回收越难会削减回收商回收的积极性，影响供应链的运行。因此，制造商分担回收成本的多少要随着回购价、回收难度等及时做出调整。

推论 8.4　制造商利他性决策时，随着 $\theta_i(i = 1, 2)$ 的增加，f' 的可行区间 $[f'_{min}, f'_{max}]$ 变大。

证明： 由于 $\dfrac{\partial f'_{min}}{\partial \theta_1} = \dfrac{(1 - \theta_1) \partial U^*_{m3}/\partial \theta_1 - N + U^*_{m3} - \theta_2 \pi^{C*}_c - M}{(1 - \theta_1)^2} < 0$，又

$U^*_{m3} = \pi^*_{m3} + \theta_1 \pi^*_{r3} + \theta_2 \pi^*_{c3}$，

$\dfrac{\partial U^*_{m3}}{\partial \theta_1} = \dfrac{(ak + bh\beta - k\beta c_n)^2}{\beta\{2[2k + b\beta(b - \Delta)] - (2k\theta_1 + b^2\beta\theta_2)\}^2} = \pi^{e*}_{r3}$，则有 $\dfrac{\partial f'_{min}}{\partial \theta_1} =$

$\dfrac{(\pi^{e*}_{m3} - M) - (N - \pi^{e*}_{r3}) - \theta_2(\pi^{e*}_{c3} - \pi^{C*}_c)}{(1 - \theta_1)^2} < 0$；$\dfrac{\partial f'_{min}}{\partial \theta_2} = -\dfrac{\partial \pi^{e*}_{r3}}{\partial \theta_2} < 0$，故而

$\dfrac{\partial f'_{min}}{\partial \theta_i} < 0$。

同理可证 $\dfrac{\partial f'_{max}}{\partial \theta_i} < 0$。

但 $\left|\dfrac{\partial f'_{min}}{\partial \theta_i}\right| > \left|\dfrac{\partial f'_{max}}{\partial \theta_i}\right|$，所以 $[f'_{min}, f'_{max}]$ 区间范围随着让利系数的增大而变大。

由推论 8.4 看出，在"数量折扣联合固定费用——成本共担"契约中，制造商向零售商收取的固定费用的范围与其自身的利他系数有关。利他系数的增大导致固定费用的范围变大，即双方的谈判空间变大。随着制造商利他程度的增加，固定费用下界变小，表示制造商要求的最低利润保证值变小；同时固定费用的上界变小，表示零售商付出的最大努力成本变小。但下限减小的程度大于上限减小的程度，所以 $[f'_{min}, f'_{max}]$ 的空间随着利他系数的增大而变大。这说明，通过"数量折扣联合固定费用——成本共担"协调后，制造商利他系数的增加对制造商和零售商都是有益的，并且增大了"数量折扣联合固定费用——成本共担"契约协调的可行范围，制造商的利他行为更有益于协调机制的达成。

由推论 8.3、推论 8.4 可以看出，制造商利他关切决策时，只要制造商回收成本比例设置合理，保证固定费用收取控制在一定范围内，就可以使得协调后制造商、零售商和回收商的总利润高于协调前分散

决策时的效益。故三方都有进行协调的积极性。所以在设计该契约时，应把握好合适的费用收取和回收成本承担比例，以使三方都能够接受该契约。

8.5　数值算例

为了进一步验证和解释以上结论，下面用 Matlab 数值仿真的形式对模型进行分析。假设 $\tau > \tau_0$，令参数 $a = 120$，$\beta = 0.8$，$c_n = 80$，$\Delta = 20$，$k = 1200$，$b = 10$。

（1）令利他关切系数 $\theta_1 = 0.1$，$\theta_2 = 0.1$，取 $\tau_0 \in [0, 0.8]$，$h \in [300, 720]$，画出有无制造商利他关切行为时供应链参与成员的利润随政府奖励机制的变化，如图 8-2、图 8-3 所示。

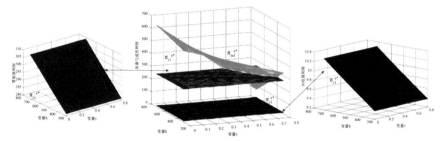

图 8-2　无制造商利他关切时各成员利润随奖励机制的变化

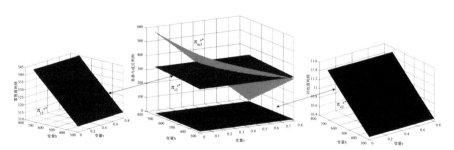

图 8-3　制造商利他关切时各成员利润随奖励机制的变化

由图 8 - 2、图 8 - 3 可看出无论制造商是否有利他关切，政府设置的目标回收率只对制造商利润产生影响，且目标回收率越高越不利于制造商利润的增长；政府奖励强度对闭环供应链参与成员利润都有积极影响，说明各参与方都从政府奖励机制中获利。与命题 8.1 结论相符。

（2）将 θ_1、θ_2 作为自变量进行分析，令 $\theta_1 \in [0, 0.16]$，$\theta_2 \in [0, 0.16]$，$\tau_0 = 0.5$，h = 400，画出制造商利他偏好时各决策变量随利他系数变化的图像，如图 8 - 4 至图 8 - 7 所示。

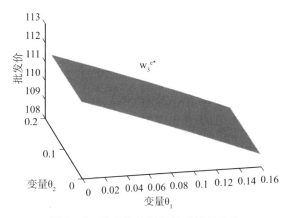

图 8 - 4　批发价格随利他系数的变化

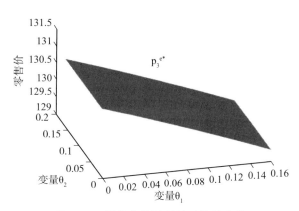

图 8 - 5　零售价格随利他系数的变化

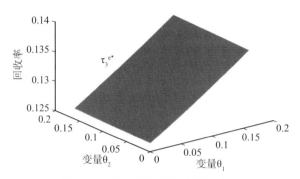

图8-6 回收率随利他系数的变化

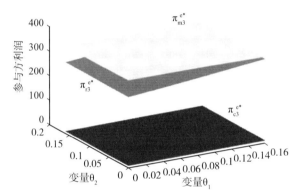

图8-7 CLSC成员利润随利他系数的变化

从图8-4至图8-7可以看出,各决策变量随制造商利他系数的变化与命题8.3相符。并且各个决策变量在θ_1轴上的变化更明显。说明在利他范围满足的区间内,利他行为对零售商的影响更大。制造商作为决策的先行企业要考虑这一因素的影响。

(3)考虑制造商利他关切时,协调机制中固定费用随利他系数以及政府奖励强度的变化如图8-8、图8-9所示。

由图8-8可看出固定费用的可行区间随着利他系数的增大而变大,与推论8.4结论一致,说明制造商的利他行为有助于协调机制的设计。由图8-9可看出随着政府奖励强度的增大,固定费用可行区间的上限一直变大,下限先变大再变小,但整体区间一直变大,说明政府奖励强度变化对协调机制实现的促进作用明显,并且奖励越大时越利于机制的达成。

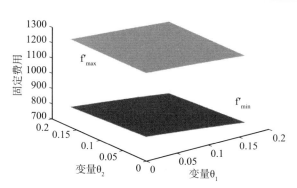

图 8 - 8　固定费用随利他系数的变化

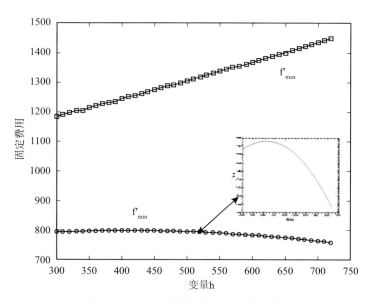

图 8 - 9　固定费用随奖励强度的变化

在上述参数设计的基础上，添加假设 $\theta_1 = \theta_2 = 0.1$，可以计算出：

协调前，分散决策下不考虑利他关切行为的最优决策为 $w_1^{e*} =$ 112.07，$p_1^{e*} = 131.04$，$\tau_1^{e*} = 0.126$，$\pi_{m1}^{e*} = 356.32$，$\pi_{r1}^{e*} = 261.59$，$\pi_{c1}^{e*} = 9.59$，$\pi_3^{e*} = 627.51$；考虑制造商利他关切性的最优决策为 $w_3^{e*} =$ 109.93，$p_3^{e*} = 129.96$，$\tau_3^{e*} = 0.133$，$\pi_{m3}^{e*} = 352.68$，$\pi_{r3}^{e*} = 321.17$，$\pi_{c3}^{e*} = 10.71$，$\pi_3^{e*} = 684.56$，$U_m^* = 385.87$。集中决策的最优结果为 $p_5^{e*} =$ 105.77，$\tau_5^{e*} = 0.923$，$\pi_5^{e*} = 1223.10$。由此可以推出"数量折扣联合固

定费用——成本共担"契约中固定费用的可行范围为 $861.7 \leqslant f \leqslant$ 1303.5，$858.0 \leqslant f' \leqslant 1243.9$。将 f 作为自变量，画出协调前后的成员利润和效用比较，如图 8 - 10 至图 8 - 16 所示。

其中，不考虑制造商利他关切时的协调机制比较，如图 8 - 10 至图 8 - 12 所示。

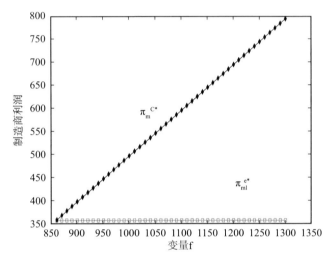

图 8 - 10 无利他关切时协调前后制造商利润的比较

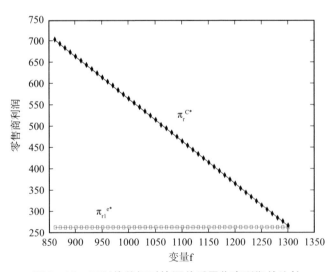

图 8 - 11 无利他关切时协调前后零售商利润的比较

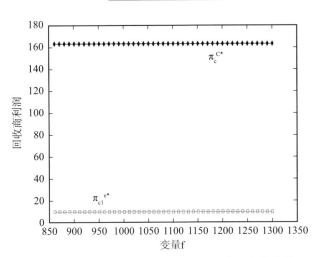

图 8 - 12　无利他关切时协调前后回收商利润的比较

　　考虑制造商利他关切时的协调机制比较，如图 8 - 13 至图 8 - 16 所示。

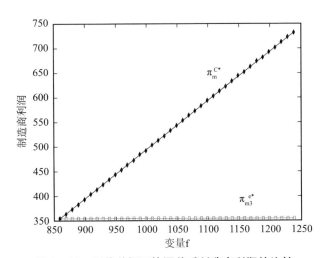

图 8 - 13　利他关切下协调前后制造商利润的比较

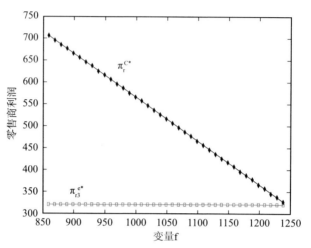

图 8 – 14　利他关切下协调前后零售商利润的比较

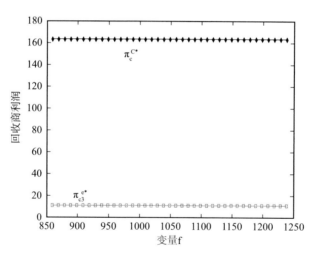

图 8 – 15　利他关切下协调前后回收商利润的比较

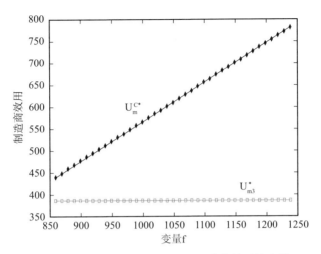

图 8 – 16 利他关切下协调前后制造商效用的比较

从图 8 – 13 至图 8 – 16 可以看出,无论制造商是否存在利他关切行为,制造商利润、零售商利润、回收商利润和制造商效用都高于协调之前。故而"数量折扣联合固定费用——成本共担"契约可以实现闭环供应链的协调,可以实现 WEEE 闭环供应链参与成员收益和系统总收益的双赢。且协调后制造商和零售商收益与固定费用大小有关,回收商收益与之无关,说明回收商总是具有协调的积极性。

8.6　结论与启示

循环经济可以有效应对矿产资源匮乏的问题,因此政府设计奖励机制推动循环经济的高效发展。在这样的背景下,出于自然环境责任意识的制造商为维持闭环供应链的稳定运行,决策时不仅考虑己方利润还考虑零售商和回收商的利润。制造商的利他性决策变成新的研究问题。

在政府的奖励机制下,考虑制造商是否具有利他关切行为建立了 WEEE 闭环供应链的三种决策模式,分别是无利他关切行为的分散决策、制造商利他关切性的分散决策和集中决策模型,分析政府奖励强度、制造商利他系数对闭环供应链决策的影响,并对上述三种决策模型进行比较分析,探究了两种分散决策下政府的最优奖励机制决策,以寻求最有效的奖励强度。最后，设计"数量折扣联合固定费用——成本共担"契约，实现供应链的协调。本章的研究表明：

（1）在制造商利他关切性的分散决策下，制造商的利他关切行为有利于系统获利，降低了批发价格和零售价格进而增加了消费者剩余，提高了从属企业和闭环供应链系统的利润，还提高了回收率。但利他行为不利于制造商利润的增长，所以利他系数需要满足一定的条件，不会过高，这符合实际中制造商的收益需求。在协调机制中，政府奖励机制下制造商的利他行为增加了制造商和零售商的谈判空间，有利于协调机制的实施。

（2）与传统供应链相同的依旧是集中决策下效率最高，此时回收率最高，消费者剩余最大，供应链参与者的利润最高，并且这种集中效果可以通过设置"数量折扣联合固定费用——成本共担"契约实现。在协调机制中，制造商承担回收成本的比例与回收价负相关，与节约成本、回收难度和奖励强度正相关。

（3）当实际回收率高于目标回收率时，政府总能找到最适宜的奖励强度使得回收率达到最高。不考虑利他关切的分散决策下，政府最优奖励强度与 WEEE 回收价格和价格敏感系数正相关，政府奖励强度的设置存在阈值。当奖励强度大于阈值时，产品批发价格和销售价格与奖励强度负相关，回收率和供应链各成员利润与奖励强度正相关。考虑利他关切的分散决策下，政府最优奖励强度与利他系数正相关。因此政府奖励强度的设置要适时调整。政府奖励强度的增加也有利于协调机制的达成。

通过以上研究，可以得到如下管理启示：

（1）政府的奖励措施可以有效推动 WEEE 的回收再利用，是节省资源和保护环境的推动因素。且奖励机制能促进协调机制的达成。政府应不遗余力地帮助、引导二次产品的回收再利用，加大对回收及拆解厂家的引导和监管，适时调整奖励强度。

（2）制造商作为系统中的主导企业要正确处理与从属企业的关系，更多地从系统整体角度出发，与从属企业建立合作共赢的良好局面。制造商在保障自己利益的同时要进行合理的利他关切行为，激励从属企业的积极合作。

（3）零售商和回收商都需要加强与制造商的交流，借助制造商的品牌优势以及资金等帮助自己攻克难关，而不是与制造商交恶，三败俱伤。要积极参与协调机制的设计，保障自身利润的同时提高系统效率。

本章研究假设再制造的产品与全新产品为同质产品，目前在现实中消费者对两种产品的接受能力是不同的，两种产品异质销售将是我们下一步的研究方向。并且本章研究假设所有回收产品都能够成功地被再制造、再销售，实际上有再次利用价值的废旧产品只是一部分，考虑废旧产品的可使用率也是一个新的研究方向。

第9章 考虑奖惩机制下电商闭环 供应链的利他偏好 决策研究

随着互联网经济的发展，电子商务不仅革新了产品销售的传统正向供应链[1]，也为废旧品的逆向供应链提供了新的机遇[2]。在这种背景下，出现了很多基于互联网的第三方网络回收平台。网络回收平台直接从消费者手中回收废旧品，可以简化传统回收过程中的不必要环节，节省物流成本，促进废旧品的回收利用；实现资金流、信息流和物流的交易电子化，形成了 E - 闭环供应链（E - CLSC）。目前在中国，废旧电器电子产品（WEEE）已经开始通过网络回收平台开展回收业务[3]，比如华为商城（vmall. com/recycle）和小米商城（huanxin. mi. com）开展"以旧换新活动"回收旧手机。

E - CLSC 创新了闭环供应链的回收方式，不同于传统的线下供应链：

（1）E - CLSC 中，网络回收平台是一个提供回收服务的共享平台，产品回收之后与众多商家进行合作，具有规模经济的优势，当前宏观政策给予扶持，另外平台设置回收规则，因此不同于传统回收中再造商是

---

① Siddiqui A W, Raza S A. Electronic Supply Chains：Status &Perspective. *Computers & Industrial Engineering*, Vol. 88, 2015, pp. 536 – 556.

② Dhanorkar S, Donohue K, Linderman K. Repurposing Materials and Waste Through Online Exchanges：Overcoming the Last Hurdle. *Production and Operations Management*, Vol. 24, No. 9, 2015, pp. 1473 – 1493.

③ Taleizadeh A A, Sadeghi R. Pricing Strategies in the Competitive Reverse Supply Chains with Traditional and E - channels：A Game Theoretic Approach. *International Journal of Production Economics*, Vol. 215, 2019, pp. 48 – 60.

主导[①]，在 E – CLSC 中，回收平台是主导者。

（2）网络回收平台不仅是再造商的共享平台，还是消费者的共享平台，直接面向消费者，面对回收价格的同质化，各个回收平台的回收服务对回收具有重要的影响。因此不同于线下回收中只考虑回收价格[②]，E – CLSC 中还需要考虑回收服务。基于以上两点，当前关于线下回收供应链的研究成果对 E – CLSC 的指导具有一定的局限性，本章对 E – CLSC 进行新的探索，旨在提出对 E – CLSC 运作具有指导性的建议。

在 E – CLSC 中，一方面，网络回收平台为了提高消费者回收的积极性，会提供一系列的回收服务。比如，京东在 2018 年 6 月上线了行业首创的小家电回收换新服务；2024 年 5 月上线了"以旧换新在线抵扣"服务，实现旧机款直接抵扣部分新机款项。[③] 另一方面，为了提高消费者对再造品的价值估计，保证再造品在销售市场的竞争力[④]，再造商会对废旧品进行一定程度的质量改善，比如乐回收（lehuiso. com）[⑤] 对于回收价值较高的废旧品，会交由专业厂家修补增值，然后将这些再造品重新投入销售渠道。目前很少有学者对网络回收平台的服务水平和废旧品再销售的质量改善水平进行定量研究，因此本章构建了数理模型研究废旧品的回收服务和废旧品再销售的质量改善问题，希望促进废旧品的回收和再销售，实现 E – CLSC 的长远良好发展。

为了激励企业积极实施废旧品的回收活动，目前常用的激励方式有两类：

297

---

① Saha, S., Sarmah, S. P., and Moon, I. Dual Channel Closed – Loop Supply Chain Coordination with a Reward – Driven Remanufacturing Policy. *International Journal of Production Research*, Vol. 54, No. 5, 2016, pp. 1503 – 1517; De Giovanni P. Closed-loop Supply Chain Coordination Through Incentives with Asymmetric Information. *Annals of Operations Research*, Vol. 253, 2017, pp. 133 – 167.

② Taleizadeh A A, Sadeghi R. Pricing Strategies in the Competitive Reverse Supply Chains with Traditional and E – channels: A Game Theoretic Approach. *International Journal of Production Economics*, Vol. 215, 2019, pp. 48 – 60; Mitra S. Optimal Pricing and Core Acquisition Strategy for a Hybrid Manufacturing/Remanufacturing System. *International Journal of Production Research*, Vol. 54, No, 5, 2016, pp. 1285 – 1302.

③ 详见京东，https://help. jd. com/user/issue/321 – 4507. html。

④ Atasu A, Sarvary M, Van Wassenhove L N. Remanufacturing as a Marketing Strategy. *Management Science*, Vol. 54, No. 10, 2008, pp. 1731 – 1746.

⑤ 详见乐回收，http://www. lehuiso. com/aboutlehuiso. php。

一类是供应链外部的政府激励机制。其中，奖惩机制是一种常用的激励方式。奖惩机制对于回收废旧品具有重要的意义，在很多国家也得到了实施。但大多数是先征收废旧品的处理基金，然后再对回收进行补贴，比如瑞士、德国和日本。中国的《废弃电器电子产品回收处理管理条例》提到的废弃电器电子产品拆解处理基金制度，也是先征收电子产品处理基金，然后再补贴回收处理。这种奖惩机制意味着若达到回收目标则享受奖励，但达不到回收目标则是一种惩罚。当前 E – CLSC 发展迅速，为 E – CLSC 建立具体的奖惩机制是非常必要的。

另一类是供应链内部的激励机制，比如让利偏好行为。"利他偏好"行为是主导企业为保障供应链系统的稳定运作，在决策时考虑的一种行为因素，主导企业不仅关注自身收益，还关注合作企业的收益，以增加从属企业合作积极性。在 E – CLSC 中，为了促进从属企业配合废旧品的回收再造，主导企业会关注从属企业的利益，对从属企业进行一定程度的让利行为。比如回收宝支持的线下回收，回收宝会将款项直接支付给终端用户，避免了合作方的资金压力和经验风险。①

在以往研究中，大多假设闭环供应链成员是完全理性经济人，而没有考虑心理行为偏好对决策的影响。很多供应链运作管理的研究表明，在决策研究中引入行为心理偏好将会改变决策。为了更好发展 E – CLSC，平台经常通过利他主义吸引再造商合作。比如爱回收不收取再造商佣金费用，并且只要再造商通过资格认证，平台使用费也不用交。平台的利他偏好减小了再造商的运营压力，吸引了更多再造商合作。然而，当前文献还没有对网络回收平台的利他偏好进行研究，因此本章构建了网上回收供应链的利他偏好模型，以将对回收平台的利他偏好研究体现在决策效用函数中。

现有研究较少同时考虑两种激励机制，特别是利他偏好。以 E – CLSC 作为研究对象，本章研究对利他偏好、奖惩机制对 E – CLSC 决策的影响进行探讨。主要的研究问题是：

（1）E – CLSC 的最优决策，包括废旧品的回收价格、再造品的质量改善水平、网络回收平台的回收服务水平；

（2）奖惩机制中的奖惩力度和网络回收平台的利他偏好行为对系

---

① 详见回收宝网，https：//www. huishoubao. com/news/8493. html。

统决策的影响；

（3）分析多个回收周期内，奖惩机制和利他偏好行为对废旧品回收活动的影响。

本章研究的创新之处体现在以下三个方面：

首先，不同于传统回收商，消费者选择网络回收平台回收废旧品时，无法像传统回收渠道那样与回收商进行议价[①]，消费者填写产品信息之后，网络回收平台给出的估价是确定的。因此，在本章的简化模型中，我们设置废旧品回收价格作为再造商的决策变量，回收服务质量作为平台的决策变量。

其次，网络回收平台作为共享平台，规模经济的特点容易使其获得较大的经济优势，对合作的再造商表现出利他偏好。然而现有文献很少对网络回收平台的利他偏好进行具体研究，因此本章构建了 E – CLSC 供应链的利他偏好模型分析利他偏好对决策的影响。

最后，构建多周期回收模型，从经济效益和环保效益的角度出发，分析了奖惩机制和利他偏好对回收量提升度以及再造商利润和回收平台利润的影响。

299

9.1　模型说明和假设

在 E – CLSC 中，网络回收平台为再造商提供废旧品的回收服务，包括广告服务、仓储服务、物流服务、检测废旧品质量等。消费者在平台填写回收信息，由网络回收平台安排工作人员取回废旧品或者消费者直接将废旧品邮寄至网络回收平台。经过平台检测处理后，由网络回收平台将回收的废旧品交给再造商。[②] 再造商对废旧品进行一定的质量改善，然后再次投入市场。模型结构如图 9 – 1 所示。

---

① Saha S，Sarmah S P，Moon I. Dual Channel Closed-loop Supply Chain Coordination with a Reward – Driven Remanufacturing Policy. *International Journal of Production Research*，Vol. 54，No. 5，2016，pp. 1503 – 1517.

② 此处的再造商也有可能是原始制造商，本章研究的对象是产品的质量改善及再销售，因此统称为再造商。

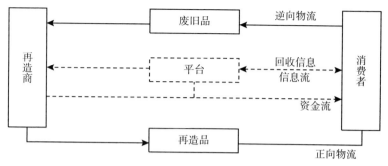

图 9 - 1　E - 闭环供应链模型

回收的废旧品中，质量可能参差不齐，网络回收平台有专门的回收产品分级制度，对不同等级的产品采取的处理措施不同（比如爱回收①）。不同于现有文献中通常假设一定比例的回收品可以再次投放到市场中销售的做法②，本章只考虑达到等级要求可以进行质量改善再销售的废旧品，再造商处理之后称为再造品，再造品的质量改善水平可以提高消费者对再造品的价值效用③，促进再造品的销售。

为了促进废旧品的回收再造，政府会实行奖惩机制，设定额定回收量对再造商进行奖励和惩罚。

模型考虑某一种废旧品，符号和假设如下：

（1）在 E - CLSC 中，网络回收平台直接面对消费者，平台作为规则的制定者，在与再造商的合作过程中拥有主导权。因此假设网络回收平台是主导企业，再造商是从属企业。

（2）根据网络回收平台回收物品的分类等级规定，假设交给再造

① 《万物新生（爱回收）集团助力循环经济加速发展》，中国日报网，https：// caijing. chinadaily. com. cn/a/202107/08/WS60e69a94a3101e7ce9758bd2. html，2021 年 7 月 8 日。

② Taleizadeh A A，Sadeghi R. Pricing Strategies in the Competitive Reverse Supply Chains with Traditional and E - channels：A Game Theoretic Approach. *International Journal of Production Economics*，Vol. 215，2019，pp. 48 - 60；Bazan E，Jaber M Y，El Saadany A M A. Carbon Emissions and Energy Effects on Manufacturing-remanufacturing Inventory Models. *Computers & Industrial Engineering*，Vol. 88，2015，pp. 307 - 316；Liu Z，Tang J，Li B，et al. Trade-off Between Remanufacturing and Recycling of WEEE and the Environmental Implication under the Chinese Fund Policy. *Journal of Cleaner Production*，Vol. 167，2017，pp. 97 - 109.

③ Mitra S. Optimal Pricing and Core Acquisition Strategy for a Hybrid Manufacturing/Remanufacturing System. *International Journal of Production Research*，Vol. 54，No，5，2016，pp. 1285 - 1302.

商的废旧品经过严格的评估监测，质量改善之后都能进行再销售。

（3）政府奖惩机制中，设定的额定回收量为 q_0（$q_0 > 0$），奖惩力度为 λ（$\lambda > 0$）。对超过额定回收量 q_0 的单位废旧品的奖励额为 λ；对没有达到额定回收量 q_0 的单位废旧品进行惩罚，单位废旧品的惩罚额也为 λ。

（4）再造品的质量改善水平为 l，为再造商的决策变量。再造商对提高再造品质量的技术投入为 I（由于在提升再造品的质量过程中，会增加再造品的加工成本，因此假设技术投入也包含加工成本），而且假设这种技术投入与再造品的质量成正比。借鉴 De Giovanni 和 Zaccour[①] 的假设，假设 $I = \dfrac{ml^2}{2}$，m（$m > 0$）表示质量改善成本参数，m 越大表示单位质量改善水平的成本越高。

（5）网络回收平台提供的回收服务水平为 s，假设平台提供的回收服务水平越高，相应的服务成本就越高，借鉴现有文献[②]的假设，网络回收平台的服务成本函数为 $C(s) = \dfrac{\eta s^2}{2}$，其中 η（$\eta > 0$）为服务成本参数。

（6）再造品的销售价格为 p，与新旧产品完全一致的假设不同[③]，再造品的销售价格与质量改善水平有关，再造品质量改善水平越高，再造商的销售价格越高，假设

$$p = b + kl \tag{9.1}$$

其中，k（$k > 0$）表示质量改善水平对再造品价格的弹性系数；b 表示再造商不考虑质量水平投入时，再造品的销售价格。

---

① De Giovanni P, Zaccour G. Optimal Quality Improvements and Pricing Strategies with Active and Passive Product Returns. *Omega*, Vol. 88, 2019, pp. 248 – 262.

② Wu, C. H. Price and Service Competition Between New and Remanufactured Products in a Two – Echelon Supply Chain. *International Journal of Production Economics*, Vol. 140, No. 1, 2012, pp. 496 – 507；Wang Y, Yu Z, Shen L. Study on the Decision-making and Coordination of an E – commerce Supply Chain with Manufacturer Fairness Concerns. *International Journal of Production Research*, Vol. 57, No. 9, 2019, pp. 2788 – 2808.

③ De Giovanni P, Reddy P V, Zaccour G. Incentive Strategies for an Optimal Recovery Program in a Closed-loop Supply Chain. *European Journal of Operational Research*, Vol. 249, No. 2, pp. 605 – 617；Wang W, Zhang Y, Li Y, et al. Closed-loop Supply Chains under Reward-penalty Mechanism：Retailer Collection and Asymmetric Information. *Journal of Cleaner Production*, Vol. 142, 2017, pp. 3938 – 3955.

（7）废旧品的回收价格为 p_r，是再造商的决策变量。假设 $0 < p_r < b$，说明再造商销售再造品是有利可图的。

（8）网络回收平台回收单位废旧品得到的佣金为 ρ，且假设 $0 < \rho < p_r$，这说明佣金低于回收价格，再造商倾向于选择网络回收平台进行废旧品的回收。不同于传统回收渠道中回收商的转移支付价格①，为了研究回收过程中回收服务和质量改善问题（focal points），在模型中，将网络回收平台的佣金设置为外生变量②。

（9）废旧品的市场回收量为 q。回收价格和回收服务水平会影响废旧品的回收量，回收价格越高，回收服务越好，废旧品的回收量越大，借鉴 Bakal 等③和 Tang 等④的假设，假设回收量函数 q 满足：

$$q = \alpha + \beta p_r + \varphi s \qquad (9.2)$$

其中，$\alpha(\alpha \geq 0)$ 表示市场最少回收量，一般指消费者由于环保意识而自愿免费捐赠的废旧品数量，$\beta(\beta > 0)$ 表示回收价格对回收量的影响系数，$\varphi(\varphi > 0)$ 表示回收服务水平对回收量的影响系数。

（10）为保证研究问题有意义，决策变量为正值，假设本章中的参数满足：$2m - \beta k^2 > 0$，$\eta(2m - \beta k^2)(\alpha + \beta b - \beta \rho) + m\rho\varphi^2 > 0$。

在下文中，决策变量上标表示各个决策模型的最优决策，具体为："1^*"表示基准的分散决策，"2^*"表示考虑奖惩机制的分散决策，"3^*"表示考虑奖惩机制和网络回收平台利他偏好的分散决策，下标"RM"表示再造商，"N"表示网络回收平台。

---

① Xu L, Wang C. Sustainable Manufacturing in a Closed-loop Supply Chain Considering Emission Reduction and Remanufacturing. *Resources, Conservation and Recycling*, Vol. 131, 2018, pp. 297 – 304; Ke H, Wu Y, Huang H, et al. Optimal Pricing Decisions for a Closed-loop Supply Chain with Retail Competition under Fuzziness. *Journal of the Operational Research Society*, Vol. 69, No. 9, 2018, pp. 1468 – 1482; Heydari J, Ghasemi M. A Revenue Sharing Contract for Reverse Supply Chain Coordination under Stochastic Quality of Returned Products and Uncertain Remanufacturing Capacity. *Journal of Cleaner Production*, Vol. 197, 2018, pp. 607 – 615.

② Ma P, Li K W, Wang Z J. Pricing Decisions in Closed-loop Supply Chains with Marketing Effort and Fairness Concerns. *International Journal of Production Research*, Vol, 55, No. 22, 2017, pp. 6710 – 6731.

③ Bakal I S, Akcali E. Effects of Random Yield in Remanufacturing with Price – Sensitive Supply and Demand. *Production and Operations Management*, Vol. 15, No. 3, 2006, pp. 407 – 420.

④ Tang Y, Zhang Q, Li Y, et al. Recycling Mechanisms and Policy Suggestions for Spent Electric Vehicles' power Battery – A Case of Beijing. *Journal of Cleaner Production*, Vol. 186, 2018, pp. 388 – 406.

9.2 模型构建与求解

9.2.1 分散决策（案例1）

在该模型中不考虑政府的奖惩因素。再造商的利润函数为：

$$\pi_{RM} = (b + kl - \rho - p_r)q - \frac{ml^2}{2} \tag{9.3}$$

网络回收平台的利润函数为：

$$\pi_N = \rho q - \frac{\eta s^2}{2} \tag{9.4}$$

E – CLSC 系统的利润函数为：

$$\pi = (b + kl - p_r)q - \frac{ml^2}{2} - \frac{\eta s^2}{2} \tag{9.5}$$

此时，再造商和网络回收平台作为独立的经济主体，均以实现自身利润最大化为目标进行决策，再造商和网络回收平台构成网络回收平台为主，再造商为从的 Stackelberg 博弈关系。具体为：首先，网络回收平台确定自身的回收服务水平 s；其次，再造商确定废旧品的回收价格 p_r 和再造品的质量改善水平 l。根据逆向归纳法求解：

由式（9.3）可得，π_{RM} 的 Hessian 矩阵为 $H = \begin{bmatrix} \dfrac{\partial^2 \pi_{RM}}{\partial p_r^2} & \dfrac{\partial^2 \pi_{RM}}{\partial p_r \partial l} \\ \dfrac{\partial^2 \pi_{RM}}{\partial l \partial p_r} & \dfrac{\partial^2 \pi_{RM}}{\partial l^2} \end{bmatrix} =$

$\begin{bmatrix} -2\beta & \beta k \\ \beta k & -m \end{bmatrix}$，因为 $2m - \beta k^2 > 0$，所以 H 为负定矩阵，由 $\dfrac{\partial \pi_{RM}}{\partial p_r} = 0$ 和

$\dfrac{\partial \pi_{RM}}{\partial l} = 0$ 联立方程组可得

$$l = \frac{k(\alpha - \beta\rho + \beta b + \varphi s)}{2m - \beta k^2} \tag{9.6}$$

$$p_r = \frac{(\alpha + \varphi s)(\beta k^2 - m) + m\beta(b - \rho)}{\beta(2m - \beta k^2)} \tag{9.7}$$

303

将式（9.6）和式（9.7）代入式（9.4），由式（9.4），$\frac{\partial^2 \pi_N}{\partial s^2} = -\eta < 0$ 可知，π_N 存在极大值，由 $\frac{\partial \pi_N}{\partial s} = 0$ 可得

$$s^{1*} = \frac{\rho \varphi m}{\eta(2m - \beta k^2)} \tag{9.8}$$

将式（9.8）代入式（9.6）和式（9.7）可得最优回收价格和最优再造品质量水平。

9.2.2　考虑奖惩机制的分散决策（案例2）

本部分考虑政府为再造商设置奖惩机制，再造商的利润函数为：

$$\pi_{RM} = (b + kl - \rho - p_r)q + \lambda(q - q_0) - \frac{ml^2}{2} \tag{9.9}$$

网络回收平台的利润函数为：

$$\pi_N = \rho q - \frac{\eta s^2}{2} \tag{9.10}$$

低碳 E – CLSC 系统的利润函数为：

$$\pi = (b + kl - p_r)q + \lambda(q - q_0) - \frac{ml^2}{2} - \frac{\eta s^2}{2} \tag{9.11}$$

此时，再造商和网络回收平台仍构成以网络回收平台为主，再造商为从的 Stackelberg 博弈关系。

9.2.3　考虑奖惩机制和利他偏好的分散决策（案例3）

第三方回收平台专注于废旧品的回收，往往不具有加工处理废旧品的能力，需要与再造商合作。作为系统的主导者，网络回收平台为促进与再造商之间的合作，在决策时会让利再造商。网络回收平台非常看重与再造商之间的合作，比如淘绿网（taolv365.com）的经营理念就是"利他、协同、共赢"。爱回收（aihuishou.com）对入驻商家不收取平台使用费，并且包邮送到，免除了商家的运费。回收平台展现利他偏好有助于建立良好的企业形象，可以吸引更多再造商建立长久稳定的合作关系，有利于 E – CLSC 的长远发展。

根据 Loch 和 Wu[①] 的研究，考虑再造商和网络回收平台之间的利润差距，引入再造商利润参考点，假设网络回收平台的效用函数是自身利润和再造商利润的加权和。在这种情况下，网络回收平台不能完全利他 (fully altruism)，这是与 Loch 和 Wu[②] 以及 Ge 和 Hu[③] 的模型的不同之处。同时借鉴 Bester and Guth[④]，网络回收平台具有让利偏好时的效用函数是：

$$U_N = (1 - \theta)\pi_N + \theta\zeta\pi_{RM} \tag{9.12}$$

其中，$0 < \theta < 1$ 表示网络回收平台的利他偏好系数，θ 越接近 0，表示网络回收平台的利他偏好程度越弱；反之，θ 越接近 1，表示网络回收平台的利他偏好程度越强。$\zeta(\zeta > 0)$ 表示再造商利润的参考点。π_{RM} 和 π_N 分别表示制造商利润 [式 (9.9)] 和网络回收平台利润 [式 (9.10)]。

此时，E – CLSC 中，网络回收平台的决策函数不是利润，而是效用，网络回收平台以实现自身的效用最大化为目标进行决策。成员的决策顺序为：首先，网络回收平台根据效用最大化确定回收服务水平 s；其次，再造商根据市场需求确定废旧品的回收价格 p_r 和再造品的质量改善水平 l。

根据逆向归纳法可以求解模型的最优决策和相应的利润，最优结果如表 9 – 1 所示。

表 9 – 1　　　　　　　　不同决策模式下的最优结果

决策模型	结果
分散决策	$p_r^{1*} = \dfrac{\eta(2m - \beta k^2)[\alpha\beta k^2 - m(\alpha - \beta b + \beta\rho)] - m\rho\varphi^2(m - \beta k^2)}{\eta\beta(2m - \beta k^2)^2}$ $l^{1*} = \dfrac{k[\eta(2m - \beta k^2)(\alpha + \beta b - \beta\rho) + m\rho\varphi^2]}{\eta(2m - \beta k^2)^2}$ $s^{1*} = \dfrac{\rho\varphi m}{\eta(2m - \beta k^2)}$ $q^{1*} = \dfrac{m[\eta(2m - \beta k^2)(\alpha + \beta b - \beta\rho) + m\rho\varphi^2]}{\eta(2m - \beta k^2)^2}$ $\pi_{RM}^{1*} = \dfrac{m[\eta(2m - \beta k^2)(\alpha + \beta b - \beta\rho) + m\rho\varphi^2]^2}{2\beta\eta^2(2m - \beta k^2)^3}$

①②　Loch, C. H. and Wu, Y. Social Preferences and Supply Chain Performance: An Experimental Study. *Management Science*, Vol. 54, No. 11, 2008, pp. 1835 – 1849.

③　Ge, Z. and Hu, Q. Who benefits from altruism in supply chain management? *American Journal of Operations Research*, Vol. 2, No. 1, 2012.

④　Bester H, Güth W. Is Altruism Evolutionarily Stable? *Journal of Economic Behavior & Organization*, Vol. 34, No. 2, 1998, pp. 193 – 209.

决策模型	结果
分散决策	$\pi_N^{1*} = \dfrac{m\rho\left[2\eta(2m - \beta k^2)(\alpha + \beta b - \beta\rho) + m\rho\varphi^2\right]}{2\eta(2m - \beta k^2)^2}$ $\pi^{1*} = \pi_{RM}^{1*} + \pi_N^{1*}$ $CS^{1*} = \dfrac{b^2\beta}{2} + b\left[\alpha + \dfrac{m\rho\varphi^2}{2m\eta - k^2\beta\eta}\right]$ $SW^{1*} = \pi_{RM}^{1*} + \pi_N^{1*} + CS^{1*}$
考虑奖惩机制的分散决策	$p_r^{2*} = \dfrac{\eta(2m - \beta k^2)\{\alpha\beta k^2 - m[\alpha - \beta(b + \lambda - \rho)]\} - m\rho\varphi^2(m - \beta k^2)}{\eta\beta(2m - \beta k^2)^2}$ $l^{2*} = \dfrac{k\{\eta(2m - \beta k^2)[\alpha + \beta(b + \lambda - \rho)] + m\rho\varphi^2\}}{\eta(2m - \beta k^2)}$ $s^{2*} = \dfrac{\rho\varphi m}{\eta(2m - \beta k^2)}$ $q^{2*} = \dfrac{m\{\eta(2m - \beta k^2)[\alpha + \beta(b + \lambda - \rho)] + m\rho\varphi^2\}}{\eta(2m - \beta k^2)}$ $\pi_{RM}^{2*} = \dfrac{m\{\eta(2m - \beta k^2)[\alpha + \beta(b + \lambda - \rho)] + m\rho\varphi^2\}^2}{2\beta\eta^2(2m - \beta k^2)^3} - \lambda q_0$ $\pi_N^{2*} = \dfrac{m\rho\{\eta(2m - \beta k^2)[\alpha + \beta(b + \lambda - \rho)] + m\rho\varphi^2\}}{2\eta(2m - \beta k^2)^2}$ $\pi^{2*} = \pi_{RM}^{2*} + \pi_N^{2*}$ $CS^{2*} = \dfrac{b^2\beta}{2} + b\left[\alpha + \dfrac{m\rho\varphi^2}{2m\eta - k^2\beta\eta}\right]$ $SW^{2*} = \pi_{RM}^{2*} + \pi_N^{2*} + CS^{2*} - \lambda(q^{2*} - q_0)$
考虑奖惩机制和利他偏好的分散决策	$p_r^{3*} = \dfrac{m\varphi^2(\beta k^2 - m)\{\alpha\theta\zeta + \beta[\rho(1 - \theta) + \theta\zeta(b + \lambda - \rho)]\}}{\beta(2m - \beta k^2)[\eta\beta(2m - \beta k^2)(1 - \theta) - m\theta\zeta\varphi^2]}$ $\qquad + \dfrac{\alpha(\beta k^2 - m) + m\beta(b + \lambda - \rho)}{\beta(2m - \beta k^2)}$ $l^{3*} = \dfrac{k\beta(1 - \theta)\{\eta(2m - \beta k^2)[\alpha + \beta(b + \lambda - \rho)] + m\rho\varphi^2\}}{(2m - \beta k^2)[\eta\beta(2m - \beta k^2)(1 - \theta) - m\theta\zeta\varphi^2]}$ $s^{3*} = \dfrac{m\varphi\{\alpha\theta\zeta + \beta[\rho(1 - \theta) + \theta\zeta(b + \lambda - \rho)]\}}{\eta\beta(2m - \beta k^2)(1 - \theta) - m\theta\zeta\varphi^2}$ $q^{3*} = \dfrac{m\beta(1 - \theta)\{\eta(2m - \beta k^2)[\alpha + \beta(b + \lambda - \rho)] + m\rho\varphi^2\}}{(2m - \beta k^2)[\eta\beta(2m - \beta k^2)(1 - \theta) - m\theta\zeta\varphi^2]}$ $\pi_{RM}^{3*} = \dfrac{m\beta(1 - \theta)^2\{\eta(2m - \beta k^2)[\alpha + \beta(b + \lambda - \rho)] + m\rho\varphi^2\}^2}{2(2m - \beta k^2)[\eta\beta(2m - \beta k^2)(1 - \theta) - m\theta\zeta\varphi^2]^2} - \lambda q_0$ $\pi_N^{3*} = \dfrac{m\rho\beta\{\eta(2m - \beta k^2)[\alpha + \beta(b + \lambda - \rho)] + m\rho\varphi^2\}}{(2m - \beta k^2)[\eta\beta(2m - \beta k^2)(1 - \theta) - m\theta\zeta\varphi^2]}$ $\qquad - \dfrac{m^2\varphi^2\{\alpha\theta\zeta + \beta[\rho(1 - \theta) + \theta\zeta(b + \lambda - \rho)]\}^2}{2\eta\beta^2[(2m - \beta k^2)(1 - \theta) - m\theta\zeta\varphi^2]^2}$ $\pi^{2*} = \pi_{RM}^{3*} + \pi_N^{3*}$ $CS^{3*} = b\alpha + \dfrac{b^2\beta}{2} + \dfrac{bm\varphi^2\{\alpha\theta\zeta + \beta[\rho(1 - \theta) + \theta\zeta(b + \lambda - \rho)]\}}{\eta\beta(2m - \beta k^2)(1 - \theta) - m\theta\zeta\varphi^2}$ $SW^{3*} = \pi_{RM}^{3*} + \pi_N^{3*} + CS^{3*} - \lambda(q^{3*} - q_0)$

结论 9.1　在政府奖惩机制下，网络回收平台的利他偏好系数的有效范围为 $0 < \theta < \min\left(\dfrac{\eta\beta(2m - \beta k^2)}{\eta\beta(2m - \beta k^2) + m\zeta\varphi^2},\ \theta_1,\ \theta_2\right)$，其中 θ_1、θ_2 应满足 $\pi_N^{3*}\big|_{\theta = \theta_1, \theta_2} = 0$。

结论 9.1 给出了利他偏好系数满足的条件，利他偏好的同时需要保证平台自身利润。这说明网络回收平台的利他行为是有限度的，尽管会考虑再造商的盈利情况，但是利他偏好会控制在一定范围内，这样网络回收平台才能保证参与回收过程。

证明： 根据最优决策的求解过程可知，当 $\theta \geqslant \dfrac{\eta\beta(2m - \beta k^2)}{\eta\beta(2m - \beta k^2) + m\zeta\varphi^2}$ 时，无法求得最优解。网络回收平台参与回收过程的条件是要保证自身利润为正，即 $\pi_N^{3*} > 0$，求解 $\pi_N^{3*} = 0$ 可得 $\theta_1 = \dfrac{-B - \sqrt{B^2 - 4AC}}{2A}$，$\theta_2 = \dfrac{-B + \sqrt{B^2 - 4AC}}{2A}$。其中：

$$A = 2\beta^2(2m - \beta k^2)^2\eta^2\rho\big[\alpha + \beta(b + \lambda - \rho)\big] + 2m^2\rho^2\varphi^4\beta\zeta - m\eta\varphi^2(2m$$
$$- \beta k^2)\big\{\zeta^2\big[\alpha + \beta(b + \lambda)\big]^2 - 2\beta\zeta(2 + \zeta)\rho\big[\alpha + \beta(b + \lambda)\big]$$
$$+ \beta^2\rho^2\big[\zeta(4 + \zeta) - 1\big]\big\},$$

$$B = -2\rho\beta\big[\eta\beta(2m - \beta k^2) + m\rho\varphi^2\big]\big\{2\eta(2m - \beta k^2)\big[\alpha + \beta(b + \lambda - \rho)\big] + m\rho\varphi^2\big\},$$

$$C = \eta\rho\beta^2(2m - \beta k^2)\big\{2\eta(2m - \beta k^2)\big[\alpha + \beta(b + \lambda - \rho)\big] + m\rho\varphi^2\big\}.$$

结论 9.2　决策变量与利他偏好系数的关系：

（1）回收服务水平、再造品的质量改善水平、废旧品的回收量、再造商的利润与利他偏好系数正相关；网络回收平台利润与利他偏好系数负相关；

（2）当 $\dfrac{\beta k^2}{2} < m < \beta k^2$ 时，回收价格与利他偏好系数正相关；当 $m > \beta k^2$ 时，回收价格与利他偏好系数负相关。

证明： $\dfrac{\partial s^{3*}}{\partial \theta} = \dfrac{m\beta\zeta\varphi\big\{\eta(2m - \beta k^2)\big[\alpha + \beta(b + \lambda - \rho)\big] + m\rho\varphi^2\big\}}{\big[\eta\beta(2m - \beta k^2)(1 - \theta) - m\theta\zeta\varphi^2\big]^2} > 0$，

$\dfrac{\partial l^{3*}}{\partial \theta} = \dfrac{m\beta\zeta k\varphi^2\big\{\eta(2m - \beta k^2)\big[\alpha + \beta(b + \lambda - \rho)\big] + m\rho\varphi^2\big\}}{(2m - \beta k^2)\big[\eta\beta(2m - \beta k^2)(1 - \theta) - m\theta\zeta\varphi^2\big]^2} > 0$。$\dfrac{\partial q^{3*}}{\partial \theta} > 0$，

$\dfrac{\partial \pi_{RM}^{3*}}{\partial \theta} > 0$，$\dfrac{\partial \pi_N^{3*}}{\partial \theta} < 0$。

$$\frac{\partial p_r^{3*}}{\partial \theta} = \frac{m\zeta\varphi^2(\beta k^2 - m)\{\eta(2m - \beta k^2)[\alpha + \beta(b + \lambda - \rho)] + m\rho\varphi^2\}}{(2m - \beta k^2)[\eta\beta(2m - \beta k^2)(1 - \theta) - m\theta\zeta\varphi^2]^2},$$

所以如果 $\beta\dfrac{k^2}{2} < m < \beta k^2$，$\dfrac{\partial p_r^{3*}}{\partial \theta} > 0$；如果 $m > \beta k^2$，$\dfrac{\partial p_r^{3*}}{\partial \theta} < 0$。

从结论 9.2 中可以看出，网络回收平台对再造商收益的关注，使得再造商的利润随着利他偏好系数的增加而增加。随着网络回收平台利他偏好系数的增加，网络回收平台的服务水平、再造品的质量水平、废旧品的回收量是增加的。因为较高的服务水平有利于提高废旧品的回收量，因此当网络回收平台考虑利他偏好时，会制定较高的服务水平，以改善再造商的收益情况。再造商收益情况的改善，使其拥有更多的资金用于再造品质量的技术投入，再造品的质量水平会提升。

而利他偏好对废旧品回收价格的影响受 m、β、k 的共同作用。当质量改善成本参数较小时，再造品质量改善的成本对再造商影响较小，再造商提高回收价格有利于促进废旧品的回收，因此回收价格随利他偏好系数的增加而增加。若质量改善成本参数较大，再造品质量改善成本的消极影响较大，而利他偏好会增加再造商的收益，此时为缓解质量改善成本对收益的消极影响，再造商会降低回收价格，即回收价格与利他偏好系数负相关。因此对于质量改善较为困难的废旧品，网络回收平台过多的让利反而会使回收价格降低，不利于废旧品回收。这也说明网络回收平台的利他偏好尽管对再造商总是有利的，但对消费者并不总是有利的。

再造商的质量改善成本参数反映了质量改善对成本和利润的影响，随着时间的变化，再造商的质量改善成本参数会发生一定的变化。网络回收平台作为利他偏好的主体，利润与利他偏好系数是负相关的，因此应当根据再造商的质量改善成本参数的大小适当调整利他偏好系数，调整对再造商的让利程度来刺激废旧的回收活动，真正起到促进回收的作用。

9.3 模型的比较分析

9.3.1 奖惩机制对决策的影响

命题 9.1 决策变量与佣金的关系。

（1）网络回收平台的服务水平与佣金正相关。

（2）当 $m > \dfrac{\eta\beta^2 k^2}{2\eta\beta - \varphi^2}$ 时，再造品质量水平、废旧品回收量和再造商利润与佣金负相关，否则再造品质量水平、废旧品回收量和再造商利润与佣金正相关。

（3）当 $m > \dfrac{\beta k^2 (\eta\beta - \varphi^2)}{2\eta\beta - \varphi^2}$ 时，回收价格与佣金负相关，否则回收价格与佣金正相关。

（4）考虑政府奖惩机制时，若 $\rho < \dfrac{\eta(2m - \beta k^2)(\alpha + \beta b + \beta\lambda)}{2\eta\beta(2m - \beta k^2) - m\varphi^2}$，网络回收平台利润与佣金正相关；若 $\rho > \dfrac{\eta(2m - \beta k^2)(\alpha + \beta b + \beta\lambda)}{2\eta\beta(2m - \beta k^2) - m\varphi^2}$，网络回收平台利润与佣金负相关。

不考虑政府奖惩机制时，若 $\rho < \dfrac{\eta(2m - \beta k^2)(\alpha + \beta b)}{2\eta\beta(2m - \beta k^2) - m\varphi^2}$，网络回收平台利润与佣金正相关；若 $\rho > \dfrac{\eta(2m - \beta k^2)(\alpha + \beta b)}{2\eta\beta(2m - \beta k^2) - m\varphi^2}$，网络回收平台利润与佣金负相关。

在这个结论中，奖惩机制提高了网络回收平台利润与佣金正相关的阈值 $\dfrac{\eta(2m - \beta k^2)(\alpha + \beta b + \beta\lambda)}{2\eta\beta(2m - \beta k^2) - m\varphi^2}$，这也说明，奖惩机制有利于提高网络平台的利润，可以将这个结论融入下面的分析中。

从命题 9.1 中可以看出：

在 E－CLSC 中，网络回收平台是提供废旧品回收服务的主导者，主要依靠废旧品回收的佣金维持日常运营，佣金越高则网络回收平台提供的服务水平越高。

若再造商的质量改善成本参数较大，佣金上涨使得再造商的运营成本增加，为保证正常的利润，再造商会控制成本，降低回收价格、再造品质量改善水平，回收价格下降对回收量的影响大于服务水平对回收量的影响，最终使得回收量降低，再造商利润降低。但是若再造商的质量改善成本参数较小，质量改善成本对再造商的影响较小，即使佣金上涨，但是服务水平会升高，再造商也会适时提高回收价格，使得回收量增加，再造商利润也增加。

对于网络回收平台而言，奖惩机制提高了网络回收平台利润与佣金

正相关的阈值 $\dfrac{\eta(2m-\beta k^2)(\alpha+\beta b+\beta\lambda)}{2\eta\beta(2m-\beta k^2)-m\varphi^2}$ ，这也说明，奖惩机制有利于网络平台的利润提高。在佣金较低的时候，随着佣金的增加和服务水平提高带来的废旧品回收量的提高，使得网络回收平台的利润也增加，但是佣金越高意味着网络回收平台对于服务水平提升的投入越多，因此当佣金较高的时候，网络回收平台的利润随着佣金的增加而降低。因此网络回收平台要制定合理的佣金范围。

证明：$\dfrac{\partial s^{1*}}{\partial\rho}=\dfrac{\partial s^{2*}}{\partial\rho}=\dfrac{m\varphi}{\eta(2m-\beta k^2)}>0$，$\dfrac{\partial p_r^{1*}}{\partial\rho}=\dfrac{\partial p_r^{2*}}{\partial\rho}=$

$-\dfrac{m[\eta\beta(2m-\beta k^2)+\varphi^2(\beta k^2-m)]}{\eta\beta(2m-\beta k^2)^2}$，所以，若 $m>\dfrac{\beta k^2(\eta\beta-\varphi^2)}{2\eta\beta-\varphi^2}$，可

得 $\dfrac{\partial p_r^{1*}}{\partial\rho}=\dfrac{\partial p_r^{2*}}{\partial\rho}<0$；若 $m<\dfrac{\beta k^2(\eta\beta-\varphi^2)}{2\eta\beta-\varphi^2}$，可得 $\dfrac{\partial p_r^{1*}}{\partial\rho}=\dfrac{\partial p_r^{2*}}{\partial\rho}>0$。同样地，也可以推导出其他最优结果与佣金之间的关系。

命题9.2 决策变量与政府奖惩力度的关系。

考虑政府的奖惩策略时：

（1）服务水平与奖惩力度无关。

（2）回收价格、质量改善水平、回收量、网络回收平台利润和系统利润与奖惩力度正相关。

（3）$q^{2*}>q_0$ 时，再造商利润与奖惩力度正相关；$q^{2*}<q_0$ 时，再造商利润与奖惩力度负相关。

从命题9.2中可以看出，政府的奖惩机制仅针对再造商，网络回收平台作为系统的主导者，其服务水平不受奖惩力度的影响。质量改善水平与奖惩力度正相关，这说明奖惩机制下再造品的质量改善水平高于无奖惩机制时的质量改善水平，由于再造品的销售价格与质量改善水平正相关，因此奖惩机制下废旧品再销售的价格高于无奖惩机制时的价格。这与产品再制造时再造品销售价格在奖惩机制下更低的结论是不同的。[①]

回收价格与政府奖惩力度正相关，这对消费者是有利的；废旧品回收数量和再造品质量水平与政府奖惩力度正相关，有利于再造商开展废

---

① Chen，C. K.，and Akmalul'Ulya，M. Analyses of the Reward – Penalty Mechanism in Green Closed – Loop Supply Chains with Product Remanufacturing. *International Journal of Production Economics*，Vol. 210，2019，pp. 211 – 223.

旧品的回收。从这两方面来看，政府的奖惩机制是有效的，对回收量奖惩的设定不仅能激励再造商对废旧品的回收，还能改善再造品的质量，促进再造品的再销售，有利于循环经济的发展。而对再造商而言，奖惩机制的作用是直接的，若额定回收量较小，则奖惩力度越大越有利于提高再造商利润；若额定回收量较大，则奖惩力度越大越可能使再造商面临利润损失。因此政府要设置合理的额定回收量，提高再造商参与回收的积极性。

命题 9.3　再造商利润的比较。

当奖惩力度满足 $0 < \lambda \leqslant \lambda_1$ 时，$\pi_{RM}^{1*} \geqslant \pi_{RM}^{2*}$；当 $\lambda > \lambda_1$ 时，$\pi_{RM}^{1*} < \pi_{RM}^{2*}$。

其中 $\lambda_1 = 2\left[\dfrac{(2m - \beta k^2)q_0}{m\beta} - \dfrac{m\rho\varphi^2}{\eta\beta(2m - \beta k^2)} - \dfrac{\alpha}{\beta} - (b - \rho)\right]$。

证明： 解 $\pi_{RM}^{2*} - \pi_{RM}^{1*} = 0$，可得 $\lambda = 0$ 且 $\lambda = 2\left[\dfrac{(2m - \beta k^2)q_0}{m\beta} - \dfrac{m\rho\varphi^2}{\eta\beta(2m - \beta k^2)} - \dfrac{\alpha}{\beta} - (b - \rho)\right]$。

命题 9.3 说明，奖惩机制中奖惩力度的设置会影响再造商的利润，当奖惩力度较小时，奖惩机制对再造商的激励作用较小，不但没有起到促进回收的作用，反而使再造商面临惩罚，使得利润低于无奖惩的情形。这说明政府在设置奖惩力度的时候不能使力度太小，要掌握一定的范围才能使再造商利润高于无奖惩机制的利润，再造商可以在奖惩机制的激励下促进废旧品的回收销售。

基于命题 9.3，可以得到：

命题 9.4　$\dfrac{\partial \lambda_1}{\partial m} > 0$，$\dfrac{\partial \lambda_1}{\partial \eta} > 0$，其中 $\lambda_1 = 2\left[\dfrac{(2m - \beta k^2)q_0}{m\beta} - \dfrac{m\rho\varphi^2}{\eta\beta(2m - \beta k^2)} - \dfrac{\alpha}{\beta} - (b - \rho)\right]$。

命题 9.4 说明，当奖惩力度大于 λ_1 时，再造商在奖惩机制下的利润高于无奖惩机制时的利润。若政府想通过奖惩机制调动再造商参与回收的积极性，那么奖惩力度应该高于 λ_1，因此 λ_1 对政府来说是一个临界值。由此说明奖惩机制强度的临界值与质量改进参数和回收服务成本呈正相关。要想奖惩机制对再造商起到激励作用，随着再造品质量改善成本参数和网络回收平台回收服务成本参数的增加，奖惩力度也要增加。因此政府应该依照市场和企业发展情况确定合理的奖惩力度，才能发挥奖惩力度的作用。

9.3.2 利他偏好对决策的影响

命题9.5 决策变量与佣金的关系。

（1）当 $\theta < \dfrac{1}{1+\zeta}$ 时，服务水平与佣金正相关；当 $\theta > \dfrac{1}{1+\zeta}$ 时，服务水平与佣金负相关。

（2）当 $m > \dfrac{\eta\beta^2 k^2}{2\eta\beta - \varphi^2}$ 时，再造品质量改善水平、废旧品回收量和再造商利润与佣金负相关，否则再造品质量水平、废旧品回收量和再造商利润与佣金正相关，这与命题9.2结论一致。

（3）当 $m > \dfrac{\beta k^2 \left[\eta\beta(1-\theta) + (1-\theta-\theta\zeta)\varphi^2\right]}{2\eta\beta(1-\theta) + (1-\theta-2\theta\zeta)\varphi^2}$ ，回收价格与佣金负相关，否则回收价格与佣金正相关。

当网络回收平台考虑利他偏好时，再造品质量改善水平、废旧品回收量、再造商利润与佣金的关系和不考虑利他偏好时一致。但是回收价格与佣金的相关性却不同：服务水平与佣金的关系受利他偏好系数的影响，即若利他偏好系数 $\theta < \dfrac{1}{1+\zeta}$ ，则服务水平与佣金正相关，否则负相关。因此服务水平在利他偏好系数满足 $\theta = \dfrac{1}{1+\zeta}$ 时达到最大值。若网络回收平台利他偏好程度过大，则其无法维持自身的正常运营，只能降低服务水平控制成本。服务水平过低会降低消费者的满意度，不利于废旧品的回收。

证明： 因为 $\dfrac{\partial s^{3*}}{\partial \rho} = \dfrac{m\beta\varphi(1-\theta-\theta\zeta)}{\eta\beta(2m-\beta k^2)(1-\theta) - m\theta\zeta\varphi^2}$ ，若 $\theta < \dfrac{1}{1+\zeta}$ ，则 $\dfrac{\partial s^{3*}}{\partial \rho} > 0$ ，若 $\theta > \dfrac{1}{1+\zeta}$ ，则 $\dfrac{\partial s^{3*}}{\partial \rho} < 0$ 。同样，若 $m > \dfrac{\eta\beta^2 k^2}{2\eta\beta - \varphi^2}$ ，则 $\dfrac{\partial l^{3*}}{\partial \rho} < 0$ ，$\dfrac{\partial q^{3*}}{\partial \rho} < 0$ ，$\dfrac{\partial \pi_{RM}^{3*}}{\partial \rho} < 0$ ；若 $m < \dfrac{\eta\beta^2 k^2}{2\eta\beta - \varphi^2}$ ，则 $\dfrac{\partial l^{3*}}{\partial \rho} > 0$ ，$\dfrac{\partial q^{3*}}{\partial \rho} > 0$ ，$\dfrac{\partial \pi_{RM}^{3*}}{\partial \rho} > 0$ 。若 $m > \dfrac{\beta k^2 \left[\eta\beta(1-\theta) + (1-\theta-\theta\zeta)\varphi^2\right]}{2\eta\beta(1-\theta) + (1-\theta-2\theta\zeta)\varphi^2}$ ，则 $\dfrac{\partial p_r^{3*}}{\partial \rho} < 0$ ；若 $m <$

312

$$\frac{\beta k^2 [\eta\beta(1-\theta)+(1-\theta-\theta\zeta)\varphi^2]}{2\eta\beta(1-\theta)+(1-\theta-2\theta\zeta)\varphi^2},\text{ 则 } \frac{\partial p_r^{3*}}{\partial\rho}>0\text{。}$$

命题 9.6 决策变量与奖惩力度的关系。

（1）再造品的质量改善水平、网络回收平台的服务水平、废旧品回收量与奖惩力度正相关。

（2）当 $\dfrac{\beta k^2}{2}<m<\beta k^2$ 时，回收价格与奖惩力度正相关。当 $m>\beta k^2$ 时，若 $\theta<\dfrac{\eta\beta}{\eta\beta+\zeta\varphi^2}$，回收价格与奖惩力度正相关；若 $\theta>\dfrac{\eta\beta}{\eta\beta+\zeta\varphi^2}$，回收价格与奖惩力度负相关。

（3）考虑网络回收平台利他偏好的分散决策中，若回收量满足 $\dfrac{\eta\beta(2m-\beta k^2)(1-\theta)}{\eta\beta(2m-\beta k^2)(1-\theta)-m\theta\zeta\varphi^2}\times q^{3*}>q_0$，则 π_{RM}^3 与奖惩力度正相关，否则 π_{RM}^{3*} 与奖惩力度负相关。

从命题 9.6 可以看出，再造品的质量水平、废旧品回收量与奖惩力度正相关，这与命题 9.2 的结论是一致的。由于网络回收平台关注再造商收益，回收服务水平受到奖惩机制的影响，与奖惩力度正相关。这说明奖惩机制能够提高回收服务水平，有利于网络回收。

对于回收价格来说，在案例 3 中，考虑网络回收平台的利他偏好，当质量改善成本系数较小时，回收价格与奖惩力度正相关。当质量改善成本较大时，回收价格与政府奖惩力度的关系与利他偏好系数相关：若利他偏好系数满足 $\theta<\dfrac{\eta\beta}{\eta\beta+\zeta\varphi^2}$，则回收价格与奖惩力度正相关；若 $\theta>\dfrac{\eta\beta}{\eta\beta+\zeta\varphi^2}$，回收价格与奖惩力度负相关。这说明对于质量改善难度大的废旧品，当网络回收平台的利他偏好系数较小时，奖惩力度的增强有利于回收价格的提高，促进废旧品的回收。

受到网络回收平台让利行为的影响，再造商利润在利他偏好下的利润高于无利他偏好下的利润，奖惩机制对再造商的影响也不同于命题 9.2。即使回收量可能低于奖惩机制中的额定回收量，再造商的利润也可能会随着奖惩力度的加大而增加（只要保证回收量满足 $\dfrac{\eta\beta(2m-\beta k^2)(1-\theta)}{\eta\beta(2m-\beta k^2)(1-\theta)-m\theta\zeta\varphi^2}\times q^{3*}>q_0$）。这同样也说明利他偏好对再造商具有一定的激励作用。

证明：$\dfrac{\partial l^{3*}}{\partial \lambda} = \dfrac{k\eta\beta^2(1-\theta)}{\eta\beta(2m-\beta k^2)(1-\theta)-m\theta\zeta\varphi^2} > 0$，类似地，$\dfrac{\partial s^{3*}}{\partial \lambda} > 0$，

$\dfrac{\partial q^{3*}}{\partial \lambda} > 0$。

解 $\dfrac{\partial p_r^{3*}}{\partial \lambda} = \dfrac{m[\eta\beta(1-\theta)-\theta\zeta\varphi^2]}{\eta\beta(2m-\beta k^2)(1-\theta)-m\theta\zeta\varphi^2} = 0$，$\theta = \dfrac{\eta\beta}{\eta\beta+\zeta\varphi^2}$。由结

论 9.1 可得，利他主义偏好系数 $\theta < \dfrac{\eta\beta(2m-\beta k^2)}{\eta\beta(2m-\beta k^2)+m\zeta\varphi^2}$，当 $\dfrac{\beta k^2}{2} <$

$m < \beta k^2$ 时，可证得 $\dfrac{\eta\beta}{\eta\beta+\zeta\varphi^2} > \dfrac{\eta\beta(2m-\beta k^2)}{\eta\beta(2m-\beta k^2)+m\zeta\varphi^2}$，所以 $\dfrac{\partial p_r^{3*}}{\partial \lambda} > 0$；当

$m > \beta k^2$ 时，$\dfrac{\eta\beta}{\eta\beta+\zeta\varphi^2} < \dfrac{\eta\beta(2m-\beta k^2)}{\eta\beta(2m-\beta k^2)+m\zeta\varphi^2}$，所以如果 $\theta < \dfrac{\eta\beta}{\eta\beta+\zeta\varphi^2}$，

可得 $\dfrac{\partial p_r^{3*}}{\partial \lambda} > 0$，如果 $\theta > \dfrac{\eta\beta}{\eta\beta+\zeta\varphi^2}$，可得 $\dfrac{\partial p_r^{3*}}{\partial \lambda} < 0$。

因为 $\dfrac{\partial \pi_{RM}^{3*}}{\partial \lambda} = \dfrac{\eta m\beta^2(1-\theta)^2\{\eta(2m-\beta k^2)[\alpha+\beta(b+\lambda-\rho)]+m\rho\varphi^2\}}{[\eta\beta(2m-\beta k^2)(1-\theta)-m\theta\zeta\varphi^2]^2} -$

q_0，化简得 $\dfrac{\partial \pi_{RM}^{3*}}{\partial \lambda} = \dfrac{\eta\beta(2m-\beta k^2)(1-\theta)}{\eta\beta(2m-\beta k^2)(1-\theta)-m\theta\zeta\varphi^2} q^{3*} - q_0$。如果

$\dfrac{\eta\beta(2m-\beta k^2)(1-\theta)}{\eta\beta(2m-\beta k^2)(1-\theta)-m\theta\zeta\varphi^2} q^{3*} > q_0$，得 $\dfrac{\partial \pi_{RM}^{3*}}{\partial \lambda} > 0$，如果

$\dfrac{\eta\beta(2m-\beta k^2)(1-\theta)}{\eta\beta(2m-\beta k^2)(1-\theta)-m\theta\zeta\varphi^2} q^{3*} < q_0$，得 $\dfrac{\partial \pi_{RM}^{3*}}{\partial \lambda} < 0$。

9.3.3 奖惩机制和利他偏好对回收量提升度的影响

从以上的比较分析中可以看出，奖惩机制和利他偏好都有利于提高废旧品的回收量（结论 9.2、命题 9.2、命题 9.5）。为了比较分析这两种机制对回收量提升的影响，设 $\Delta_p q = \dfrac{q^{2*}-q^{1*}}{q^{1*}}$ 和 $\Delta_A q = \dfrac{q^{3*}-q^{2*}}{q^{2*}}$ 分别表示奖惩力度和利他偏好对回收量的影响度。通过计算有：

$$\Delta_p q = \dfrac{\eta\beta\lambda(2m-\beta k^2)}{\eta(2m-\beta k^2)(\alpha+\beta b-\beta\rho)+m\rho\varphi^2}$$

$$\Delta_A q = \frac{m\theta\zeta\varphi^2}{\eta\beta(2m - \beta k^2)(1 - \theta) - m\theta\zeta\varphi^2}$$

命题 9.7　（1）$\Delta_p q$ 与 λ 正相关，与 α、b 负相关；（2）$\Delta_A q$ 与 θ 正相关。

命题 9.7 说明奖惩机制下，若消费者自愿捐赠的废旧品数量较大或再造品的最低销售价格较高，奖惩机制的激励效果不太显著，而对于消费者捐赠意愿较低或再造品的最低销售价格较低的废旧品，奖惩机制会起到较大的促进作用。从政府角度来说，对于较难回收的废旧品，奖惩机制对回收量提升的影响效果较为明显，应该实行奖惩机制。

利他偏好越大越有利于促进回收，利他偏好系数越大，对回收量提升的效果越显著。因此对于某种特定产品，随着网络平台利他偏好系数的增加，回收量的提升效果越好。随着循环经济的发展，网络回收平台作为共享平台，其规模经济的优势会逐渐明显，这种情形下更应该注重让利再造商，这对提升回收量的效果更显著，由此获得更大的环保效益。

命题 9.8　（1）$\lambda > \lambda_2$ 时，奖惩机制对回收量的影响度大于利他偏好对回收量的影响度；当 $\lambda < \lambda_2$ 时，奖惩机制对回收量的影响度小于利他偏好对回收量的影响度。其中 $\lambda_2 = \dfrac{m\theta\zeta\varphi^2[\eta(2m - \beta k^2)(\alpha + \beta b - \beta\rho) + m\rho\varphi^2]}{\eta\beta(2m - \beta k^2)[\eta\beta(2m - \beta k^2)(1 - \theta) - m\theta\zeta\varphi^2]}$。

（2）$\theta > \theta_3$ 时，利他偏好对回收量的影响度大于奖惩机制对回收量的影响度；当 $\theta < \theta_3$ 时，利他偏好对回收量的影响度小于奖惩机制对回收量的影响度。其中 $\theta_3 = \dfrac{\lambda\eta^2\beta^2(2m - \beta k^2)^2}{\lambda\eta^2\beta^2(2m - \beta k^2)^2 + m\zeta\varphi^2\{\eta(2m - \beta k^2)[\alpha + \beta(b + \lambda - \rho)] + m\rho\varphi^2\}}$。

证明： 令 $\Delta_p q - \Delta_A q = 0$，可以求得 $\lambda = \dfrac{m\theta\zeta\varphi^2[\eta(2m - \beta k^2)(\alpha + \beta b - \beta\rho) + m\rho\varphi^2]}{\eta\beta(2m - \beta k^2)[\eta\beta(2m - \beta k^2)(1 - \theta) - m\theta\zeta\varphi^2]}$，

$\theta = \dfrac{\lambda\eta^2\beta^2(2m - \beta k^2)^2}{\lambda\eta^2\beta^2(2m - \beta k^2)^2 + m\zeta\varphi^2\{\eta(2m - \beta k^2)[\alpha + \beta(b + \lambda - \rho)] + m\rho\varphi^2\}}$。

回收量的影响度反映了 E - CLSC 回收的有效性，通过比较回收量的影响度可以比较奖惩机制和利他偏好两种机制的促进作用。命题 9.8 说明，在网络回收平台利他偏好一定的情况下，若是政府的奖惩力度高

于 λ_2，则奖惩机制对回收量的促进效果更明显；若奖惩力度较低（$\lambda <$ λ_2），那么网络回收平台的利他偏好影响效果更明显。命题9.8同时也说明，奖惩力度一定时，利他偏好系数也存在一个值 θ_3，若利他偏好系数大于 θ_3，网络平台的利他偏好对环保效益的影响效果更明显。

9.4　数值分析

9.4.1　利他偏好对回收决策的影响

参考以往文献中的数值分析[①]，对问题一般化，考虑一般性产品。假设某种废旧品的参数为 $\beta = 5$，$k = 1$，$\eta = 10$，$\rho = 2$，$b = 5$，$\lambda = 1$，$q_0 = 20$，$\zeta = 0.5$，$\varphi = 1$，$\alpha = 10$。首先分析利他偏好系数对回收策略和网络回收平台利润的影响（见图9-2）。

316

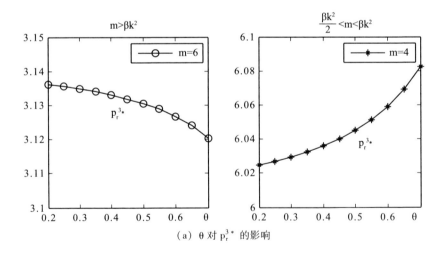

（a）θ 对 p_r^{3*} 的影响

①　Feng, L., Govindan, K. and Li, C. Strategic Planning: Design and Coordination for Dual - Recycling Channel Reverse Supply Chain Considering Consumer Behavior. *European Journal of Operational Research*, Vol. 260, No. 2, 2017, pp. 601 - 612; Wang W, Ding J, Sun H. Reward - Penalty Mechanism for a Two - Period Closed - Loop Supply Chain. *Journal of Cleaner Production*, Vol. 203, 2018, pp. 898 - 917; Bakal I S, Akcali E. Effects of Random Yield in Remanufacturing with Price - Sensitive Supply and Demand. *Production and Operations Management*, Vol. 15, No. 3, 2006, pp. 407 - 420.

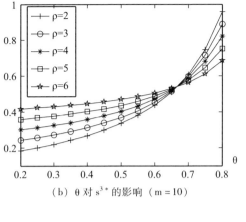

（b）θ 对 s^{3*} 的影响（m = 10）

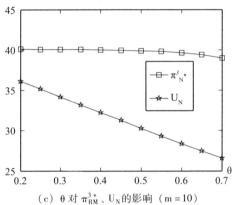

（c）θ 对 π_{RM}^{3*}、U_N 的影响（m = 10）

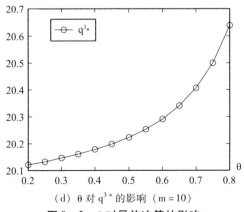

（d）θ 对 q^{3*} 的影响（m = 10）

图 9 - 2　θ 对最佳决策的影响

从图 9 - 2（a）中可以看出，回收价格与利他偏好系数的关系与质量改善成本参数有关。这说明，质量改善成本参数较小时，网络回收平台的利他偏好可以提高回收价格，从而激励消费者参与废旧品的回收，有利于网络回收的开展。而质量改善成本参数较大时，再造商需要网络回收平台实施利他偏好行为，缓解质量改善成本的压力，使得回收价格降低（左侧的图 m = 6 时，回收价格随着利他偏好系数的增加而减小）。这说明平台的利他偏好并不总是有利于提高回收价格。

从图 9 - 2（b）中可以看出，服务水平与利他偏好系数正相关，这与结论 9.2 的结论是一致的。并且可以看出在案例 3 中，服务水平与佣金的关系与利他偏好系数相关：当 $\theta < \frac{2}{3}$ 时，服务水平与佣金正相关，而当 $\theta > \frac{2}{3}$ 时，服务水平与佣金负相关，因为此时佣金较高的服务水平的曲线反而低于佣金低的服务水平曲线。这与命题 9.5 的结论是一致的。

从图 9 - 2（c）中可以看出，网络回收平台的利润和效用随着利他偏好系数的增加而减小。网络回收平台利润与利他偏好负相关，这与传统供应链中的结论一致。[1] 并且从图 9 - 2（c）中可以看出，当利他偏好系数大于 0.6 之后，网络回收平台利润减小的趋势增强。网络回收平台作为具有利他偏好的决策者，其效用函数随着利他偏好系数负相关，这与之前假设利他偏好主体完全利他的结论不同，之前的研究表明完全利他偏好主体的效用与利他偏好系数正相关[2]，而在本章构建的效用函数中，网络回收平台不能完全利他，尽管随着利他偏好系数的增加，再造商利润增加，但是网络回收平台的利润减小，最终导致效用减小。

从图 9 - 2（d）中可以看出废旧品回收量随着利他偏好系数的增加而增加，这与定理 9.2 的结论一致。并且随着利他偏好系数的增加，回收量增加的趋势更加明显。这主要是因为回收平台的利他偏好有利于提高回收服务水平，因而增加了回收量。

---

① Ge, Z. and Hu, Q. Who benefits from altruism in supply chain management? *American Journal of Operations Research*, Vol. 2, No. 1, 2012.

② Zhou Y, Hu F, Zhou Z. Pricing Decisions and Social Welfare in a Supply Chain with Multiple Competing Retailers and Carbon Tax Policy. *Journal of Cleaner Production*, Vol. 190, 2018, pp. 752 - 777.

9.4.2 奖惩机制对回收决策的影响

假设废旧品的参数为 $\beta = 5$，$k = 1$，$\eta = 10$，$\rho = 2$，$b = 5$，$q_0 = 20$，$\zeta = 0.5$，$\varphi = 1$，$\alpha = 10$，$m = 10$，$\theta = 0.2$，令 λ 为自变量，再造商利润与奖惩力度的关系如图 9 - 3 所示。从图 9 - 3（a）可以看出，再造商利润随着奖惩力度的增大而增加，这说明政府提高奖惩力度将有利于促进再造商参与废旧品回收。但是可以看出，若是奖惩力度过小，再造商的利润会低于无奖惩力度的情形（λ_1 和 λ_3 分别是 π_{RM}^{2*} 和 π_{RM}^{3*} 与 π_{RM}^{1*} 交点的奖惩力度），这说明奖惩力度应该高于 λ_1 和 λ_2，才能保证再造商乐于接受奖惩机制，否则将面临利润损失。并且可以看出在网络回收平台利他偏好下再造商的利润要高于无利他偏好的情形。

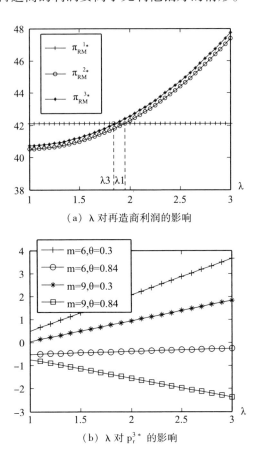

（a）λ 对再造商利润的影响

（b）λ 对 p_r^{3*} 的影响

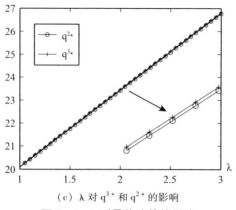

（c）λ 对 q^{3*} 和 q^{2*} 的影响

图9－3　λ对最佳决策的影响

　　为了分析奖惩力度对回收价格影响的不确定性，假设回收品的参数为 $\beta = 8$，$k = 1$，$\eta = 5$，$\rho = 1$，$b = 0.1$，$\lambda = 1$，$q_0 = 20$，$\zeta = 0.5$，$\varphi = 4$，$\alpha = 0$，利他偏好下回收价格与奖惩力度之间的关系如图9－3（b）所示。从图9－3（b）中可以看出，利他偏好下的回收价格与奖惩力度的关系与质量改善成本参数相关［如命题9.6（2）］。若质量改善成本系数较小（$m = 6$），回收价格随着奖惩力度的增强而增加，奖惩力度的增大有利于提高废旧品的回收价格；若质量改善成本系数较大（$m = 9$），当利他偏好系数较小时（$\theta = 0.3$），回收价格随着奖惩力度的增强而增加；利他偏好系数较大时（$\theta = 0.84$），回收价格随着奖惩力度的增大而降低。这说明对于再造商，在奖惩机制下，若想提高废旧品的回收量，应该要减小质量改善成本系数，增加创新投入，改进质量且改善技术，降低质量改善成本。

　　假设废旧品的参数为 $\beta = 5$，$k = 1$，$\eta = 10$，$\rho = 2$，$b = 5$，$q_0 = 20$，$\zeta = 0.5$，$\varphi = 1$，$\alpha = 10$，$m = 10$，$\theta = 0.2$，令 λ 为自变量，废旧品回收量与奖惩力度的关系如图9－3（c）所示。从图9－3（c）中可以看出，网络回收平台存在利他偏好时的回收量高于无利他偏好时的回收量，并且回收量随着奖惩力度的增大而增加。这说明，E－CLSC外部政府的奖惩机制和E－CLSC内部平台的利他偏好行为都有利于促进回收量的增加，具有良好的环保效益。

9.4.3　利他偏好和奖惩机制对企业利润的影响

　　奖惩机制中的奖惩力度和网络回收平台的利他偏好对再造商和网络

回收平台都产生了一定的影响，设 $\Delta_p \pi_{RM} = \dfrac{\pi_{RM}^{2*} - \pi_{RM}^{1*}}{\pi_{RM}^{1*}}$ 和 $\Delta_p \pi_N =$

$\dfrac{\pi_N^{2*} - \pi_N^{1*}}{\pi_N^{1*}}$ 分别表示政府奖惩机制对再造商和网络回收平台利润的影响

度；$\Delta_A \pi_{RM} = \dfrac{\pi_{RM}^{3*} - \pi_{RM}^{2*}}{\pi_{RM}^{2*}}$ 和 $\Delta_A \pi_N = \dfrac{\pi_N^{3*} - \pi_N^{2*}}{\pi_N^{2*}}$ 分别表示利他偏好对再造商

和网络回收平台利润的影响度。

本部分通过数值算例分析奖惩力度和利他偏好行为对两个企业利润的影响。假设某种产品的参数满足 $\beta = 5$，$k = 1$，$\eta = 10$，$\rho = 2$，$b = 5$，$q_0 = 20$，$\varphi = 1$，$\alpha = 10$。令 $\theta = 0.2$，$\zeta = 0.3$，$\lambda \in [1, 10]$，得到 $\Delta_p \pi_{RM}$ 和 $\Delta_p \pi_N$ 随奖惩力度的变化情况 [见图 9 - 4 (a)]；令 $\lambda = 1$，$\theta \in [0.1, 0.8]$，得到 $\Delta_A \pi_{RM}$ 和 $\Delta_A \pi_N$ 随利他偏好系数的变化情况 [见图 9 - 4 (b)]。

从图 9 - 4 (a) 中可以看出，奖惩力度的增大有利于增加再造商和网络回收平台利润。在奖惩力度较小的时候，对网络回收平台的影响大于再造商，若奖惩力度过小还可能会导致再造商利润损失。随着奖惩力度的增大，对再造商的影响将大于对网络回收平台的影响（$\lambda > 7$）。这主要是因为奖惩力度有利于提高回收服务水平，促进回收的同时也会增加网络回收平台的成本。而对于再造商而言，奖惩力度的增加有利于提高回收量，而且奖励也会增加，因此利润增加的程度大于网络回收平台增加的程度。

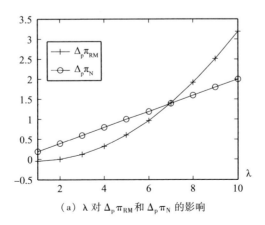

（a）λ 对 $\Delta_p \pi_{RM}$ 和 $\Delta_p \pi_N$ 的影响

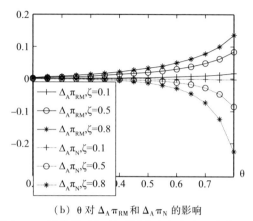

（b）θ 对 $\Delta_A \pi_{RM}$ 和 $\Delta_A \pi_N$ 的影响

图 9 - 4　两种激励机制对再造商和电商平台的影响

图 9 - 4（b）表明利他偏好系数的增加对再造商利润是积极影响，对网络回收平台利润却是消极影响。并且随着利他偏好系数的增加，影响程度逐渐增强。再造商利润参考点不同时，利他偏好行为对再造商和网络回收平台的影响程度大小不同：当 $\zeta < 0.5$ 时，随着利他偏好系数的增加，对再造商的影响程度更大；当 $\zeta = 0.5$ 时，随着利他偏好系数的增加，对再造商和网络回收平台的影响程度接近相等；当 $\zeta > 0.5$ 时，随着利他偏好系数的增加，对网络回收平台的影响程度更大。这说明利他偏好下，再造商利润参考点越大，利他偏好程度越高对自身越不利。

9.4.4　奖惩机制对消费者剩余和社会福利的影响

当不考虑平台的利他偏好时，奖惩机制并不影响消费者剩余。消费者剩余与平台的回收服务正相关，这意味着在 E - CLSC 中提高回收服务水平则会直接影响消费者剩余。而对利他偏好的研究中发现消费者剩余随着利他偏好系数的增加和奖惩机制强度的增大而增加，因此利他偏好不仅有利于增加再造商的利润还会增加消费者剩余，有利于回收。

鉴于社会福利表达式的复杂性，本部分通过数值算例分析奖惩机制和利他偏好对社会福利的影响。假设某种产品的参数满足 $\beta = 5$，$k = 1$，$\eta = 10$，$\rho = 2$，$b = 5$，$q_0 = 20$，$\zeta = 0.5$，$\varphi = 1$，$\alpha = 10$。令 $\theta = 0.5$，$\lambda \in [1, 10]$，得到社会福利随奖惩力度的变化情况 [见图 9 - 5（a）]；令

$\lambda = 1$，$\theta \in [0.1, 0.8]$，得到社会福利随利他偏好系数的变化情况［见图9－5（b）］。

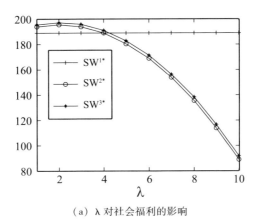

（a）λ对社会福利的影响

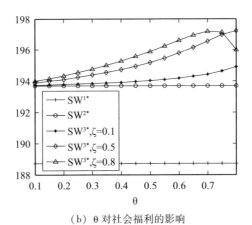

（b）θ对社会福利的影响

图9－5　两种激励机制对社会福利的影响

　　从图9－5（a）可以看出，随着奖惩机制力度的增大，社会福利先增加后减小，减小趋势越来越强，这主要是因为社会福利中包括了政府实行奖惩机制获得的奖惩额。若奖惩力度高于某一特定值，则奖惩机制下的社会福利会比无奖惩机制的社会福利更低。

　　从图9－5（b）可以看出，社会福利与利他偏好系数的关系与再造商利润的参考点相关。若利润参考点较小，则社会福利随着利他偏好的增强而增加；若利润参考点较大，则社会福利随着利他偏好的增强先增加后下降。这主要是因为较高的利润参考点会导致回收平台的利润降低，进而降低社会福利水平。

从图 9 - 5 中可以总结出，利他偏好下社会福利比无利他偏好时的社会福利更高。为了提高社会福利水平，奖惩机制中的奖惩力度应设置在合理范围内，并且若要通过利他偏好提高社会福利水平，则平台应注意调整利他偏好程度和利润参考点。

9.5　模　型　扩　展

由于奖惩机制和利他偏好有利于提高废旧品的回收量，在政府奖惩机制和网络回收平台利他偏好的影响下，政府、再造商和网络回收平台会对废旧品回收进行长时期的宣传，提高消费者参与网络回收的积极性。在此影响下，消费者会不断提高主动捐赠废旧品的数量，对回收服务水平的敏感度也不断提高。因此随着回收再造周期的变化，回收量会发生变化。[①] 本部分我们来探讨随着回收再造周期的变化，奖惩机制和利他偏好行为对废旧品回收的影响。需要注意的是，本部分仅从 E - CLSC 企业运营的角度分析两种激励机制下时间变化对再造商和网络回收平台的影响，并没有分析时间变化对消费者剩余和社会福利的影响。

现有很多文献通过动态销售价格、回收价格研究动态需求量或者回收量[②]的问题。不同于现有文献，本部分构建的扩展模型，考虑的是回收量函数中的影响系数随周期产生变化（即在离散时间段内，参数 α 和 φ 随着时间 t 的变化）。

假设 t（t = 1，2，3…）表示废旧品回收再造的周期；假设 α 和 φ 分

① Schur R, Gönsch J, Hassler M. Time-consistent, Risk-averse Dynamic Pricing. *European Journal of Operational Research*, Vol. 277, No. 2, 2019, pp. 587 – 603; Xiang Z, Xu M. Dynamic Cooperation Strategies of the Closed-loop Supply Chain Involving the Internet Service Platform. *Journal of Cleaner Production*, Vol. 220, 2019, pp. 1180 – 1193.

② Ma J, Wang H. Complexity Analysis of Dynamic Noncooperative Game Models for Closed-loop Supply Chain with Product Recovery. *Applied Mathematical Modelling*, Vol. 38, No. 23, 2014, pp. 5562 – 5572; Guo Y, Ma J. Research on Game Model and Complexity of Retailer Collecting and Selling in Closed-loop Supply Chain. *Applied Mathematical Modelling*, Vol. 37, No. 7, 2013, pp. 5047 – 5058.

别是关于 t 的函数形式，可以表示为 $\alpha(t)$ 和 $\varphi(t)$，且假设 $\alpha'(t) > 0$，$\alpha''(t) < 0$，$\varphi'(t) > 0$，$\varphi''(t) < 0$。[①] 则随着回收再造周期的变化，废旧品的回收函数变为 $q = \alpha(t) + \beta p_r + \varphi(t)s$。

当未实行奖惩机制，网络平台无利他偏好时，消费者未受到任何影响，这种情形下系统参数是不变的。假设这种情形下消费者自愿回收量为 α_0，回收水平对回收量的影响系数为 φ_0，则废旧品的回收量、再造商利润和网络回收平台利润为：

$$
\begin{cases}
q^{0t} = \dfrac{m\left[\eta(2m - \beta k^2)(\alpha_0 + \beta b - \beta\rho) + m\rho\,\varphi_0^{\,2}\right]}{\eta(2m - \beta k^2)^2} \\[3ex]
\pi_{RM}^{0t} = \dfrac{m\left[\eta(2m - \beta k^2)(\alpha_0 + \beta b - \beta\rho) + m\rho\,\varphi_0^{\,2}\right]^2}{2\beta\eta^2(2m - \beta k^2)^3} \\[3ex]
\pi_{N}^{0t} = \dfrac{m\rho\left[2\eta(2m - \beta k^2)(\alpha_0 + \beta b - \beta\rho) + m\rho\,\varphi_0^{\,2}\right]}{2\eta(2m - \beta k^2)^2}
\end{cases}
$$

接下来，为考察奖惩机制和利他偏好对再造商和网络回收平台的影响，我们分以下三种情形进行研究：

（1）假设奖惩力度为 0，仅考察让利偏好下再造商和网络回收平台随周期 t 的变化，此时回收量为 q^{1t}，再造商和网络回收平台的利润分别为 π_{RM}^{1t} 和 π_{N}^{1t}，则有

$$
\begin{cases}
q^{1t} = \dfrac{m\beta(1 - \theta)\left\{\eta(2m - \beta k^2)[\alpha(t) + \beta(b - \rho)] + m\rho\,[\varphi(t)]^2\right\}}{(2m - \beta k^2)\left\{\eta\beta(2m - \beta k^2)(1 - \theta) - m\theta\zeta\,[\varphi(t)]^2\right\}^2} \\[3ex]
\pi_{RM}^{1t} = \dfrac{m\beta(1 - \theta)^2\left\{\eta(2m - \beta k^2)[\alpha(t) + \beta(b - \rho)] + m\rho\,[\varphi(t)]^2\right\}^2}{2(2m - \beta k^2)\left\{\eta\beta(2m - \beta k^2)(1 - \theta) - m\theta\zeta\,[\varphi(t)]^2\right\}^2} \\[3ex]
\pi_{N}^{1t} = \dfrac{m\rho\beta\left\{\eta(2m - \beta k^2)[\alpha(t) + \beta(b - \rho)] + m\rho\,[\varphi(t)]^2\right\}}{(2m - \beta k^2)\left\{\eta\beta(2m - \beta k^2)(1 - \theta) - m\theta\zeta\,[\varphi(t)]^2\right\}} \\[3ex]
\qquad - \dfrac{m^2\,[\varphi(t)]^2\left\{\alpha(t)\theta\zeta + \beta[\rho(1 - \theta) + \theta\zeta(b - \rho)]\right\}^2}{2\eta\beta^2\left\{(2m - \beta k^2)(1 - \theta) - m\theta\zeta\,[\varphi(t)]^2\right\}^2}
\end{cases}
$$

（2）假设让利偏好系数为 0，仅考察政府奖惩机制下，再造商和网络回收平台随周期 t 的变化，此时回收量为 q^{2t}，再造商和网络回收平台的利润分别为 π_{RM}^{2t} 和 π_{N}^{2t}，则有

[①] Bass F M, Krishnamoorthy A, Prasad A, et al. Generic and Brand Advertising Strategies in a Dynamic Duopoly. *Marketing Science*, Vol. 24, No. 4, 2005, pp. 556 – 568.

$$
\left\{
\begin{aligned}
q^{2t} &= \frac{m\{\eta(2m-\beta k^2)[\alpha(t)+\beta(b+\lambda-\rho)]+m\rho[\varphi(t)]^2\}^2}{\eta(2m-\beta k^2)} \\
\pi_{RM}^{2t} &= \frac{m\{\eta(2m-\beta k^2)[\alpha(t)+\beta(b+\lambda-\rho)]+m\rho[\varphi(t)]^2\}^2}{2\beta\eta^2(2m-\beta k^2)^3} - \lambda q_0 \\
\pi_N^{2t} &= \frac{m\rho\{\eta(2m-\beta k^2)[\alpha(t)+\beta(b+\lambda-\rho)]+m\rho[\varphi(t)]^2\}}{2\eta(2m-\beta k^2)^2}
\end{aligned}
\right.
$$

（3）当奖惩机制和利他偏好共同作用时，考察再造商和网络回收平台随周期 t 的变化，奖惩力度系数和让利偏好系数都不为 0，此时回收量为 q^{3t}，再造商和网络回收平台的利润分别为 π_{RM}^{3t} 和 π_N^{3t}，则有

$$
\left\{
\begin{aligned}
q^{3t} &= \frac{m\beta(1-\theta)\{\eta(2m-\beta k^2)[\alpha(t)+\beta(b+\lambda-\rho)]+m\rho[\varphi(t)]^2\}^2}{(2m-\beta k^2)\{\eta\beta(2m-\beta k^2)(1-\theta)-m\theta\zeta[\varphi(t)]^2\}^2} \\
\pi_{RM}^{3t} &= \frac{m\beta(1-\theta)^2\{\eta(2m-\beta k^2)[\alpha(t)+\beta(b+\lambda-\rho)]+m\rho[\varphi(t)]^2\}^2}{2(2m-\beta k^2)\{\eta\beta(2m-\beta k^2)(1-\theta)-m\theta\zeta[\varphi(t)]^2\}^2} - \lambda q_0 \\
\pi_N^{3t} &= \frac{m\rho\beta\{\eta(2m-\beta k^2)[\alpha(t)+\beta(b+\lambda-\rho)]+m\rho[\varphi(t)]^2\}}{(2m-\beta k^2)\{\eta\beta(2m-\beta k^2)(1-\theta)-m\theta\zeta[\varphi(t)]^2\}} \\
&\quad - \frac{m^2[\varphi(t)]^2\{\alpha(t)\theta\zeta+\beta[\rho(1-\theta)+\theta\zeta(b+\lambda-\rho)]\}^2}{2\eta\beta^2\{(2m-\beta k^2)(1-\theta)-m\theta\zeta[\varphi(t)]^2\}^2}
\end{aligned}
\right.
$$

鉴于模型的复杂性，在接下来的部分，我们采用数值分析的方法分析奖惩机制和利他偏好行为的影响。为计算方便，在不影响研究结论的前提下，借鉴 Bass 等[①]的研究方法，假设 $\alpha(t)$ 和 $\varphi(t)$ 满足：

$$
\left\{
\begin{aligned}
\alpha(t) &= 2\omega_1\sqrt{t-1}+\alpha_0 \\
\varphi(t) &= 2\omega_2\sqrt{t-1}+\varphi_0
\end{aligned}
\right. \quad t=1,2,3\cdots
$$

参考 9.4 部分数值算例中废旧品的取值，假设某种废旧品的参数为 $\beta=5$，$k=1$，$m=10$，$\eta=10$，$\rho=2$，$b=5$，$\lambda=1$，$q_0=20$，$\alpha_0=10$，$\varphi_0=1$，$\theta=0.5$，$\zeta=0.5$，并且假设在情形（1）中，$\omega_1=0.04$，$\omega_2=0.07$；在情形（2）中，$\omega_1=0.05$，$\omega_2=0.08$；在情形（3）中，$\omega_1=0.09$，$\omega_2=0.12$（注意：当奖惩机制和利他偏好机制同时实行时，ω_1 和 ω_2 的值比单独实行时要大）。将回收周期设为 20 个，研究回收数量、再造商利润、平台利润和系统利润随时间的变化。为了表示随时间的变化趋势，我们选择了两个周期来取一个点。随时间变化的变化趋势如图 9-6 至图 9-8 所示。

① Bass F M，Krishnamoorthy A，Prasad A，et al. Generic and Brand Advertising Strategies in a Dynamic Duopoly. *Marketing Science*，Vol. 24，No. 4，2005，pp. 556-568.

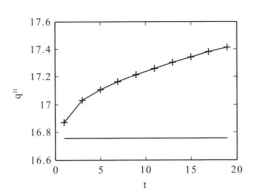

图9-6（a）　利他偏好时回收量随时间的变化（$\omega_1 = 0.04$，$\omega_2 = 0.07$）

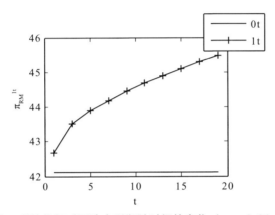

图9-6（b）　利他偏好时再造商利润随时间的变化（$\omega_1 = 0.04$，$\omega_2 = 0.07$）

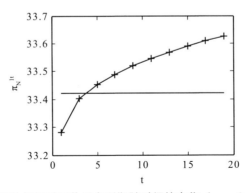

图9-6（c）　利他偏好时回收平台利润随时间的变化（$\omega_1 = 0.04$，$\omega_2 = 0.07$）

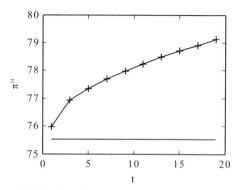

图 9 - 6（d） 利他偏好时系统利润随时间的变化（$\omega_1 = 0.04$，$\omega_2 = 0.07$）

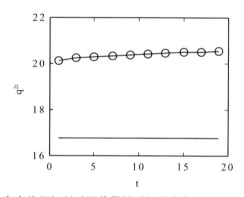

图 9 - 7（a） 存在奖惩机制时回收量随时间的变化（$\omega_1 = 0.05$，$\omega_2 = 0.08$）

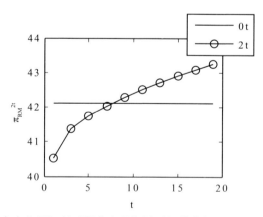

图 9 - 7（b） 存在奖惩机制时再造商利润随时间的变化（$\omega_1 = 0.05$，$\omega_2 = 0.08$）

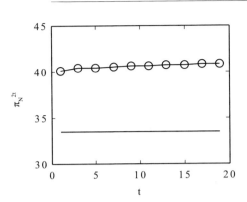

图 9 - 7（c）　存在奖惩机制时回收平台利润随时间的变化（$\omega_1 = 0.05$，$\omega_2 = 0.08$）

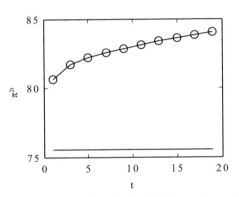

图 9 - 7（d）　存在奖惩机制时系统利润随时间的变化（$\omega_1 = 0.05$，$\omega_2 = 0.08$）

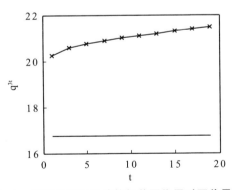

图 9 - 8（a）　奖惩机制和利他偏好共同作用时回收量随时间的
变化（$\omega_1 = 0.09$，$\omega_2 = 0.12$）

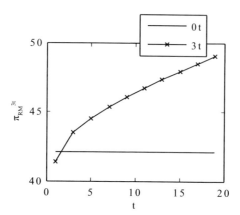

图 9 – 8（b） 奖惩机制和利他偏好共同作用时再造商利润随时间的
变化（$\omega_1 = 0.09$，$\omega_2 = 0.12$）

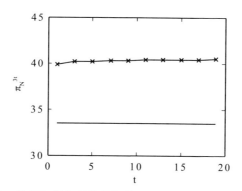

图 9 – 8（c） 奖惩机制和利他偏好共同作用时回收平台利润随时间的
变化（$\omega_1 = 0.09$，$\omega_2 = 0.12$）

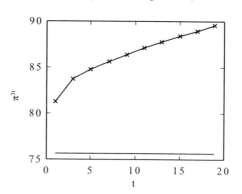

图 9 – 8（d） 奖惩机制和利他偏好共同作用时系统利润随时间的
变化（$\omega_1 = 0.09$，$\omega_2 = 0.12$）

从图9-6中可以看出，相比于无利他偏好的情形，当网络回收平台考虑利他偏好时，回收量、再造商利润和系统利润更高，并且随着时间的推移在增加。回收平台利润在刚开始的回收周期内低于无利他偏好时的利润，但随着时间的变化，平台利润会逐渐增加。利他偏好有利于提高回收服务水平，回收量增加，最终会使平台利润高于无利他偏好时的利润。这说明，尽管让利偏好在回收初期会使平台利润受损，但是随着回收活动的开展，利他偏好对系统的有利作用逐渐显现，增加回收量，带来更高的环境效益和经济效益。因此网络回收平台要有长远的战略眼光，回收废旧品过程中要注重让利再造商。

从图9-7中可以看出，奖惩机制有利于增加回收量、网络回收平台利润和系统利润。奖惩机制实行初期会使再造商利润低于未实行奖惩机制时的利润，原因是系统回收量低于奖惩机制的额定回收量，使得再造商受到惩罚，利润低于无奖惩机制时的利润。尽管奖惩机制在初期降低了再造商利润，但是再造商利润随时间逐渐增加，主要是因为回收量逐渐增加，当超过额定回收量之后，再造商得到奖励，在一定的回收周期后会超过无奖惩机制时的利润。回收量的增加有利于保护环境，因此从环保的角度来说，奖惩机制长期实行有利于增加回收量和环境效益。

从图9-8可以看出，随着时间的变化，回收量、再造商和网络平台利润都在增长。尽管在奖惩机制和利他偏好实行的开始阶段，再造商利润低于无奖惩机制和利他偏好下的利润，但是随着时间的推移，奖惩机制和利他偏好逐渐发挥有利作用，较短时间后再造商利润将会超过无奖惩机制和利他偏好下的利润。因此长期来看，政府要坚持实行奖惩机制，网络回收平台和再造商应该具有长远的战略眼光，摆脱初期的困境，随着回收的开展，平台和再造商都能获得更高的收益。

在实践中，奖惩机制和利他偏好行为在实践中已经被采用，并发挥了很好的作用。奖惩机制作为企业生产责任制的延伸，已经在国内得到开展，例如《废弃电器电子产品处理基金》中提到的"生产企业缴纳处理基金，补贴给有资质的处理企业"。《中国废弃电器电子产品回收处理及综合利用行业白皮书2017》① 指出，自《废弃电器电子产品处理基金》出台后，经过2016~2017年一年多的EPR（Enterprise Production

---

① 《中国废弃电器电子产品回收处理及综合利用行业白皮书2017》，生产者责任延申产业技术创新联盟网，http://www.weee-epr.com/article/detail_133.html，2018年5月24日。

Responsibility）试点，生产企业的 EPR 回收网络建设已形成一定的规模。截止到 2017 年第二季度，回收废弃电器电子产品 1793.81 万台，其中，首批回收目录产品 834.67 万台，占 2015 年全国废弃电器电子产品处理企业处理数量的 15.77%。电视机的返回率（回收数量与上一年销量的比值）达到 7%，电冰箱为 5.98%。

为了更好地发展 E - CLSC，网络回收平台通常会通过一些让利行为来吸引更多的再造商入驻平台，以此扩展废旧品的再制造途径。比如爱回收对入驻再造商免除佣金①，只要再造商通过资质验证便不再收取平台使用费。网络回收平台的让利偏好行为减小了再造商的运营负担，吸引了很多再造商入驻，扩展了回收废旧品的处理途径，有利于 E - CLSC 的发展。

9.6　结论与启示

本章构建了再造商和网络回收平台组成的 E - CLSC，考察了政府的奖惩机制和网络回收平台的利他偏好行为对决策的影响。在此基础上，进一步考虑时间因素，分析了随时间变化，利他偏好、奖惩机制对废旧品回收的影响。研究结论和管理启示如下：

不考虑网络回收平台的利他偏好，奖惩机制下回收价格、再造品质量改善水平、回收量和网络回收平台利润高于无奖惩机制的情形。当奖惩力度超过一个特定值后，奖惩机制有利于增加再造商的利润，政府可以据此确定奖惩力度，从而促进再造商参与网络回收。

在 Wang 等②的研究中回收价格随着利他偏好的增加而增加，但是由于本章利他偏好效用函数的改进，发现回收价格并不总是随着利他偏好的增加而增加。当网络回收平台有利他偏好行为，制造商的质量改善成本系数较小时，奖惩力度的增大有利于提高回收价格，但是若再造商

---

① 详见拍机堂网，https：//sj.aihuishou.com/dist/static/copy/propaganda.html? ref = Qguanwang。

② Wang, Y., Fan, R., Shen, L. and Miller, W. Recycling Decisions of Low - Carbon E - Commerce Closed - Loop Supply Chain under Government Subsidy Mechanism and Altruistic Preference. *Journal of Cleaner Production*, Vol. 259, 2020, P. 120883.

的质量改善成本系数较大，回收价格可能会随着奖惩力度的增大而降低。这意味着若再造商质量改善技术较差，不利于废旧品的回收。

通过理论分析，奖惩机制和利他偏好都有利于提高废旧品的回收量，并且回收量的提升度与奖惩力度和利他偏好系数正相关。不同于Wang 等[1]的补贴策略对回收量的促进作用总是大于利他偏好的促进作用，本章的研究表明奖惩机制和利他偏好对废旧品回收的促进作用大小是不确定的，只有当奖惩力度大于某一特定值时，奖惩力度的作用才会大于利他偏好的作用，若奖惩力度较小，则利他偏好起到的作用更大。

通过对消费者剩余和社会福利的分析可知，利他偏好下社会福利和消费者剩余高于无利他偏好时的社会福利和消费者剩余，这与 Wang 等[2]的结论是一致的。奖惩机制并不影响消费者剩余，但利他偏好有利于增加消费者剩余。随着奖惩机制力度的增强，社会福利先增加后减小，减小趋势越来越强，这与无利他偏好的研究中社会福利总是随着奖惩力度的增大而增加的结论不一致。

数值分析表明奖惩力度有利于增加再造商和网络回收平台的利润。当奖惩力度较小时，回收平台受到的影响更大，而随着奖惩力度的增大，再造商受到的影响更大，这主要是因为奖惩机制直接作用于再造商，较强的奖惩力度提高了回收服务水平，在回收量高于额定回收量后，再造商会受益于政府的奖惩机制。不同于单周期内采取利他偏好行为总是不利于有利他偏好行为的再造商的结论，通过多周期扩展模型的研究发现，利他偏好在刚开始虽然不利于回收平台，但随着时间推移，回收平台的利润也会因利他偏好而增加。相比于无利他偏好和奖惩机制的情形，平台的利他偏好会使自身利润受损，再造商会因为奖惩机制利润受损。但是随着时间的推移和回收再造活动的开展，消费者环保意识增强，参与回收的积极性不断增加，利他偏好和奖惩机制对 E - CLSC 系统运行的有利作用会逐渐显现，回收量、再造商利润和回收平台利润均随时间增加。

基于以上结论，本章研究有以下管理启示：

奖惩机制虽然也是政府激励回收的一种策略，但是不同于激励机制

---

[1][2]　Wang, Y., Fan, R., Shen, L. and Miller, W. Recycling Decisions of Low - Carbon E - Commerce Closed - Loop Supply Chain under Government Subsidy Mechanism and Altruistic Preference. *Journal of Cleaner Production*, Vol. 259, 2020, P. 120883.

总是有利于再造商的结论①，本章的研究中发现奖惩力度需要满足一定条件才能有效激励再造商。因此，政府可以设置合理的奖惩强度激励再造商参与回收。

考虑再造品质量成本参数的影响，网络回收平台要加强对合作再造商的资格审核，尽量与质量改善技术成熟的再造商合作；再造商同样要加强技术创新，减少质量改善成本。

通过对提高回收量的分析，发现对于那些消费者自愿回收偏好低的废旧产品或没有进行质量改进使得销售价格较低的再制造产品，奖惩机制将发挥更大的作用。因此，可以对产品进行适当的分类，使奖惩机制能够发挥更好的作用。

由于这两种激励机制对回收有积极作用，消费者对回收服务的敏感性会随着时间的推移而受到影响。因此，再制造者和平台都应该有一个战略性的长远眼光，使两种激励机制随着时间的推移提高环境效益和经济效益。

但是，本章研究也存在一定的局限性。首先，本章研究将佣金设置为外生变量，但是现实生活中存在再造商向网络回收平台竞价回收废旧品的情况，考虑这一情形的网络回收模型将更加符合现实情况。其次，本章研究未将政府作为决策者，未来可以将政府作为 E – CLSC 的决策者之一，考虑社会福利求解政府的最优奖惩力度，这将会使得研究结论更加具有实践指导意义。

334

---

① Wang, Y., Fan, R., Shen, L. and Miller, W. Recycling Decisions of Low – Carbon E – Commerce Closed – Loop Supply Chain under Government Subsidy Mechanism and Altruistic Preference. *Journal of Cleaner Production*, Vol. 259, 2020, P. 120883.

第 4 部分　研究结论与管理启示

第10章 研究结论与展望

10.1 研究结论

考虑公平关切行为因素的影响，本书构建了制造商公平关切、考虑创新投入的零售商公平关切、考虑社会责任的零售商公平关切、电商平台公平关切下闭环供应链的回收问题以及电商平台公平关切下低碳 E - CLSC 五种模型，并通过协调机制，给出每种模式下的最优决策。研究的主要结论有：

（1）不同于线下传统供应链"集中决策下产品销售价格最低"的结论，在电商供应链中，集中决策下，产品的销售价格最高。这是因为在电商供应链中产品需求量受电商平台服务水平影响较大，电商平台主要通过佣金收益提高服务水平，因此集中决策下销售价格最高。而且在集中决策下，电商平台的服务水平和系统利润是最高的。这种集中决策，可以通过"成本共担联合佣金"契约协调机制实现。

（2）在制造商公平关切下的分散决策模型中，制造商、电商平台和电商供应链系统利润与公平关切系数负相关，产品的销售价格随着公平关切系数的增加而增加，但电商平台的服务水平不受制造商公平关切系数的影响。并且电商供应链成员和系统的利润要低于不考虑公平关切下分散决策的利润，这说明制造商公平关切对供应链成员以及供应链系统来说都是不利的，会导致系统成员以及系统利润的下降。

（3）在零售商公平关切决策下，制造商利润、零售商利润以及供应链系统利润都与公平关切程度负相关，制造商创新投入水平、批发价格以及零售商回收率也与公平关切程度负相关，零售价格与之正相关。

说明新旧动能转换政策下，零售商的公平关切对自身及上游企业来说都是不利的，直接损害供应链成员及系统利润，但能增加自身利润占比。

（4）制造商的CSR履行程度存在最低阈值，只有高于阈值时，制造商CSR才起作用。当CSR履行程度高于阈值时，制造商的CSR行为和零售商的公平关切行为均能提高消费者剩余、零售商利润和系统利润，有利于提高系统运作效率，且都降低制造商利润。不同的是，制造商主动实施CSR行为，是为了体现企业责任意识、提高企业声誉。而在零售商公平关切下，制造商被迫降低批发价格，重新进行系统利润的再分配。

（5）在分散决策下，电商平台的公平关切行为提高了电商平台的议价能力，有助于提高电商平台的利润，但是这种公平关切对再造商和系统运作均不利。而且，公平关切会提高废旧品的回收价格、降低电商平台的服务水平。但是公平关切行为相当于再造商对消费者的让利行为，对消费者是有利的。

考虑利他偏好行为因素的影响，本书构建了电商平台利他偏好、政府补贴机制下低碳电商供应链的利他偏好、物流外包下电商供应链的利他偏好、考虑产品质量的电商供应链利他偏好、零售商主导型低碳供应链的利他偏好、政法奖励机制下闭环供应链的利他偏好以及奖惩机制下电商闭环供应链的利他偏好七种模型，并通过协调机制，给出每种模式下的最优决策。研究的主要结论有：

（1）电商平台的利他偏好虽然对自身不利，但是有利于提高产品的销售价格、电商平台的服务水平、制造商的利润；而且，当利他偏好程度保持在一定范围内时，利他偏好有利于维持与制造商友好和谐的合作关系，增加电商供应链系统收益，提高系统运作效率。

（2）政府补贴以及再造商让利偏好行为均能提高再造商节能减排的积极性，并实现电商平台利润帕累托改进，有利于提高系统运作效率、促进系统协调。但不同的是，政府补贴对再造商是有利的，再造商的让利偏好对再造商自身收益却是不利的，且政府补贴的效果要优于同等力度的让利关切。此外，分散决策下，无论政府是否补贴，再造商是否有让利关切行为，电商平台服务水平不发生改变。但在集中决策下，因为再造商提高了佣金，使得电商平台服务水平达到最高。与此同时，集中决策下的废旧品回收价格、再造商碳减排水平、社会总剩余也达到最高，系统利润达到最优。

（3）分散决策下，无利他偏好时，零售商利润大于制造商利润，但是当零售商考虑利他偏好时，随着利他偏好程度的增加，制造商的利润会高于零售商的利润；零售商利他偏好下，制造商的碳减排水平、批发价格、制造商利润均高于无利他偏好的情形，零售商利润却会下降。这说明零售商利他偏好行为是通过牺牲部分自身利润实现公平的市场环境，由此保障低碳供应链的长期稳定运行的。

（4）在制造商利他关切性的分散决策下，制造商的利他关切行为有利于系统获利，降低了批发价格和零售价格进而增加了消费者剩余，提高了从属企业和闭环供应链系统的利润，还提高了回收率。但利他行为不利于制造商利润的增长，所以利他系数需要满足一定的条件，不会过高，这符合实际中制造商的收益需求。在协调机制中，政府奖励机制下制造商的利他行为扩大了制造商和零售商的谈判空间，有利于协调机制的实施。

10.2　研　究　展　望

339

本书考虑了不同供应链模式下主导者的"公平关切"和从属者的"利他偏好"行为因素，探讨了供应链成员最优定价、利润以及系统总利润的影响，设计了有效的协调机制，并在不影响模型结论的情况下，做出了一些合理假设以便于开展研究。本书还可从以下三个方面进行扩展。

（1）公平关切和利他偏好的同时性。本书中仅考虑了公平关切或者利他偏好单因素的影响，现实中，主导者的利他偏好行为和从属者的公平关切行为有可能同时发生，因此可进一步探讨两种行为因素同时作用下供应链的决策与协调。

（2）需求的不确定性。本书中的需求函数是关于价格与服务水平的线性函数，然而，在现实生活中，市场的需求函数还受到其他多种因素的影响，如其他相关商品的价格、消费者的收入水平、政府的消费政策等，这些因素也会影响供应链的决策。因此，基于市场需求函数的不确定性可进一步开展研究，使之更加贴近现实，更加具有理论指导意义。

（3）废旧品的回收再销售。本书假设所有回收后的产品经过严格的评估监测，确保废旧品具有回收再利用价值，都能加工处理为再造品，且再造品和新产品以同样的价格销售，而在现实生活中，回收的废旧品往往会有一定的折损率，并不能全部加工成再造品，并且再造品和新产品在价格上也会有区别。因此，可针对此问题作出进一步的研究。

参 考 文 献

［1］ 曹柬、胡丽玲、姚清钦、周根贵:《基于激励理论的政府与逆向供应链系统协调机制》,载于《系统工程学报》2015 年第 30 期。

［2］ 曹晓刚、曹博威、闻卉:《考虑公平关切的混合回收渠道闭环供应链决策研究》,载于《中国管理科学》2024 年第 2 期,第 1 ~ 21 页。

［3］ 曹晓刚、齐秀笛、闻卉等:《公平关切下考虑成本分担的闭环供应链回收与定价决策》,载于《系统科学与数学》2022 年第 12 期,第 3213 ~ 3233 页。

［4］ 陈晓红、曾祥宇、王傅强:《碳限额交易机制下碳交易价格对供应链碳排放的影响》,载于《系统工程理论与实践》2016 年第 36 期。

［5］ 邓乾旺、徐博文、廖浩岚、刘霞辉:《混合遗传算法求解退役工程机械回收及再制造系统中的碳排放问题》,载于《计算机应用与软件》2017 年第 34 期。

［6］《电子商务下的供应链与传统供应链有何异同》,https://zhidao.baidu.com/question/40833041.html。

［7］ 范建昌、倪得兵、唐小我、洪定军:《产品责任、企业社会责任偏好与供应链中的质量—数量协调》,载于《中国管理科学》2019 年第 27 期。

［8］ 顾波军、张祥:《风险中性供应商与损失规避零售商基于收益共享契约的供应链协调》,载于《系统管理学报》2016 年第 25 期。

［9］ 关洪军、赵爱武、石贵泉:《商务精准扶贫研究》,经济科学出版社 2019 年版。

［10］《国家发展改革委办公厅关于开展碳排放权交易试点工作的通知》,中华人民共和国国家发展和改革委员会,2011 年 10 月 29 日。

［11］ 姜明君、陈东彦:《公平偏好下绿色供应链收益分享与绿色

创新投入》，载于《控制与决策》2020 年第 35 期。

［12］《京东 2018 年开放平台各类目资费一览表》，https：//rule. jd. com/rule/ruleDetail. action？ ruleId = 3863，2018 年 6 月 12 日。

［13］李健、王博、史浩、李琳琳：《考虑消费者退货决策的两阶段电子商务供应链制造商回购策略》，载于《计算机集成制造系统》2015 年第 21 期。

［14］李新然、李长浩：《消费者双重偏好下闭环供应链渠道差异研究》，载于《系统工程理论与实践》2019 年第 39 期。

［15］李新然、王琪：《考虑零售商服务水平和公平关切的闭环供应链决策研究》，载于《管理评论》2019 年第 31 期。

［16］刘永胜、何梁、徐广妹：《基于制造商利他偏好的闭环供应链价格决策研究》，载于《数学的实践与认识》2019 年第 49 期。

［17］骆正清、刘思绮：《不同博弈结构下基于利他偏好的双渠道供应链价格决策分析》，载于《工业技术经济》2019 年第 38 期。

［18］马德青、胡劲松：《具公平行为的零售商回收闭环供应链动态均衡策略研究》，载于《中国管理科学》2019 年第 27 期。

［19］马秋卓、宋海清、陈功玉：《考虑碳交易的供应链环境下产品定价与产量决策研究》，载于《中国管理科学》2014 年第 22 期。

［20］马士华：《供应链管理》，北京机械工业出版社 2020 年版。

［21］聂佳佳、王拓、赵映雪、张磊楠：《碳排放约束下再制造闭环供应链回收策略》，载于《管理工程学报》2015 年第 29 期。

［22］聂腾飞、何碧玉、杜少甫：《考虑公平关切及其谈判破裂点的供应链运作》，载于《管理科学学报》2017 年第 20 期。

［23］曲优、关志民、邱若臻、叶同：《公平关切与损失规避对混合双渠道供应链订货策略的影响》，载于《管理学报》2017 年第 14 期。

［24］《去哪儿点击付费广告涨价"惹火"艺龙芒果同程》，http：//b2b. toocle. com/detail － 6093009. html。

［25］《山东以政府基金撬动社会投资助推新旧动能转换》，新华社，http：//www. xinhuanet. com/politics/2019 － 09/13/c ＿ 1124994364. htm，2019 年 9 月 13 日。

［26］石平、颜波、石松：《考虑公平的绿色供应链定价与产品绿色度决策》，载于《系统工程理论与实践》2016 年第 36 期。

［27］孙迪、余玉苗：《绿色产品市场中政府最优补贴政策的确定》，载于《管理学报》2018 年第 15 期。

［28］《淘宝网为卖家提供了多样化的营销服务》，https：//smf. taobao. com/popularize/home. htm？ spm ＝ a2179. 1434706. 0. 0. 1c571398 DYk9Pd，2018 年 6 月 12 日。

［29］《天猫 2018 年度各类目年费软件服务费一览表》，https：// wenku. baidu. com/view/2b15fd51590216fc700abb68a98271fe900　eaf51. html？ ＿ wkts＿ ＝1712451463966，2018 年 6 月 12 日。

［30］屠建平、杨雪：《基于电子商务平台的供应链融资模式绩效评价研究》，载于《管理世界》2013 年第 7 期。

［31］王文宾、张雨、范玲玲、何凌云、达庆利：《不同政府决策目标下逆向供应链的奖惩机制研究》，载于《中国管理科学》2015 年第 23 期。

［32］王文宾、周维明、张梦、林欣怡：《考虑政府引导制造商节能的闭环供应链决策模型研究》，载于《中国管理科学》2018 年第 26 期。

［33］王晓迪、王玉燕、李璟：《公平关切下网络平台主导的 E——闭环供应链决策及协调模型》，载于《系统管理学报》2019 年第 28 期。

［34］王玉燕、李璟：《公平关切下基于网络平台销售、回收的 E － 闭环供应链的主导模式研究》，载于《中国管理科学》2018 年第 26 期。

［35］王玉燕、李璟：《网络平台回收视角下电器电子产品 E － 闭环供应链的定价、回收与协调研究》，载于《山东财经大学》2016 年第 28 期。

［36］王玉燕、于兆青：《"以旧换再"策略下汽车供应链的运作模式调整研究》，载于《经济与管理评论》2017 年第 33 期。

［37］魏守道、周建波：《碳税政策下供应链低碳技术研发策略选择》，载于《管理学报》2016 年第 13 期。

［38］温兴琦、程海芳、蔡建湖、卢超：《绿色供应链中政府补贴策略及效果分析》，载于《管理学报》2018 年第 15 期。

［39］《沃尔玛启动全球"100 亿吨减排项目"承诺在中国减排 5000 万吨》，美通社，http：//www. tanjiaoyi. com/article － 26848 － 1，2019 年 5 月 7 日。

［40］巫勇：《成功案例解析：控排企业如何碳交易市场获利赚钱》，载于《中国环境报》2016 年 8 月 22 日。

［41］《新移动电商与传统电商之间还差一个"411 抢货节"》，http：//news. ifeng. com/a/20170406/50891840_0. shtml，2017 年 4 月 6 日。

［42］熊中楷、张盼、郭年：《供应链中碳税和消费者环保意识对碳排放影响》，载于《系统工程理论与实践》2014 年第 34 期。

［43］徐鹏、王磊、伏红勇、陈晓旭：《互惠性偏好视角下农产品供应链金融的 4PL 对 3PL 的激励策略研究》，载于《管理评论》2019 年第 31 期。

［44］杨惠霄、骆建文：《碳税政策下的供应链减排决策研究》，载于《系统工程理论与实践》2016 年第 36 期。

［45］杨磊、张琴、张智勇：《碳交易机制下供应链渠道选择与减排策略》，载于《管理科学学报》2017 年第 20 期。

［46］杨仕辉、余敏：《碳配额不同分配机制下供应链碳减排优化策略》，载于《经济与管理评论》2016 年第 32 期。

［47］姚锋敏、滕春贤：《公平关切下零售商主导的闭环供应链决策模型》，载于《控制与决策》2017 年第 32 期。

［48］姚锋敏、朱俊杰、闫颖洛等：《公平关切下考虑绿色设计动力电池闭环供应链的补贴策略》，载于《系统科学与数学》2024 年第 9 期，第 2730 ~ 2750 页。

［49］易余胤：《具竞争零售商的再制造闭环供应链模型研究》，载于《管理科学学报》2009 年第 12 期。

［50］张克勇、侯世旺、周国平：《公平关切下闭环供应链定价策略》，载于《系统管理学报》2013 年第 22 期。

［51］张克勇、吴燕、侯世旺：《具公平关切零售商的闭环供应链差别定价策略研究》，载于《中国管理科学》2014 年第 3 期，第 51 ~ 58 页。

［52］张克勇、吴燕、侯世旺：《具有公平关切零售商的闭环供应链差别定价策略研究》，载于《中国管理科学》2014 年第 22 期。

［53］赵爱武、杜建国、关洪军：《绿色购买行为演化路径与影响机理分析》，载于《中国管理科学》2015 年第 23 期。

［54］支帮东、陈俊霖、刘晓红：《碳限额与交易机制下基于成本

共担契约的两级供应链协调策略》，载于《中国管理科学》2017 年第
25 期。

　　［55］周驷华、万国华：《电子商务对制造企业供应链绩效的影响：
基于信息整合视角的实证研究》，载于《管理评论》2017 年第 29 期。

　　［56］周艳菊、鲍茂景、陈晓红等：《基于公平关切的低碳供应链
广告合作——减排成本分担契约与协调》，载于《中国管理科学》2017
年第 25 期。

　　［57］周义廷、刘丽文：《考虑零售商公平关切的双渠道闭环供应
链决策与协调研究》，载于《系统科学与数学》2017 年第 37 期。

　　［58］祝凌燕：《电子商务环境下闭环供应链定价策略探讨》，载于
《商业时代》2016 年第 22 期。

　　［59］Abbey J D, Meloy M G, Blackburn J, et al. Consumer Markets
for Remanufactured and Refurbished Products. *California Management Re-
view*, Vol. 57, No. 4, 2015, pp. 26 – 42.

　　［60］Aksen, D., Aras, N. and Karaarslan, A. G. Design and Snalys-
is of Government Subsidized Collection Systems for Incentive – Dependent Re-
turns. *International Journal of Production Economics*, Vol. 119, No. 2,
2009, pp. 308 – 327.

　　［61］Anderson B B, Hansen J V, Lowry P B, et al. Standards and
Verification for Fair-exchange and Atomicity in E-commerce Transactions.
Information Sciences, Vol. 176, No. 8, 2006, pp. 1045 – 1066.

　　［62］Andreoni, J. and Miller, J. Giving According to GARP: An Ex-
perimental Test of the Consistency of Preferences for Altruism. *Econometrica*,
Vol. 70, No. 2, 2002, pp. 737 – 753.

　　［63］Araneda – Fuentes, C., Lustosa, L. J. and Minner, S. A Con-
tract for Coordinating Capacity Decisions in a Business-to-Business（B2B）
Supply Chain. *International Journal of Production Economics*, Vol. 165,
2015, pp. 158 – 171.

　　［64］Atasu A, Sarvary M, Van Wassenhove L N. Remanufacturing as a
Marketing Strategy. *Management Science*, Vol. 54, No. 10, 2008, pp. 1731 –
1746.

　　［65］Atasu A, Souza G C. How Does Product Recovery Affect Quality

Choice? *Production and Operations Management*, Vol. 22, No. 4, 2013, pp. 991 – 1010.

[66] Atasu A, Özdemir Ö, Van Wassenhove L N. Stakeholder Perspectives on E-waste Take-back Legislation. *Production and Operations Management*, Vol. 22, No. 2, 2013, pp. 382 – 396.

[67] Bakal I S, Akcali E. Effects of Random Yield in Remanufacturing with Price – Sensitive Supply and Demand. *Production and Operations Management*, Vol. 15, No. 3, 2006, pp. 407 – 420.

[68] Bass F M, Krishnamoorthy A, Prasad A, et al. Generic and Brand Advertising Strategies in a Dynamic Duopoly. *Marketing Science*, Vol. 24, No. 4, 2005, pp. 556 – 568.

[69] Bassi, M., Pagnozzi, M. and Piccolo, S. Optimal Contracting with Altruism and Reciprocity. *Research in Economics*, Vol. 68, No. 1, 2014, pp. 27 – 38.

[70] Battini, D., Bogataj, M. and Choudhary, A. Closed Loop Supply Chain (CLSC): Economics, Modelling, Management and Control. *International Journal of Production Economics*, Vol. 183, 2017, pp. 319 – 321.

[71] Bazan E, Jaber M Y, El Saadany A M A. Carbon Emissions and Energy Effects on Manufacturing-remanufacturing Inventory Models. *Computers & Industrial Engineering*, Vol. 88, 2015, pp. 307 – 316.

[72] Bester H, Güth W. Is Altruism Evolutionarily Stable? *Journal of Economic Behavior & Organization*, Vol. 34, No. 2, 1998, pp. 193 – 209.

[73] Biswas, I., Raj, A. and Srivastava, S. K. Supply Chain Channel Coordination with Triple Bottom Line Approach. *Transportation Research Part E: Logistics and Transportation Review*, Vol. 115, 2018, pp. 213 – 226.

[74] Boone, T. and Ganeshan, R., Exploratory Analysis of Free ShippingPolicies of Online Retailers. *International Journal of Production Economics*, Vol. 143, No. 2, 2013, pp. 627 – 632.

[75] Bowles, S. Group Competition, Reproductive Leveling, and the Evolution of Human Altruism. *Science*, Vol. 314, No. 5805, 2006, pp. 1569 – 1572.

［76］ Bulmus, S. C. , Zhu, S. X. and Teunter, R. Competition for Cores in Remanufacturing. *European Journal of Operational Research*, Vol. 233, No. 1, 2014, pp. 105 – 113.

［77］ Caliskan – Demirag, O. , Chen, Y. F. and Li, J. Channel Coordination under Fairness Concerns and Nonlinear Demand. *European Journal of Operational Research*, Vol. 207, No. 3, 2010, pp. 1321 – 1326.

［78］ Charness, G. and Rabin, M. Understanding Social Preferences with Simple Tests. *The Quarterly Journal of Economics*, Vol. 117, No. 3, 2002, pp. 817 – 869.

［79］ Chen, C. K. , and Akmalul'Ulya, M. Analyses of the Reward – Penalty Mechanism in Green Closed – Loop Supply Chains with Product Remanufacturing. *International Journal of Production Economics*, Vol. 210, 2019, pp. 211 – 223.

［80］ Chen, J. , Zhang, H. and Sun, Y. Implementing Coordination Contracts in a Manufacturer Stackelberg Dual – Channel Supply Chain. *Omega*, Vol. 40, No. 5, 2012, pp. 571 – 583.

［81］ Chen, J. , Zhou, Y. W. and Zhong, Y. A Pricing/Ordering Model for a Dyadic Supply Chain with Buyback Guarantee Financing and Fairness Concerns. *International Journal of Production Research*, Vol. 55, No. 18, 2017, pp. 5287 – 5304.

［82］ Chen, L. T. Dynamic Supply Chain Coordination Under Consignment and Vendor-managed Inventory in Retailer-centric B2B Electronic Markets. *Industrial Marketing Management*, Vol. 42, No. 4, 2013, pp. 518 – 531.

［83］ Chen W, Hu Z H. Using Evolutionary Game Theory to Study Governments and Manufacturers' Behavioral Strategies under Various Carbon Taxes and Subsidies. *Journal of Cleaner Production*, Vol. 201, 2018, pp. 123 – 141.

［84］ Chen X, Benjaafar S, Elomri A. The Carbon-constrained EOQ. *Operations Research Letters*, Vol. 41, No. 2, 2013, pp. 172 – 179.

［85］ Chen, Xu, Nana Wan, and Xiaojun Wang. Flexibility and Coordination in a Supply Chain with Bidirectional Option Contracts and Service Requirement. *International Journal of Production Economics*. Vol. 193, 2017, pp. 183 – 192.

［86］ Chen, Y. G. , Zhang, W. Y. , Yang, S. Q. , Wang, Z. J. and Chen, S. F. Referral Service and Customer Incentive in Online Retail Supply Chain. *Journal of Applied Research and Technology*, Vol. 12, No. 2, 2014, pp. 261 – 270.

［87］ Choi T M, Li Y, Xu L. Channel Leadership, Performance and Coordination in Closed Loop Supply Chains. *International Journal of Production Economics*, Vol. 146, No. 1, 2013, pp. 371 – 380.

［88］ Chowdhury, S. M. and Jeon, J. Y. Impure Altruism or Inequality Aversion? An Experimental Investigation Based on Income Effects. *Journal of Public Economics*, Vol. 118, 2014, pp. 143 – 150.

［89］ Debo L G, Toktay L B, Van Wassenhove L N. Market Segmentation and Product Technology Selection for Remanufacturable Products. *Management Science*, Vol. 51, No. 8, 2005, pp. 1193 – 1205.

［90］ De Giovanni P. Closed-loop Supply Chain Coordination Through Incentives with Asymmetric Information. *Annals of Operations Research*, Vol. 253, 2017, pp. 133 – 167.

［91］ De Giovanni P, Reddy P V, Zaccour G. Incentive Strategies for an Optimal Recovery Program in a Closed-loop Supply Chain. *European Journal of Operational Research*, Vol. 249, No. 2, pp. 605 – 617.

［92］ De Giovanni P, Zaccour G. Optimal Quality Improvements and Pricing Strategies with Active and Passive Product Returns. *Omega*, Vol. 88, 2019, pp. 248 – 262.

［93］ Dhanorkar S, Donohue K, Linderman K. Repurposing Materials and Waste Through Online Exchanges: Overcoming the Last Hurdle. *Production and Operations Management*, Vol. 24, No. 9, 2015, pp. 1473 – 1493.

［94］ Disney, S. M. and Hosoda, T. , Altruistic Behaviour in a Two – Echelon Supply Chain with Unmatched Proportional Feedback Controllers. *International Journal of Intelligent Systems Technologies and Applications*, Vol. 6, 2009, pp. 269 – 286.

［95］ Du B, Liu Q, Li G. Coordinating Leader-follower Supply Chain with Sustainable Green Technology Innovation on their Fairness Concerns. *International Journal of Environmental Research and Public Health*, Vol. 14, No. 11, 2017, pp. 1357.

［96］ Dumrongsiri, A., Fan, M., Jain, A. and Moinzadeh, K. A Supply Chain Model with Direct and Retail Channels. *European Journal of Operational Research*, Vol. 187, No. 3, 2008, pp. 691 – 718.

［97］ Du, S., Wei, L., Zhu, Y. and Nie, T. Peer – Regarding Fairness in Supply Chain. *International Journal of Production Research*, Vol. 56, No. 10, 2018, pp. 3384 – 3396.

［98］ Ekström, M. Seasonal Altruism: How Christmas Shapes Unsolicited Charitable Giving. *Journal of Economic Behavior & Organization*, Vol. 153, 2018, pp. 177 – 193.

［99］ Entezaminia A, Heidari M, Rahmani D. Robust Aggregate Production Planning in a Green Supply Chain under Uncertainty Considering Reverse Logistics: a Case Study. *The International Journal of Advanced Manufacturing Technology*, Vol. 90, 2017, pp. 1507 – 1528.

［100］ Fan, R., Lin, J. and Zhu, K. Study of Game Models and the Complex Dynamics of a Low – Carbon Supply Chain with an Altruistic Retailer under Consumers' Low – Carbon Preference. *Physica A: Statistical Mechanics and its Applications*, Vol. 528, 2019, P. 121460.

［101］ Fathollahi – Fard AM, Govindan K, Hajiaghaei – Keshteli M, Ahmadi A. A Green Home Health Care Supply Chain: New Modified Simulated Annealing Algorithms. *Journal of Cleaner Production*. 240, 2019, P. 118200.

［102］ Fehr, E. and Schmidt, K. M., A Theory of Fairness, Competition, and Cooperation. *The Quarterly Journal of Economics*, Vol. 114, No. 3, 1999, pp. 817 – 868.

［103］ Feng, L., Govindan, K. and Li, C. Strategic Planning: Design and Coordination for Dual – Recycling Channel Reverse Supply Chain Considering Consumer Behavior. *European Journal of Operational Research*, Vol. 260, No. 2, 2017, pp. 601 – 612.

［104］ Feng, Xuehao, Ilkyeong Moon, and Kwangyeol Ryu. Supply Chain Coordination under Budget Constraints. *Computers & Industrial Engi-*

neering，Vol. 88，2015，pp. 487 – 500.

［105］Gamba，A. Learning and Evolution of Altruistic Preferences in the Centipede Game. *Journal of Economic Behavior & Organization*，Vol. 85，2013，pp. 112 – 117.

［106］Ge，Z. and Hu，Q. Who benefits from altruism in supply chain management? *American Journal of Operations Research*，Vol. 2，No. 1，2012.

［107］Ge，Z.，Zhang，Z. K.，Lü，L.，Zhou，T. and Xi，N. How Altruism Works：An Evolutionary Model of Supply Networks. *Physica A：Statistical Mechanics and its Applications*，Vol. 391，No. 3，2012，pp. 647 – 655.

［108］Giri，B. C.，Chakraborty，A. and Maiti，T. Pricing and Return Product Collection Decisions in a Closed – Loop Supply Chain with Dual – Channel in Both Forward and Reverse Logistics. *Journal of Manufacturing Systems*，Vol. 42，2017，pp. 104 – 123.

［109］Giri B C，Mondal C，Maiti T. Analysing a Closed-loop Supply Chain with Selling Price，Warranty Period and Green Sensitive Consumer Demand under Revenue Sharing Contract. *Journal of Cleaner Production*，Vol. 190，2018，pp. 822 – 837.

［110］Giri B C，Sarker B R. Improving Performance By Coordinating a Supply Chain with Third Party Logistics Outsourcing under Production Disruption. *Computers & Industrial Engineering*，Vol. 103，2017，pp. 168 – 177.

［111］Giutini R，Gaudette K. Remanufacturing：The Next Great Opportunity for Boosting US Productivity. *Business Horizons*，Vol. 46，No. 6，2003，pp. 41 – 48.

［112］Guo J，He L，Gen M. Optimal Srategies for the Closed – Loop Supply Chain with the Consideration of Supply Disruption and Subsidy Policy. *Computers & Industrial Engineering*，Vol. 128，2019，pp. 886 – 893.

［113］Guo Y，Ma J. Research on Game Model and Complexity of Retailer Collecting and Selling in Closed-loop Supply Chain. *Applied Mathematical Modelling*，Vol. 37，No. 7，2013，pp. 5047 – 5058.

［114］Haitao Cui，Tony，Jagmohan S. Raju，and Z. John Zhang. Fairness and Channel Coordination. *Management Science*，Vol. 53，No. 8，

2007, pp. 1303 – 1314.

[115] Hal R. Varian, *Intermediate Economics*, New York, Norton, 1999.

[116] Hammond, D. and Beullens, P. Closed – Loop Supply Chain Network Equilibrium under Legislation. *European Journal of Operational Research*, Vol. 183, No. 2, 2007, pp. 895 – 908.

[117] Han Q, Wang Y. Decision and Coordination in a Low-carbon E – supply Chain Considering the Manufacturer's Carbon Emission Reduction Behavior. *Sustainability*, Vol. 10, No. 5, 2018, pp. 1686.

[118] Hassanpour, A., Bagherinejad, J. and Bashiri, M. A Robust Bi – Level Programming Model for Designing a Closed – ; oop Supply Chain Considering Government's Collection Policy. *Scientia Iranica*, Vol. 26, No. 6, 2019, pp. 3747 – 3764.

[119] Heydari J, Ghasemi M. A Revenue Sharing Contract for Reverse Supply Chain Coordination under Stochastic Quality of Returned Products and Uncertain Remanufacturing Capacity. *Journal of Cleaner Production*, Vol. 197, 2018, pp. 607 – 615.

[120] Heydari, J., Govindan, K. and Jafari, A. Reverse and Closed Loop Supply Chain Coordination by Considering Government Role. *Transportation Research Part D: Transport and Environment*, Vol. 52, 2017, pp. 379 – 398.

[121] Hong, I. H. and Ke, J. S. Determining Advanced Recycling Fees and Subsidies in "E-Scrap" Reverse Supply Chains. *Journal of Environmental Management*, Vol. 92, No. 6, 2011, pp. 1495 – 1502.

[122] Hong X, Xu L, Du P, et al. Joint Advertising, Pricing and Collection Decisions in a Closed-loop Supply Chain. *International Journal of Production Economics*, Vol. 167, 2015, pp. 12 – 22.

[123] Hosseini – Motlagh, S. M., Ebrahimi, S. and Zirakpourdeh-kordi, R. Coordination of Dual-Function Acquisition Price and Corporate Social Responsibility in a Sustainable Closed – Loop Supply Chain. *Journal of Cleaner Production*, Vol. 251, 2020, P. 119629.

[124] Hosseini – Motlagh, S. M., Nouri – Harzvili, M., Choi,

T. M. and Ebrahimi, S. Reverse Supply Chain Systems Optimization with Dual Channel and Demand Disruptions: Sustainability, CSR Investment and Pricing Coordination. *Information Sciences*, Vol. 503, 2019, pp. 606 – 634.

[125] Ho T H, Su X, Wu Y. Distributional and Peer—Induced Fairness in Supply Chain Contract Design. *Production and Operations Management*, Vol. 23, No. 2, 2014, pp. 161 – 175.

[126] Huang, H., Zhang, J., Ren, X. and Zhou, X. Greenness and Pricing Decisions of Cooperative Supply Chains Considering Altruistic Preferences. *International Journal of Environmental Research and Public Health*, Vol. 16, No. 1, 2019, P. 51.

[127] Hua Z, Hou H, Bian Y. Optimal Shipping Strategy and Return Service Charge Under No-reason Return Policy in Online Retailing. *IEEE Transactions on Systems, Man, and Cybernetics: Systems*, Vol. 47, No. 12, 2016, pp. 3189 – 3206.

[128] Jafari, H., Hejazi, S. R. and Rasti – Barzoki, M. Sustainable Development by Waste Recycling under a Three – Echelon Supply Chain: A Game – Theoretic Approach. *Journal of Cleaner Production*, Vol. 142, 2017, pp. 2252 – 2261.

[129] Jena, S. K. and Sarmah, S. P. Future Aspect of Acquisition Management in Closed – Loop Supply Chain. *International Journal of Sustainable Engineering*, Vol. 9, No. 4, 2016, pp. 266 – 276.

[130] Jena S K, Sarmah S P. Price Competition and Co – Operation in a Duopoly Closed-loop Supply Chain. *International Journal of Production Economics*, Vol. 156, 2014, pp. 346 – 360.

[131] Ji, J., Zhang, Z. and Yang, L. Carbon Emission Reduction Decisions in the Retail – /Dual – Channel Supply Chain with Consumers' Preference. *Journal of Cleaner Production*, Vol. 141, 2017, pp. 852 – 867.

[132] Jokela P, Söderman A. Re-examining the Link Between Fairness and Commitment in Buyer-supplier Relationships. *Journal of Purchasing and Supply Management*, Vol. 23, No. 4, 2017, pp. 268 – 279.

[133] Jung K S, Dawande M, Geismar H N, et al. Supply Planning Models for a Remanufacturer under Just-in-time Manufacturing Environment with

Reverse Logistics. *Annals of Operations Research*, Vol. 240, 2016, pp. 533 – 581.

［134］ Katok E, Olsen T, Pavlov V. Wholesale Pricing under Mild and Privately Known Concerns for Fairness. *Production and Operations Management*, Vol. 23, No. 2, 2014, pp. 285 – 302.

［135］ Ke H, Wu Y, Huang H, et al. Optimal Pricing Decisions for a Closed-loop Supply Chain with Retail Competition under Fuzziness. *Journal of the Operational Research Society*, Vol. 69, No. 9, 2018, pp. 1468 – 1482.

［136］ Kucuksenkl S. A Theory of fairnesss, Competition and Cooperation. *Journal of Public Economic Theory*, Vol. 14, No. 5, 2012, pp. 767 – 789.

［137］ Lau A H L, Lau H S, Zhou Y W. A Stochastic and Asymmetric-information Framework for a Dominant-manufacturer Supply Chain. *European Journal of Operational Research*, Vol. 176, No. 1, 2007, pp. 295 – 316.

［138］ Levine, D. K. Modeling Altruism and Spitefulness in Experiments. *Review of Economic Dynamics*, Vol. 1, No. 3, 1998, pp. 593 – 622.

［139］ Li B, Zhu M, Jiang Y, et al. Pricing Policies of ACompetitive Dual-channel Green Supply Chain. *Journal of Cleaner Production*, Vol. 112, 2016, pp. 2029 – 2042.

［140］ Li, J., Ghadge, A. and Tiwari, M. K. Impact of Replenishment Strategies on Supply Chain Performance under E – Shopping Scenario. *Computers & Industrial Engineering*, Vol. 102, 2016, pp. 78 – 87.

［141］ Lin L, Daim T U. Platform Strategy Framework for Internet-based Service Development: Case of eBay. *International Journal of Services Technology and Management*, Vol. 11, No. 4, 2009, pp. 334 – 354.

［142］ Lin L H, Tanyavutti A, Jindrapacha S. Analyzing eBay Platform Strategies: An Application of Meyer's Product Platform Strategy Model. PICMET'07 – 2007 Portland International Conference on Management of Engineering & Technology. *IEEE*, 2007, pp. 125 – 142.

［143］ Lin, Z. Price and Location Competition in Supply Chain with Horizontal Altruistic Retailers. *Flexible Services and Manufacturing Journal*, Vol. 31, No. 2, 2019, pp. 255 – 278.

[144] Li, Q. H. and Li, B. Dual – Channel Supply Chain Equilibrium Problems Regarding Retail Services and Fairness Concerns. *Applied Mathematical Modelling*, Vol. 40, 2016, pp. 7349 – 7367.

[145] Li, Q., Shi, M. and Huang, Y. A Dynamic PriceGame Model in a Low – Carbon, Closed – Loop Supply Chain Considering Return Rates and Fairness Concern Behaviors. *International Journal of Environmental Research and Public Health*, Vol. 16, No. 11, 2019, P. 1978.

[146] Li Q. The Optimal Multi-period Modular Design with Fairness Concerns. *International Journal of Production Economics*, Vol. 206, 2018, pp. 233 – 249.

[147] Li, Q., Xiao, T. and Qiu, Y. Price and Carbon Emission Reduction Decisions and Revenue – Sharing Contract Considering Fairness Concerns. *Journal of Cleaner Production*, Vol. 190, 2018, pp. 303 – 314.

[148] Li, S. X., Huang, Z., Zhu, J. and Chau, P. Y. Cooperative Advertising, Game Theory and Manufacturer – Retailer Supply Chains. *Omega*, Vol. 30, No. 5, 2002, pp. 347 – 357.

[149] Li T, Xie J, Zhao X, et al. On Supplier Encroachment with Retailer's Fairness Concerns. *Computers & Industrial Engineering*, Vol. 98, 2016, pp. 499 – 512.

[150] Liu H, Lei M, Deng H, et al. A Dual Channel, Quality-based Price Competition Model for the WEEE Recycling Market with Government Subsidy. *Omega*, Vol. 59, 2016, pp. 290 – 302.

[151] Liu W, Wang D, Shen X, Yan X, Wei W. The Impacts of Distributional and Peer-induced Fairness Concerns on the Decision – Making of Order Allocation in Logistics Service Supply Chain. *Transportation Research Part E: Logistics and Transportation Review*, Vol. 116, 2018, pp. 102 – 122.

[152] Liu W, Yan X, Wei W, et al. Altruistic Preference for Investment Decisions in the Logistics Service Supply Chain. *European Journal of Industrial Engineering*, Vol. 12, No. 4, 2018, pp. 598 – 635.

[153] Liu, W., Yan, X., Wei, W., Xie, D. and Wang, D. Altruistic Preference for Investment Decisions in the Logistics Service Supply

Chain. European Journal of Industrial Engineering, Vol. 12, No. 4, 2018, pp. 598 – 635.

[154] Liu, Z. and Nishi, T. Government Regulations on Closed – Loop Supply Chain with Evolutionarily Stable Strategy. *Sustainability*, Vol. 11, No. 18, 2019, P. 5030.

[155] Liu Z, Li K W, Li B Y, et al. Impact of Product – Design Strategies on the Operations of a Closed-loop Supply Chain. *Transportation Research Part E: Logistics and Transportation Review*, Vol. 124, 2019, pp. 75 – 91.

[156] Liu Z, Tang J, Li B, et al. Trade-off Between Remanufacturing and Recycling of WEEE and the Environmental Implication under the Chinese Fund Policy. *Journal of Cleaner Production*, Vol. 167, 2017, pp. 97 – 109.

[157] Liu, Z. , Zheng, X. X. , Gong, B. G. and Gui, Y. M. Joint Decision – Making and the Coordination of a Sustainable Supply Chain in the Context of Carbon Tax Regulation and Fairness Concerns. *International Journal of Environmental Research and Public Health*, Vol. 14, No. 12, 2017, P. 1464.

[158] Loch, C. H. and Wu, Y. Social Preferences and Supply Chain Performance: An Experimental Study. *Management Science*, Vol. 54, No. 11, 2008, pp. 1835 – 1849.

[159] Lu Q, Liu N. Effects of E – commerce Channel Entry in a Two-echelon Supply Chain: A Comparative Analysis of Single-and Dual-channel Distribution Systems. *International Journal of Production Economics*, Vol. 165, 2015, pp. 100 – 111.

[160] Madani, S. R. and Rasti – Barzoki, M. Sustainable Supply Chain Management with Pricing, Greening and Governmental Tariffs Determining Strategies: A Game – Theoretic Approach. *Computers & Industrial Engineering*, Vol. 105, 2017, pp. 287 – 298.

[161] Ma J, Wang H. Complexity Analysis of Dynamic Noncooperative Game Models for Closed-loop Supply Chain with Product Recovery. *Applied Mathematical Modelling*, Vol. 38, No. 23, 2014, pp. 5562 – 5572.

[162] Ma P, Li K W, Wang Z J. Pricing Decisions in Closed-loop

Supply Chains with Marketing Effort and Fairness Concerns. *International Journal of Production Research*, Vol, 55, No. 22, 2017, pp. 6710 – 6731.

[163] Men M, Zhang Q, Zhu S. Analysis and Implications of China's Carbon Trading [C]//Asia – Pacific Power and Energy Engineering Conference. *IEEE Computer Society*, 2011, pp. 1 – 4.

[164] Michel, P. , Thibault, E. and Vidal, J. P. Intergenerational Altruism and Neoclassical Growth Models. Handbook of the Economics of Giving, *Altruism and Reciprocity*, Vol. 2, 2006, pp. 1055 – 1106.

[165] Mirzabaghi, M. , Rashidi Komijan, A. and Sarfaraz, A. H. Closed Loop Supply Chain Planning with Vehicle Routing. *International Journal of Industrial Engineering & Production Research*, Vol. 27, No. 3, 2016, pp. 285 – 301.

[166] Mitra, S. and Webster, S. Competition in Remanufacturing and the Effects of Government Subsidies. *International Journal of Production Economics*, Vol. 111, No. 2, 2008, pp. 287 – 298.

[167] Mitra S. Optimal Pricing and Core Acquisition Strategy for a Hybrid Manufacturing/Remanufacturing System. *International Journal of Production Research*, Vol. 54, No, 5, 2016, pp. 1285 – 1302.

[168] Modak N M, Kelle P. Using Social Work Donation As a Tool of Corporate Social Responsibility in a Closed-loop Supply Chain Considering Carbon Emissions Tax and Demand Uncertainty. *Journal of the Operational Research Society*, Vol. 72, No. 1, 2021, pp. 61 – 77.

[169] Nair A, Narasimhan R. Dynamics of Competing with Quality-and Advertising-based Goodwill. *European Journal of Operational Research*, Vol. 175, No. 1, 2006, pp. 462 – 474.

[170] Nematollahi, M. , Hosseini – Motlagh, S. M. , Ignatius, J. , Goh, M. and Nia, M. S. Coordinating a Socially Responsible Pharmaceutical Supply Chain under Periodic Review Replenishment Policies. *Journal of Cleaner Production*, Vol. 172, 2018, pp. 2876 – 2891.

[171] Nguyen, T. L. A. and Le VO, T. H. CSR Implementation for the Sustainable Supply Chain Performance: A System Dynamic Approach. *IFAC – PapersOnLine*, Vol. 52, No. 13, 2019, pp. 1949 – 1954.

［172］Ni, D. , Li, K. W. and Tang, X. Social Responsibility Allocation in Two – Echelon Supply Chains: Insights from Wholesale Price Contracts. *European Journal of Operational Research*, Vol. 207, No. 3, 2010, pp. 1269 – 1279.

［173］Nielsen, I. E. , Majumder, S. and Saha, S. Game – Theoretic Analysis to Examine How Government Subsidy Policies Affect a Closed-loop Supply Chain Decision. *Applied Sciences*, Vol. 10, No. 1, 2019, P. 145.

［174］Nie T, Du S. Dual – Fairness Supply Chain with Quantity Discount Contracts. *European Journal of Operational Research*, Vol. 258, No. 2, 2017, pp. 491 – 500.

［175］Ovchinnikov, A. Revenue and Cost Management for Remanufactured Poducts. *Production and Operations Management*, Vol. 20, No. 6, 2011, pp. 824 – 840.

［176］Panda S, Modak N M, Cárdenas – Barrón L E. Coordinating a Socially Responsible Closed-loop Supply Chain with Product Recycling. *International Journal of Production Economics*, Vol. 188, 2017, pp. 11 – 21.

［177］Panda, S. , Modak, N. M. , Sana, S. S. and Basu, M. Pricing and Replenishment Policies in Dual-Channel Supply Chain under Continuous Unit Cost Decrease. *Applied Mathematics and Computation*, Vol. 256, 2015, pp. 913 – 929.

［178］Pan K, Cui Z, Xing A, et al. Impact of Fairness Concern on Retailer-dominated Supply Chain. *Computers & Industrial Engineering*, Vol. 139, 2020, P. 106209.

［179］Pelligra, V. and Stanca, L. To Give Or Not To Give? Equity, Efficiency and Altruistic Behavior in An Artefactual Field Experiment. *The Journal of Socio – Economics*, Vol. 46, 2013, pp. 1 – 9.

［180］Peng, H. and Liu, Y. How Government Subsidies Promote the Growth of Entrepreneurial Companies in Clean Energy Industry: An Empirical Study in China. *Journal of Cleaner Production*, Vol. 188, 2018, pp. 508 – 520.

［181］Peng, H. , Shen, N. , Liao, H. , Xue, H. and Wang, Q. Uncertainty Factors, Methods, and Solutions of Closed – Loop Supply Chain—A Review for Current Situation and Future Prospects. *Journal of*

357

Cleaner Production, Vol. 254, 2020, P. 120032.

[182] Piera, C., Roberto, C., Giuseppe, C. and Teresa, M. E – Procurement and E – Supply Chain: Features and Development of E – Collaboration. *IERI Procedia*, Vol. 6, 2014, pp. 8 – 14.

[183] Pu, X., Gong, L. and Han, G. A Feasible Incentive Contract Between a Manufacturer and His Fairness – Sensitive Retailer Engaged in Strategic Marketing Efforts. *Journal of Intelligent Manufacturing*, Vol. 30, No. 1, 2019, pp. 193 – 206.

[184] Qin, F., Mai, F., Fry, M. J. and Raturi, A. S. Supply – Chain Performance Anomalies: Fairness Concerns under Private Cost Information. *European Journal of Operational Research*, Vol. 252, No. 1, 2016, pp. 170 – 182.

[185] Qin X, Liu Z, Tian L. The Strategic Analysis of Logistics Service Sharing in An E – commerce Platform. *Omega*, Vol. 92, 2020, P. 102153.

[186] Rahman, S. and Subramanian, N. Factors for Implementing End-of – Life Computer Recycling Operations in Reverse Supply Chains. *International Journal of Production Economics*, Vol. 140, No. 1, 2012, pp. 239 – 248.

[187] Rao S, Goldsby T J, Griffis S E, et al. Electronic Logistics Service Quality (E – LSQ): Its Impact on the Customer's Purchase Satisfaction and Retention. *Journal of Business Logistics*, Vol. 32, No. 2, 2011, pp. 167 – 179.

[188] Rapoport, Hillel, and Jean-Pierre Vidal. Economic Growth and Endogenous Intergenerational Altruism. *Journal of Public Economics*, Vol. 91, No. 7 – 8, 2007, pp. 1231 – 1246.

[189] Ray I, Zhang H. Experiences in Developing a Fair-exchange E-commerce Protocol Using Common Off-the-shelf Components. *Electronic Commerce Research and Applications*, Vol. 7, No. 2, 2008, pp. 247 – 259.

[190] Raza, S. A. Supply Chain Coordination under a Revenue-Sharing Contract with Corporate Social Responsibility and Partial Demand Information. *International Journal of Production Economics*, Vol. 205, 2018, pp. 1 – 14.

[191] Örsdemir, A., Kemahlıoğlu – Ziya, E. and Parlaktürk, A. K.

Competitive Quality Choice and Remanufacturing. *Production and Operations Management*, Vol. 23, No. 1, 2014, pp. 48 – 64.

[192] Saha, S., Sarmah, S. P., and Moon, I. Dual Channel Closed – Loop Supply Chain Coordination with a Reward – Driven Remanufacturing Policy. *International Journal of Production Research*, Vol. 54, No. 5, 2016, pp. 1503 – 1517.

[193] Schur R, Gönsch J, Hassler M. Time-consistent, Risk-averse Dynamic Pricing. *European Journal of Operational Research*, Vol. 277, No. 2, 2019, pp. 587 – 603.

[194] Shao, X. F., Free or calculated shipping: Impact of Delivery Cost on Supply Chains Moving to Online Retailing. *International Journal of Production Economics*, Vol. 191, 2017, pp. 267 – 277.

[195] Shapley L S. A Value For N – person Games. *Annals of Mathematical Studies*, Vol. 28, 1953, pp. 307 – 317.

[196] Shapley, L. S. On Balanced Games without Side Payments. In *Mathematical Programming*. Academic Press, 1973.

[197] Shen, B., Qian, R. and Choi, T. M. Selling Luxury Fashion Online with Social Influences Considerations: Demand Changes and Supply Chain Coordination. *International Journal of Production Economics*, Vol. 185, 2017, pp. 89 – 99.

[198] Shi J, Zhang G, Sha J. Optimal Production Planning for a Multi-product Closed Loop Ssystem with Uncertain Demand and Return. *Computers & Operations Research*, Vol. 38, No. 3, 2011, pp. 641 – 650.

[199] Shi, K., Jiang, F. and Ouyang, Q. Altruism and Pricing Strategy in Dual – Channel Supply Chains. *American Journal of Operations Research*, Vol. 3, No. 4, 2013, P. 402.

[200] Shu L, Qu S, Wu Z. Supply Chain Coordination with Optimal Pricing and Logistics Service Decision in Online Retailing. *Arabian Journal for Science and Engineering*, Vol. 45, 2020, pp. 2247 – 2261.

[201] Shu T, Peng Z, Chen S, et al. Government Subsidy for Remanufacturing or Carbon Tax Rebate: Which is Better for Firms and a Low-carbon Economy. *Sustainability*, Vol. 9, No. 1, 2017, P. 156.

［202］Shu，Y.，Dai，Y. and Ma，Z. Pricing Decisions in Closed – Loop Supply Chains with Peer – Induced Fairness Concerns. *Sustainability*，Vol. 11，No. 18，2019，P. 5071.

［203］Siddiqui A W，Raza S A. Electronic Supply Chains：Status &Perspective. *Computers & Industrial Engineering*，Vol. 88，2015，pp. 536 – 556.

［204］Sober，E. and Wilson，D. S. Unto Others：The Evolution and Psychology of Unselfish Behavior. Harvard University Press，1999.

［205］Taleizadeh A A，Sadeghi R. Pricing Strategies in the Competitive Reverse Supply Chains with Traditional and E – channels：A Game Theoretic Approach. *International Journal of Production Economics*，Vol. 215，2019，pp. 48 – 60.

［206］Tang J，Li B Y，Li K W，et al. Pricing and Warranty Decisions in a Two-period Closed-loop Supply Chain. *International Journal of Production Research*，Vol. 58，No. 6，2020，pp. 1688 – 1704.

［207］Tang Y，Zhang Q，Li Y，et al. Recycling Mechanisms and Policy Suggestions for Spent Electric Vehicles' power Battery – A Case of Beijing. *Journal of Cleaner Production*，Vol. 186，2018，pp. 388 – 406.

［208］Tang，Y.，Zhang，Q.，Li，Y.，Li，H.，Pan，X.，and Mclellan，B. The Social – Economic – Environmental Impacts of Recycling Retired EV Batteries under Reward – Penalty Mechanism. *Applied Energy*，Vol. 251，2019，P. 113313.

［209］Tao Z G，Guang Z Y，Hao S，et al. Multi-period Closed-loop Supply Chain Network Equilibrium with Carbon Emission Constraints. *Resources*，*Conservation and Recycling*，Vol. 104，2015，pp. 354 – 365.

［210］Tian Y，Govindan K，Zhu Q. A System Dynamics Model Based on Evolutionary Game Theory for Green Supply Chain Management Diffusion among Chinese Manufacturers. *Journal of Cleaner Production*，Vol. 80，2014，pp. 96 – 105.

［211］Tsay，A. A. and Agrawal，N. Channel Dynamics under Price and Service Competition. *Manufacturing & Service Operations Management*，Vol. 2，No. 4，2000，pp. 372 – 391.

［212］ Wang L, Song H, Wang Y. Pricing and Service Decisions of Complementary Products in a Dual-channel Supply Chain. *Computers & Industrial Engineering*, Vol. 105, 2017, pp. 223 – 233.

［213］ Wang M., Liu J., Wang H., Cheung W. K., Xie X. On – Demand E – Supply Chain Integration: A Multi-agent Constraint – Based Approach. *Expert Systems with Application*, Vol. 34, No. 4, 2008, pp. 2683 – 2692.

［214］ Wang, N., Fan, Z. P. and Wang, X. Channel Coordination in Logistics Service Supply Chain Considering Fairness. *Mathematical Problems in Engineering*, Vol. 2016, 2016.

［215］ Wang Q, Zhao D, He L. Contracting Emission Reduction for Supply Chains Considering Market Low-carbon Preference. *Journal of Cleaner Production*, Vol. 120, 2016, pp. 72 – 84.

［216］ Wang W, Ding J, Sun H. Reward – Penalty Mechanism for a Two – Period Closed – Loop Supply Chain. *Journal of Cleaner Production*, Vol. 203, 2018, pp. 898 – 917.

［217］ Wang W, Zhang Y, Li Y, et al. Closed-loop Supply Chains under Reward-penalty Mechanism: Retailer Collection and Asymmetric Information. *Journal of Cleaner Production*, Vol. 142, 2017, pp. 3938 – 3955.

［218］ Wang, W., Zhang, Y., Zhang, K., Bai, T. and Shang, J. Reward – Penalty Mechanism for Closed – Loop Supply Chains under Responsibility – Sharing and Different Power Structures. *International Journal of Production Economics*, Vol. 170, 2015, pp. 178 – 190.

［219］ Wang, Y., Fan, R., Shen, L. and Jin, M. Decisions and Coordination of Green E – Commerce Supply Chain Considering Green Manufacturer's Fairness Concerns. *International Journal of Production Research*, Vol. 58, No. 24, 2020, pp. 7471 – 7489.

［220］ Wang, Y., Fan, R., Shen, L. and Miller, W. Recycling Decisions of Low – Carbon E – Commerce Closed – Loop Supply Chain under Government Subsidy Mechanism and Altruistic Preference. *Journal of Cleaner Production*, Vol. 259, 2020, P. 120883.

［221］ Wang Y Y, Li J. Research on Pricing, Service and Logistic Decision-making of E – Supply Chain with "Free Shipping" Strategy. *Journal of Control and Decision*, Vol. 5, No. 4, 2018, pp. 319 – 337.

[222] Wang Y, Yu Z, Ji X. Coordination of E – commerce Supply Chain When E – commerce Platform Providing Sales Service and Extended Warranty Service. *Journal of Control and Decision*, Vol. 7, No. 3, 2020, pp. 241 – 261.

[223] Wang Y, Yu Z, Shen L. Study on the Decision-making and Coordination of an E – commerce Supply Chain with Manufacturer Fairness Concerns. *International Journal of Production Research*, Vol. 57, No. 9, 2019, pp. 2788 – 2808.

[224] Wei J, Zhao J. Pricing and Remanufacturing Decisions in Two Competing Supply Chains. *International Journal of Production Research*, Vol. 53, No. 1, 2015, pp. 258 – 278.

[225] Wilson, D. S. Altruism in Mendelian Populations Derived from Sibling Groups: the Haystack Model Revisited. *Evolution*, Vol. 41, No. 5, 1987, pp. 1059 – 1070.

[226] Wu, C. H. Price and Service Competition Between New and Remanufactured Products in a Two – Echelon Supply Chain. *International Journal of Production Economics*, Vol. 140, No. 1, 2012, pp. 496 – 507.

[227] Xia, L., Guo, T., Qin, J., Yue, X. and Zhu, N. Carbon Emission Reduction and Pricing Policies of a Supply Chain Considering Reciprocal Preferences in Cap-and – Trade System. *Annals of Operations Research*, Vol. 268, 2018, pp. 149 – 175.

[228] Xiang Z, Xu M. Dynamic Cooperation Strategies of the Closed-loop Supply Chain Involving the Internet Service Platform. *Journal of Cleaner Production*, Vol. 220, 2019, pp. 1180 – 1193.

[229] Xiao T., and Shi, J. J. Pricing and Supply Priority in a Dual – Channel Supply Chain. *European Journal of Operational Research*, Vol. 254, No. 3, 2016, pp. 813 – 823.

[230] Xia Q, Jin M, Wu H, et al. A DEA – based Decision Framework to Determine the Subsidy Rate of Emission Reduction for Local Government. *Journal of Cleaner Production*, Vol. 202, 2018, pp. 846 – 852.

[231] Xie G. Modeling Decision Processes of a Green Supply Chain with Regulation on Energy Saving Level. *Computers & Operations Research*, Vol. 54, 2015, pp. 266 – 273.

[232] Xie J P, Liang L, Liu L H, et al. Coordination Contracts of Dual-channel with Cooperation Advertising in Closed-loop Supply Chains. *International Journal of Production Economics*, Vol. 183, 2017, pp. 528 – 538.

[233] Xie J, Zhang W, Liang L, et al. The Revenue and Cost Sharing Contract of Pricing and Servicing Policies in a Dual-channel Closed-loop Supply Chain. *Journal of Cleaner Production*, Vol. 191, 2018, pp. 361 – 383.

[234] Xu, F. and Wang, H. Competitive – Cooperative Strategy Based on Altruistic Behavior for Dual – Channel Supply Chains. *Sustainability*, Vol. 10, No. 6, 2018, P. 2103.

[235] Xu L, Wang C. Sustainable Manufacturing in a Closed-loop Supply Chain Considering Emission Reduction and Remanufacturing. *Resources, Conservation and Recycling*, Vol. 131, 2018, pp. 297 – 304.

[236] Xu M, Tang W, Zhou C. Procurement Strategies of E – retailers Under Different Logistics Distributions with Quality-and Service-dependent Demand. *Electronic Commerce Research and Applications*, Vol. 35, 2019, P. 100853.

[237] Xu, S. X., Cheng, M. and Huang, G. Q. Efficient Intermodal Transportation Auctions for B2B E – Commerce Logistics with Transaction Costs. *Transportation Research Part B: Methodological*, Vol. 80, 2015, pp. 322 – 337.

[238] Xu, X., Munson, C. L., and Zeng, S. The Impact of E – Service Offerings on the Demand of Online Customers. *International Journal of Production Economics*, Vol. 184, 2017, pp. 231 – 244.

[239] Xu, X., Zeng, S. and He, Y. The Influence of E – Services on Customer Online Purchasing Behavior toward Remanufactured Products. *International Journal of Production Economics*, Vol. 187, 2017, pp. 113 – 125.

363

［240］ Yan B, Chen Z, Wang X, et al. Influence of Logistic Service Level on Multichannel Decision of a Two-echelon Supply Chain. *International Journal of Production Research*, Vol. 58, No. 11, 2020, pp. 3304 – 3329.

［241］ Yang H, Chen W. Retailer-driven Carbon Emission Abatement with Consumer Environmental Awareness and Carbon Tax: Revenue-sharing Versus Cost-sharing. *Omega*, Vol. 78, 2018, pp. 179 – 191.

［242］ Yang J, Xie J, Deng X, et al. Cooperative Advertising in a Distribution Channel with Fairness Concerns. *European Journal of Operational Research*, Vol. 227. No. 2, 2013, pp. 401 – 407.

［243］ Yao D Q, Liu J J. Competitive Pricing of Mixed Retail and E – tail Distribution Channels. *Omega*, Vol. 33, No. 3, 2005, pp. 235 – 247.

［244］ Yue, D. and You, F. Stackelberg – Game – Based Modeling and Optimization for Supply Chain Design and Operations: A mixed Integer Bilevel Programming Framework. *Computers & Chemical Engineering*, Vol. 102, 2017, pp. 81 – 95.

［245］ Yue J, Austin J, Huang Z, et al. Pricing and Advertisement in a Manufacturer-retailer Supply Chain. *European Journal of Operational Research*, Vol. 231, No. 2, 2013, pp. 492 – 502.

［246］ Yu, Y., and Xiao, T. Pricing and Cold – Chain Service Level Decisions in a Fresh Agri – Products Supply Chain with Logistics Outsourcing. *Computers & Industrial Engineering*, Vol. 111, 2017, pp. 56 – 66.

［247］ Yu Y, Wang X, Zhong R Y, et al. E – commerce Logistics in Supply Chain Management: Implementations and Future Perspective in Furniture Industry. *Industrial Management & Data Systems*, Vol. 117, No. 10, 2017, pp. 2263 – 2286.

［248］ Zhai, J., Xia, W., and Yu, H. Capital – Constrained Supply Chain with Altruism and Reciprocity. *Journal of Ambient Intelligence and Humanized Computing*. Vol. 11, 2020, pp. 5665 – 5667.

［249］ Zhang F, Wang C. Dynamic Pricing Strategy and Coordination in a Dual – Channel Supply Chain Considering Service Value. *Applied Mathematical Modelling*, Vol. 54, 2018, pp. 722 – 742.

［250］ Zhang, J., Wang, X. and Huang, K. Integrated On – Line

Scheduling of Order Batching and Delivery under B2C E – Commerce. *Computers & Industrial Engineering*, Vol. 94, 2016, pp. 280 – 289.

［251］ Zhang, L., Zhou, H., Liu, Y. and Lu, R., Optimal Environmental Quality and Price With Consumer Environmental Awareness and Retailer's Fairness Concerns in Supply Chain. *Journal of Cleaner Production*, Vol. 213, 2019, pp. 1063 – 1079.

［252］ Zhang, Y. H. and Wang, Y. The Impact of Government Incentive on the Two Competing Supply Chains under the Perspective of Corporation Social Responsibility: A Case Study of Photovoltaic Industry. *Journal of Cleaner Production*, Vol. 154, 2017, pp. 102 – 113.

［253］ Zhao, F., Wu, D., Liang, L. and Dolgui, A. Lateral Inventory Transshipment Problem in Online-to – Offline Supply Chain. *International Journal of Production Research*, Vol. 54, No. 7, 2016, pp. 1951 – 1963.

［254］ Zhao, J. and Sun, N. Government Subsidies – Based Profits Distribution Pattern Analysis in Closed – Loop Supply Chain Using Game Theory. *Neural Computing and Applications*, Vol. 32, 2020, pp. 1715 – 1724.

［255］ Zhao, J., Hou, X., Guo, Y. and Wei, J. Pricing Policies for Complementary Products in a Dual – Channel Supply Chain. *Applied Mathematical Modelling*, Vol. 49, 2017, pp. 437 – 451.

［256］ Zhao L, Zhang J, Xie J. Impact of Demand Price Elasticity on Advantages of Cooperative Advertising in a Two – Tier Supply Chain. *International Journal of Production Research*, Vol. 54, No. 9, 2016, pp. 2541 – 2551.

［257］ Zheng, X. X., Li, D. F., Liu, Z., Jia, F. and Sheu, J. B. Coordinating a Closed – Loop Supply Chain with Fairness Xoncerns Through Variable – Weighted Shapley Values. *Transportation Research Part E: Logistics and Transportation Review*, Vol. 126, 2019, pp. 227 – 253.

［258］ Zhou, Y., Bao, M., Chen, X. and Xu, X. Co-op Advertising and Emission Reduction Cost Sharing Contracts and Coordination in Low – Carbon Supply Chain Based on Fairness Concerns. *Journal of Cleaner Production*, Vol. 133, 2013, pp. 402 – 413.

［259］ Zhou Y, Hu F, Zhou Z. Pricing Decisions and Social Welfare in a Supply Chain with Multiple Competing Retailers and Carbon Tax Poli-cy. *Journal of Cleaner Production*, Vol. 190, 2018, pp. 752 – 777.

[260] Zhou, Y. , Zeng, J. , Zhang, M. and He, H. Research on Network Equilibrium Model of Pnline Shopping Supply Chain System in Pro-motion Based on Customer Behavior. *Procedia Engineering*, Vol. 174, 2017, pp. 1400 – 1409.

后　　记

　　自 2019 年开始，我开始关注供应链中的不完全理性决策问题，并对不同类型供应链中的不完全理性决策展开了系统研究，研究成果产出 15 篇相关论文，发表期刊包括 *European Journal of Operational Research*、*International Journal of Production Economics*、*International Journal of Production Research*、《中国管理科学》、《管理工程学报》、《控制与决策》等。我将这些研究成果进行系统整理，撰写成《不同供应链模式的不完全理性决策研究》一书。

　　本书浓缩了我从 2019 年到 2022 年 4 年的研究成果。里面包含了我对学术的执着、写论文的辛酸、对科研的苦苦坚持和不懈努力……也包含了很多难以形容的女科研人员、女教授、妈妈、女儿、妻子等多重角色的冲突、艰辛、困难和痛苦，重重磨难，让一直梦想成为"小女人"的自己变成了瘦小的女汉子，在苦苦坚持着难以实现的微薄的科研梦！

　　此书献给自己，也献给爱我、疼我、关心我、支持我、帮助我的每一个人！

　　谢谢大家，有您们，我才变得如此坚强！！！

作者：王小燕

2023 年 11 月 25 日